古代王権の成立と展開

仁藤敦史 著

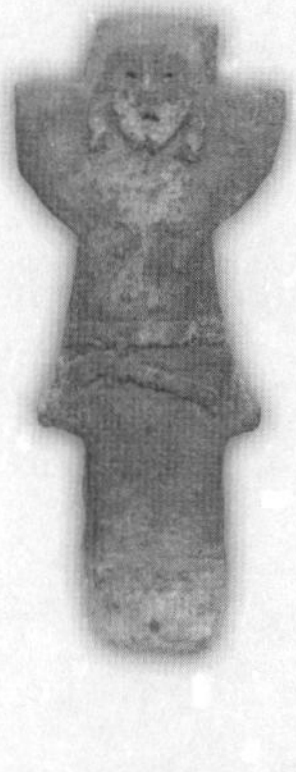

八木書店

『古代王権の成立と展開』目次

序章　古代王権論の成果と課題

目　次

第二章　殯宮儀礼の主宰と大后

第四編　王権の転換　—八・九世紀—

〔凡例〕

一、原則、天武朝以降の天皇・皇子女などは「皇」の字を使用した。

一、但し、天皇号はそれ以前にも「皇」の字を使用する場合がある。

序章　古代王権論の成果と課題
―女帝・皇太子・太上天皇の成立―

はじめに　―古代王権研究と現代―

二〇一六年八月八日「象徴としてのお務めについての天皇陛下のおことば」がテレビなどで公開された(1)。戦後七十年が経過したにもかかわらず、日本国憲法に規定された象徴天皇制の内実が必ずしも十分には定まっていなかったことを国民に強く印象づけた。万世一系、男系男子、終身在位や元首的立場にこだわってきた近代天皇制と、生前譲位、太上天皇さらには女帝も許容した古代以来の天皇制との軋轢がこれにより露わになってしまった。殯《モガリ》という耳慣れない天皇の葬礼も古代からの伝統を引くものである。西洋化の名のもと、近代君主制の導入により、大きく前近代の伝統的天皇制を変えてしまったことが、その原点にある。女帝や側室制度、譲位と太上天皇制は、前近代の天皇制としては、それなりに機能していた。

しかし、軍隊の統帥権を象徴する大元帥天皇の役割は女帝にふさわしくないとされ、欧米のキリスト教的家族婚姻形態との齟齬により側室制度も戦後にあっさり廃止された。また、世界史的に類のない前君主の地位を制度的に認めた二重王権としての譲位制および太上天皇制も、天皇の絶対的権威を弱めるものとして採用されなかった。元号も譲位がおこなわれれば、厳密には一世一元とはならなくなる。

筆者は、かつて太上天皇についての考察をおこなった際に、以下のように論じたことがある。(2)「太上天皇の存在は、永遠不変の原理と考えられがちな天皇制を相対化する素材として大きな意味を有し、天皇制を時代に即して変容していく制度として位置付ける可能性が太上天皇の研究には秘められている」。この提言は、図らずも「おことば」以降においては、より現実的な意味を持つようになったと考える。

歴史学における古代王権研究は、従来の天皇制論が『記紀』の記述の構想に基本的に従って、極めて特殊な君主制と位置付けるのに対して、『記紀』に対する厳密な史料批判を前提に、文化人類学などの影響を受けて、世界の王制に共通する要素を強調する点が特徴である。また君主に求められる要件は、社会や国家のあり方により変化するものであり、王権論は変化する要素にも着目するが、上述の譲位をめぐる現代の問題も例外ではない。年齢・性差・資質・血統などの要素のうち、どの要素を強調するかによって求められる君主像は歴史的に変化してきた。

すなわち軍事・外交的な資質が要求された五世紀には、倭の五王のような広い範囲の王系から選択された成人男性が求められたが、血縁継承が確立する六世紀には、候補者の範囲が狭くなることにより、性差よりも年齢が優先されて元キサキの即位が可能となった。さらに、譲位と太上天皇制や皇太子制が八世紀以降に成立すると、若年齢化が進み、九世紀には摂関の補佐により幼帝の即位も可能となった。やがて、天皇の死を隠蔽する「死なない天皇」としての「如在の儀」も成立する。(3)

以下では、現代天皇制と古代天皇の接点を考察するため、近代における皇統意識の成立と、古代における女帝・太上天皇・皇太子の成立について私見を述べることにより問題提起をおこないたい。

一、王権の定義と天皇大権

（1）王権の定義

日本の奈良時代を中心とする律令国家の構造については、天皇が絶対的な権力を有した専制国家とする見解（専制国家論）と、貴族の地位が相対的に高い貴族共和制国家であるとする見解（畿内貴族政権論）があり、古代史の重要な争点の一つとなっている。(4)ここでは、前者の立場から奈良時代の天皇を中心とする王権構造を概観したい。

特殊性を強調する「天皇制」に対して、普遍性を有する比較王制史としての「王権論」において、まず王権の定義が問題となる。王権概念については、荒木敏夫により、プリチャードの提言により王と王権を区別し「王を王たらしめている構造・制度」、さらには「時代を支配する者・集団の権力」(5)にまで広げて定義することが提案されている。そのうえで、「古代王権が大王・天皇を軸として、他の王権を構成する者が補完と対立の関係を含んだ多極構造」という「仮説モデル」として定義される。(6)

「多極化する王権構造」を「時代を支配する者・集団の権力」にまで定義を拡大した場合、たしかに鎌倉・室町・江戸の幕府権力までも疑似的には分析することが可能となる。しかしその場合に留意すべきは、王の持つ権力を単純に将軍に置き換えることではなく、根源的に大王・天皇が有していた権威と権力をどのように将軍幕府権力が代行・分有したかという質の問題を問うことが重要と考える。その意味では第二の定義である「王を王たらしめている構造・制度」を中核として議論すべきと考える。その場合には、四・五世紀の倭王段階に由来する大王・天皇が本来有する権力と権威を前提に考えるべきであろう。

太上天皇・天皇・皇后（三后）・皇太子を中心とする「補完と対立の関係を含んだ王権の多極構造」という理解については、「制度化された王権」という議論を提示したことがある。律令国家の天皇は、権力構造の中心に位置することは確かであるが、平安時代と比較するならば天皇への権力的な収斂は不完全な状態であった。幼帝が奈良時代には存在しないなど、権力核の構成は明らかに異なっており、権力や権威の発動の仕方において、天皇単独でなされない局面が奈良時代には多く存在した。天皇の周辺には譲位後の天皇たる太上天皇、および天皇の配偶者（あるいは生母）たる皇后（皇太后）、さらには唯一の皇位継承予定者たる皇太子が権力核を構成し、「制度化された王権」として天皇による高度な政策決定能力および安定的な皇位継承を保証する役割を与えられていた。

従来は、「皇権」の在処という問題意識から、単純に太上天皇や皇太后が詔勅発布や内印の掌握などに代表される天皇大権を代行したと考えられていた(7)。しかしながら、天皇の有する権力および権威は賞罰や祭祀を含めて多様であり、このうちどの部分を太上天皇や皇太后が分有したのかは厳密に議論される必要があり、さらに、皇太子や皇后の政治参加が恒常的であったかどうかについては疑問が存在する。「仮説モデル」が示す権力の分有状況は、すでに批判があるように静的かつ権力の質を問わない平板なイメージが強い(8)。残された史料からみる限り、太上天皇は天皇の統治権的支配には介入せず、直系尊属の場合には両者の関係は良好であった。しかし淳仁と孝謙、平城と嵯峨などの非直系尊属の場合には「二所朝廷」の危険性が顕在化した。皇太子・皇后も天皇の通常の執政に問題がない場合にはその権力の自由な行使は制限されている。むしろ天皇の病気・行幸時や死没時に皇太子監国や称制という形で顕在化する点に特徴があるが、行幸時の皇太子権限と臨時執政時は兵馬の権の有無により権力的に扱いが異なっており、両者の間には大きな断絶が存在する(9)。

さらに、日本の古代王権は、平安初期の嵯峨朝を画期とする遷都と経宿行幸の途絶を指標とすれば、「動く王」

から「動かない王」への王権の転換が九世紀前半にみられることを指摘したことがある。[10]すなわち、遷宮・遷都・行幸をする「動く王」の時代から、遷都・行幸しない「動かない王」「見えない王」への転換が、「千年の都」平安京への定都を画期としておこなわれ、譲位や太上天皇のあり方も含めて、前近代の天皇の基本的枠組みを決定したと論じた。研究の深化のためには、そうした動的な「仮説モデル」が今後は必要と思われる。

（2）天皇の権力と権威

古代天皇が有する権力と権威については、石母田正による六項目の天皇大権の議論が通説化している。[11]すなわち、「統治権の総覧者」として天皇独自が持つ権力は、①官制の改廃権、②官吏任免権、③軍事権、④刑罰権、⑤外交および⑥王位継承に関する「大権」とされる。危機における非常大権の発動は容易に太政官を制圧しえたことから、独自の天皇権力の存在を重視して、貴族制的支配との定義は否定され、利害調整機能を含め貴族層と同質でない天皇独自の権力を強調する。

統治権の総覧者としての権力以外に、天皇には「支配階級全体あるいは「王民」全体の政治的首長としての地位」があり、祭祀・叙位・賜姓などの権限を有していた。改元・頒暦や地名の命名など、時間と空間の支配権もこうした範疇に含まれる。

このように天皇には「統治権の総覧者」だけでなく「支配階級全体あるいは「王民」全体の政治的首長としての地位」という二つの役割があり、この両面を理解しなければ、天皇と太上天皇との権威と権力という関係性や役割分担が曖昧になる。制度のうえからも、実例からも、太政官（貴族）には天皇権力に対置できる貴族制的な要素は確認できない。律令国家には貴族制の原理とは相反する能力主義的な官僚制原理と王権による選択（別勅叙位権）

という要素が存在し、国家に対する求心性の強さと自立性の弱さにより貴族の地位は低下していくと考えられる。[12]

二、近代の皇統意識

（1）近代の「女帝」観と「軍人」皇太子

まず、近代の女帝や皇太子観の形成について、象徴的な一つの事例を紹介したい。[13] 神功皇后は『古事記』『日本書紀』や『風土記』などにみえる伝承上の人物である。神功紀の本文注に『魏志』の「倭女王」が引用されたことから、卑弥呼と神功皇后は、明治期までは一体的に考えられることが多かった。そのイメージは、三韓征伐の伝承とも重なり、「英略勇武」「叡明勇敢」「女酋」という評価が明治期には主流であった。[14] ところが、一九一〇年に同時に発表された白鳥庫吉「倭女王卑彌呼考」と内藤虎次郎（湖南）「卑彌呼考」により、[15] その評価は以後、祭祀を専らとし、神殿に忌み籠もる「宗教的君主」へと一八〇度転換する。二人は邪馬台国九州説と畿内説として鋭く対立するにもかかわらず、卑弥呼像については、奇妙なほど一致している。こうした巫女的なイメージは、現在の卑弥呼像にまで影響を与えている。[16]

なぜこうした転換が起こったのであろうか。征韓論・国権拡張のシンボルとしての神功皇后像は、明治二十年（一八八七）代以降衰退する。[17] 陸海軍を統率する大元帥としての軍人天皇像が強調されることで、女帝は天皇にふさわしくないとの評価が与えられたらしい。

一方、一九一〇年三月には華族の軍人化がはかどらないことを背景にして「皇族身位令」が出されている。天皇は統帥権を有する大元帥であるとともに、その前提として陸海軍の現役大将であったが、第一七条に皇太子（陸海軍武官併任）・親王・諸王も陸海軍の現役武官任官の義務が明文化された（一八七三年の通達を義務化）。これにより一九一一年、裕仁は立太子以前に十一歳で陸海軍少尉任官、近衛歩兵第一連隊・第一艦隊配属とされた。(18) 卑弥呼（神功皇后）の「女酋」「英略勇武」の否定と男性皇族による軍人任官の義務明文化はまさに時期と内容において表裏の関係にあった。

『尋常小学日本歴史』は、一九〇九年版まで神功皇后の天皇在位を認め、一九一一年版から南朝を正統とするとともに神功皇后の在位を否定した。一九一〇年は韓国併合の年でもある。以後、神功皇后に代わり神功皇后を補佐したとされる武内宿禰が、朝鮮銀行の紙幣に登場し、韓国に対する国権拡張のシンボルとして新たに扱われるようになる。近代の「女帝」観と「軍人」皇太子像の変化は一九一〇年が大きな画期と考えられる。

（2）近代の女帝論

先述したように、女帝の即位を否定する制度自体は伝統的なものではない。一八九九年の『大日本帝国憲法』と旧「皇室典範」により歴史的には、ここから女帝の即位が法律ではじめて否定された。現行の「皇室典範」も旧「皇室典範」第一条の「大日本国皇位ハ祖宗ノ皇統ニシテ男系ノ男子之ヲ継承ス」の規定を踏襲している。ちなみに、「the Imperial House Law」の直訳語は「皇室法」「皇室に関する法律」で、戦後も戦前と同じ「皇室典範」と訳出し、ことさらに「国体護持」を演出しているのは注目される。(19) 戦後の「日本国憲法」では、「皇位は世襲」とのみあり、表向き男女規定はなくなった。しかし、現「皇室典範」は「皇位は、皇統に属する男系の男子が、これを継承する」（第一条）として、男系継承と規定する。明らかに「皇位の世襲」は「万世一系」や「男系男子による継承」と密接不可分なものとして位置付けられている。

旧「典範」の註釈書「皇室典範義解」[20]によれば、第一条における「皇位の世襲」の内容について、「皇胤」「男系」「万世一系」の三大則を掲げる。これは戦後の法制局作成「皇室典範案に関する想定問答」でも原則は踏襲されている。[21]つまり「皇胤」たる「男系」が「一系」的に皇位を継承するのが世襲の理想とされる。

現「日本国憲法」一四条「法の下の平等」の原則に対して皇統を男子に限定することの理由付けとしては、「歴史上一の例外もなく続いて来た客観的事実に基づく原則」であり、「日本古来の歴史」に照らせば「世襲」とは男系主義に決まっており、それ以外の何物でもないという主張がなされる。「女系」は皇位継承の観念に含まれないため「女系天皇」を否定する。男系主義以外は世襲とはいわないとの結論を導くが、あくまで暫定的であるとする。「万世一系」論を前提とすれば、皇室外から夫を迎える女系天皇は「異姓」が入り込むため皇統が途絶えたと観念されるので忌避される。重点は女帝ではなく、万世一系の否定となる女系がダメだとの主張となる。

こうした議論は歴史的には正しくない。「万世一系」の皇統観は、明治の一夫多妻主義を前提とする男性家長の「家」支配の構造が、過去にさかのぼって理想論として適用されているにすぎず、反対に「庶子の天皇」が戦後に簡単に否定されたのは旧来の「家」の制度が崩壊したためである。[22]古代においても「不レ尋二父祖一。偏依二母姓一」（『続日本紀』天平神護二年〔七六六〕三月戊午条）などとあるように、しばしば母姓を名乗ることがあり、律令制以前の氏姓は両属的で父系のみではない。

「神武天皇以来の万世一系」という歴史上、例外なく続いてきた客観的事実で、男系が動かすべからざる日本の皇位継承の原理であるとする明治以来の議論は、十分な実証を経たうえでの議論ではなく、その裏返しの議論としての「中継ぎ」女帝論も正しい歴史解釈であるのか客観的に再検討を加えるべき事項となる。世襲の内実（継承原理）については少なくとも「皇室典範案に関する想定問答」が認めるように、「各具体的な場合」により内容が異なる可能性が指摘できる。

（3）女帝否認論と肯定論

近現代の女帝否認論の主要な根拠は、「男系主義は日本古来の伝統」「日本における女帝の即位は特殊」とするもので、つぎにはこうした主張がどのように形成されたかを考える。

女帝否定論の流れについては、およそ以下のように議論がされてきた[23]。まず自由民権期における私擬憲法草案の多くは、継承順位は低いが、女系容認をしていたことが指摘されている。二二例中一三例が肯定的であったとされる[24]。

つぎの三次にわたる『日本国憲按』の草案では、第一次の一八七六年案では「男ハ女ニ先チ」「女主入テ嗣グトキハ」とあり、第三次の一八八〇年案でも「女統入テ嗣グコトヲ得」とあった。一八八二年の嚶鳴社討論会「女帝を立つるの可否」では可否が拮抗し、議長裁決で否決された[25]。さらに一八八五・六年頃とされる『皇室制規』では、「男系絶ユルトキハ、皇族中、女系ヲ以テ継承ス」（第一条）、「皇族中男系尽ク絶ユル時ハ皇女ニ伝ヘ」（第六条）とあるように、ここまで肯定的であった。こうした背景には、後述するように、西洋法の事例と国学者の見解の影響が大きかったと推定される。しかし、一八八六年の『皇室典則』以降は、井上毅「謹具意見」と伊藤博文「皇室典範義解」による女帝否定論に代表される否定的論調が強くなる[26]。ここでは、男系は「皇家の成法」「不文の常典」「易ふべからざるの家法」「祖先の常憲」とされ、女帝の即位は「権宜」（中継ぎ）の「摂位」（摂政）と評価された。井上毅の思想的立場については、教育勅語・軍人勅諭・女子教育・女子参政権への関与を考慮すれば、強い男尊女卑的な主張が確認される。

こうした流れにおいて、井上毅の女帝否定論が大きな位置を占める。彼の「謹具意見」に影響を与えた学問的議論としては、まず嚶鳴社討論会の島田三郎・沼間守一の女帝否定論が「深く精緻を極めたる論」として評価されている。さらに、井上毅は小中村清矩の「女帝考」を書写しており(27)、「清矩の著せる女帝考を以て尤も適当とす」として、「古来女帝を立てさせたまひしは、不レ得レ止御時に限れる事にて、紹運の本意にあらざる事を知るべし」との否定的見解を導いている。さらに、この小中村清矩「女帝考」が、横山由清・黒川真頼編『皇位継承篇』巻一〇「女主の皇位を継承せし大意」の議論を前提としていることは(28)、「精確詳細、又之ニ勝レル書ヲ見ス」と高く評価していることから知られる(29)。皇極の即位は「中大兄皇子ノ年長ズルヲ俟チシナラン」(30)、『懐風藻』にみえる子孫相承は「常規」と述べるように(31)、現在まで連続する皇位継承の伝統は男系男子を原則として、女子の継承はやむをえざる事情という否定的な主張の嚆矢をここに見出すことができる。さらに小中村「女帝考」は元正天皇の条に近世の安積澹泊『大日本史賛藪』を引用する。この『賛藪』を参照すると、飯豊青皇女の政治は「一時の権宜なり」という主張があり(32)、井上の「謹具意見」に連続する否定的な主張がここに確認される。安積澹泊・横山由清・小中村清矩など、近世国学から近代国学に連続する学問的系譜を背景に井上の女帝否認論が構築されていることが確認される。

（4）女帝肯定論の系譜

一方で、女帝を客観的に評価する学問的系譜もあり、むしろこちらが国学的議論においては主流であったと考えられる。少なくとも『日本国憲按』の第一次草案には「女主」を含む「万世一系」論が展開されている。「日本帝国ハ万世一系ノ皇統ヲ以テ之ヲ治ム」とするが「男ハ女ニ先チ」「女主入テ嗣グトキハ」と規定され、当初案では庶系の否定と表裏で「女主」「女統」を含む「万世一系」論が提示され、庶系を容認し男系に限定する「万世一系」論はまだ自明ではなかった。

ちなみに古代においても、「男能未父名負弖女波伊婆礼奴物尓阿礼夜」（『続日本紀』天平勝宝元年〔七五〇〕四月甲午朔条）とあるように女性の「承家」「立嫡」は可能であり、「岡宮御宇天皇乃日継波加久弖絶奈牟止為。女子能継尓波在止母欲令嗣(副)止宣弖此政行給岐」（同天平宝字六年〔七六二〕六月庚戌条）とあるように、草壁皇統に女帝・内親王を含めている。[33] 聖武のつぎの天皇は、庶系の安積親王よりも嫡系の皇太子阿倍内親王を優先している。

井上が重視した嚶鳴社討論会での島田三郎発言には「洋書を解する人」（西洋法）だけでなく、「国書に通ずる者」（国学者）も女帝を容認しており、女帝の存在は慣習・国風とも認識している。[34]

すなわち、近世国学において安積澹泊『大日本史賛藪』では女帝の客観的評価がなされている。[35] 神功皇后については、「大后は英烈にして、政、己れより出づ」と評価するも「応神の降誕は、仲哀の崩後に在り。是れ宜しく立てて天子と為すべき者なるに」「もし、不幸にして、皇后称制の日に崩ずれば、則ち嚇々たる皇統、将た何くに帰する所ぞや」と批判する。ただし、これは女帝の軽視ではなく、神功皇后の摂政が長かったことを非難したものである。飯豊青皇女の政治は先述したように「一時の権宜なり」とある。推古女帝については「帝頗る駕馭の道を知る」「惑溺の甚だしき、女主に在りては固より論ずるに足らず」と比較的公平な評価を述べている。さらに皇極・斉明は「帝、能く古道に稽遵して、万機を総理す」「英邁の風、神功皇后に亜ぐ」、持統は「誠に庸常の主の及ぶ所の者に非ず」と積極的に評価している。とりわけ、「凡そ元明・元正の二帝は、……之を女中の堯・舜と謂ふとも可なり」として元明・元正は女中の堯・舜に比して賞賛する。このように全体として儒教的価値基準から比較的公平な評価がなされている。しかしながら、小中村「女帝考」は元正天皇の条に『賛藪』を引用するが否定的な改変がなされている。

さらに横山由清「継嗣考」は、「継嗣ハ男統ヲ先ニ以テシテ女統ヲ後ニス」「若シ男統ノ継嗣タルヘキ者絶ヘテ無キ時ハ女子ヲ以テ大統ヲ継嗣セシメサルヲ得ス然ル時ハ其女帝ノ配偶者ヲ設ケテ以テ其血統ヲ保護セシムヘシ而シテ其配偶者タル者ハ女帝ノ血統ヲ継続保存セシムルノ器具タルニ止マリテ為ニ政権ヲ有スルコト能ハサルベシ」とあるように明らかに女系容認の論調であった。[36]女帝の配偶者が政治的無権利に置かれる主張も注目される。『日本国憲按』の「男は女に先ち」「女統入て嗣ぐことを得」の条文に影響を与えていることは明らかである。

小中村による独自の主張は、国内事情（推古・皇極）・父帝の意思（孝謙・明正）・繋ぎ（持統・元明・元正・後桜町）として女帝を三類型に分類したこと、[37]神功皇后を「暫ク女帝ノ首ニ挙グ」、飯豊天皇を「女王ヲ立ル濫觴ト云ベシ」とあるように女帝として承認している点である。[38]しかしながら、井上毅は女帝即位の三類型を皇嗣の成長を待つ場合に単純化し、小中村は神功皇后と飯豊を摂位の女帝と評価していたが、井上は摂政の例として改変している。従来の「国書に通ずる者」（国学者）との主張とは大きく異なり、小中村と井上は女帝評価を明らかに変更・単純化していることが知られる。

神功皇后には代わるべき天皇が不在の摂位（仮の即位、称制）と、不即位摂政（執政）の二面性があった。私見によれば『記紀』伝承における摂位と摂政の二面性の評価は排他的ではなく不可分であり、先帝の殯期間という権力空白時に、女性王族年長者が天皇代行により摂位と摂政を兼ねたことに女帝即位の前提がある。[39]

（5）三后による摂政規定

摂位と摂政の問題は、「典範」の三后による摂政規定に連動し、古義により三后に摂政資格（皇位継承資格者を対象）を与えることとなった。当初、女性は男性よりも政務能力が劣るとして男子のみ摂政を想定していたが、「抑モ皇女ハ政務ヲ執ルノ能力ヲ有セザルモノニ非ラズ」「女系モ亦王位ヲ継承スルヲ得」と主張する法律顧問ロエスレルの反論により摂政が容認された[40]。外国女帝との違いを古義（『記紀』伝承）により示すねらいがあった。神功皇后は皇太后摂政、飯豊天皇は皇女摂政のはじめと位置付け、女帝とはみなさないが、執政能力は評価しており、皇位継承資格者が摂政となる原則を強調すれば、将来における女性天皇即位の可能性も導き出せる。なお、皇后と皇太后の身位が「皇族身位令」では、古代と逆転して皇后優位となったことも注目される。

（6）井上毅の女帝否認論

井上毅「謹具意見」による女帝否定論の論拠は、神武天皇以来、例外なく男系継承であることから「男系継承は伝統」であり、女帝は摂政などの中継ぎで先例にならないので「女帝は特殊例外」、英国でも皇婿を迎えて王朝が断絶したように女性の配偶者が臣籍であれば「異姓」流入により皇統が断絶するので「万世一系」論が強調された。婚姻の範囲においては、男性天皇は母の出自を問わない庶系が容認されるが、女帝は異姓の流入を忌避する近親婚や独身の前例により女系が否定される表裏の関係にあり、明らかに性差による婚姻同等性の不均衡が存在する。

井上による女帝否定論は、以後の古代史研究に影響を与えた。すでに明治末期に喜田貞吉は、女子の継承が臨時かつ特殊であるとの通説に対して「俟つあるの事故の、頻繁に至れるについては、一考を要せざるべからざるものあるなり」として疑問を提起し、「男帝の次には、ほとんど毎代必ず女帝の立つべき習慣ありて、女帝は普通のこととして、少しも怪しまざりしを見る」と批判している[41]。しかしながら、井上毅「謹具意見」を基本的に踏襲し、精緻に説明する井上光貞「古代の女帝」[42]が近年まで通説的位置を占めてきた[43]。女帝即位は、「皇位継承上の困難な事情のある時」出現し、「我が国固有の長子相続的な」皇位継承法へ回帰するために「中継ぎ」として「仮の即位」と位置付け、皇太后が即位した令前の女帝に本質があると主張する。

(7) 神功皇后の即位問題

神功皇后の摂位と摂政の問題は、皇統譜の確定問題にも波及した。一九二六年に枢密院会議の「臨時御歴代史実考査委員会」において南朝長慶天皇の歴代(九八代)確認と神功皇后の歴代からの排除が決定され、同年皇統譜令が施行された。一八八九年の旧「皇室典範」は皇統譜作成を規定していたことから皇統譜の確定作業が必要とされていた。現代に連続する「万世一系」一二六代の確定はこの時以降である。南朝正統化と神功皇后排除がセットとなり、『大日本史』のいわゆる三大特筆が最終的に追認された。先述したように南北朝正潤論争は一九一〇年の教科書改訂からで、教科書ではすでに一九一一年から南朝正統とされていた。なお、一九二四年に三浦周行は「神功皇后ヲ皇代ニ列スベキヤ否ヤニツキテノ意見」を提出し、「女帝ヲ挙ゲテ閏位ニ貶メテ正位ニ列セズ」という意見を批判し、将来的には天皇に格上げすべしとの意見を述べている。「女帝ノ大統」は「非常ノ変態」ではなく「当時ノ歴朝」とは異ならないとして、喜田貞吉と同じく性による尊卑の別を批判している。[44] 神功皇后の在位を否定すると長期の空位(六九年)が発生する矛盾が生じ、空位における摂位と摂政の問題がここでも議論になった。

三、中世の皇統意識 ―『神皇正統記』にみえる皇統意識―

近代の皇統意識を相対化するには他の時代の議論を参照する必要がある。ここでは、『愚管抄』『神皇正統記』『誡太子書』などをとりあげる。[45] まず注目すべきは北畠親房『神皇正統記』にみえる「代」と「世」の書き分けである。近現代の「万世一系」論との違いにより相対化が可能となる。

「代」は神武以来の即位の順、「世」は直系の世代数で、後醍醐は第九五代・第四九世となる。北畠親房が重視したのは「本」「継体」「正統」などと表記された「世」数で、神武と後村上をつなぐ世系が中心で、南朝が「継体正統」との主張をおこなう。「世」を与えられた天皇のみが「正統」で、他は「かたはら」として排除される。「真実の皇位継承」を示すとして「世」を重視する。連続する皇位よりも男系主義の血統を重視する。非即位の七代（日本武尊、押坂彦人大兄皇子など）を含めた父子一系の血統が傍系の天皇よりも重視され、男系主義を前提とするので、この場合には「女帝」がすべて傍系に位置付けられる。

一方、『神皇正統記』の「正統」論は特殊なものではなく、慈円の『愚管抄』にも「継体正道」の用語があり「正統」と同じ意味で用いられる。藤原北家ないし摂関家の九条流が正統で、藤原氏は皇位継承上で「三功」があると主張する。「三功」とは、世系が交替する天智・光仁・光孝の即位における功績であり、藤原氏は「積善余慶」（陽成条）の家で、蘇我氏は「積悪」により滅ぶ（皇極条）と述べる。ここでは、天照大神と天児屋根の約諾を重視し（光孝条）、「三功」による継体正統の世系実現に藤原氏の役割を強調する。『正統記』は天命によって神意（神勅）が実現したとして天壌無窮の神勅を重視するが、『愚管抄』は比叡山延暦寺の仏法と九条家の力の輔助を強調し、王法と仏法の関係を説明する。末法思想を前提に、皇統は万世には続かず神器も滅亡していくと述べる（鏡の火災・剣の水没）。正法は天皇のみで統治できるが、末法には臣下の助けが必要で、藤原摂関家と源氏将軍が鏡・剣に代わり天皇を守護するとして摂関と将軍を兼ねる摂家将軍の必然性を説く。

近現代の「万世一系」論は、男系による均質な皇位の連続を重視するが、中世の「正統」論では、女帝だけでなく傍系の男帝を含めて価値が劣るものとして排除している(46)。さらに、近現代の「万世一系」論と大きく異なり、王系や王朝の交替も是認している。注目すべきは、薄徳の天皇は神器を保つことができないとの花園天皇の論（『誡太子書』）である。花園上皇が元徳二年（一三三〇）に皇太子、量仁親王（北朝光厳天皇）に与えた書である。そこには「愚人以為へらく、吾が朝は皇胤一統にして、……政乱ると雖も、異姓に簒奪せらるるの恐無し。……愚惟うに、深く以て謬となす……博徳を以って神器を保たんと欲すとも、あに其の理の当たる所ならんや」[47]との注目すべき記載がある。さらに、『神皇正統記』にも「我国ハ王種ノカハルコトハナケレドモ、政ミダレヌレバ、暦数ヒサシカラズ。継体モタガフタメシ、所々ニシルシ侍リヌ」（嵯峨条）とある。「万世一系」の天皇に対して「継体もたがうためし」「異姓に簒奪」の可能性を指摘していることは重要で、王系交替や王朝交替の可能性を示唆している。易姓を容認しない近現代における「万世一系」論との違いはここにある。

「万世一系」論にせよ、「正統」論にせよ、所詮は直近の皇位継承を正統化するだけの有効射程を持つ論理にすぎず、超時代的に説明し尽くせる論理ではない。世襲の内実（継承原理）に関しては、近現代の「万世一系」論段階では「皇室典範」により「正統」が確立したため「代」と「世」が基本的に一体化し、「代」と区別した「世」の主張が不要になったと考えられる。[48]『愚管抄』では藤原摂関家のうち九条家正統論が論じられているように、当時有力であった世系に着目し、その系統が形成されたことの理由付けを、天や神を用いて、それは偶然ではないとする後追いの論理として組み立てたものである。「かたはら」とされる傍系と「正統」の区別とその交替の必然性も結果論による。南北朝期に「正統」と「傍流」の区別が重視されたのは、両統迭立の状況において継承原理が必ずしも自明でなかったためである。同時代的な論理では「正統」「かたはら」の交替を必ずしも合理的には説明できない。女帝の即位が絶えて久しく、武士の世において父子継承が自明となった段階で、新たに説明原理として「正統」が模索され、中世を基準に、さかのぼって神武天皇以来の古代の「正統」も説明したもので、非即位の天皇を多数加えざるをえないことから明らかなように古代への適用は無理がある。同時代的には父子継承とは異なる女帝即位の正当化という固有な論理が存在した可能性を指摘することができる。

男系による世襲を前提とした近現代の「万世一系」論、中世の「正統継体」論を前提とすれば、古代の女帝は例外特殊とされ、「中継ぎ」としてしか評価されない。男系継承を前提とすれば古代における女帝排除は当然の結果となる。

四、近世の女帝と皇太子

古代以外には近世にも二人の女帝が即位し、皇太子のあり方も他の時代とは異なる条件が存在した。まず、平安遷都以降はじめて、八六〇年ぶりに即位した明正女帝の即位について、「女帝之儀くるしかるまじく」（『孝亮宿禰日次記』）、「むかしもめてたきためしおほく候」（「江戸幕府朱黒印内書留」）[49]として朝幕いずれも女帝即位自体は忌避していないことが指摘できる[50]。

古代との大きな相異としては、公家が任じられる摂関や武家伝奏の政治的立場が、基本的に天皇の藩屏ではなく幕府の立場に立つもので、天皇や太上天皇の政治的自立を監視する対立的な関係にあったことが指摘できる。朝幕関係の単純な二項対立でない点に留意する必要がある。そのため後水尾天皇による突然の譲位（院政？）の意図は孤立することになり、嫡系・未婚の明正女帝即位は幕府の意向とは異なるものとなった。さらに、幕府による女帝親政拒否（摂政の関白への復辟拒否）や院政の拒否（寛永二十年〈一六四三〉の「禁令」四か条）、徳川家外孫男性皇族（光融院）の八条宮家への養子（即位暫定的放棄）なども、明らかに朝廷の自律性を制限する幕府の意向に規定され、女帝としての特性によるものでは必ずしもないと考えられる。摂関の立場も女帝の親政や院政とは対立的で抑制する構図となる。

近世において天皇に求められた資質は、まずは円滑な儀礼の遂行が必要となる。明正女帝による成人後の四方拝など「天子御作法」の政務は可能と考えられたが、後水尾上皇と幕府は政務開始を見送る。成人後の「天子御作法」開始に男女の区別はなかったことになる。六歳の明正女帝即位に幕府は当初難色を示したが、これには七歳以前の幼少高仁親王の葬儀形式の議論が背景にあった。後桜町天皇の即位に際しても、後の後桃園天皇が五歳の幼少であることが理由とされている。(51) すなわち、男女の性差にかかわらず十四・十五歳で成人していることが神事・儀礼執行の前提となる。これは男女性差よりも、年齢を重視しているといえる。近世の天皇は、平安期の幼帝とは異なり年少の幼帝を忌避している。幼児死亡率の高さや、親祭が求められた四方拝など、「天子御作法」の遂行が資質として要求されたことを示している。明正即位の原因となった後水尾天皇譲位も神事の執行が困難になったことが理由であった。

天皇・上皇に要求された資質は、儀礼の円滑な執行や叡慮（次期天皇の指名能力）に求められ、成人天皇であることが重要視されている。そのように理解するならば、後桜町女帝による積極的な対面儀礼への参加と「院政」（光格天皇への補導）の実績は、もっと評価されてよい。

近世の皇太子についても、養子と儲君の問題が前後の時代とは異なり、立太子が形式的な意味に低下したことや、養子による男系の容認などは検討すべき課題となる。

五、古代における女帝即位の論理 ―「女帝中継ぎ」論と「万世一系」論―

古代における女帝と皇太子の問題について、その概略を述べる。[52]従来、古代の女帝が「中継ぎ」と位置付けられる場合、その論拠として大きくは二つの論点から構成されてきた。すなわち、第一には女帝が男帝に比較して能力・資質において一段劣り、本格的でない二流の存在とのニュアンスで「中継ぎ」が主張される資質論である。第二には能力・資質がたとえ対等であったことは認めるとしても、『日本書紀』が記録する「神武天皇」以来の皇統譜によれば、皇位継承の原則は男系継承であり、女帝の即位例はすべて男系の女子にすぎず、女系には継承された先例がないことを根拠に、女帝の即位はあくまで男系継承を前提としたとする系譜論の立場による「中継ぎ」論である。

前者の資質論は、近年ではさすがに影を潜めたが、系譜論による「中継ぎ論」は依然有力である。しかし、七・八世紀に存在した女帝の存在意義を「中継ぎ」に限定し、特殊であるという主張は、すでに論じたように近代に生まれた言説で、男系継承が日本古来の伝統であるという言説の裏返しにすぎず、根拠は薄弱であるにもかかわらず、現代における女性天皇を議論する場合にも大きな論点とされている。

古代女帝の中継ぎ説とも呼ぶべき通説的見解に対しては、少なくとも譲位制や皇太子制の確立しない七世紀の律令制以前の段階に女帝を「中継ぎ」と規定することは無意味であり、当時の王は卓越した人格・資質の持ち主であることを前提に終身制を原則とするので、幼帝や凡庸な人物が即位することはできなかったのであり、資質において女帝も例外ではないとの批判がある。[53]

また八世紀においても「女帝」を律令条文（継嗣令1皇兄弟条本注）に規定し、女帝の子を（内）親王扱いしている。中国から継受された律令法は相続や財産継承において男系主義を原則とするが、本注部分のみは唐令には存在せず、日本側の事情で例外的に母系での継承を認めた規定となっている。大宝令文は「女帝」の出現を想定し、女帝の子・兄弟を皇位継承の可能性が高い「親王」とし、跡継ぎ（嫡子）を定めた継嗣令に規定していることの意味は重要であり、法的には女帝の実子の即位（女系継承）の可能性を想定したものである。この点は、男系継承を大前提とする、いわゆる女帝中継ぎ論では説明できない。男帝以外の男性と女帝との即位後（あるいは即位前）における婚姻および出産の可能性を視野に入れての立法であったことになる。

皇位継承には年齢、性差、血統と資質、先帝の遺志や群臣の意向、後見役の有無などの要素のうち、どの条件を優先させるかという観点が必要となる。

「倭の五王」段階には複数の王系を前提にした大王候補者の選定は一系に限定されず広いことからすれば、広範な範囲から資質的に有力な男王が選択される可能性が高かった。反対に、欽明以降になると王系が一つに固定されることによりカリスマ的な血縁継承が確立し、(54)王族内部の選択として、年少な男性王族よりも人格・資質などに卓越した女性年長者が即位する機会が増えた（厩戸王子や中大兄王子よりも推古や皇極・斉明女帝の即位が優先された）。当時の即位適齢期は四十歳前後であり、年長であることが即位に不利に働くどころか、むしろ年長であることが有利であった。大后と追号された元キサキと有力皇子との相対的年齢に加えて、キサキの序列、宮経営の実績、殯宮の主宰などにより女帝としての即位が、より王権の安定に寄与すると群臣に評価されたものと考えられる。

とりわけ、後述するように有力な元キサキによる殯宮の主宰（女性には限定されないが）は重要で、長期にわたる殯《モガリ》期間は空位とは認識されず、即位前史として扱われ、群臣に対して即位前の元キサキから口勅が出され、最終段階における日嗣の誄《シノビゴト》により後継者が決定される。女帝即位において前帝の葬儀を無事終了させることが大きい意味を有していたことになる。この段階では性差、すなわち男か女という区別よりも、年齢を重視していたことが確認される。

元明天皇（夫は非即位の草壁皇子）から元正天皇への母娘間での皇位継承は、母系継承を容認した継嗣令を法的根拠にしたものと考えられる。基本的に継嗣令の規定は前近代を通じて機能し、近世の女帝たる明正天皇と後桜町天皇即位の法的根拠ともなっている。

孝謙天皇を例外として女帝に立太子が必要とされていないこと、即位や譲位の宣命に擬制を含む「ミオヤ」「ワガコ」の呼びかけがあること、性差よりも年齢を重視して四十歳前後が男女問わず天皇即位適齢期であったことを考慮すれば、女帝は系譜上では基本的に「我が子（皇太子）」ではなく年長の「ミオヤ」として即位したと考えられ、当時の系譜意識が必ずしも男系だけに収斂するものではなく、「ミオヤ」と「ワガコ」という擬制を含む父母子間の連鎖として機能した古代固有の双系的な系譜意識に、女帝は位置付けられたと考えられる。

聖武が傍系男子の安積親王ではなく娘の阿倍内親王（後の孝謙女帝）に一貫して継承させようとしたことは、彼女の即位が当時の系譜意識において「血統の袋小路」では必ずしもなく、男系女子による継承を容認したものであり、つぎに即位した淳仁が、聖武の「皇太子」、光明皇后の「吾が子」に擬制され、孝謙はその「皇后」とも表記されたのは当時の系譜意識の反映である。孝謙がことさらに草壁嫡系を強調するのは、舎人親王系の淳仁に対抗する目的があり、危機意識の裏返しで、父母とは異なる孤立した皇統観であった。

九世紀以降になると、双系的親族関係が希薄化したこと、より直接的には嵯峨朝に薬子の変（平城上皇の変）を契機に、太上天皇および皇太后の尊号宣下、および後院への隠居、朝覲行幸などより「王の終身性」を否定し重祚の可能性をなくすことがおこなわれたため、これに連動して王族皇后としての女帝即位の可能性がなくなり、以後

は外戚（臣下）皇后による実子即位後の後見役割が強化され（しりへの政）、外戚による摂関政治が開始される。(55)

結局、通説の「皇位継承上困難な事情」とは男性による即位ができないという以上の説明しかなされておらず、双系的な系譜意識によれば草壁―文武―聖武と持統―元明―元正の即位は宣命や律令により同じレベルで正統化されており、父子継承のみを強調するのは一面的な評価となる。少なくとも「皇胤」「男系」「一系」の三要素が古代において確認されるのは、称徳女帝没後の光仁・桓武朝以降のことである。

六、政治的モガリと女帝の成立

(1) モガリの主宰と女帝即位

本節では殯宮儀礼の主宰者と考えられるオオキサキ（大后）の役割を論じ、女帝即位への道筋を考えたい（詳細は本書第三編第二章参照）。

「象徴としてのお務めについての天皇陛下のおことば」には、「これまでの皇室のしきたりとして、天皇の終焉に当たっては、重い殯《もがり》の行事が連日ほぼ二ヶ月にわたって続き、その後喪儀《そうぎ》に関連する行事が、一年間続きます」との発言があった。ここには古代以来の長期にわたる「殯」という、埋葬までにおこなわれる種々の葬儀儀礼についての言及がなされている。殯とは、死者の復活を願いながらも、遺体の変化により最終的な死を確認するという両義的な儀礼であった。

しかし、三世紀の「魏志倭人伝」の記述では十日程度の期間であったとする葬儀が、七世紀の『隋書』倭国伝では、一般的な葬儀と区別されて、支配層は三年のモガリをおこなったとあるように、長期化していることが確認される。おそらく渡来人の喪葬儀礼の導入によりモガリが整備され、長期化して「殯」と表現されるようになったと考えられる。やがて、モガリは特権的な儀礼として神聖化され、この期間中の合意形成により後継者を決定することが一般化し、皇位継承と深い関係を有するようになった。盛大なモガリ儀礼を首尾よく終えることが政争の回避に重要な意味を持つようになったのである。

殯宮の儀礼については、和田萃が一九六九年に発表した「殯の基礎的考察」という論考が通説的位置を占めている。[56]和田による論点は多岐にわたるが、巫女的な「中継ぎ」女帝即位に連続する「忌み籠もる女性のイメージ」を前提に、たとえば女（内）の挽歌と男（外）の誄《シノビゴト》のように内外に二分された殯宮のあり方を提起している。すなわち、殯宮内部での儀礼と殯宮が営まれている殯庭での儀礼に二分されること、前者はおそらくは女性に限られた血縁者や女官・遊部らによる私的な奉仕儀礼であり、後者は王権内部での殯庭での公的儀礼と位置付けられている。天武の殯宮には鸕野皇后が籠もり、草壁は喪主として公的儀礼に供奉したと対比的に位置付けるように、殯の全期間にわたり籠もる女性を強調する点が特色となっている。女帝即位との関係では皇位継承の争いを避け、これを鎮める便法とされるように、井上光貞や折口信夫以来の巫女的な「中継ぎ」女帝論を前提に論じられている。[57]殯宮の二分法的な理解については、河原での儀礼との連続性の観点や、喪屋（殯大殿）と殯庭（誄）が門（兵衛）と垣で囲われる一体的な構造からは、成立しにくい。

稲田奈津子は、こうした通説的な和田説に対して、殯宮に籠もった皇后に先帝の天皇権力が委譲されるという、いわゆる「忌み籠もる女性のイメージ」に疑問を提起した。[58]この和田説批判における「忌み籠もる女性」論の否定という論点を全面的に肯定しつつも、和田説の元キサキによる「殯宮の主宰」[59]という論点については、女帝即位に連続する権力的な分析に依拠すれば、異なる意味付けにより継承できると考える。ただし、代替わり時の固関を検討した岸俊男説を継承し[60]、先帝崩御により、皇権（天皇権力）の所在が不明瞭・不安定となり皇位継承の争いが起きやすい時期が殯期間とする分析視角は重要で、現在でも継承すべき論点と考える。

なお、モガリの主宰は前王の近親者が務めたと想定され、斉明死去時の中大兄のように女性に限定されないが、その機会は多かったと考えられる。当然ながら、通説のようにモガリの宮に主宰者が常時籠もる必要はないと考える。

殯宮の場所は、大局的にみれば、①宮外の殯宮→②宮の隣接地→③宮内の南庭へと場所が変遷し、伝統的な供奉殯宮事と奉誄の記事は、文武の葬儀が最後となる[61]。

元キサキによる「殯宮の主宰」を想定する主要な根拠としては、第一に大王の在位中において、キサキとしての輔政・共治は顕著に認められないことである[62]。たとえば、持統のキサキとしての執政実績の強調は、『漢書』『後漢書』皇后紀による潤色であり、明確な根拠とはならない[63]。

第二に、推古没後の混乱において「葬礼畢りぬ。嗣位未だ定まらず」（舒明即位前紀推古三十六年〈六二八〉九月条）とあることからすれば、通常はモガリの終了までに皇位継承者が決定していたと推測され、実例においてもモガリの最終段階での「皇祖等之騰極次第」と表現された誄による日嗣の奏上（嗣位の決定）がなされていたこと（持統二年〈六八八〉十一月乙丑条）が指摘できる。反対に用明天皇は「諒闇に居すと雖も、勤めざるべからず」という状況のため「即位と称せず」（『聖徳太子伝暦』）と評されたように殯終了以前の即位は正式な即位とはされていない[64]。

第三に、『日本書紀』編者の意識として「空位は一日だに空しかるべからず」（仁徳即位前紀）という認識があるにもかかわらず、モガリ期間のみの権力行使は「称制」などとは表現されないことが指摘できる。すなわち、モガリ期間における、元キサキによる行為は、「空位」とは認識されない慣習的かつ制度的な大王代行であったことになる。少なくともモガリ終了後も即位しなかった長期の「空位」事例のみを「称制」と称している[65]。

第四に、正史において女帝即位の前提として立太子記事が孝謙即位を例外としてみえないが、日嗣の誄により認定される男性のミコに対し、女帝はすでに「モガリの主宰」で権力的な認定がされていることが一つの要因として考えられる。皇統意識においては、母たるミオヤとしての即位であったことが別な要因として指摘できる[66]。四十歳以上のミオヤ的役割には、子孫を残すことを期待されておらず、女性尊属やミオヤの役割を考慮するならば「不婚」は強制されたわけではないと考えられる。

第五に、殯期間を中心とした空位時において、元キサキによる人格的権威を前提とした「宣・告・命」とも表現される「口勅」が多数発出されていることが指摘できる。「詔勅」と表現される権力的な発動がこの間に確認され、次期皇位継承者についての合意形成や指名がおこなわれている。これは殯宮においては生前と同じような群臣による奉仕関係が長期に継続することが背景にある。殯期間における殯宮の主宰者は前王と権力的に一体化した大王の代理的存在であったと位置付けられる。なお、モガリ期間中（空位時）における元キサキによる命令は、公式令的な国家意思の表明とは異なるが、前代的な共同意思たる「口勅」としての性格が強く、光明皇太后の詔、太上天皇の詔などと類似する[67]。一方、皇太子や皇后の令旨は国家大事に適用されない。これは兵馬の権限がない日本の皇太子監国の規定は天皇空位時には機能しないためである[68]。

第六に、中国における類似な事例として、漢の呂太后は宗廟社稷を奉じる存在であることから、つぎの帝位を定める資格があったことが指摘されている。これは、帝位を継ぐことにより血縁にない先帝との間に父子関係が発生し、それが母子関係にも及ぶことが前提にある[69]。ちなみに、同姓不婚が一般的であった中国と、族内近親婚が一般的であった倭国においては、少なくとも男系女子の位置付けは大きく異なり、嫡系継承においても孝謙女帝のように女子は必ずしも排除されておらず、元明から元正への母娘間の女系による継承も継嗣令に規定されるように忌避されていない。倭国の場合、男子に限定する中国とは男子嫡系継承の内実が異なり、その意味で男系女子の女帝は嫡系的継承の当事者であり、「中継ぎ」ではない。

以上のような根拠によれば、女帝出現の背景として、モガリの期間中に元キサキが大きな政治的役割を果たしており、それは前王の近親者としてモガリを主宰したことに求めるのが妥当と判断される。(70) ただし、キサキとしての輔政・共治は顕著に認められないこと、巫女的な「中継ぎ」女帝即位に連続する「忌み籠もる女性のイメージ」を否定する点において、大王との共同統治・輔政を大后制とする通説的な立場や、天皇霊の継承の立場から巫女的役割により殯宮を重視する立場とも、(71) また大王在世中の共同統治者の役割のみを否定し、大后権力の全否定をする議論とも異なっている。(72)

時系列的には、大王の在位中には顕著な執政の事例がないにもかかわらず、大王の不予時に、多くのミコとキサキの中から、持統と草壁、倭姫と大友、光明子と孝謙のように「有力なキサキと（ヒメ）ミコ」が選択されることは、相対的な序列が存在したことを想定させる。飯豊・春日山田・推古・皇極・間人・持統・元明の事例によれば、元キサキによる「詔勅」や次期大王指名が確認される。譲位が一般化した段階における空位解消の説明原理としてしばしば「称制」が用いられるが、日嗣の誄により後継者が決定されるモガリ期間のみは、称制とは呼ばれず、モガリの最終段階の日嗣の決定までは空位とは認識されていなかった。モガリ終了後において、後に即位した天智・持統には長期の即位前紀として「称制」の用語が用いられ、即位しなかった神功は摂政、飯豊は臨朝秉政という異なる位置付けがなされている。その最終段階までに次期継承者を決定する殯宮儀礼は、葬儀と皇位継承を一体的におこなう重要な儀礼として認識されていたことが知られ、有力な元キサキたる大后がそれを主宰したことは、その期間が空位と認識されていなかったことと表裏の関係があり、女帝の成立過程において重要な意味を有したと考えられる。

（2）元キサキの国政参与と「詔勅」

嫡妻制が確立せず、終身的な身位の継続が認められる段階では、大后はどのような範囲（元キサキと現キサキ）と基準（続柄・年齢・出自・実子の即位）で選定されるのかが問われる。王族内部における女性尊長としての立場とキサキ宮経営の実績により、執政能力が群臣に承認されれば、モガリ期間における次期大王の指名や一時的な大王代行を経ることにより、女帝の即位は、有力な王族たる大兄・皇弟（王弟）が四十歳以下の若年の場合、相対年齢においてより優先されたと考えられる。

即位条件としては年長であることが有利で、戸籍分析によれば戸主への任命も四十歳であることが指摘されており[73]、支配層に限定されない社会的慣行であった。ただし、留意すべきは男性はミコとしての資格で、女性は元キサキという資格により即位が可能であったことで、大兄に匹敵する有力なヒメミコの存在が七世紀には確認されないことである[74]。有力な王子たる厩戸王子や中大兄王子が即位できなかったのは、いかに優秀な資質を有していたとしても、女帝と比較して四十歳前後という適齢期より若年だからということになる（欽明は即位時に三十歳前後でも「幼年」と表現された）。女帝も男帝も即位年齢において性差がなかったことが指摘できる。日本古代では、王族内部の女性尊属の地位が高く、皇祖母・大后から女帝さらには太上天皇への展開を概観することができる。六世紀末において女帝が出現するのは、軍事的資質が求められた段階から血統的要素と年齢的要素が性差よりも重視されるようになった結果と考えられる。

殯期間を中心とした空位時において、元キサキによる人格的権威を前提とした「宣・告・命」とも表現される「口勅」が多数発出されていることは先述した。元キサキによる「詔勅」の実例としては、神功皇后（仲哀紀九年二月丁未条）、炊屋姫（用明紀元年〔五八六〕五月条・崇峻即位前紀用明二年〔五八七〕六月庚戌条）・鸕野讃良（草壁の死去後を含む）などがある。元キサキの序列がモガリの主宰者よりも優越していることが知られ、炊屋姫は用明の元キサキの間人穴穂部よりも上位のキサキ（年齢・先代キサキ・キサキ経験年数による）であった。

さらに重要なのは、皇太妃阿閇皇女による「天皇御㆓東楼㆒、詔召㆓八省卿及五衛督率等㆒、告以㆘依㆓遺詔㆒摂㆓万機㆒之状㆖」とみえる「詔」である（『続日本紀』元明即位前紀慶雲四年〔七〇七〕六月庚寅条）。これは即位前の皇太子令旨などとは異なり（三后とは異なり皇太妃には令旨の発給権限はない）[75]、即位以前の殯期間中に「天皇の詔」が出されている点が特異で、遺詔による「摂万機」の権限獲得後に天皇代理として執政していることが確認される。あくまで践祚や即位前の長期的執政を示す称制記事ではなく、文武のミオヤたる元キサキの天皇代行を示している[76]。とりわけ、直後の即位宣命に「不改常典」が初見することは重要で、「先帝意思」による即位を強調する「不改常典」は[77]、この記事を法的根拠としていると考えられる。機構を媒介にしない直接的な語り（口勅）による命令経路が機能したと考えられ、空位時の「詔」はミオヤたる元キサキの人格的権威を前提とした口勅で、しばしば「宣・告・命」とも表現され、共同意思の「詔」として機能した。文武でモガリが廃止され、次期大王の指名をおこなった元キサキの役割が変化したことにより、先帝意思の尊重を示す「不改常典」の出現が必然化したと考えられる。

譲位と太上天皇の出現については、まず皇極の場合が問題となるが、必ずしも制度化されたものではなく、皇太子制も譲位制もない段階には「中継ぎ」は存在せず、外交方針の対立による、強制的な退位であった可能性が指摘できる。新羅の対高句麗戦において唐からの新羅援軍の条件として女王を廃し唐王族を王とせよとの提案がなされていること、新羅では六四七年に「女王不能善理」を主張し女王の廃位を計画した「毗曇の乱」が発生していることを重視すれば、皇極女帝を擁する倭国にとっても、この提案は対岸の火事では済まなかったと考えられる。(78) 実質的には、大宝令で太上天皇が規定され、持統天皇から文武天皇への譲位がその初例となった。天皇の生前譲位を可能とした太上天皇の出現は、唯一の皇位継承予定者としての皇太子制の確立とともに、「制度化された権力」の重要な核を構成することとなった。この「制度化された権力」は、高度な政策決定能力と安定的皇位継承という二律背反的な要求、すなわち資質と血統の選択という究極的な課題に対して直系尊属関係に基づく共同統治として運営するものであった。

以上、古代ではモガリの主宰が女帝の成立を準備したこと、モガリの日嗣から先帝意思による不改常典への転換、譲位と太上天皇制が前近代において高度な政策決定能力と皇位継承の二律背反的なバランスを得るうえで大きな意味を有していたことなどを論じた。太上天皇制は「平城上皇の変（薬子の乱）」以後、尊号宣下（重祚の禁止）、後院の成立（公的政治権限の停止）、複数の院の成立などの変化により、家父長的な権威は持ちつつも天皇とは異なる「ただ人」となる。

七、皇太子制の成立

唯一の皇位継承予定者たる皇太子は律令制以前には存在しなかった。有力なミコが、摂政と皇位継承者を兼ねる強力なイメージは、皇族摂政の成立による近代の投影である（大正天皇の摂政となる皇太子裕仁が典型）。皇太子制の成立は、天武朝以降の天皇権力の集中および官僚機構の整備を背景に、王子宮の解体と天皇離宮化により可能となった。これによりミコたちは、皇太子と親王、東宮と親王家として二極分解し、唯一の皇位継承予定者として皇太子が成立した。ただし、皇太子・皇后は、天皇の通常の執政に問題がない場合にはその権力の自由な行使は制限され、天皇の病気・行幸時や死没時に安全弁として皇太子監国や称制という形で顕在化した。あくまで皇太子監国の規定は、天皇行幸時における緊急事態への超法規的対応であり、行幸時の皇太子権限と天皇死去後の皇太子臨時執政時の間には大きな断絶が存在した(79)。

聖武朝において、王権は新たな段階を迎える。第一に太上天皇との共同統治が天皇の即位年齢を低下させたこと、第二に草壁嫡系に男系女子が含まれたことで、男系に限定した近代の万世一系との違いが指摘できる。第三に聖武天皇や称徳天皇など出家の天皇が出現し、中世の法皇との違いが指摘できる。第四に先帝聖武が皇太子とした道祖王を、孝謙が廃太子したことで、先帝意思の尊重という「不改常典」の論理が否定され、淳仁（大炊王）即位には使用できなくなったことが指摘できる(80)。

おわりに

以上、前半では近代の皇統意識は伝統的なものではなく新たに創出されたものであること、後半では古代における女帝・皇太子・太上天皇の成立過程を論じ、王に求められる資質の変化から「制度化された王権」が構築されるプロセスを論じた。

註

（1）その全文は宮内庁のホームページ（https://www.kunaicho.go.jp/page/okotoba/detail/12〔二〇二四年十二月六日参照〕）に掲載されている。
（2）拙稿「太上天皇制の展開」（『古代王権と官僚制』臨川書店、二〇〇〇年、初出一九九六年）。
（3）堀裕「天皇の死の歴史的位置―「如在之儀」を中心に―」（『史林』八一―一、一九九八年）、同「死へのまなざし―死体・出家・ただ人―」（『日本史研究』四三九。一九九九年）。
（4）拙稿「律令国家論の現状と課題―畿内貴族政権論・在地首長制論を中心にして―」（『古代王権と官僚制』臨川書店、二〇〇〇年、初出一九九一年）、同「律令国家の王権と儀礼」（本書第三編第一章、初出二〇〇二年）。
（5）頼山陽『日本外史』の「王権之移二於武門一、始二於平氏一、成二於源氏一」とある記述を根拠とする。
（6）荒木敏夫「王権論の現在―日本古代を中心として―」（『日本古代王権の研究』吉川弘文館、二〇〇六年、初出一九九七年）、同『日本古代の王権』（敬文舎、二〇一三年）。
（7）岸俊男「光明立后の史的意義―古代における皇后の地位―」（『日本古代政治史研究』塙書房、一九六六年、初出一九五七年）。
（8）大平聡「〈書評〉荒木敏夫著『日本古代王権の研究』」（『日本古代の王権と国家』青史出版、初出二〇〇六年）、拙稿「書評と紹介　荒木敏夫著『日本古代王権の研究』」（『古文書研究』六五、二〇〇八年）。
（9）拙稿「留守官について」（舘野和己編『日本古代の都を探る』勉誠出版、二〇一五年）。
（10）拙稿「古代国家における都城と行幸―「動く王」から「動かない王」への変質―」（『古代王権と都城』吉川弘文館、一九九八年、初出一九九〇年）。
（11）石母田正『日本の古代国家』（『石母田正著作集』三、岩波書店、一九八九年、初出一九七一年）。
（12）長山泰孝「古代貴族の終焉」（『古代国家と王権』吉川弘文館、一九九二年、初出一九八一年）。
（13）拙稿「お札になった皇后―近代の女帝像―」（国立歴史民俗博物館『ＲＥＫＩＨＡＫＵ』一、二〇二〇年）。
（14）那珂通世「日本上古年代考」（三品彰英増補『上世年紀考』養徳社、一九四八年、初出一八八八年）など。

(15) 佐伯有清編『邪馬台国基本論文集』一(創元社、一九八一年)。
(16) 義江明子『つくられた卑弥呼―〈女〉の創出と国家―』(筑摩書房、二〇〇五年)、拙稿「宗教王としての卑弥呼」(設楽博己他編『儀礼と権力』弥生時代の考古学七、同成社、二〇〇八年)。
(17) 若桑みどり『皇后の肖像―明憲皇太后の表象と女性の国民化―』(筑摩書房、二〇〇一年)。
(18) 宮内庁編『昭和天皇実録』一(東京書籍、二〇一五年)、五九五~五九六頁。
(19) 奥平康弘『「萬世一系」の研究―「皇室典範的なるもの」への視座―』(岩波書店、二〇〇五)。
(20) 伊藤博文『帝国憲法・皇室典範義解』(国家学会、一八八九年)、伊藤博文編・金子堅太郎他校訂『帝室制度資料』上(『明治百年史叢書』一二八秘書類纂、原書房、一九七〇年)。
(21) 芦部信喜・高見勝利編著『日本立法資料全集』一皇室典範(信山社出版、一九九〇年)所引[資料五四]「皇室典範に関する想定問答」。
(22) 奥平康弘註(19)前掲書。
(23) 小林宏「井上毅の女帝否定廃止論―皇室典範第一条の成立に関して―」(梧陰文庫研究会編『明治国家形成と井上毅』木鐸社、一九九二年)。
(24) 鈴木正幸「明治以後、なぜ女性天皇は否定されたか」(『論座』四四、朝日新聞社、一九九八年)。
(25) 「女帝を立つるの可否(嚶鳴社討論筆記)」(遠山茂樹校注『天皇と華族』日本近代思想大系二、岩波書店、一九八八年)。
(26) 註(20)前掲書。
(27) 國學院大学図書館梧陰文庫蔵転写本。小林宏註(23)前掲論文。
(28) 横山由清・黒川真頼編『皇位継承篇』巻一〇(元老院、一九七八年)。国会図書館憲政資料室蔵牧野伸顕文書。国立国会図書館デジタルコレクション(https:/dl.ndl.go.jp/pid/780689)を参照した。
(29) 所功「資料紹介　小中村清矩稿『皇嗣例』」(『藝林』四七―一、一九九八年)。
(30) 「女主ノ皇位ヲ継承セシ大意」(註(28)前掲書、巻一〇)。

(31)「皇位継承余論」（註(28)前掲書、巻六）。
(32)松本三之介他校注『近世史論集』日本思想大系四八（岩波書店、一九七四年）。
(33)なお、本居宣長の意改した「嗣」は写本では副とあり、ことさらに後見役とする解釈もあるが、「副えしめん」と訓み、直線的なものから離れないの意で、女子による継承と理解される。
(34)註(25)前掲書。
(35)大川真「安積澹泊『大日本史賛藪』について」（『日本思想史』八一、二〇一四年）、同「十八・十九世紀における女性天皇・女系天皇論」（『SGRAレポート』九〇、二〇二〇年）。
(36)藤田大誠『近代国学の研究』（弘文堂、二〇〇七年）。
(37)小中村清矩「女帝論」（『東京学士会院雑誌』一一―四、一八八九年）は、講演録であるが、小中村による女帝論の要旨がまとめられている。
(38)所功「紹介　小中村清矩『女帝考』」（『近現代の「女性天皇」論』展転社、二〇〇一年、初出一九九八年）。
(39)拙稿「七世紀の王権―女帝即位と東アジア情勢―」（拙編『古代王権の史実と虚構』古代文学と隣接諸学三、竹林舎、二〇一九年）。
(40)小林宏・島善高編『明治皇室典範〈明治二十二年〉』上〈日本立法資料全集一六〉（信山社出版、一九九六年）所引［資料四二］「王室家憲答議（ロエスレル）」。
(41)喜田貞吉「女帝の皇位継承に関する先例を論じて、『大日本史』の「大友天皇本紀」に及ぶ」（『喜田貞吉著作集』三、国史と仏教史、平凡社、一九八一年、初出一九〇四年）。
(42)井上光貞「古代の女帝」（『井上光貞著作集』一、岩波書店、一九八五年、初出一九六五年）。
(43)拙稿「日本史における女帝の意味」（『古代王権と支配構造』吉川弘文館、二〇一二年、初出二〇〇六年）。
(44)原武史『皇后考』（講談社、二〇一七年、初出二〇一五年）、三浦周行「神功皇后ヲ皇代ニ列スベキヤ否ヤニツキテノ意見及長慶院天皇ヲ皇代ニ列スベキヤ否ヤニツキテノ意見」（国立国会図書館憲政資料室蔵平沼騏一郎関係文書、資料番号五八一の三）。

(45) 石田一良「『愚管抄』と『神皇正統記』」(『愚管抄の研究―その成立と思想―』ぺりかん社、二〇〇〇年、初出一九七六年)、河内祥輔『中世の天皇観』(山川出版社、二〇〇三年)。

(46) ただし、『愚管抄』巻三では神功皇后の摂政について「男女ニヨラズ天性ノ器量ヲサキトスベキ道理」を強調する。

(47) 宮内庁書陵部蔵伏見宮文書、『鎌倉遺文』三〇九三八号文書。

(48) すでに『神皇正統記』においても、すべての直系天皇に「世」代が表記されていないことを重視して、「やむを得ず付した記号」であり、「世」と「代」が一致することが望ましかったとの見解がある(松山和裕「『神皇正統記』における世数表記についての考察」〔『日本思想史研究』四三、二〇一一年〕)。ただし、「世」表記がないことをもって、不即位は欠番とまで断定することはできず、「世」の限定された記述と通番記載のあり方は、北畠親房における理想と現実が混在した矛盾的な表現として理解される。

(49) 藤井讓治「八月二日付徳川秀忠仮名消息をめぐって」(大野瑞男編『史料が語る日本の近世』吉川弘文館、二〇〇二年)によれば、当該史料は寛永五年(一六二八)のもので、『東武実録』ではなく「江戸幕府朱黒印内書留」とする。

(50) 高埜利彦「近世の女帝ふたり」(『別冊文藝・天皇制』河出書房新社、一九九〇年)。

(51) 野村玄「寛永期の政治過程と女帝明正天皇」「後西天皇の譲位と「天子御作法」」(『日本近世国家の確立と天皇』〔清文堂出版、二〇〇六年、初出二〇〇一・二〇〇二・二〇〇四年〕、村和明「明正上皇の御所と江戸幕府」「天皇・上皇の四方拝と「政務」」(『近世の朝廷制度と朝幕関係』東京大学出版会、二〇一三年、初出二〇〇八・二〇〇九年)。

(52) 拙稿「古代女帝の成立―大后と皇祖母―」(『古代王権と支配構造』吉川弘文館、二〇一二年、初出二〇〇三年)、同『女帝の世紀―皇位継承と政争―』(角川文芸出版、二〇〇六年)、同「殯宮儀礼の主宰と大后―女帝の成立過程を考える―」(本書第三編第二章、初出二〇一二年)。

(53) 小林敏男「女帝考」(『古代女帝の時代』校倉書房、一九八七年)、荒木敏夫『日本古代の皇太子』(吉川弘文館、一九八五年)。

(54) 拙稿「王統譜の形成過程について」(小路田泰直・広瀬和雄編著『王統譜』青木書店、二〇〇五年)。なお、新羅の善徳女王の即位事情についても、倭国と同じく双系的社会を前提に、後代に「聖骨」とされる血統の濃さが問題とされ、約四十五歳という年齢(後の武烈王となる金春秋は約三十歳)、前王真平王や国人の推挙、説話として残されるすぐれた資質などにより決定されたと考えられる。「匹」と称される配偶者がいたことも注目される。
(55) 仁藤智子「女帝の終焉—井上・酒人・朝原三代と皇位継承—」(『日本歴史』八三七、二〇一八年)は、内親王皇后たる井上内親王の廃后が女帝終焉の大きな契機とする。
(56) 和田萃「殯の基礎的考察」(『日本古代の儀礼と祭祀・信仰』上、塙書房、一九九五年、初出一九六九年)、同「飛鳥・奈良時代の喪葬儀礼」(同前、初出一九八二年)、同「殯宮儀礼の再分析」(同前、初出一九八〇年)。
(57) 折口信夫「女帝考」(『折口信夫全集』二〇、神道宗教篇、中央公論社、一九五六年)、井上光貞註(42)前掲論文。
(58) 稲田奈津子「殯儀礼の再検討」(『日本古代の喪葬儀礼と律令制』吉川弘文館、二〇一五年)。
(59) 一般的な「主催」ではなく、ことさらに「主宰」の用字を用いるのは、「大后」の人の上に立つ役割を重視するためである。
(60) 岸俊男「元明太上天皇の崩御—八世紀における皇権の所在—」(『日本古代政治史研究』塙書房、一九六六年、初出一九六五年)。
(61) 拙稿「倭国における政治空間の成立—都市と王権儀礼—」(『唐代史研究』二〇、二〇一七年)、三上真由子「日本古代の喪葬儀礼に関する一考察—奈良時代における天皇の殯期間の短期化について—」(『奈良史学』二三、二〇〇五年)。
(62) 拙稿「古代女帝の成立—大后と皇祖母—」(註(52)前掲書)、同註(8)書評、遠藤みどり「〈大后制〉の再検討」(『日本古代の女帝と譲位』塙書房、二〇一五年、初出二〇一一年)。
(63) 義江明子「古代女帝論の過去と現在」(『日本古代女帝論』塙書房、二〇一七年、初出二〇〇二年)。
(64) 岸雅裕「用明・崇峻期の政治過程」(『日本史研究』一四八、一九七五年)、八木充「日本の即位儀礼」(井上光貞他編『東アジア世界における日本古代史講座』九、学生社、一九八二年)。

(65) 本多辰次郎「称制の弁」(『歴史地理』二四―三、一九一四年)、米田雄介「践祚と称制―元明天皇の場合を中心に―」(『続日本紀研究』二〇〇、一九七八年)、坂口彩夏「元明天皇の即位に関する一考察―称制や空位時の天皇代理執政からみる女帝―」(『日本古代学』七、二〇一五年)。

(66) 拙稿「聖武朝の政治と王族―安積親王を中心として―」(大久間喜一郎編『家持の争点』二、高岡市万葉歴史館、二〇〇二年)、同「宣命」(平川南他編『文字と古代日本』一支配と文字、吉川弘文館、二〇〇四年)。

(67) 拙稿「太上天皇制の展開」(『古代王権と官僚制』臨川書店、二〇〇〇年、初出一九九六年)、同「太上天皇の「詔勅」について」(吉村武彦編『律令制国家と古代社会』塙書房、二〇〇五年)。

(68) 拙稿註(9)前掲論文。

(69) 谷口やすよ「漢代の皇后権」(『史学雑誌』八七―一一、一九七八年)。

(70) 要旨は拙稿「殯宮儀礼の主宰と大后―女帝の成立過程を考える―」(歴博共同研究「日本列島社会の歴史とジェンダー」ニューズレター四、二〇一七年)。

(71) 吉田晶「古代国家の形成」(朝尾直弘他編『岩波講座日本歴史』二、一九七五年)、小林敏男「大后制の成立事情」(『古代女帝の時代』校倉書房、一九八七年、初出一九八一年)、荒木敏夫「日本古代の大后と皇后―三后論と関連させて―」(『日本古代王権の研究』吉川弘文館、二〇〇六年)。

(72) 遠藤みどり前掲註(62)論文。

(73) 田中禎昭「古代戸籍と年齢原理」(『日本古代の年齢集団と地域社会』第一部第三章、吉川弘文館、二〇一五年)。

(74) 大平聡「日本古代王権継承論」(『日本古代の王権と国家』青史出版、二〇二〇年、初出一九八六年)、同「女帝・皇后・近親婚」(同前、初出二〇一二年)は、「当面の爆発を回避するため」、敏達・用明・崇峻と同一世代であることを最大の理由として推古が押し出されたとする「世代内継承論」を論じ、「中継ぎ」否定論においても一定の支持がなされている。だが、「ヒツギノヒメミコ」が存在しないことから「王位継承候補の枠外」で「第三の立場」とする説明は(荒木敏夫『可能性としての女帝』青木書店、一九九九年)、女帝を含めた場合、本来の世代内継承論とはやや異なる説明となる。ミコの継承に限定すれば妥当性を認められるが、婚姻により世代が変化するとの説明は明瞭さを欠き、異なる世代の皇極や持統・元明の即位が純粋な世代内継承論ではうまく説明できない。ミコとは異なるミオヤ・元キサキによる要素が必要なのはこうした理由による。
(75) 拙稿「平城宮の中宮・東宮・西宮」(『古代王権と都城』一九九八年)。
(76) 米田雄介・坂口彩夏註(65)前掲論文。正確には草壁皇子の天皇扱いは遅れるが、「皇大妃」への食封(『続日本紀』大宝元年〔七〇一〕七月条壬辰条)、「皇太妃宮職」木簡(『藤原宮木簡』三―一〇六五・一〇六六・一六三五号、一九八〇年)によれば、文武のミオヤ、草壁のキサキという地位はすでに大宝期以降において確立していた(拙稿註(66)前掲論文)。
(77) 拙稿註(66)前掲論文。
(78) 拙稿「外交拠点としての難波と筑紫」(本書第二編第三章、初出二〇一六年)。
(79) 拙稿註(9)前掲論文。
(80) 原科颯「「不改常典」法に関する一考察」(『慶應義塾大学大学院法学研究科論文集』五八、二〇一八年)。なお、元明から元正への継承に不改常典の文言はないが、「受禅」(即位漢文詔)は先帝意思による譲位であり、「皇帝の位を内親王に伝ふ」は「朕の意に称ふ」(譲位漢文詔)ともあり、「和文宣命」の不改常典に相当する先帝意思による宣言と位置付けられる。

第一編　世襲王権の成立

―五・六世紀―

第一章　欽明期の王権と出雲

はじめに

本章では、前半において欽明期におけるヤマト王権支配機構の発展段階を明らかにし、後半では当該期における出雲地域の様相をヤマト王権との関係において論じたい。全体を概観するならば、まず欽明期における大きな変革は血縁継承の開始と連動した一系的な王統譜の形成が開始されたことである。さらに政治基調としては「倭の五王」段階に顕著であった「外向きの軍事王」と評価される外交・軍事中心から内政の重視への転換がみられる。具体的には対百済外交の転換であり、百済王族や五経博士の定期的な交替派遣と仏教に象徴される先進文物の提供という「質」と「賂」を中心とした時代に転換したことが指摘できる。一方で、ミヤケ制・国造制・部民制という国内支配制度の整備による内政の充実がおこなわれ、これと並行して神話と系譜、および神祇制度といったイデオロギー的な整備も実施された。

一方、当該期の出雲地域においては、意宇と杵築の東西二大勢力を出身母体とするプレ出雲臣から任命された出雲国造により、不十分ながら一つの出雲国が国造国として形成された。しかしながら、実質的には「二所大神」と二系統の出雲臣伝承に象徴される東西出雲の不統一は継続し、出雲大社を統合の核として七世紀以降に内実化すると考えられる。『出雲国風土記』に記載された欽明期における二つの日置部設置記事は、「二所大神」と二系統の出雲臣伝承と対応して、ヤマト王権の介入により出雲地域を統合する「政」＝祭祀への奉仕を開始したことを示しているると考えられる。(1)

一、継体・欽明期の政治基調

（1）継体朝の変革

継体の活躍した五世紀後半から六世紀前半にかけては、古代国家の形成過程において大きな転換期に位置していた。(2)従来の「外向き」の体制から内政の充実に大きく変化する時期に相当する。「倭の五王」段階までのヤマト王権は、軍事指導者としての力で諸豪族に対する統率力を強めて鉄資源や先進文物を再配分するという「外向き」の支配体制により運営されていた。ところが、雄略期以降には、対外的影響力の低下、政権内部の混乱、地方豪族の反乱などにより、「外向き」の支配体制の弱点が暴露され、内政の充実が急速に図られることとなる。「倭の五王」段階に顕著であった外向きの「軍事王」としての性格は、対外的な軍事活動の失敗により、新たに卓越した軍事指導者を求めて王や王系を交替させうるという不安定性を絶えず内包していたと考えられる。継体朝前夜のヤマト王権においては、すでに加耶の小国群をも含めて朝鮮諸国の国家的な成熟により、従来のような卓越した軍事的・外交的成果が得られなくなっていた。したがって当該期のヤマト王権は、こうした構造的矛盾の克服が急務となっていたと考えられる。(3)

戦前の「万世一系」の考え方を否定した戦後の古代史研究では、継体朝前後の政治過程において「王朝交替」

「二朝対立」や「内乱」「反乱」などを想定する見解が多くみられたように、こうした転換は必ずしも平和的にではなく内外の軍事的・政治的緊張状態のもとでおこなわれたと考えられている。なぜ当該期にこうした緊張状態が惹起したのかを検討することが重要である。

継体朝の位置付けについては、即位の異常さから「万世一系」を否定する新王朝であることが強調されてきたが、継体に求められた政治的課題の中身について言及されることはこれまで少なかった。また継体死後の紛争、いわゆる「辛亥の変」(4)においても有力氏族の対立構図に矮小化され、どのような矛盾や政治的課題による対立であったかは十分議論されてこなかった。

『日本書紀』によれば、「継体紀」のほとんどは外交記事で占められており内政記事はほとんど存在しない。そのため、継体がどのような政治的活動をおこなったのかについては不明な点が多い(5)。ただ、状況証拠からすれば継体朝は、従来の「外向き」の体制から内政の充実に大きく変化する時期に相当する。継体に求められた「軍事王」としての役割は、半島からの先進文物の安定的供給であり、その点に支配層の最大の期待があったと考えられる。卓越した軍事指導者を求めての王系の交替という点では、朝貢しない新たな王系という点を除けば、「倭の五王」段階の倭王と質的な断絶は存在しなかったことになる。

即位前の継体の政治的位置を示す史料として注目されているのは、隅田八幡神社所蔵の人物画像鏡にみえる「斯麻」が、「意柴沙加宮」にいた「孚弟王」のために鏡を造らせたとある記述である。「癸未年」については、四四三年説と五〇三年説が対立しているが、「費直」というカバネが使用されていることから前者に比定することは無理があり、五〇三年説が妥当である。「斯麻」を即位直後の百済武寧王、「孚弟王」を継体に比定する説に従うならば(6)、大和の「意柴沙加宮」にいた即位前の継体と百済王との交渉が確認され、政治・外交上の意味は重大となる。こうした解釈を前提とすれば、即位前の継体はすでにヤマト王権内部において有力な構成メンバーであり、大和の「意柴沙加宮」にも拠点を有していたこととなる。加えて、継体に求められていた軍事・外交上の卓越した資質を考えるうえで、百済王と対外的な交渉窓口を有していたことは重要である。この点からも、通説のような「継体紀」の宮室伝承から継体の「大和入り」が遅れたと位置付ける議論は再検討が必要と考える。

もう一つ重要な点は、勾金橋宮において壮年に達していた勾大兄王子による政治的補佐が比較的早期から開始されていたことである。すなわち、継体六年（五一二）に勾大兄王子が「任那四県」の割譲に反対した記事があり（継体紀六年十二月条）、七年には勾大兄が春日王女と婚姻し、「立太子」した記事があるのが注目される（継体紀七年九月条・同十二月条）。「立太子」記事自体には信憑性はないが、継体との年齢差が少ないことや、勾大兄という名称と勾金橋宮の宮号が一致することから、安閑の即位前に経営した王子宮が即位後に大王宮に昇格した経緯が想定され、勾大兄が継体朝の早い時期から政治に関与していたことが想定される。なお、継体二十三年（五二九）に没した巨勢男人大臣は（継体紀二十三年九月条）、奈良時代に継体・安閑両朝における大臣であったとの伝承がある（『続日本紀』天平勝宝三年（七五一）二月己卯条）。一見すると矛盾しており紀年の混乱と解釈されることもあるが、勾大兄が継体の晩年には実質的に政権を担当していたことを端的に示す事実であると考えられる。また継体没時の混乱において、

『日本書紀』継体二十五年（五三一）十二月庚子条

葬二于藍野陵一。〈或本云、天皇、廿八年歳次甲寅崩。而此云二廿五年歳次辛亥崩一者、取二**百済本記**一**為**レ**文**。其文云、太歳辛亥三月、師進二至于安羅一、営二乞乇城一。是月、高麗弑二其王安一。又聞、**日本天皇及太子皇子、倶崩薨**。由レ此言、辛亥之歳当二廿五年一矣。後勘校者、知之也。〉

とあるように「日本天皇及び太子の皇子、倶に崩薨りましぬ」と「百済本紀」に記載されているのは、継体朝後半の政治が、すでに継体を後ろ盾として勾大兄王子（安閑）を中心に運営され、両者が一心同体であったことを背景に考えれば、継体の死により勾大兄王子が群臣の支持を失い、その政治的失脚と直後の短い治世を重ね併せて「倶に崩薨りましぬ」と表現されたとしても不自然ではないと思われる。

（2）外交路線の対立と「辛亥の変」

継体朝前後の朝鮮半島情勢は、加耶諸国に対する新羅と百済による東西からの軍事的圧力が強化された時期にあたり、加耶諸国はその独立を維持するために倭国・高句麗を含む周辺諸国との連携を期待する外交を展開していた(7)。倭国は南部の加耶諸国とは古くから密接な交流があり倭系の人々が多く居住していた。百済や新羅の加耶諸国への侵攻に対して、倭国は軍事的強硬策をとる立場と、現状維持による先進文物の安定的供与を重視する立場が存在したと考えられる。継体朝では、大王継体に対する「軍事王」としての期待から、前者の軍事強硬策の立場が前面に出ており、継体と勾大兄王子、さらには継体を擁立した大伴氏などがこの主張をリードしたと考えられる。

継体は近江臣毛野を将軍として対新羅戦への派遣を計画し(8)、後には「任那王」の要請による百済との交戦記事もみえている（継体紀二十四年九月条）。勾大兄王子は「任那四県の割譲」を強硬に反対している（継体紀六年十二月条）。大伴氏も宣化朝に「任那」救援の軍を派遣したと伝えている（宣化紀二年〔五三七〕十月壬辰条）。近江臣毛野が百済とも交戦した点を重視するならば、百済・新羅の軍事的圧力に対して加耶諸国の独立維持をはかる「任那王」の「乞師」（派兵要請）を根拠にして、百済郡令・城主を「日本府」に隷属させる要求をするなど（欽明紀四年〔五四三〕十一月甲午条）、百済に対する軍事的・外交的主体性を維持するのが倭国の基本方針であったと考えられる（継体紀二十三年四月戊子条）。後にも倭臣の印岐弥が新羅だけでなく百済を討とうとしていたことが聖明王の言として記載されているように（欽明紀五年〔五四四〕十一月条）、必ずしも百済一辺倒ではなかった。九州筑紫の「那津官家」に対する諸国屯倉からの食料集積はこうした軍事対決路線における後方兵站基地としての役割があったことは明らかである（宣化紀元年〔五三六〕五月辛丑条）。安閑・宣化期にみえる諸国屯倉の集中的な設置記事はこうした背景で理解すべきと考えられる。[9]

一方、欽明と蘇我稲目は、新羅と狛国が同心・通謀し、安羅を討つ策謀を疑い、昔、雄略朝に百済が高麗のために攻められ滅亡しそうになった故事を想起して高句麗の強大化を恐れている。

『日本書紀』欽明十四年（五五三）八月丁酉条

新羅与二**狛国**一通レ謀云。……

『日本書紀』欽明十五年十二月条

今**狛**与二斯羅一、同レ心戮レ力。

『日本書紀』欽明十六年二月条

蘇我卿曰、昔在天皇大泊瀬之世、汝国為二**高麗**一所レ逼、危甚二累卵一。

この時期には、高句麗をしばしば強大な敵として「強敵」「北敵」「狛賊」と表現し、「任那」や倭国と共同して戦う必要がある相手として表現されている。

『日本書紀』欽明五年十一月条

唯庶剋済二多難一、殲二撲**強敵**一。凡厥凶党、誰不レ謀レ附。**北敵強大**、我国微弱。

『日本書紀』欽明九年（五四八）四月甲子条

宜下共二任那一、依二前勅一、戮レ力倶防二**北敵**一、各守上所レ封。

『日本書紀』欽明九年六月壬戌条

朕聞、汝国為二**狛賊**一所レ害。宜下共二任那一、策励同レ謀、如レ前防距上。

『日本書紀』欽明十一年（五五〇）二月庚寅条

朕聞、**北敵強暴**。故賜二矢卅具一。庶防二一処一。

北の脅威を歴史的にも強調することにより、加耶諸国の併呑や倭国の派兵を要求するのが百済の外交方針であり、欽明と蘇我稲目も、その認識を共有していたと考えられる。

しかし、救兵の派遣を延期するなど、加耶諸国への軍事介入には消極的であった。

『日本書紀』欽明十年（五四九）六月辛卯条

所レ乞軍者、依レ願停之。

倭国に要請した軍兵は百済王の自由にさせ、倭国兵の衣服や食糧を百済に負担させるなど、加耶諸国に対する軍事・外交権を百済に委任するかわりに、百済の聖明王から仏教公伝や五経博士の渡来など、安定的な先進文物の供給を約束させ、そのことにより王権の維持強化を模索したと考えられる。

『日本書紀』欽明十四年六月条

勅云、所レ請軍者、随二王所一レ須。

『日本書紀』欽明十四年八月丁酉条

所レ遣軍衆、来二到臣国一、衣糧之費、臣当二充給一。来二到任那一、亦復如レ是。若不レ堪レ給、臣必助充、令レ無二乏少一。

『日本書紀』欽明十三年（五五二）十月条

百済聖明王、〈更名聖王。〉遣二西部姫氏達率怒唎斯致契等一。献二釈迦仏金銅像一軀・幡蓋若干・経論若干巻一。

時には現状維持を求めて新羅に対する柔軟な対応も模索されている。

『日本書紀』欽明二年（五四一）七月

百済聞下安羅日本府与二新羅一通上計。

中国の古典である『春秋左氏伝』などの記載によれば、政治的約束を守る人的保証としての「質」は、宗教的・呪術的拘束力を持つ「盟」および財貨の供与たる「賂」と密接な関係を持ち、三者は一体として春秋時代の国際政治の場面で機能していたとされる(10)。

百済からの王族・貴族による定期的な「質」は請兵使という外交使節としての性格が強く、「質」と同時にもたらされた五経博士・僧侶などの定期的な渡来は「賂」としての性格を考慮する必要がある。百済からの仏教公伝は、乞師と先進文物との交換という重要な要素として機能した(11)。

『古語拾遺』にみえる三蔵検校伝承には、三韓からの貢献が絶えないので蘇我氏の主導により大蔵・内蔵を分置したとある。

『古語拾遺』長谷朝倉朝条

自レ此而後、諸国貢朝、年々盈溢。更立二大蔵一、令三蘇我麻智宿禰、検二校三蔵一。〈斎蔵・内蔵・大蔵。〉秦氏出二納其物一、東西文氏勘二録其簿一。是以漢氏賜レ姓、為二内蔵・大蔵一、今秦・漢二氏、為二内蔵・大蔵主鎰・蔵部一之縁也。

さらに、蘇我入鹿殺害の契機となった蘇我倉山田石川麻呂による三韓進調の上表文の記載は、大蔵・内蔵の管理を前提とする先進文物の独占状況を示し、満智―韓子―高麗という渡来系との関係を想定させる祖先系譜も語られている。すなわち、蘇我氏が朝鮮半島諸国からの貢献物の管理運営により勢力を拡大したことは、その政治的立場をあらわすもので、百済からの先進文物の外交的窓口として蘇我氏が果たしていた役割の大きさを示すものである。とりわけ、蘇我馬子が飛鳥寺の建立に際して「百済服」を着用したことは、百済との密接な関係を表象している。

『扶桑略記』推古元年（五九三）正月条

　嶋大臣幷百余人皆着二百済服一。観者悉悦。

こうした現状維持・先進文物導入派的立場は欽明九年（五四八）以降明確化してくる。

以上によれば、継体・欽明朝の主要な政治課題は対朝鮮外交であり、軍事的・外交的強硬策による解決を模索していたと位置付けることができる。ただし、諸豪族たちはヤマト王権からの先進文物の分配を望んではいたが、継体朝以降に強化された過重な屯倉からの収奪や軍役には不満であり、対外的な出兵の拠点とされた筑紫における「磐井の乱」も過重な負担を背景にして新羅との提携により独立を謀ったと考えられる。

対外的に強硬策をとる継体朝の外交路線に対しては、諸豪族の負担増や「磐井の乱」を背景に、路線の変更を求める声が増加していったと想定され、継体没後のいわゆる「辛亥の変」はこうした路線対立により発生したと考えられる。

継体は、「倭の五王」と同じく「軍事王」としての資質を大伴氏などに期待されて即位した。彼は、摂津地域を根拠地としつつも、越前や近江、さらには尾張・美濃などとの広範な首長間交流を持ち、即位前からヤマト王権の有力な構成員の一人であったが、従来の主要な王系には属していなかった。独立の維持をはかる加耶諸国と協調し、新羅・百済との軍事対決路線を推進したが、結局両国の伽耶地域への軍事的侵攻を阻止することはできなかった。

没後の混乱であるいわゆる「辛亥の変」も、磐井の乱に代表されるように、軍事強硬路線による軍役負担の増加に耐えられなくなった在地豪族層の不満を背景とするもので、継体の主導した路線は否定され、やがて百済へ軍事外交権を委譲することで、安定的先進文物の提供を受ける欽明と蘇我氏に主導された穏健的な路線が支持され、推古朝にいたる内政の充実に向かうこととなる。

（3）屯倉記事集中の背景

つぎは安閑・宣化期における屯倉記事集中の問題を外交上の緊張関係から論じる。安閑・宣化紀には、有名な二六屯倉の設置記事をはじめとして、多くの記事が集中している。(12)

『日本書紀』安閑二年（五三五）五月甲寅条

置二筑紫穂波屯倉・鎌屯倉、豊国滕碕屯倉・桑原屯倉・肝等屯倉〈取レ音読。〉・大抜屯倉・我鹿屯倉〈我鹿、此云二阿柯一。〉・火国春日部屯倉・播磨国越部屯倉・牛鹿屯倉。備後国後城屯倉・多禰屯倉・来履屯倉・葉稚屯倉・河音屯倉・婀娜国胆殖屯倉・胆年部屯倉・阿波国春日部屯倉・紀国経湍屯倉〈経湍、此云二俯世一。〉・河辺屯倉・丹波国蘇斯岐屯倉〈皆取レ音。〉・近江国葦浦屯倉・尾張国間敷屯倉・入鹿屯倉・上毛野国緑野屯倉・駿河国稚贄屯倉一。

この時期に集中的に屯倉記事が記載されている点については、津田左右吉以来、作為的に集めたとの見解が有力であるが、那津官家へ諸国の屯倉の穀を運んだとの記載を重視するならば、当該期における対外的緊張がその背景に想定される。(13)

『日本書紀』宣化元年（五三六）五月辛丑朔条

詔曰、食者天下之本也。黄金万貫、不レ可レ療レ飢。白玉千箱、何能救レ冷。夫筑紫国者、遐邇之所二朝届一、去来之所二関門一。是以、海表之国、候二海水一以来賓、望二天雲一而奉レ貢。自二胎中之帝一、洎二于朕身一、収二蔵穀稼一、蓄二積儲糧一。遥設二凶年一、厚饗二良客一。安レ国之方、更無レ過レ此。故、朕遣二**阿蘇仍君**一〈未詳也。〉加運二**河内国茨田郡屯倉之穀**一。**蘇我大臣稲目宿禰**、宜下遣二**尾張連**一、運中**尾張国屯倉之穀**上、**物部大連麁鹿火**、宜下遣二**新家連**一、運中**新家屯倉之穀**上、**阿倍臣**、宜下遣二**伊賀臣**一、運中**伊賀国屯倉之穀**上。**修**二**造官家**、**那津之口**一。又其筑紫・肥・豊、三国屯倉、散在二懸隔一。運輸遥阻。儻如須要、難二以備一レ率。亦宜下課二諸郡一分移、聚二建那津之口一、以備二非常一、永為中民命上。早下二郡県一、令レ知二朕心一。

すなわち、先述したように百済や新羅の加耶諸国への侵攻に対して、倭国には軍事的強硬策をとる立場と現状維持による先進文物の安定的供与を重視する立場が存在したが、継体朝では「軍事王」としての期待から、前者の軍事強硬策の立場が前面に出ており、継体と勾大兄、さらには継体を擁立した大伴氏などがこの主張をリードした。九州筑紫の「那津官家」に対する諸国屯倉からの食料集積はこうした軍事対決路線における後方兵站基地としての役割があった。安閑・宣化期にみえる諸国屯倉の大量設置記事はこうした背景で理解すべきと考えられる。

以後、宣化朝には大伴磐の軍勢が「筑紫」に留まり「三韓」に備えたとあり（宣化紀二年〔五三七〕十月壬辰条）、欽明朝には内臣らの軍勢が「筑紫」に駐留し、「軍数一千・馬一百匹・船四十隻」が出撃し（欽明紀十五年〔五五四〕正月丙辰・五月戊子条）、また阿倍臣らが「筑紫国船師」を率い、さらに筑紫火君が「勇士一千」を率いて出撃している（同十七年〔五五六〕正月条）。とりわけ崇峻朝から推古朝にかけては、二万余の軍勢が約四年間も「筑紫」に駐留している（崇峻紀四年〔五九一〕十一月壬午・推古紀三年〔五九五〕七月条）。このように以後、しばしば筑紫にヤマト王権の軍隊が大規模かつ長期に駐留することが可能になった前提には、「以備二非常一」ために「筑紫・肥・豊、三国屯倉」を中心に諸国から「那津官家」へ兵糧米が集積される体制が整備されたことを想定しなければならない。少なくとも二万人以上の兵士を約四年間も駐留できるだけの兵站能力が宣化朝以降に「那津官家」を中心に整備されていたことが確認される(14)。

筑紫君が献上した「糟屋屯倉」については、新羅征討伝承と関係が深い香椎廟が位置する筑前国糟屋郡に比定され、まさに「那津官家」と近接した場所に想定されている。磐井は筑紫を本拠として火・豊国にも勢力を伸ばし、「新羅知レ是、密行二貨賂于磐井所一。……磐井掩二拠火・豊二国一、勿レ使二修職一。外邀二海路一、誘二致高麗・百済・新羅・任那等国年貢レ職船一」（継体紀二十一年〔五二七〕六月甲午条）とあるように、新羅を中心とする国々との外交や貿易があったとされ、その窓口として博多湾に拠点を有していたと想定される(15)。さらに「妙心寺鐘銘」によれば、糟屋評に屯倉の貯蔵米を精白する職掌を有した「春米連」が居住したことが確認される(16)。筑紫君磐井は、独自の外交拠点を糟屋地域に有し、朝鮮諸国との交易や出兵の拠点として使用していたが、滅亡後はヤマト王権に接収され、那津官家を中心とするミヤケのネットワークに組み込まれ、一元化的に運用されるようになったと考えられる。筑紫君葛子が、父の罪に連座することを恐れて糟屋屯倉を献上したと伝承されるのは、糟屋屯倉が筑紫君の外交拠点として重要な意味を持ち、それを献上することはヤマト王権への服属において象徴的な意味があったからであろう。一方で、この献上により、ヤマト王権は北九州の外交軍事の拠点を一元的に運用することが可能となり、朝鮮半島に対し、大軍を長期に筑紫に駐屯させることが可能な体制が確立したと評価される。

ちなみに、軍事的な兵糧米として大量の精米製造を担当したのが春米部であり、兵站基地としての屯倉周辺に春米部が設定されることは当然視される。春米部は、糟屋屯倉の「春米連」だけでなく、大宝二年（七〇二）の「筑前国戸籍」によれば「那津官家」を挟んで反対側の嶋郡にも確認され、推古朝に撃新羅将軍来目王子の軍勢が嶋郡に駐屯して、船舶を集めて「軍糧」を運ばせたとある記述と対応する（推古紀十年（六〇二）四月戊申条）。さらに、河内茨田屯倉にも舂米部が設置されているが（仁徳紀十三年九月条）、宣化朝に阿蘇君に命じて、筑紫へ「河内国茨田郡屯倉之穀」を運ばせた記載と対応する。[17] 屯倉と舂米部のセットにより兵糧米を用意し、「那津官家」を中心とする北九州の諸屯倉に集積する体制を構想したと考えられる。

欽明期までの倭国から百済への援軍の内実は、筑紫の兵であった。[18]

『日本書紀』雄略二十三年四月条

百済文斤王薨。天皇以二昆支王五子中、第二末多王幼年聡明一、勅喚二内裏一、親撫二頭面一、誡勅慇懃、使レ王二其国一。仍賜二兵器一、并**遣**二**筑紫国軍士五百人**一、衛二送於国一。是為二東城王一。

『日本書紀』雄略二十三年是歳条

百済調賦益二於常例一。**筑紫安致臣**・馬飼臣等、率二船師一以撃二高麗一。

『日本書紀』継体六年四月丙寅条

遣二穂積臣押山一、使二於百済一。仍賜二**筑紫国馬卅匹**一。

『日本書紀』欽明十五年十二月条

有至臣所二将来一民**竹斯物部**莫奇委沙奇、**能射**二**火箭**一。……伏願速遣二**竹斯嶋上諸軍士**一。……**有**二**能射人**、**筑紫国造**一。

しかしながら、磐井の乱の後、筑紫の軍事拠点として那津官家が置かれると、九州の軍勢の従属度は高くなり、畿内豪族が筑紫の水軍や兵を率いる体制、あるいは中央派遣軍が主体となっていく。

『日本書紀』欽明十七年正月条

百済王子恵請レ罷。仍賜二兵仗・良馬一甚多。亦頻賞禄。衆所二欽歎一。於レ是遣二阿倍臣・佐伯連・播磨直一、率二**筑紫国舟師**一、衛送達レ国。別遣二**筑紫火君**一〈百済本記云、筑紫君児、火中君弟。〉率二**勇士一千**一、衛送二弥弖一。〈弥弖津名。〉因令レ守二津路要害之地一焉。

兵馬数と兵員の地域的構成が、那津官家の設置と兵糧米輸送の組織化により、その内実を大きく変化させたことが指摘できる。

（4）出雲田と飾磨御宅

『風土記』にみえる飾磨屯倉では出雲国造を含む山陰道の五国造が関与したと伝承する。(19)

『播磨国風土記』飾磨郡条

所三以称二飾磨御宅一者、大雀天皇御世、遣レ人、喚二**意伎・出雲・伯耆・因幡・但馬五国造等**一。是時、五国造、即以二召使一為二水手一、而向レ京之。以レ此為レ罪、即退二於播磨国一、令レ作レ田也。此時、所レ作之田、即号二**意伎田・出雲田・伯耆田・因幡田・但馬田**一。即彼田稲、収納之御宅、即号二飾磨御宅一、又云二賀和良久三宅一。

国造の贖罪により三宅が作られたとあるが、意伎・出雲・伯耆・因幡・但馬の五国造にそれぞれ「意伎田・出雲田・伯耆田・因幡田・但馬田」という田を耕作させたとあることが注目される。播磨国の国造ではなく遠方の国造に労働力を出させてミヤケを開墾させることが説話化されている。磐井の乱以降の国造・ミヤケ設置を聖王とされた仁徳朝のこととして説話化したものと考えられる。

ミヤケでは荘園のように専属の耕作民が土地と一体的に必ずしも存在するわけではなく、「毎郡钁丁」（安閑紀元年〔五三四〕閏十二月壬午条）とあるように土地に緊縛された農民ではなく、国造・県主らを中心に差発された徭役労働により経営されていたことが確認される。畿内のミヤケを継承したと考えられている官田の経営形態も「丁役」によりおこなわれていた（田令37役丁条）。部民制による個別の縦割りの人格的関係とは段階が異なり、国造および王権による広域的な労働力徴発を前提に経営が維持されている。

（5）前期トネリと後期トネリ

宮号舎人の出現過程も継体期を画期として理解することができる。[20]『日本書紀』では、大王以外の王子たちの従者にも区別なく「舎人」の名称を用いている。この点は、厩戸王子の「斑鳩宮」や草壁皇子の「嶋宮」のように大王だけでなくミコやキサキの居所に対しても宮号の使用が許され、埋葬地についても墓ではなく陵の表記が許されていたことと対応する。[21]

「某部舎人」の設置については、大王雄略の時代を初見とし、敏達期頃まで確認することができる。名前の多くは、天皇の宮号や御名代と関係する舎人名称である。「某部舎人」の設置時期は、雄略・清寧・仁賢期、「某舎人」の設置時期が、武烈・安閑期と、大きくは前後に二分でき、「某部舎人」から「某舎人」へと変化したことが想定される。[22]

某部舎人（前期トネリ）

雄略期	長谷部舎人	泊瀬朝倉宮・大泊瀬幼武天皇
清寧期	白髪部舎人	白髪武広国押稚日本根子天皇
仁賢期	石上部舎人	石上広高宮

武烈期　小泊瀬（部）舎人　小泊瀬稚鷦鷯天皇
某舎人（後期トネリ）
安閑期　勾舎人　勾金橋宮・勾大兄王子
宣化期　檜前舎人　檜隈廬入野宮
欽明期　金刺舎人　磯城島金刺宮
敏達期　他田舎人　訳語田幸玉宮
日奉舎人　日祀部の設置（敏達紀六年〔五七七〕二月甲辰条）
用明期　来目舎人　来目王子（用明天皇の皇子）
行田（池田）舎人(23)　磐余池辺双槻宮
推古期　桜井舎人(24)　桜井豊浦宮
若舎人(25)　壬生部の設置（推古紀十五年〔六〇七〕二月庚辰条）

実年代では五世紀後半から六世紀後半にかけての約一世紀間に比定される。これらの舎人の性格は、「某部舎人」の前半と「某舎人」の後半で大きく変化したと考えられ、王系が変化した継体期が画期として想定される。すなわち、前期舎人は名前に「某部」が付けられているのが特徴で、「某部」により資養される舎人の意と解される。長谷部や白髪部など名代・子代と伝承される部民の名前を冠することが注目される。これらの舎人は、具体的な氏族名として史料には直接みえないことが特徴であり、舎人としての奉仕が一定の集団に固定していない段階であったと考えられる。おそらくは畿内の比較的小規模な氏族から交替で任命されたものと考えられる(26)。

『風土記』などの伝承においても、出雲国意宇郡舎人郷の場合には欽明期に「倉舎人君」の祖先である日置臣志毘が「大舎人」として奉仕したことにちなむ郷名としている。一方、豊後国日田郡靭編郷の場合もやはり欽明期に日下部君らの祖先、邑阿自が「靫部」に奉仕したので古くは「靭負村」と称したと伝える。いずれも欽明期が舎人設定の大きな画期として伝承されており、「舎人」と「靭（靫）負」が西国で同時期に整備され（ちなみに、「某舎人」の類型だが安閑紀二年四月丁丑条に「勾舎人」と「勾靫部」を併置したとの伝承がある）、継体紀以前の設置伝承を持つ名代的な日置臣や日下部君を名乗る氏族がこれら「舎人」と「靭負」に編成されたことは重要である。

『出雲国風土記』意宇郡条

舎人郷、郡家正東廿六里。**志貴嶋宮御宇天皇御世**、倉舎人君等之祖、日置臣志毘、大舎人供奉之。即是志毘之所レ居。故云二舎人一即有二正倉一。

『出雲国風土記』神門郡条

日置郷、郡家正東四里。**志紀嶋宮御宇天皇之御世**、日置伴部等所レ遣来宿停而、為レ政之所。故云二日置一。

『豊後国風土記』日田郡条

靭編郷。〈在二郡東南一。〉

昔者、**磯城嶋宮御宇天国排開広庭天皇之世**、𣄃部君等祖、邑阿自、仕二奉靭部一。其邑阿自、就二於此村一、造レ宅居之。因レ斯名曰二靭負村一。後人改曰二靭編郷一。

『播磨国風土記』飾磨郡小川里条

少川里。〈高瀬村・豊国村・英馬野・射目前・檀坂・御立丘・伊刀嶋。〉土中々。〈本名私里。〉右、号二私里一者、**志貴嶋宮御宇天皇世**、私部弓束等祖、田又利君鼻留、請二此処一而居之。故号二私里一。以後、庚寅年、上野大夫、為レ宰之時、改為二小川里一。一云、小川、自二大野一流二来此処一。故曰二小川一。

『播磨国風土記』揖保郡越部里条

越部里。〈旧名皇子代里。〉土中々。所三以号二皇子代一者、勾宮天皇之世、寵人但馬君小津、蒙レ寵賜レ姓、為二皇子代君一而、造二三宅於此村一、令二仕奉一之。故曰二皇子代村一。後、至二上野大夫一、結二卅戸一之時、改号二越部里一。〈一云、自二但馬国三宅一越来。故号二越部村一。〉

すなわち、「某部舎人」「某部靫負」の設置伝承が『記紀』では古くに位置付けられているとしても、実際の舎人奉仕は宮号舎人と同じ継体朝以降に開始された可能性を示唆する。したがって、前期舎人の設定時期が厳密に五世紀代にさかのぼることを『記紀』の記載は保証していないと考えられる。

これに対して、後期舎人＝「某舎人」は前期舎人とは異なり部名が付されなくなり、宮号や大王名とのかかわりが深い名称に変化する。某宮に奉仕する舎人、某宮に居住した大王の時に設置された舎人との意と考えられる。金刺舎人のように、少なくとも七世紀以降にはこれら後期舎人は氏姓の一部となっている。

以上によれば、宮号と宮号舎人との密接な関係は継体朝を画期としており、やはり五世紀以前とは様相を異にしていることが確認される。後半の宮号舎人の存在を重視するならば、継体期以降にその宮の存在は確認されることになる。

宮号を冠する「某舎人」の段階には、某舎人―某舎人部の体制による中央の宮への舎人の奉仕が想定される。国造制を前提に、主として東国の国造の子弟を貢上させ、大王の王宮に奉仕させるものである。つまり、国造などの子弟を舎人とし（某舎人）、舎人を出した国造配下の農民からその生活の資を国造を介して提供させる（某舎人部）という奉仕―貢納の体制である。[27]

（6）応神五世孫と無嗣・御名代

「某部舎人」＝前期舎人設定の時期については、大王継体と仁徳―武烈系王統との系譜関係、および御名代の設定の問題を捨象することはできない(28)。とりわけ、継体期における「三種白髪部」設置記事は重要と考えられる。

『日本書紀』継体元年二月庚子条

白髪天皇無レ嗣、遣二臣祖父大伴大連室屋一、毎レ州安二置三種白髪部一〈言二三種一者、一白髪部舎人、二白髪部供膳、三白髪部靫負也。〉以留二後世之名一。

この説話は、継体「皇后」で仁賢の娘である手白香王女に対する単純な経済的基盤の設定記事ではなく、『日本書紀』における万世一系的な主張を含んでいる。重要な点は、允恭系王族の「白髪天皇」（清寧）に跡継ぎが絶えたことを前提にしている点である。そもそも、「日続を知らすべき王無し」（『古事記』武烈段）、「元めより男女無くして、継嗣絶ゆべし」（『日本書紀』継体即位前紀）とあるように、応神五世孫たる継体即位は、仁徳から武烈の間に跡継ぎが絶えたことを大前提としている。継体の血脈としては応神から継体に至る直系と跡継ぎが絶えた仁徳―武烈の傍系という扱いになる。『記紀』の伝承によれば、名代は子がないため名前を残すという名目で設定された王族の経済的基盤としての部民であるが、仁徳から武烈の間に『古事記』の御名代伝承が限定されている点を指摘できる。同様に、仁徳から武烈間には『記紀』に皇親後裔を称する氏族伝承がみえず空白とされている。つまり仁徳―武烈の王系において子孫が途絶えたとの伝承を背景に、

仁徳段の八田部・葛城部・壬生部・蝮部・大日下部・若日下部

允恭段の軽部・刑部・河部

雄略段の白髪部

武烈段の小長谷部

など、御名代の設置記事が『古事記』ではこの間に限定的に語られることになる。同じ理由から、天武八姓の筆頭たる真人姓は、継体以降の子孫に限定して与えられ、武烈以前にはさかのぼらず、仁徳・武烈間の「無嗣」が強調される構成になっている[29]。

『日本書紀』においても、白髪部と「無子」「無嗣」（清寧紀二年二月条・継体紀元年二月庚子条）、小泊瀬舎人の代号と「無継嗣」（武烈紀六年九月乙巳条）、后妃の屯倉設置と「無嗣」（安閑紀元年十月甲子条）などの対応例があるように、仁徳―武烈系王統に子孫が絶えたことにより継体朝以降の名代や屯倉設置が正当化されている。こうしたことを前提にして、皇后への名代設定が、前王系の継承という意味を持つとともに、名代としての部民奉仕を歴史的に正当化する根拠ともなっている。

以上によれば、「三種白髪部」の設置記事は、清寧とは直接の血縁関係にない仁賢の娘たる手白香への御名代設置に重点があり、継体朝では前王統の王名を継承するという名目で、手白香王女の白髪部や諸国の屯倉を整備している。すなわち、前王統の名前を欽明系王統が継承し、部民領有を正当化するという意味があったと考えられる。

（7）国造制の成立

広域行政組織としての国造制は、西国では磐井の乱、東国では崇峻朝の境界の設定を契機に六世紀代に整備されたと考えられる[30]。

ただし、地域支配への浸透度は、裁判権・祭祀権・兵士や屯倉の耕作を含む徭役労働の徴発などに限定される。

これは部民制と国造制という王権との二元的な関係として機能したからである（『延喜式』神祇臨時祭36神寿詞条によれば出雲国造の潔斎中は裁判と校田・班田に関与できない）。「武蔵国造の乱」における「同族」同士の争いという点に東国氏族の構造的矛盾があらわれており、国造制段階においてもこうした矛盾は解消しなかったと考えられる（出雲国造も二系統の出雲臣が存在する矛盾を内包し、国造氏の確定までは解消しなかった）。

六世紀以降に設定された国造の類型としては、比較的広域な地名を氏族名とする地名国造（西国）と壬生直のような伴造部姓的国造（東国）の二類型が確認される。(31)

この違いは地域ごとの社会構造に規定されると考えられる。すなわち、出雲の岡田山一号墳の被葬者である額田部臣は中央の額田部連との旧来の部民制的な関係に加えて、歴史的には出雲国造たる出雲臣による地域支配強化における額田部臣との関係が新たに加わり、額田部臣と王権との二元的な関係（これは矛盾でもある）として機能した。出雲の額田部臣は父母双系的な系譜意識を前提として、出雲国造たる出雲臣（在地のヨコ系列）と中央の額田部連（職掌のタテ系列）に両属することが可能であった。『出雲国風土記』の郡司記載からうかがわれるように、在地のヨコ系列において出雲国造たる出雲臣は、「臣」を共有する同族的関係を創出することにより出雲地域を支配し、(32)一方で中央の額田部連は職掌のタテ系列として、「額田部」という職掌上の同一性から額田部臣を同祖的関係として支配することができた。こうした関係は『新撰姓氏録』の同祖関係などから確認される。出雲地域では職掌のタテ系列よりも在地のヨコ系列（国造秩序）が卓越し、地名国造としての支配が可能であった。吉備・出雲・毛野・尾張などは国造を中心に在地のヨコ系列が卓越する。これに対して、「武蔵国造の乱」における同族争いにもあらわれているように東国では一般的に職掌別のタテ系列が優越し、国造を中心とする在地のヨコ系列の卓越は弱い

（たとえば武蔵国造は、武蔵ではなく笠原臣という狭い地名を冠した氏族名しか名乗れず、東国では壬生直のような伴造的国造が多い）。そのため国造間の同盟的関係により地位を補強する側面が強くなっている。こうした選択は、在地社会の構造により選ばれたと考えられる。(33)

この二元的な関係は七世紀以降は政策的に解消すべき矛盾と認識されるが、原理的には併存しうるものであった。「大化改新」において東国国司が派遣された地域は、基本的に伴造部姓的国造が卓越する地域と重なる。おそらく伴造部姓的国造の地域には、複数の有力国造氏が国造区域内に存在するため、排他的に地名国造を称しにくい状況があり、領域的支配者としての力量が弱かったと想定される。国司の派遣理由としては、名目的な国造支配よりも細分化した評制への移行が要請されていた地域であったと想定される。具体的には、印波国造の本拠が下総国印旛郡と推定されるのに対して、七世紀代の龍角寺や龍角寺古墳が隣の埴生郡に所在するのも、印旛郡の丈部直氏から埴生郡の大生部直氏に印波国造が交替し、埴生評として分立したことが想定されている。(34)

同様に『常陸国風土記』にみられる行方郡の有力氏族壬生直氏と壬生連氏がそれぞれ那珂国造と茨城国造を称しているのも国造一族の呼称ではなく、分家が有力化して現任国造になった事例と考えられる。推古朝に設定された壬生部集団（多くは旧物部系氏族か）により東海道地域を中心とする在地の再編がなされ、『常陸国風土記』にみえるような開発伝承とのかかわりが指摘できる点も注目される。

（8）欽明系王統の成立

継体朝段階では、次期大王の候補は前王統の血を継承した「大后」手白香王女を母とする欽明よりも、「元妃」目子媛を母とする安閑・宣化が有力であった。(35)したがって、欽明の即位以降において王統が一つの流れとしてはじめて固定することとなる。欽明朝以降において、大王位が一つの固定された王統により世襲されるという新たな段階は、継体朝までの「外向きの軍事王」という体制（人格資質に卓越した王が異なる王系から選択される段階）とは異なる世襲王権段階に至ったことを示している。こうした段階を端的に示すのは、『上宮聖徳法王帝説』にみえる以下の記載であろう。

斯貴嶋宮治二天下一阿米久爾於志波留支広庭天皇。〈聖王祖父也。〉
娶二檜前天皇女子伊斯比女命一、生下児他田宮治二天下一天皇怒那久良布刀多麻斯支天皇上。〈聖王伯叔也。〉
又娶二宗我稲目足尼大臣女子支多斯比売命一、生下児伊波礼池辺宮治二天下一橘豊日天皇上。〈聖王父也。〉
妹少治田宮治二天下一止余美気加志支夜比売天皇。〈聖王姨也。〉
又娶二支多斯比売同母弟乎阿尼命一、生下児倉橋宮治二天下一長谷部天皇上。〈聖王伯叔也。〉
妹穴太部間人王。〈聖王母也。〉

右五天皇、無レ雑二他人一治二天下一也。〈但倉橋第四、少治田第五也。〉

ここでは「右五天皇、無レ雑二他人一治二天下一也」という表現により、祖としての欽明から敏達・用明・崇峻・推古の五代が他人をまじえることなく天下を統治したとある。この場合の「他人」とは欽明系以外の王系の大王を意味すると解釈される。王系の交替が常態であった継体朝以前の段階から、欽明系王統が五代連続することにより、欽明を祖とする世襲王権の観念が生じたことを表現したものと考えられる。少なくとも蘇我氏の血が混じらない敏達が含まれていることからすれば、この五代を蘇我系王族の意味に解釈することはできない。さらに推古に至り女帝が出現している点も注目される。これは、「倭の五王」段階に複数の王系の存在を前提とすれば、大王候補者の選定範囲が継体朝以降とは異なり一系に限定されず広いこと、当該期には卓越した軍事・外交的成果を期待された

「軍事王」としての資質が強力に求められていたこと、などを考慮すれば、選択肢から女性が排除されていなかったとしても、広範な範囲から資質的に有力な男王が選択される可能性が高かったと考えられる。反対に欽明朝以降は王系が一つに固定されることにより、王族内部の選択として、年少な男性王族よりも人格・資質などに卓越した女性年長者（オオキサキ・スメミオヤ）が即位する機会が増えたと考えられる。(36)

「上宮記」における「一云系譜」も、こうした欽明王統の確立を前提に上宮王の社会的存在を蘇我稲目と欽明を共通の祖父として位置付け、さらに欽明の出自を「応神五世孫」たる継体と仁徳―武烈系の母の血を併せ持つ存在として強調している。「上宮記」は上宮王（聖徳太子）の事績に限定されない神話的記載を含む歴史書としての性格が想定され、そこでは上宮王の系譜的出自の正統性を主張するため、欽明の社会的存在を説明する必要が生じたと考えられる。『上宮聖徳法王帝説』や「天寿国繡帳銘」などにみえる父方と母方ともに欽明と蘇我稲目に至る双系的系譜を前提に、欽明からさらにさかのぼって継体の父方の出自を説明することが、一云の伝承として引用されたと考えられる。推古朝の前後において、欽明系の王統が世襲的に連続することから、継体以前の職位の継承を前提とする一系系図を架上することにより連続的な系譜が構想されたのではないか。

一方、品部廃止詔にみえる「王者之児、相続御寓、信知㆘時帝与㆓祖皇名㆒、不㆖可㆑見㆑忘㆓於世㆒」（孝徳紀大化二年〔六四六〕八月癸酉条）との表現は、「王者の児」が連続して即位するならば、「時の帝」と「祖皇」の名は忘れられないことを強調している。しかしながら、現実は反対に直系継承がおこなわれていないことから生じる弊害（王の名が忘れられること）が語られている。王系が継体の前後で連続しないことにより、それ以前の王名が忘れられてしまうことが危惧されているのである。(37)

王の名が忘れられないようにするためには、その確認をする儀礼が必要となる。その具体的な場としては、欽明朝頃に開始された殯宮儀礼が想定される。殯宮儀礼の開始時期については、和風諡号との関係から安閑・宣化期に想定する議論が有力であるが[38]、欽明朝における河内古市での殯が文献上では確実な初例となる（欽明紀三十二年〔五七一〕五月条）。王統の固定化と連動して、祖先祭祀が開始されるとともに、原帝紀・旧辞がまとめられる契機になったと考えられる。

（9）小　結

ここまで、継体・欽明期における王権構造の変化を概観した。要約するならば、欽明期における大きな変革は一系的な血縁継承の開始であり、他の氏族とは区別されたカリスマ的な王統が成立したことが指摘できる。政治基調としては継体期の外交・軍事中心から内政の重視への転換がみられた。これに伴い、ミヤケ制・国造制・部民制という国内支配制度の整備による内政の充実がおこなわれ、これと並行して一系的な王統譜の形成による、神話と系譜、および神祇制度といったイデオロギー的な整備もおこなわれたことが指摘できる。

二、欽明期の出雲とヤマト王権

（1）東西出雲論の提起と批判

後半では、欽明期における出雲地域の様相を、ヤマト王権との関係において論じる。現在にまで影響している古代出雲論における大きなパラダイムとしては、一九五一年に井上光貞により提起された東西出雲論が重要である[39]。この議論は、現在に至るまでの文献史や考古学の枠組みに大きな影響を与え続けている[40]。

その論の骨子は、出雲神話からイズモのヤマトへの服属という「歴史的事実」を認定した津田左右吉の議論から、「国譲り神話」を出雲平定の史実として認定し、東部と西部における部民制施行の地域的偏差（西部には部民制が施行されるが、東部には部民制が展開しない）を有力な根拠として、東部のオウ勢力が西部のキヅキ（イズモ）勢力を武力により滅ぼして、祭祀権を奪取し国造となったと結論する。この議論は、そもそも国県制の成立過程を証明するための作業仮説であり、出雲には県がなく、クニがそのまま国造国となる事例の説明として立論されている。

このような東西出雲論に対しては、坂本太郎による「国県制論の展開に急になるあまり基礎となる材料の検討はおろそか」との評があり、井上自身も「わずかな史料から大きな結論を手軽に導こうとしていることを反省せざるを得なかった」「実証面の不足がひどく反省された」と自己批判している[41]。さらに平野邦雄も「これらはすべて仮説であって、事実に即するものかどうか、根底から考え直してみる必要がある……優先して行うべき作業が行われないまま、政治抗争の仮説が先行することは戒めるべきであろう」「熊野・杵築両大神が、出雲大神と総称され、対立するより一体のものとして扱われたことを考えねばならぬ」との批判をしている[42]。

このように、出雲神話をそのまま「歴史的事実」と解釈し、部民制の地域的偏差を根拠とした東西出雲の対立、および征服論的な支配についての証明は十分ではないと考えられる。ただし、東西出雲に異なる首長系列が併存したことと、ヤマト王権の支配構造の変化に対応した介入が、時期ごとに出雲地域になされた点は肯定される。

（2）欽明期の出雲地域

御名代やトネリを中心とする部民設定の画期が欽明朝にあったことは前述した。出雲地域においても欽明期におけるトネリ奉仕の開始や日置部の設置記事が語られている。

『出雲国風土記』意宇郡条（再掲）

舎人郷、郡家正東廿六里。**志貴嶋宮御宇天皇御世**、倉舎人君等之祖、日置臣志毘、大舎人供奉之。即是志毘之所レ居。故云二舎人一即有二正倉一。

『出雲国風土記』神門郡条（再掲）

日置郷、郡家正東四里。**志紀嶋宮御宇天皇之御世**、日置伴部等所レ遣来宿停而、為レ政之所。故云二日置一。

前者は倉舎人の祖とされる日置臣志毘が「大舎人」(43)として奉仕を開始したのが欽明期であったと伝え、後者でも同じく欽明期に日置伴部が派遣され、「政」をおこなったと伝承する。大舎人奉仕と日置伴部の派遣による「政」と二つの記載内容は異なっている。特に後者については、ヤマト王権からの派遣ではなく、「日置伴部」は出雲東部から出雲西部への部民の展開事例として位置付ける見解もあるが(44)、出雲東部とする根拠は先述の井上説に影響されたもので明確な根拠はなく、やはりヤマト王権からの移住派遣とするのが妥当であろう(45)。欽明朝という同時期に東西出雲地域に日置部が設定され、倉を拠点とするトネリ奉仕や「政」が開始されたと考えられる。

この二つの伝承や「政」の内容に関係するのが、出雲国に設置された「内外日置田二町」の存在である。

『延喜式』民部上112日置田条

凡出雲国置二**内外日置田**二町一。

「内外」の解釈は難しいが、日置部の職掌は一般に祭祀に関係した部民と解釈されていること(46)、日置部は意宇郡と出雲・神門郡という東西の出雲に濃厚に分布すること(47)、『出雲国風土記』によれば、熊野大社と杵築大社の「二所大神」に共通の「出雲神戸」を意宇・秋鹿・楯縫・出雲・神門の五郡に設置したことや、伊勢神宮も「内宮」「外宮」の総称であること(48)、などを参考とするならば、内・外の別は、「二所大神」への奉仕のため、意宇郡と神門郡（あるいは出雲郡の大領が日置部臣で、河内郷などが根拠地とすれば出雲郡とも考えられる）に置かれた日置田を、熊野大社と杵築大社に対するものとして「内外」で区分した可能性が指摘できる。杵築大社を中心とするならば神門郡の田が「内」、意宇郡が「外」となるが、神郡たる意宇郡を中心に考えるならば、内外は反対になる。このように神社と祭祀者・神郡の位置が異なっている点に出雲の特殊性が示されている。

日置部の職掌を重視するならば、「政」の内容は「二所大神」の祭祀に関係した可能性が高い(49)。とりわけ、「二所大神」への奉仕のために設定された意宇郡の「出雲神戸」に「日置君」が居住したことは注目される。

『出雲国風土記』意宇郡条

新造院一所、山代郷中、郡家西北四里二百歩、建二立厳堂一也、〈無レ僧。〉日置君目烈之所レ造。〈**出雲神戸日置君**鹿麻呂之父。〉

「二所大神」の祭祀のために「日置田」や倉（正倉）が経済的基盤として出雲の東西に設定され、ヤマト王権にもトネリとして出仕したことが知られる。出雲国造の出雲臣や神門臣と同じ「臣」姓を有し（『出雲国風土記』意宇郡舎人郷条）、東西出雲の中心地に居住していることから、彼らと同族的関係を保持していたと推測される(50)。

出雲地域においても欽明期に部民編成が進行したと考えられるが、出雲郡健部郷の伝承は、こうした組織化の過程を語っている。

『出雲国風土記』出雲郡健部郷条

健部郷、郡家正東一十二里二百二十四歩。先所三以号二宇夜里一者、宇夜都弁命、其山峯天降坐之。即彼神之社主、今猶坐二此処一。故云二宇夜里一。而後改所以号二**健部**一之。**纒向檜代宮御宇天皇**勅、不レ忘二朕御子倭健命之御名一、**健部**定給。尓時、**神門臣**古弥、健部定給。即**健部臣**等自レ古至レ今、猶居二此巡処一。故云二健部一。

景行天皇の時代というのはヤマトタケルに仮託したことによるだろうが、神門臣の一族から健部臣を名乗る系統が分立し、健部を管理したという伝承は欽明期前後のものとしては信頼できる。すなわちイズモ（カンド）地域において「神門臣―建部臣―建部」の部民制的編成がなされたことが指摘できる。同様な事例は、先述したように多くみられる。

日置臣―倉舎人君―舎人（『出雲国風土記』意宇郡条）
日下部君―靭部（『豊後国風土記』日田郡条靭編郷条）
田又利君―私部（『播磨国風土記』飾磨郡小川里条）
但馬君―皇子代君（安閑朝／『播磨国風土記』揖保郡越部里条）

欽明（安閑）期における同族内部の分立＝部民制の在地社会への浸透が確認され[51]、同時に貢納奉仕の拠点として「正倉」「為レ政之所」「三宅」と表現される豪族の居館がミヤケ（政所・宅）として設置されたことが指摘できる。首長居館たるヤケを貢納奉仕の拠点として部民制支配とミヤケ的経営がおこなわれたこと、両者が密接不可分の関係として機能したことが指摘できる。人間集団と貢納奉仕の拠点たるヤケを結びつけることにより、田地の耕作に限定されないクラ（出挙や交易の拠点）を付属させたミヤケ（貢納奉仕の拠点）と部民（人間集団）との一体的経営が可能となったと想定される[52]。

出雲地域においては各地の有力首長と出雲国造となる出雲臣が、いくつかの段階を経て「二所大神」への奉仕をテコとしつつ、最終的には「出雲臣―神門臣」のような同族的関係を結ぶことで強固な国造支配が完成したと考えられる。

（3）二所神戸と玉作・忌部

つぎは『出雲国風土記』などからうかがわれる、出雲における「二所大神」への貢納・奉仕の体制を分析する。

まず出雲国造が祀る熊野大神については、嶋根郡朝酌郷条に「吾贄緒」が定められていたとある。

『出雲国風土記』嶋根郡朝酌郷条

　朝酌郷。郡家正南一十里六十四歩。熊野大神命詔、朝御饌勘養、夕御饌勘養、**吾贄緒之処定給**。故云二朝酌一。

朝酌郷は、交通や交易・漁業の拠点であり、ここから朝夕に熊野大神に対して食物を奉納したという。

さらに、熊野大社と杵築大社の「二所大神」に共通する「出雲神戸」が意宇・秋鹿・楯縫・出雲・神門の出雲国内の五郡に存在した。「出雲」の名称を冠している点や広域に分布する点が特徴的であり、出雲国造の支配と密接な関係があったと考えられる。

「出雲国造神賀詞」によれば熊野大神と大穴持命の二柱神を国造が祀るとあるが、『新抄格勅符抄』段階になると、熊野大社神戸二五戸と杵築大社六一戸に分離される。

『出雲国風土記』意宇郡条

出雲神戸、郡家南西二里廿歩。伊弉奈枳乃麻奈子坐熊野加武呂乃命、与五百津鉏々猶所取々而所二造天下一大穴持命、**二所大神**等依奉。故云二神戸一。〈**他郡等神戸且如レ之**。〉

『出雲国風土記』秋鹿郡神戸里条

　神戸里。〈出雲之。説レ名如二意宇郡一。〉

『出雲国風土記』楯縫郡神戸里条

神戸里。〈出雲也。説レ名如二意宇郡一。〉

『出雲国風土記』出雲郡神戸郷条

神戸郷。郡家西北二里一百二十歩。〈出雲也。説レ名如二意宇郡一。〉

『出雲国風土記』神門郡神戸里条

神戸里。郡家東南一十里。

五カ所の「出雲神戸」以外にも「賀茂神戸」と「忌部神戸」がある。

『出雲国風土記』意宇郡条

賀茂神戸、郡家東南卅四里。所造天下大神命之御子、阿遅須枳高日子命、坐葛城賀茂社。此神之神戸。故云レ鴨。〈神亀三年改二字賀茂一。〉即有二正倉一。

『出雲国風土記』意宇郡条

忌部神戸、郡家正西廿一里二百六十歩。国造神吉調望、参向朝廷時、御沐之忌玉作。故云二忌部一。即川辺出湯。出レ湯所在兼二海陸一。仍男女老少、或道路駱レ駅、或海中沿レ洲日集成レ市、繽紛燕楽。一濯則形容端正、再沐則万病悉除。自レ古至レ今、無レ不レ得レ験。故俗人曰二神湯一也。

賀茂神戸は「所造天下大神命」＝大国主命の子たる「阿遅須枳高日子命」に対するもので、後者の「忌部神戸」は後に『新抄格勅符抄』では「紀伊国鳴神社」の神戸とされるが、本来は国造潔斎の場所で用いる玉を作るとあるように、出雲国造の配下にあった忌部氏系の「出雲国玉作祖」（『古語拾遺』天地開闢条）と関係し、中央の忌部氏との関係は後事的なものであったと推測される[53]。出雲にはヤマト王権直属の玉作部が存在せず、出雲国造出雲臣に直属する玉作集団が存在し、「二所大神」に奉仕する祭祀集団としての玉作が本来のあり方であったらしい。

一方、出雲国には祭祀系の部民が多く確認されるが、中央のヤマト王権への奉仕は、間接的かつ二次的であり、これらは祭主たる出雲国造に管理され「二所大神」に奉仕することが主要な目的であったと考えられる。具体的には以下に示すような史料から祭祀的な部民として想定されるものと、出雲国で確認される部民とは多くの場合重複していることはこうした推論を傍証する。

『日本書紀』垂仁三十九年十月条

五十瓊敷命、居二於茅渟菟砥川上宮一、作二剣一千口一。因名二其剣一謂二川上部一。亦名曰二裸伴一。〈裸伴、此云二阿箇播娜我等母一。〉蔵二于石上神宮一也。是後命二五十瓊敷命一、俾レ主二石上神宮之神宝一。〈一云、五十瓊敷皇子居二于茅渟菟砥河上一、而喚二鍛名河上一、作二大刀一千口一。是時**楯部・倭文部・神弓削部・神矢作部・大穴磯部・泊橿部・玉作部・神刑部・日置部・大刀佩部**、**并十箇品部**賜二五十瓊敷皇子一。其一千口大刀者、蔵二于忍坂邑一。然後従二忍坂一移之、蔵二于石上神宮一。是時神乞之言、春日臣族、名市河令レ治。因以命二市河一令レ治。是今物部首之始祖也。〉

『古語拾遺』所遺十也条

凡造二大幣一者、亦須依二神代之職一、斎部之官、率二供作諸氏一、准レ例造備。然則、神祇官神部、可レ有**中臣・斎部・猨女・鏡作・玉作・盾作・神服・倭文・麻続等氏**一。而、今唯有二中臣・斎部等二三氏一、自余諸氏、不レ預二考選一、神裔亡散、其葉将絶、所レ遺十也。

まず、垂仁紀には石上神宮の神宝管理に関係して五十瓊敷皇子に与えられた祭祀的部民として物部首と「十箇品部」がみえる。具体的には「楯部・倭文部・神弓削部・神矢作部・大穴磯部・泊橿〔泥〕部・玉作部・神刑部・日置部・大刀佩部」の名前がある。これらのうち物部首・楯部・倭文部・神弓削部・泊橿〔泥〕部（土師部）・玉作部・神刑部・

日置部の八種までが出雲と関係する（後述）(54)。また『古語拾遺』には神祇官の神部には古くは「中臣・斎部・猨女・鏡作・玉作・盾作・神服・倭文・麻続等氏」がいたとあり、斎部（忌部）・盾作（楯部）・倭文（倭文部）などが出雲と関係する（後述）。

（4）祭祀系部民と出雲大神への奉仕

さらに出雲大神の神宮造営伝承などにおいても祭祀的な部民の名前がある。

『古事記』垂仁段

於レ是、覆奏言、因レ拝二太神一、大御子物詔。故参上来。故天皇歓喜、即返二菟上王一、令レ**造**二**神宮**一。於レ是、天皇因二其御子一、定二**鳥取部・鳥甘部・品遅部・大湯坐・若湯坐**一。

『古事記』垂仁段には出雲大神の神宮造営伝承に関係して本牟智和気御子に与えられた部民として「鳥取部・鳥甘部・品遅部・大湯坐・若湯坐」の名がある。これらのうち鳥取部・品遅部が出雲と関連する（後述）。
加えて『播磨国風土記』によれば、額田部連久等々は「品太天皇之世」すなわち応神朝に、朝廷から派遣されて、在地の人々の往来を妨害していた神尾山の「出雲御蔭大神」を神事により鎮圧したとある。

『播磨国風土記』揖保郡意此川条

意此川。品太天皇之世、**出雲御蔭大神**、坐二於枚方里神尾山一、毎遮二行人一、半死半生。爾時、伯耆人小保弖、因幡布久漏、出雲都伎也、三人相憂、申二於朝庭一。於レ是、遣二**額田部連久等々**一、令レ禱。于レ時、作二屋形於屋形田一、作二酒屋於佐々山一、而祭之。宴遊甚楽、即擽二山柏一、桂レ帯捶レ腰、下二於此川一相壓。故号二壓川一。

この神尾山の「出雲御蔭大神」は、佐比岡条の別伝では「出雲大神」とあり、河内の漢人らが僅かに和し鎮めることができたとある。「出雲御蔭大神」の名は、「出雲大神」との表記を重視するならば、所造天下大神（大穴持命）の御蔭すなわち髪飾りに擬せられたもので、[55]「出雲御蔭大神」の主体を大国主命（大穴持命）と考えるならば、『古事記』上巻にみえる稲羽の八上比売との婚姻をめぐって、多くの兄弟神たちの策略により大国主神（大穴牟遅神）が殺された時、神産巣日之命（神魂命）が母神の願いを聞き入れて、彼を生き返らせたとの伝承は無視できない。おそらく額田部連久等々が特別に朝廷から派遣され、彼が大国主命（大穴持命）＝「出雲御蔭大神」を鎮圧できたのは、彼が神産巣日之命（神魂命）を祖神とする明日名門系額田部連出身であったためであろう。明日名門系額田部連の祖神である神産巣日之命（神魂命）が大国主命（大穴持命）を救ったとの伝承により、彼に白羽の矢が立ったと考えられる。[56]

岡田山一号墳出土大刀銘の「各田阝臣（額田部臣）」をはじめとして額田部氏は出雲地域に濃厚に分布し、[57]『出雲国風土記』には神魂命と大国主命（大穴持命）との関係を示す伝承が散見される。

『出雲国風土記』出雲郡宇賀郷条

宇賀郷。郡家正北一十七里廿五歩。**造**二**天下**一大神命、誂二坐**神魂命**御子、綾門日女命一。尓時、女神不レ肯、逃隠之時、大神伺求給所、是則郷。故云二宇加一。

『出雲国風土記』神門郡朝山郷条

朝山郷。郡家東南五里五十六歩。**神魂命**御子、真玉着玉之邑日女命、坐之。尓時**所**レ**造**二**天下**一**大神**、**大穴持命**、娶結而、毎レ朝通坐。故云二朝山一。

これらの伝承では、神魂命の子神が大国主命（大穴持命）と婚姻するという説話になっており、両者の良好な関係が確認される。

このように出雲大神（大穴持命）と神魂命系（明日名門系）額田部氏とは良好な関係にあり、大庭の神魂神社の存在や神魂命は国造神事において手助けする神であったとの伝承によれば、(58)神魂命は大穴持命＝杵築の神の祭祀に関与し、奉仕する存在でもあった。さらに『出雲国風土記』出雲郡漆治郷条に、神魂命の子として岐比佐都美と関連した「天津《アマツ》枳《キ》比《ヒ》佐《サ》可《カ》美《ミ》高日《タカヒ》子《コ》命」の名前があるのは、額田部とかつて「西の出雲臣」であった神門臣との同族的関係が想定される。

以上のように「十箇品部」に代表される祭祀系部民の多くは、出雲国内においてもその多くは所在が確認される。まず楯部については、『出雲国風土記』楯縫郡条総記と『日本書紀』神代下第九段の第二の一書にみえ、杵築大社への楯桙の奉納起源が語られている。鳥取部と品治部については、『古事記』垂仁段のホムチワケ伝承にみえる。「出雲国大税賑給歴名帳」には出雲郡と神門郡に鳥取部・弓削部・日置部・品治部・若倭文部・神奴部・刑部・品治部・若倭部などの居住が確認される。なお、若倭部については、倭直の部民説があり、(59)後述する出雲臣と関係する倭屯田の伝承に倭直がみえることとの関係で注目される。とりわけ「出雲国大税賑給歴名帳」によれば、熊野大社と杵築大社の「二所大神」に奉仕する出雲郡神戸郷および神門郡神戸里の「出雲神戸」には、神奴部・鳥取部（造）・若倭部・海部・建部・日置部・刑部・凡治部らが居住する。また刑部は、『出雲国風土記』によれば、秋鹿郡大領・神門郡少領であった。

以上によれば、出雲国の祭祀系と判断される部民集団は「二所大神」への奉仕を主要な目的に欽明朝前後に設定されたと判断され、ヤマト王権が主導した出雲国への出雲大神の設定と祭主たる出雲国造の任命と連動していたことになり、論理的には、原初的な「国譲り神話」の形成や「神宮」の造営も同時期に想定できることになる。

関連して、出雲国では確実なアガタやミヤケの存在が確認されていない点について言及する。出雲国自体が「出雲大神」への奉仕をするために設定された大きな神郡的な存在とするならば、それ自体がミヤケでありアガタであったとみなすことが可能であり、小分けされたミヤケや県が存在しないのはそのためであると考えられる。

なお、アガタの痕跡としては『出雲国風土記』出雲郡美談郷条に「天御領田」「御田」との記載があり、「阿我多社」「県社」（二社）の三社がみえ、意宇郡屋代郷条に「社印支」、大原郡斐伊郷条に「樋印支」がいた。また「出雲国大税賑給歴名帳」には出雲郡条に「漆沼稲置」（健部・漆沼郷）「稲置（印伎）部」（出雲・健部・漆沼郷）、神門郡条に「稲置（印色）部」（日置・伊秩郷）の氏名がみえる。これらの事例は、すべてが前代のアガタ・イナギの遺制とは限らず、たとえアガタが存在したとしても、『隋書』倭国伝にみえるクニ―イナギの関係、すなわち部民制とは異なる出雲国造の配下に置かれたアガタとしての位置付け（国造による独立的中小豪族に対する間接的支配、伊勢神宮に奉仕する県造に類似）によるもので、中央との結びつきよりも出雲大神の祭祀の目的で、出雲国造配下に設定された可能性が高いと考える。

「神宮」の造営については、官社制の成立過程と連動させ、以下の記事を重視して斉明期の造営とするのが比較的有力であるが、定説はない(60)。しかしながら、少なくとも『日本書紀』で最終的に成立する「国譲り神話」よりも早い時期に「神宮」の造営が開始されていることに留意するならば、出雲に神宮を造営することを骨子とする原初的な「国譲り神話」の成立は、斉明期よりもさかのぼることが想定され、「神宮」造営の契機は斉明期よりも遡及させることが可能と考える。すなわち、ヤシロ（社）とされる常設の建築物一般は、七世紀後半以降に整備されたと考えられるが、一部にはヤシロ以前にも武器などの宝物を納める宗教的な高床建造物たるホクラ（宝倉）が存在したと考えられるので(61)、こうしたものが官社制以前の原初的な「神宮」とされたと考える。

『日本書紀』斉明五年（六五九）是歳条

命二出雲国造一。〈闕名。〉修二厳神之宮一。狐嚙二断於友郡役丁所レ執葛末一而去。

この「厳神之宮」については杵築大社とするか熊野大社とするかで議論があったが、ホムチワケ伝承と建王の死に関連して杵築大社説が有力視されている[62]。ここにみえる「於友郡役丁」とは、新たな国宰―評督的秩序とは異なる、旧来の国造による広域の労働力徴発であり、出雲杵築大社造営の労働力徴発も国司ではなく、於友神郡（評）の評督を兼帯していた出雲国造に依存していたことを示すものと考えられる[63]。

その範囲は、出雲国に置かれた「内外日置田二町」の存在と「出雲神戸」の広域散在性を考慮すれば、出雲一国全体が一評のように領域的に巨大であったわけではないが、少なくとも後の意宇郡域を超える於友神郡（評）の存在形態は、意宇・秋鹿・楯縫・出雲・神門の五郡に分散した人間集団を中核に飛び地的に存在したものと想定される[64]。ただし、天武朝以降の後期評段階には、楯縫・出雲・大原・神門の各評が確認されるので、於友神郡（評）に対する領域的な再編があったと考えられる[65]。

（5）出雲臣・出雲国造の成立

つぎは出雲国における出雲臣および出雲国造の成立過程を考察したい。『新撰姓氏録』には、出雲臣を中心とする同祖同族系譜が記載されている。

『新撰姓氏録』左京神別中393[66]

出雲宿禰　天穂日命之子、天夷鳥之後也。

『新撰姓氏録』左京神別中394

出雲　天穂日命之五世孫、久志和都命之後也。

『新撰姓氏録』右京神別上452

出雲臣　天穂日命十二世孫、鵜濡淳命之後也。

『新撰姓氏録』右京神別上453

神門臣　同上。（天穂日命十二世孫、鵜濡淳命之後也。）

『新撰姓氏録』右京神別下456

土師宿禰　天穂日命十二世孫、可美乾飯根命之後也。

『新撰姓氏録』山城国神別515

土師宿禰　天穂日命十四世孫、野見宿禰之後也。

『新撰姓氏録』山城国神別516

出雲臣　同神（天穂日命）子、天日名鳥之後也。

『新撰姓氏録』山城国神別517

出雲臣　同天穂日命之後也。

『新撰姓氏録』大和国神別551

土師宿禰　秋篠朝臣同祖。天穂日命十二世孫、可美乾飯根命之後也。

『新撰姓氏録』大和国神別552

贄土師連　同神（天穂日命）十六世孫、意富曾婆連之後也。

『新撰姓氏録』摂津国神別606

土師連　天穂日命十二世孫、飯入根命之後也。

『新撰姓氏録』摂津国神別607
凡河内忌寸　同神（天穂日命）十三世孫、可美乾飯根命之後也。
『新撰姓氏録』河内国神別672
出雲臣　天穂日命十二世孫、宇賀都久野命之後也。
『新撰姓氏録』和泉国神別723
土師宿禰　秋篠朝臣同祖、天穂日命十四世孫、野見宿禰之後也。
『新撰姓氏録』和泉国神別724
土師連　同上。（秋篠朝臣同祖、天穂日命十四世孫、野見宿禰之後也。）
『新撰姓氏録』和泉国神別725
山直　天穂日命十七世孫、日古曾乃己呂命之後也。
『新撰姓氏録』和泉国神別726
石津直　天穂日命十四世孫、野見宿禰之後也。
『新撰姓氏録』和泉国神別727
民直　同神（天穂日命）十七世孫、若桑足尼之後也。

これらの同祖系譜を分類するならば、出雲系氏族は天穂日命を中心とする系譜にまとめられ、神門臣や土師連と同族とされている。

天穂日命　出雲臣517
―天夷鳥（子）　出雲宿禰393・出雲臣516
―久志和都命（五世孫）　出雲394
―**鵜濡淳（宇賀都久野）命**（十二世孫）　**出雲臣**452／672・**神門臣**453
―飯入根命（十二世孫）　土師連606
―可美乾飯根命（十三〔二〕世孫）　土師宿禰456／551凡河内忌寸607
―**野見宿禰**（十四世孫）　**土師宿禰**515／723・土師連724／石津直726
（来日羅積命・十四世孫）　（出雲国造之祖、名岐比佐都美　国造系図）
―意富曾婆連（十六世孫）　贄土師連552
―日古曾乃己呂命（十七世孫）　山直725
―若桑足尼（十七世孫）　民直727

つぎに『記紀』などにみえる天穂日命・天夷鳥・鵜濡淳（宇賀都久野）命・出雲振根淤宇宿禰などの系譜伝承をまとめるならば以下のようになる。

・**天穂日命**

『日本書紀』神代上第六段本文

次**天穂日命**。〈是**出雲臣**・**土師連**等祖也。〉

『日本書紀』神代上第七段一書第三

而生児、**天穂日命**、此**出雲臣**・武蔵国造・**土師連**等遠祖也。

・**天夷鳥**

『古事記』神代上

天菩比命之子、**建比良鳥命**。〈此**出雲国造**……等之祖也。〉

・**鵜濡渟**（**宇賀都久野**）**命**

『先代旧事本紀』国造本紀（『新撰姓氏録』は十二世）

出雲国造、瑞籬朝、以二天穂日命十一世孫、**宇迦都久怒命**一定二賜国造一。

・**出雲振根**

『日本書紀』崇神六十年七月己酉条

詔二群臣一曰、**武日照命**、〈一云、**武夷鳥**、又云、**天夷鳥**。〉従レ天将来神宝、蔵二于**出雲大神宮**一。是欲レ見焉。則遣二矢田部造遠祖武諸隅一〈一書云、一名大母隅也。〉而使レ献。当二是時一、**出雲臣之遠祖出雲振根**主二于神宝一。是往二筑紫国一而不レ遇矣。其**弟飯入根**、則被二皇命一、以二神宝一、付三**弟甘美韓日狭**与二子**鸕濡渟**一而貢上。……於レ是**甘美韓日狭**・**鸕濡渟**、参二向朝廷一、曲奏二其状一、則遣三**吉備津彦**与二**武渟河別**一、以誅二**出雲振根**一。故出雲臣等畏二是事一、不レ祭二大神一而有レ間。

・**淤宇宿禰**

『日本書紀』仁徳即位前紀

是時**額田大中彦皇子**将レ掌二倭屯田及屯倉一、而謂二其屯田司**出雲臣之祖淤宇宿禰**一曰、是屯田者、自レ本山守地。是以今吾将レ治矣。爾之不レ可レ掌。……唯臣弟吾子籠知也。

・**岐比佐都美**

『古事記』垂仁段

故、到二於出雲一、拝二訖大神一、還上之時、**肥河**之中、作二黒巣橋一、仕二奉仮宮一而坐。爾**出雲国造**之祖、名**岐比佐都美**、……故、天皇歓喜、即返二菟上王一、令レ造二神宮一。於レ是天皇、因二其御子一、定二鳥取部・鳥甘部・品遅部・大湯坐・若湯坐一。

『出雲国風土記』出雲郡神名火山条

曾支能夜社坐、伎比佐加美高日子命社。

『出雲国風土記』出雲郡漆治郷条

神魂命御子、天津枳値可美高日子命御名。

『出雲国風土記』出雲郡条

支比佐社。

まず天穂日と天夷鳥は出雲臣・土師連の祖とされているが、中央豪族である土師連や遠方の武蔵国造らとの結合は比較的新しい時期の伝承と考えられる。つぎに鵜濡渟（宇賀都久野）命は出雲臣・神門臣の祖とされる。「宇賀」の地名は出雲郡宇賀郷にちなむものであり、東西出雲の有力氏族の結合がなされているが、これも本来的なものではなく、古くは意宇の東出雲を象徴する淤宇宿禰と、神門の西出雲を象徴する出雲振根や岐比佐都美の伝承が独立的に存在し、これを後に統合したものと推測される。とりわけ出雲振根の伝承には「止屋淵」や神門臣古禰（出雲郡健部郷）など西出雲と深い関係があり、岐比佐都美も「肥河（斐伊川）」の地名や『出雲国風土記』出雲郡条の「**支比佐**社」「**伎比佐**《サイサ》加美《カミ》高日子《タカヒコ》命社」や「天津《アマツ》**枳値可美**《キチカミ》高日子《タカヒコ》命」などの類似する神名を重視すれば、本来は西出雲（出雲郡）の神であったと想定される。岐比佐都美に関連して、出雲臣の一族には出雲積首がいるが、先述した石上神宮では春日系の物部首が祭祀を担当したとあることを参考とすれば（垂仁紀三十九年十月条）、岐比佐都美に関係した祭祀は首姓の出雲積首氏が担当した可能性が指摘できる。

『古事記』では建比良鳥命（神代上分注）と岐比佐都美（垂仁段）が出雲国造の祖とされているが、岐比佐都美の伝承が古く、神代の建比良鳥命の伝承は相対的に新しいと考えられる。「出雲臣之遠祖」とされる出雲振根は後の系図にはみえないので古い伝承と想定され、後に鸕濡渟（宇賀都久野）命により出雲臣と神門臣の合体として出雲臣同祖伝承の結合がなされ、さらに神代紀分注の出雲臣・土師連共通の祖天穂日命の系譜を架上したものと想定される。本来系譜を異にする東西出雲の淤宇宿禰（仁徳紀）と出雲振根（崇神紀）の併存および天穂日命による結合、『古事記』での新しい建比良鳥命（神代上）と系譜にみえなくなる古い岐比佐都美（垂仁段）の併存を考慮するならば、出雲国造に就任しうる氏族（プレ出雲臣）は六世紀には意宇と杵築の二つの系統が存在し、輪番的であったが、(67) 出雲臣の氏族名からすれば当初は西の杵築が優勢であったと推定される。七世紀以降は意宇の出雲臣が有力化して、西の出雲臣を国造から排除しつつも、神門臣として同族化したものと考えられる。すなわち、出雲国造の設置とは、意宇と杵築の形式的統合によるプレ出雲臣の成立であり、熊野大社と杵築大社の「二所大神」に奉仕する「出雲神戸」や「内外日置田」の存在形態は、こうした当初の体制の遺制として存在したと考えられる。六世紀の大念寺古墳（西部）と山代二子塚（東部）の併存から、七世紀における山代方墳（東部）での東西の統合という考古学的な理解とも整合する。

三、ヤマト王権からみた欽明期の出雲

（1）大神氏と倭直氏をめぐる三つの伝承

ここまで、出雲側の史料から欽明期前後の様相を検討してきたが、後半ではヤマト王権側の史料から出雲の位置付けを試みたい。神話では出雲の支配者大国主神（オオナムチ）は、国譲りを宣言し、天の日隅宮に退去することが杵築大社の起源として語られている。しかし、異伝によれば大国魂神による国譲りが伝えられ、原初的な国作りの神は倭直―倭国造が祭主の倭大国魂神であった可能性が指摘でき、欽明期にオウおよびキズキを出身母体とするプレ出雲臣―出雲国造を祭主とする大国主神（オオナムチ）へ転換したことが想定されるので、以下で検討したい。

『記紀』には、①大神君氏の祖意富多々泥古が大物主を三輪山で祀る起源のみを記す『古事記』の伝承、②富多々泥古が大物主を三輪山で祀る起源と倭直の祖市磯長尾市に倭大国魂神を祀らせた起源を併記する『日本書紀』本文、さらには③大倭直が国魂神を祀る垂仁紀の異伝という三つの伝承が並存している。

①『古事記』崇神段

此天皇之御世、役病多起、人民死為レ尽。爾、天皇愁歎而坐二神牀一之夜、**大物主大神**、顕二於御夢一曰、是者、我之御心。故、以二**意富多多泥古**一而、令レ祭二我御前一者、神気、不レ起、国、安平。是以、駅使班二于四方一、求下謂二**意富多多泥古**一人上之時、於二河内之美努村一、見二得其人一、貢進。……即以二**意富多多泥古命**一、為二**神主**一而、於二**御諸山**一、拝二祭**意富美和之大神**前一。……〈此**意富多多泥古命**者、**神君**・鴨君之祖。〉

②『日本書紀』崇神五年条

国内多二疾疫一、民有二死亡者一、且大半矣。
『日本書紀』崇神六年条
天照大神・倭大国魂二神、**並二祭於天皇大殿之内一**。然畏二其神勢一、共住不レ安。故以二天照大神一託二豊鍬入姫命一、祭二於倭笠縫邑一、仍立二磯堅城神籬一。〈神籬、此云二比莽呂岐一。〉亦以二**日本大国魂神**一、託二渟名城入姫命一令レ祭。然渟名城入姫、髪落体痩而不レ能レ祭。
『日本書紀』崇神七年二月辛卯条
我是倭国域内所居神、名為二**大物主神**一。時得二神語一随レ教祭祀。然猶於レ事無レ験。……是夜夢、有二一貴人一対二立殿戸一。自称二**大物主神**一曰、天皇勿二復為一レ愁。国之不レ治。是吾意也。若以二吾児**大田々根子**一**令**レ**祭**レ吾者、則立平矣。亦有二海外之国一、自当帰伏。
『日本書紀』崇神七年八月己酉条
倭迹速神浅茅原目妙姫・穂積臣遠祖**大水口宿禰**・伊勢麻績君、三人共同レ夢而奏言、昨夜夢之。有二一貴人一誨曰、以二**大田々根子命**一為下祭二**大物主大神**一主上、亦以二**市磯長尾市**一為下祭二**倭大国魂神**一主上、必天下太平矣。
『日本書紀』崇神七年十一月己卯条
命二伊香色雄一、而以二物部八十平瓮一、作二祭神之物一。即以二**大田々根子**一、為下祭二**大物主大神**一之主上、又以二**長尾市**一為下祭二**倭大国魂神**一之主上。然後卜レ祭二他神一、吉焉。便別祭二八十万群神一。仍定二天社・国社及神地・神戸一。於レ是疫病始息、国内漸謐、五穀既成、百姓饒之。

③
『日本書紀』垂仁二十五年三月丁亥条所引一云
〈一云、天皇以二倭姫命一為二御杖一、貢二奉於天照大神一。是以倭姫命以二天照大神一、鎮二坐於磯城厳橿之本一而祠之。

然後随㆓神誨㆒、取㆓丁巳年冬十月甲子㆒、遷㆓于伊勢国渡遇宮㆒。是時**倭大神**著㆓穂積臣遠祖**大水口宿禰**㆒、而誨之曰、太初之時期曰、**天照大神**悉**治**㆓**天原**㆒。皇御孫尊専治㆓葦原中国之八十魂神㆒。**我親治**㆓**大地官**㆒者。言已訖焉。**然先皇御間城天皇雖**㆑**祭**㆓**祀神祇**㆒、**微細未**㆑**探**㆓**其源根**㆒、**以粗留**㆓**於枝葉**㆒。**故其天皇短**㆑**命也**。是以今汝御孫尊悔㆓先皇之不㆑及㆒而慎祭、則汝尊寿命延長、復天下太平矣。時天皇聞㆓是言㆒、則仰㆓中臣連祖探湯主㆒、而卜㆕之誰人以令㆔祭㆓大倭大神㆒。即渟名城稚姫命食㆑卜焉。因以命㆓渟名城稚姫命㆒、定㆓神地於穴礒邑㆒、祠㆓於**大市長岡岬**㆒。然是渟名城稚姫命既身体悉痩弱、以不㆑能㆑祭。是以命㆓**大倭直祖長尾市宿禰**㆒**令**㆑**祭矣**。〉

②の『日本書紀』本伝によれば、本来は大殿の内で「天照大神」と「倭大国魂神」を祀っていたが、渟名城入姫は「日本大国魂神」を祀れなかったので、「大物主」のみが三輪山に祀られたとする。これに対して③の大倭直系の伝承は、根源を探らず枝葉の祭祀（大物主神）にとどめ、本来の大和の地主神（国魂神＝大地官）を祀らなかったので崇神は短命であったとする。後述するように大神（大三輪）氏の成立が比較的新しいとすれば、本伝には不採用だが、③の異伝こそが古伝であったと考えられる。[68] ここで穂積臣遠祖大水口宿禰が託宣するのは、山辺郡の大国魂神社の所在地が穂積臣の本拠地であり、古くは倭直が管理した倭屯田と水口（用水）の関係を象徴していると考えられる。[69]

「天照大神」と「倭大国魂神」はともに宮中に祀られたと伝承される重要な神で「宗廟と社稷」の祭祀とも位置付けられる。異伝の骨格は、天照大神が天上の高天原支配をおこない（天照大神悉治㆓天原㆒）、皇孫が葦原中国を支配し（皇御孫尊専治㆓葦原中国之八十魂神㆒）、大国魂が根の国に大地官（地主神）として退去する（我親治㆓大地官㆒者）とあるように、素朴な国譲り神話となっている。倭大神＝倭大国魂神により、皇御孫尊が「葦原中国」を治めることを宣言し、自身は大地官（黄泉国、根国）に引退することを宣言するのが「国譲り」の古い異伝であり、本伝は出雲の大国主神（オオナムチ）が国譲りを宣言し、八十隈の日隅宮に退去するものであった。

『日本書紀』神代下第九段一書第二
勅二大己貴神一曰、……夫汝所レ治顕露之事、宜二是吾孫治一之。汝則可三以治二神事一。又汝応レ住天日隅宮者、今当二供造一。……又当レ主二汝祭祀一者、天穂日命是也。於レ是大己貴神報曰、天神勅教慇二懃如此一。敢不レ従レ命乎。吾所レ治顕露事者、皇孫当レ治。吾将三退治二幽事一。

したがって三つの伝承の順番は、③大水口宿禰に託宣したのは倭大神とする大倭直系伝承が古く、①大神君氏系伝承は比較的新しく、②大水口宿禰に託宣したのは一貴人とするように両者を折衷した『日本書紀』本伝がそれ以後と考えられる。

以上の推測が大過ないとするならば、ある時期に大国魂神による国譲りから出雲杵築のオオナムチ神による国譲りへの転換がおこなわれ、原初的な国作りの神は倭直―倭国造が祭主の倭大国魂神であった可能性が指摘できる。倭直による倭屯田の管理が出雲臣に転換した背景として、倭大国魂神から出雲大国主神（オオナムチ）へ国譲り神話が変化したことに対応したものと考えられる。

（2）欽明期における三輪氏の台頭

三輪氏が台頭する時期としては、「三輪高宮家系図」の「特牛《コトヒ》」の項に「金刺宮御宇元年四月辛卯令祭大神、是四月祭之始也」とあることから、三輪氏が祭祀を開始したとの伝承がある欽明期に想定する説が有力である。[70]崇神紀に「意富多々泥古」が「河内之美努村」（『古事記』崇神段）＝「茅渟県陶邑」（崇神紀七年八月癸卯条・『新撰姓氏録』大和神別大神朝臣）から迎えられたとの伝承は、大神氏がある時期に陶邑と関係を有した事実を示す。五世紀中頃から六世紀初以降、祭祀用酒器としての「陶邑」産須恵器が三輪山に搬入されたことの反映とするならば、[71]

大三輪の祭祀への関与はそれほど古いものでなくなる。

『延喜式』によれば、倭国魂神を祀るのはやや離れた大和国山辺郡の「大和坐大国魂神社」であるが、それは後に移動したもので、『令集解』に狭井が「大神の麁御霊」とする記載があるように、本来の鎮座地は大和国城上郡の「狭井坐大神荒魂神社」と考えられる。後述するように『日本書紀』神代上第八段一書第六の一書には、オオナムチの「幸魂・奇魂」が出雲に出現したとあるが、オオナムチ（大国主）の幸魂＝荒魂とは「狭井坐大神荒魂神」のことであり、大国魂神を示している。『延喜式』四時祭上の12鎮花祭条によれば、大神社と狭井社の二座がセットとなり防疫神として扱われていた。

『延喜式』神名上6大和国山辺郡

　大和坐大国魂神社三座

『延喜式』神名上6大和国城上郡

　狭井坐大神荒魂神社五座

『令集解』神祇令3春季条

　令釈「狭井者大神之麁御霊也」「古記无〻別」

倭直氏から大三輪氏への勢力交代の時期、すなわち倭大国魂神から大物主への転換の時期を推測するならば、倭直氏の主要な伝承は、古く仁徳・履中・允恭紀までであるのに対して、三輪氏の伝承は、伝承的な仲哀・雄略を除けば敏達・用明・舒明・皇極以降に頻出する。こうした傾向を尊重しても、大三輪氏の祭祀への関与はそれほど古いものでない。

倭の守護神である三輪山の神は、倭直市磯長尾市によって祀られ、欽明期以降、三輪君が三輪山祭祀をするようになった。その結果として、倭国魂神を祀る狭井神社と大神神社に分かれ、三輪君が三輪山の祭祀氏族となったと考えられる。[72]

（3）倭直氏と大国魂神

大三輪氏の三輪山祭祀への関与が遅いとするならば、欽明朝以前の三輪山祭祀を担当したのは大倭直氏であったと想定されるので、以下では倭直氏の氏族伝承を考察する。

まず神武紀に椎根津彦は倭直の祖で、倭国造に任命されたとある。任命の時期は疑問だが倭国造になったことは承認される。

『日本書紀』神武即位前紀甲寅年十月辛酉条

天皇親帥二諸皇子・舟師一東征。至二速吸之門一。時有二一漁人一、乗レ艇而至。天皇招之、因問曰、汝誰也。対曰、臣是国神、名曰二**珍彦**一。……乃特賜レ名、為二**椎根津彦**一。〈椎、此云辞毘。〉此即**倭直部始祖**也。

『日本書紀』神武二年二月乙巳条

以二**珍彦**一為二**倭国造**一。

つぎに崇神七年には、先述したように大田田根子を大物主、倭直の祖市磯長尾市を倭大国魂神の祭主としたと伝承する。

『日本書紀』崇神六年条（再掲）

『日本書紀』崇神七年八月己酉条（再掲）

『日本書紀』崇神七年十一月己卯条（再掲）

さらに垂仁三年には、三輪君の祖とともに播磨国へ派遣されたとあり、大三輪氏との密接な関係が知られる。

『日本書紀』垂仁三年三月条一云

〈一云。初天日槍、乗レ艇泊二于播磨国一。在二於完粟邑一。時天皇遣下**三輪君祖大友主**与二**倭直祖長尾市**一於播磨上。〉

そして垂仁七年七月には、野見宿禰を召すため倭直の祖市磯長尾市を出雲国へ派遣している。野見宿禰は土師氏の祖で、出雲臣と同族であることは先述した。倭直と出雲との関係が知られる記載である。出雲に分布する若倭部が倭直の部民とするならば、この記事と関係する可能性がある。

『日本書紀』垂仁七年七月乙亥条

朕聞、当摩蹶速者天下之力士也。若有二比レ此人一耶。一臣進言、臣聞、**出雲国**有二勇士一。曰二野見宿禰一。試召二是人一欲レ当二于蹶速一。即日、遣二**倭直祖長尾市**一喚二**野見宿禰**一。於レ是**野見宿禰**自二**出雲**一至。

『播磨国風土記』揖保郡立野条

立野。所三以号二立野一者、昔、**土師弩美宿禰**、往二来於出雲国一、宿二於日下部野一、乃得レ病死。爾時、**出雲国人**来到、**連**二**立人衆**一**運伝**、**上**二**川礫**一**作**二**墓山**一。故、号二立野一。即号二其墓屋一為二出雲墓屋一。

播磨には、土師氏による箸墓類似の伝承の存在が存在し、土師氏の祖野見宿禰と出雲国との関係や、出雲への交通路としての播磨国の存在が指摘できる。

このように、倭直の氏族伝承には大三輪氏や土師氏、播磨・出雲との関係が指摘でき、原初的な国譲り神話の担い手としてはふさわしいと考えられる。

（4）倭屯田と倭直

とりわけ注目されるのは仁徳即位前紀の記載で、倭国造の倭直吾子籠が古くは倭屯田と屯倉を管理していたとあり、出雲臣之祖たる淤宇宿禰にその管理を委譲していたことが記されている。

『日本書紀』仁徳即位前紀

是時**額田大中彦皇子**将レ掌二倭屯田及屯倉一、而謂二其屯田司**出雲臣之祖淤宇宿禰**一曰、是屯田者、自レ本山守地。是以今吾将レ治矣。爾之不レ可レ掌。時淤宇宿禰啓二于太子一。々々謂之曰、汝便啓二大鷦鷯尊一。於レ是淤宇宿禰啓二大鷦鷯尊一曰、臣所任屯田者、大中彦皇子距不レ令レ治。大鷦鷯尊問二**倭直祖麻呂**一曰、倭屯田者、元謂二山守地一。是如何。対言、臣之不レ知。**唯臣弟吾子籠知也**。……即率二**吾子籠**一而来之。因問二倭屯田一。対言、伝聞之、於二纏向玉城宮御宇天皇之世一、科二太子大足彦尊一、定二倭屯田一也。是時勅旨、凡倭屯田者、毎御宇帝皇之屯田也。其雖二帝皇之子一、非二御宇一者、不レ得レ掌矣。是謂二山守地一非之也。

ここで重要なのは、出雲臣の祖は倭屯田の起源を知らず、倭直の祖のみが知っていた点である。出雲臣が屯田司であったのは新しく、欽明朝以後の舎人出身などが想定される[73]。

出雲の岡田山古墳出土の「各田卩臣（額田部臣）」銘に関連して、この伝承から出雲臣と額田部の関係が推測されるが、説話上では大山守の代弁者としての同母兄弟額田大中彦であり、本来は出雲臣とは無関係である[74]。

倭直が大国魂神を祭祀していたことが倭屯田管理の前提であり、大倭大神を祀る神田としての倭屯田が[75]、国譲り神話の変化により、象徴的意味で倭直氏から出雲臣へ管理者を変更させたのではないか。

（5）出雲杵築のオオナムチ神と三輪山の大物主神

倭直による大国魂神祭祀から出雲臣によるオオナムチ（大国主）祭祀への転換後、最終的には三輪山の大物主と再結合が図られる。[76]

再結合を示すのは、出雲にオオナムチの「幸魂・奇魂」が出現したとの伝承である。

『日本書紀』神代上第八段一書第六の一書

夫**大己貴命**与二**少彦名命**一戮レ力一レ心、経二営天下一、……其後少彦名命行二至熊野之御碕一、遂適二於常世郷一矣。……自後国中所レ未レ成者、**大己貴神**独能巡造、遂到二**出雲国**一。……于レ時神光照レ海、忽然有二浮来者一、曰、如吾不レ在者、汝何能平二此国一乎。由二吾在一故、汝得レ建二其大造之績一矣。是時**大己貴神**問曰、然則汝是誰耶。対曰、**吾是汝之幸魂・奇魂**也。**大己貴神**曰、唯然。廼知、汝是**吾之幸魂・奇魂**。今欲二何処住一耶。対曰、吾欲レ住二於**日本国之三諸山**一。故即営二宮彼処一、使二就而居一。此**大三輪之神**也。

この「幸魂・奇魂」については、「出雲国造神賀詞」には「和魂」が「倭大物主櫛𤭖玉命」で、[77]「大国魂神」を祀る『延喜式』神名帳の6大和国城上郡条狭井社が「狭井坐大神荒魂神」と表記され、『書紀集解』が「幸魂即荒魂、奇魂即和魂」と解釈していることを参考にするならば、オオナムチ（大国主）の奇魂・和魂が大物主で、オオナムチ（大国主）の幸魂・荒魂が「大国魂神」と解釈される。『古事記』の段階では、オオナムチと大物主は別神で少彦名命と一体化している。しかし、『日本書紀』段階になると、三輪山の大物主神を中心に、出雲の「大国主神＝大己貴命」と、狭井社の「大国玉神」が再結合されてしまう。

『日本書紀』神代上第八段一書第六の一書

大国主神、亦名二**大物主神**一、亦号二**国作大己貴命**一、亦曰二葦原醜男一、亦曰二八千戈神一、亦曰二**大国玉神**一、亦曰二顕国玉神一。其子凡有二一百八十一神一。

すなわち、出雲杵築のオオナムチ神と三輪山の大物主が結びつけられ、大国主神として統合されてしまい、三輪山の大国魂神は出雲杵築のオオナムチ神の荒魂との再定義がなされるようになる。

（6）画期としての欽明朝

以上の検討を総合して、欽明期において出雲に原初的な神宮が創建された可能性を指摘したい。まず、欽明期には神話体系の存在を前提にして、百済に対して建邦神の神宮造営を勧めた記事が語られている。

『日本書紀』欽明十六年（五五五）二月条

原夫**建**レ**邦神**者、**天地割判之代**、草木言語之時、**自天降来**、**造**二**立国家**一**之神**也。頃聞、汝国輟而不レ祀。方今悛二悔前過一**修**二**理神宮**一**奉**レ**祭**二**神霊**一国可二昌盛一。汝当レ莫レ忘。

ここにみえる「邦を建てし神」「国家を造り立てし神」とは大国魂・オオナムチ（大国主）の神格による国作りを示し、[78]「草木言語《モノイフ》之時、天地割《アメツチヒラ》け判《ワカ》れし代」とは神代紀に「古に天地未だ剖《ワカ》れず」「草木咸《ミナ》能く言語《モノイフコト》有り」とあることによれば、天地開闢神話を示す。さらに「自天降来《アメクダ》りまして」とは天孫降臨神話を示している。このように素朴な天地開闢・天孫降臨神話を前提に、「建国の神」を祀る「神宮」修造を百済に勧めている。この記事には「百済本紀」を前提にした一定の史実的内容を含んでいるとすれば、[79]欽明期における原初的な神話体系と神宮修造慣行の存在が前提に想定される。

『日本書紀』欽明二年（五四一）三月条分注には「帝王本紀」の記載があり、すでに「上宮記」逸文には「浮漂」「漂蕩」の訓が記載されていることからすれば、欽明期には津田左右吉以来、原帝紀・旧辞の成立が想定され、天地開闢神話を含む歴史書が存在したことが指摘できる。[80]「中臣氏系図」によれば、欽明期以降、中臣氏は連姓を賜り「祭官」の長官となって祭祀に進出してきたことが指摘されている。[81]原帝紀・旧辞の成立によりヤマト王権の宗教的権威の強化が図られ、宮廷神話の政治的体系化の第一の画期となった。[82]ただし、出雲神話の体系化にはいくつかの段階があり、アマテラスの神格も未確立であった。国譲り神話は、国造制の解体期に必要とされたのではないとするならば、独立的な「国主」から従属的な「国造」への転換期において、「国主」の服属を正当化する神話として強調されたのではないか。欽明の和風諡号「天国排開広庭天皇《アメノクニオシハラキヒロニワノスメラミコト》」は、天と国の区別による神話的体系を背景にしたもので、国主《ヌシ》から国造《ヤカツコ》への転換と対応している。[83]

推測するならば、国造制施行に対応した国造国を単位とする政治的な「国作り・国譲り」神話の原初的構想が存在したことになる。原初的な神話体系の成立を前提とするならば、「建邦神」は大国魂神やオオナムチ（大国主）の神格に相当するもので、建邦神の神宮造営とは出雲での神宮造営を前提に、百済へ祖先神の祭祀を勧誘したものとなる。おそらく宝倉《ホクラ》が官社制以前の常設建物であり、『出雲国風土記』における神門・宮材・御屋の伝承と対応する。[84]

すでに石母田正は「かかる神〈葦原中国の支配者〉としてのオオナムチの命が創出されるのは、右のような物語的要請〈対抗者の必要性〉に基づくものであって、それはおそらく六世紀中葉の神代史の原型が成立したときに、すでにその端緒は存在したとかんがえねばならない（その歴史的背景としての大和と出雲との関係が、この場合どのように影響したかは、ここでは問題でない）」と述べているように、国譲り神話の端緒を六世紀中葉の欽明期に想定している。[85]国譲りの神に転換された出雲大神および、国造＝神主として東西出雲の二系統の出自系譜に対応したプレ出雲臣成立は欽明期と考えられる。

大国魂神による原「国譲り」伝承から、出雲杵築のオオナムチ（大国主）神による新「国譲り」伝承への転換が欽明期にあり、連動して大倭大神を祀る神田としての倭屯田の管理者も、倭直氏から出雲臣へ変更された。これは原初的な国作りの神が、倭直＝倭国造が祭主の倭大国魂神から、出雲臣が祭主のオオナムチ（大国主）神へ転換したことによる。その後、国造制から国郡制への転換により、オオナムチ（大国主）の荒魂たる大国魂神（この場合の国魂とは倭国造の領域を前提）から大和一国の大国魂神への変質がなされた。

こうした転換は、国造制の成立を思想的に合理化する国譲り神話の再構成が欽明期に必然化したものと評価される。すなわち、大国主（在地首長）から葦原中国を支配する皇孫（大王）への国譲りであり、狭義の倭（倭国造の領域）ではなく伊勢に対比される「日隅」の出雲を象徴とする全国的な国譲りへの転換が必然化したのである。その後、出雲杵築のオオナムチ神と三輪山の大物主は再結合されて大国主として統合され、三輪山の大国魂神は出雲杵築のオオナムチ神の荒魂として再定義された。

『記紀』の歴史構想によれば、崇神朝に三輪山祭祀によるヤマトの宗教的拠点化がなされ、垂仁朝には東西の伊勢と出雲に象徴される全国的宗教支配への拡大が説明されるが、史実としては欽明期以降の内容が反映している。

おわりに ―プレ出雲臣と出雲国造の成立―

本章では、前半において欽明期におけるヤマト王権支配機構の発展段階を明らかにし、後半では当該期における出雲地域の様相をヤマト王権との相互関係において論じた。最後に出雲地域にとっての欽明期以降の変革をまとめて結びとしたい。

欽明朝においては、国譲り神話の重要な要素であるオオナムチ（大国主）神が「日隅」に隠れる場所として位置付けられた原初的な杵築大社の造営と祭祀が、新たに任じられた出雲国造＝出雲臣にまかされた。杵築大社の大きな社殿と祭祀者たる神主の設置が国譲りの条件であり、東西出雲の統一と表裏の関係にあった。国造制の施行、原帝紀・旧辞の成立による神話体系の整備、それと連動した祭祀と祭官の整備は、独立的な「国主《ヌシ》」から従属的な「国造《ヤカツコ》」への転換期において、「国主」の服属を象徴的に正当化するため創出された出雲大神の神格を決定付けたと考えられる。

ただし、この段階の出雲国造＝出雲臣の出身母体としては、東部のオウと西部のキヅキ（イズモ）の二つの出雲臣の起源伝承が残存しているように、六世紀代においては山代二子塚（東部）と大念寺古墳（西部）の併存する古墳群の動向からすれば、単系の出雲臣ではなく、当初は東部のオウと西部のキヅキ（イズモ）の二系列が出雲国造となりうるプレ出雲臣の段階であった。西の出雲地名が全体の氏族名・国造名・国名となったことを重視すれば、後にはオウの出雲臣が有力化するが、当初は西部のキヅキ（イズモ）がやや有力であった可能性が高い。氏族的には複数系統の出雲臣が存在し、領域的には宍道湖周辺部に限定されていた。おそらく、雲南の山間部はこの段階ではまだ独立的であり、岡田山一号墳がオウの出雲臣の本拠地に築造された六世紀後半段階において、額田部臣氏が出雲臣同族化とともに、雲南三郡地域は取り込まれたと推定される。

ともかくも、出雲国造＝出雲臣の成立により、はじめて不十分ながらも東西出雲の統合による「統一出雲の成立」＝「単一の出雲国」が権力的に形成されたことが評価される。『出雲国風土記』にみられる国引き神話は、出雲臣による地域統合（出雲国の成立）が前提となって成立したものである。

出雲国造＝プレ出雲臣の中心的な勢力圏は、熊野大社と杵築大社への貢納奉仕体制である出雲神戸―内外日置田の体制に象徴される。加えて、熊野大社と杵築大社への奉仕を義務付けられた祭祀部民集団の設置、具体的には多くは臣―首―部の系列に編成された出雲玉造（忌部）・日置部・額田部および楯（縫）部・刑部・鳥取部・弓削部・

倭文部・品治部などで、より隷属的な神門・神人・神奴部らも存在した。玉作・トネリ奉仕など中央への奉仕も開始されたが、他地域に比較すれば副次的な位置付けであったと考えられる。出雲地域では職掌のタテ系列よりも在地のヨコ系列（国造秩序）が卓越し、地名国造としての支配が可能であったことと対応する。[86]

出雲大神の神格については、おそらく斉明期までに国作り神オオナムチの神格強化によるクマノ神とキヅキ神の差別化があり、古くは地域交通権の象徴であったキズキ神は、王権の要請により国譲りの神として祭祀が強化されたと考えられる。

崇神紀に出雲臣はしばらく出雲大神を祀らなかったとあるが（故出雲臣等畏二是事一、不レ祭二大神一而有レ間）、これは斉明期にみえる蘇我氏滅亡後の出雲臣による神宮修造記事と対応し、王権による神格の変化（在地神の性格否定）および均質な公民的支配強化による在地の抵抗という動向が反映したものと推定される。[87] これは、出雲地域に対するヤマト王権による分節的支配の結果として、吉備→物部（～五八七）→蘇我（～六四五）の影響力→王権の直接介入（六五九）という変遷が生じ、東西出雲地域の勢力変動と同調していたと考えられる。[88]

斉明期までには意宇の出雲臣が有力化し、「西の出雲臣」から「同族神門臣」への位置付けが転換したことにより、出雲国造による於友神郡（評）の評督兼帯（→意宇郡郡領・神主の兼帯）と支配の一元化が進行したと考えられる。ただし、『出雲国風土記』により確認される出雲臣を中心とする同族的「臣」姓の形成には時期差があり、少なくとも出雲臣―神門臣―建部臣と出雲臣―額田部臣とには時期差があった。出雲臣の系譜が確定するのは、庚午年籍における地方豪族の定姓[89]および大宝期における「国造記」に反映することとなる国造氏の決定を画期とする（『続日本紀』大宝二年〔七〇二〕四月戊戌条）。とりわけ大宝期の国造氏決定により東の出雲臣の国造独占と出雲臣・同族神門臣の関係が定まり、令制下では出雲一国の祭祀権掌握を前提として、「国造神賀詞」の成立に至る。

〔補記〕本章初出後の関連論考としては、小倉慈司「神部の存在形態と神社経済」（岡田荘司編『古代の信仰・祭祀』古代文学と隣接諸学七、竹林舎、二〇一八年）、平石充「熊野神社・杵築神社の奉斎体制」（『伊勢と出雲』島根県古代文化センター研究論集三三、二〇二四年）などがある。特に後者は八世紀の出雲神戸の分析について、里の戸数は少なく、分散的であり、前代からの貢納・奉仕体制を継承している可能性を指摘する。

なお、忌部氏と出雲の楯縫・玉作の関係は、これらの職掌が「垂仁紀」にみえる石上の神剣ら関係した「十箇品部」に含まれるように、祭祀用具を調達する一般的な祭祀的品部であり、必ずしも忌部氏の職掌には限定されず、出雲地域に忌部氏の存在が日置氏のように直接確認されないことから、出雲国造や日置臣との両属的関係や時代的変化も考慮する必要がある。あるいは、楯縫郡の主帳に「物部臣」がみえることからすれば、「物部の楯」との関係も考えられる。

註

（1）関和彦『新・古代出雲史―『出雲国風土記』再考―』増補新版（藤原書店、二〇〇六年）、三九～四一頁、においても根拠は明示されていないが、「政」の内容を欽明期における宗教政策＝出雲大社造営と想定する。

（2）本項の記載は、拙稿「継体天皇―その系譜と歴史的位置―」（鎌田元一編『日出づる国の誕生』古代の人物一、清文堂出版、二〇〇九年）を基礎とする。

（3）拙稿「推古朝と古代国家」（アエラ編集部編『古代史がわかる。』朝日新聞社、二〇〇二年）。

（4）継体没年をめぐる紀年の混乱については、「二つの百済王暦」による説明は組み合わせが恣意的であり支持できない。また、『日本書紀』の或本が示す空位の解消は継体の生前譲位の伝承を前提とする紀年であり本来的ではない。おそらく空位を認める辛亥年が本来的な没年であり、継体の生前譲位と安閑の称制として空位を合理化している。継体朝の後半は、実質的には継体・安閑の共同統治であったと考えられ、継体没後の安閑即位に欽明と蘇我氏が反対したものと思われる。

（5）森公章「国造制と屯倉制」（『倭国の政治体制と対外関係』吉川弘文館、二〇二三年、初出二〇一四年）も、継体・欽明期を部民制や屯倉制、国造制などの整備される時期として重視する。
（6）山尾幸久『古代の日朝関係』（塙書房、一九八九年）。
（7）田中俊明『大加耶連盟の興亡と「任那」―加耶琴だけが残った―』（吉川弘文館、一九九二年）、拙著『加耶／任那』（中央公論新社、二〇二四年）。
（8）田中俊明註（7）前掲書によれば、新羅の南加羅侵攻の時期については、磐井の乱が記された継体二十一年（五二七）以前からおこなわれていたと考えられるので、倭国軍の渡海を妨害させる目的での磐井に対する新羅の働きかけは可能性が高いと考える。ただし、南加羅（金官国）滅亡を口実とする近江臣毛野の兵六万による渡海計画は潤色ではないか。
（9）拙稿「古代王権と「後期ミヤケ」」（『古代王権と支配構造』吉川弘文館、二〇一二年、初出二〇〇九年）。
（10）小倉芳彦「中国古代の質―その機能の変化を中心として―」（『中国古代政治思想研究―『左伝』研究ノート―』青木書店、一九七〇年、初出一九六二年）。
（11）拙稿「文献よりみた古代の日朝関係―質・婚姻・進調―」（『国立歴史民俗博物館研究報告』一一〇、二〇〇四年）。
（12）本項の記載は、拙稿註（9）前掲論文を基礎とする。ちなみに、末尾に記載されている駿河国稚贄屯倉については、順番が七道の順番からはずれており、その性格も王子（稚）に堅魚などの海産物（贄）を献上するためのミヤケで大生部・壬生直や若舎人、膳臣との関係が想定され、上宮王家の家産の一部として運営されていたらしい（拙稿「スルガ国造とスルガ国」〔『裾野市史研究』四、一九九二年〕）。
（13）津田左右吉「日本古典の研究」下（『津田左右吉全集』二、岩波書店、一九六三年、初出一九五〇年）、拙稿「王統譜の形成過程について」（広瀬和雄他編『王統譜』青木書店、二〇〇五年）、同「古代東国と「譜第」意識」（『古代王権と支配構造』吉川弘文館、二〇一二年、初出二〇〇八年）。
（14）拙稿註（9）前掲論文。
（15）笹川進二郎「「糟屋屯倉」献上の政治史的考察―ミヤケ論研究序説―」（『歴史学研究』五四六、一九八五年）。

(16)　黛弘道「春米部と丸子部―聖徳太子子女名義雑考―」（『律令国家成立史の研究』吉川弘文館、一九八二年、初出一九七九年）。
(17)　宣化紀元年の前半の記事（畿内周辺屯倉からの穀の移動）については、史実ではないとする否定的な見解も存在するが、畿内から大軍が移動し、筑紫に駐留するようになる新たな段階では、春米部の存在も考慮すれば、こうした移送もありえたと考える。
(18)　本項の記載は、拙稿「五・六世紀の倭と新羅の交渉―多元的交通論の試み―」（『新羅と倭の交流』慶北大学、二〇一二年）を基礎とする。
(19)　本項の記載は、拙稿註（9）前掲論文を基礎とする。
(20)　本項の記載は、拙稿「トネリと采女」（『古代王権と支配構造』吉川弘文館、二〇一二年、初出二〇〇五年）、拙著『都はなぜ移るのか―遷都の古代史―』（吉川弘文館、二〇一一年）を基礎とする。
(21)　拙稿「律令国家の王権と儀礼」（本書第三編第一章、初出二〇〇二年）。
(22)　直木孝次郎『日本古代兵制史の研究』（吉川弘文館、一九六八年）、笹山晴生「令制五衛府の成立と展開」（『日本古代衛府制度の研究』東京大学出版会、一九八五年）。
(23)　行田（池田）舎人については、田島公「用明天皇の御名代の部・宮号舎人は何か―行田部、行田舎人・池田舎人―」（原秀三郎先生傘寿記念文集『学縁』二〇一四年、初出二〇〇九・二〇一三年）参照。
(24)　桜井舎人については、川尻秋生「「桜井舎人部」考―上総国武射郡の事例から―」（『日本歴史』六六一、二〇〇三年）参照。
(25)　壬生部の舎人が若舎人であることについては、拙稿註（12）前掲論文参照。
(26)　笹山晴生註（22）前掲論文。
(27)　井上光貞「大和国家の軍事的基礎」（『井上光貞著作集』四、岩波書店、一九八五年、初出一九四九年）、平野邦雄『大化前代社会組織の研究』（吉川弘文館、一九六九年）。
(28)　本項の記載は、拙稿註（2）前掲論文、註（20）前掲拙著を前提とする。

(29) 川口勝康「在地首長制と日本古代国家―帝紀批判と部民史論―」(『歴史学研究』別冊、青木書店、一九七五年)、原島礼二「部民制の再検討」(『日本古代王権の形成』校倉書房、一九七七年)、山尾幸久『日本古代王権形成史論』(岩波書店、一九八三年)、高橋明裕「古事記の御名代観念と王統譜」(『新しい歴史学のために』二三五、京都民科歴史部会、一九九九年)。

(30) 本項の記載は、拙稿「古代東国と「譜第」意識」註(13)前掲論文を基礎とする。なお、国造制成立の時期については、吉田晶「古代国家の形成」(朝尾直弘他編『岩波講座日本歴史』二古代二、岩波書店、一九七五年)、原島礼二『古代の王者と国造』(教育社、一九七九年)、篠川賢『日本古代国造制の研究』(吉川弘文館、一九九六年)、などの見解に従う。

(31) 篠川賢「国造の「氏姓」と東国の国造制」(『古代国造制と地域社会の研究』吉川弘文館、二〇一九年、初出二〇〇五年)。

(32) 岸俊男「「額田部臣」と倭屯田」(『日本古代文物の研究』塙書房、一九八八年、初出一九八五年)。

(33) 須原祥二「「仕奉」と姓」(『古代地方制度形成過程の研究』吉川弘文館、二〇一一年、初出二〇〇三年)。

(34) 川尻秋生「大生部直と印波国造」(『古代東国史の基礎的研究』塙書房、二〇〇三年、初出二〇〇一年)。

(35) 本項の記載は、拙稿「王統譜の形成過程について」註(13)前掲論文を基礎とする。

(36) 拙稿「古代女帝の成立―大后と皇祖母―」(『古代王権と支配構造』吉川弘文館、二〇一二年、初出二〇〇三年)。

(37) 山尾幸久註(29)前掲書。

(38) 和田萃「殯の基礎的考察」(『日本古代の儀礼と祭祀・信仰』上、塙書房、一九九五年、初出一九六九年)。

(39) 井上光貞「国造制の成立」(『井上光貞著作集』四、岩波書店、一九八五年、初出一九五一年)。

(40) 東西出雲論についての研究史整理については、武廣亮平「東西出雲論とその展開―論点の整理と展望―」(『古代出雲の氏族と社会』同成社、二〇二四年、初出二〇〇九年)参照。近年では征服論的な見方についてはさすがに否定的になったが、六世紀において東部の意宇郡にある山代二子塚(前方後方墳)と、西部の神門地域の今市大念寺古墳(前方後円墳)を東西勢力の代表とし、それぞれ出雲臣と神門臣につながる勢力の併存状態を想定し、その背後に王権内部における蘇我氏と物部氏の勢力の消長を結びつける議論（渡辺貞幸「山代・大庭古墳群と五・六世紀の出雲」（『山陰考古学の諸問題』山本清先生喜寿記念論集、一九八六年）、大谷晃二「上塩冶築山古墳をめぐる諸問題」（『上塩冶築山古墳の研究』島根県古代文化センター、一九九九年）、平石充「出雲国西部地域の権力構造と物部氏」（『古代文化研究』一二、島根県古代文化センター、二〇〇四年）など）、あるいは東西部民分布の偏在は否定しつつも、『出雲国風土記』の二つの日置部設置記の違いにより、東部地域から西部地域への部民制の拡大を想定する議論（森公章「出雲地域とヤマト王権」（稲田孝司他編『新版古代の日本』四中国・四国、角川書店、一九九二年））などは、井上パラダイムの延長線に位置付けられる。

(41)　坂本太郎「書評　井上光貞「国造制の成立」」（『法制史研究』二、一九五二年）、一三三〜一三五頁、井上光貞「わたくしの古代史学」（『井上光貞著作集』一一、岩波書店、一九八六年、初出一九八二年）、七四〜七五・七八頁。

(42)　平野邦雄「出雲大神と出雲国造―古代出雲の世界を再考する―」（『古代文化研究』三、島根県古代文化センター、一九九五年）、一・二頁。

(43)　大舎人は、武官的トネリたる兵衛に対して、天皇にのみ奉仕する文官的官人見習いとして天武二年（六七三）に設置されたもので（天武紀二年五月乙酉条）、この表記は潤色と考えられる（拙稿註（20）前掲論文参照）。

(44)　森公章「出雲国造の権力とその聖性」（『出雲古代史研究』八、一九九八年）。

(45)　武廣亮平「出雲国の日置氏について」（『古代出雲の氏族と社会』同成社、二〇二四年、初出二〇一五年）。

(46)　代表的な研究としては井上辰雄「日置部の研究」（『古代王権と宗教的部民』柏書房、一九八〇年、初出一九七八年）、前川明久「日置氏の研究」（『日本古代政治の展開』法政大学出版局、一九八六年、初出一九五七年）などがある。

(47)　『出雲国風土記』意宇郡条には、「日置臣」「日置君」「日置部」の居住が確認され、同出雲郡条には、大領として「日置部臣」、「天平十一年出雲国大税賑給歴名帳」（『正倉院文書正集』三一・三二・三三・塵芥一）には出雲郡河内郷と神門郡日置郷を中心に「日置部臣」「日置部首」「日置部」「日置君」の居住が確認される。

(48)　平野邦雄註（42）前掲論文。

(49)　関和彦註(1)前掲書、武廣亮平註(45)前掲論文、前田晴人『古代出雲』(吉川弘文館、二〇〇六年)。

(50)　岸俊男註(32)前掲論文。『出雲国風土記』意宇郡舎人郷条によれば、倉舎人君の祖が日置臣で、同山代郷新造院条には日置君がみえる。岸論文によれば出雲の君姓は臣姓より下位であり、「日置臣―日置君・倉舎人君」という関係が想定される。

(51)　平野邦雄註(42)前掲論文。

(52)　拙稿註(9)前掲論文。

(53)　小倉慈司「出雲国における神戸」(『古代律令国家と神祇行政』同成社、二〇二一年、初出一九九六年)、平石充「古代社会における地域社会と手工業生産―出雲地域の玉生産を中心として―」(鈴木靖民編『日本古代の地域社会と周縁』吉川弘文館、二〇一二年)。

(54)　前田晴人註(49)前掲書は、日置部・楯縫部・鳥取部・玉作に加えて、泊〔泥〕橿部が土師部と職掌が共通すると指摘する。

(55)　武廣亮平「荒ぶる神」(風土記を読む会編『風土記の神と宗教的世界』おうふう、一九九七年)。『出雲国風土記』神門郡陰山条に「陰山　郡家東南五里八十六歩大神之御陰」とあるによれば、陰山が所造天下大神(大穴持命)の御陰すなわち髪飾りであったとする。

(56)　拙稿「額田部氏の系譜と職掌」(『古代王権と支配構造』吉川弘文館、二〇一二年、初出二〇〇一年)。なお、明日名門系額田部連の祖神が山城の賀茂県主と同系の神魂命であるのは、明日名門命の父たる五十《イ》狭《サ》経《フリタマ》魂命が角凝魂《ツヌコリムスビ》命の子とあり(『新撰姓氏録』摂津国神別、額田部宿禰)、さらに角凝魂命は神魂命の子とされることにより確認される『新撰姓氏録』山城国神別、税部)。

(57)　出雲における額田部の分布については、しばしば倭屯田伝承から額田大中彦皇子と出雲臣との関係が指摘されるが(岸俊男註(32)前掲論文)、後述するように出雲臣と額田部臣の直接の関係を証明するものではない(古市晃「倭直の始祖伝承に関する基礎的考察」〔『国家形成期の王宮と地域社会―記紀・風土記の再解釈―』塙書房、二〇一九年、初出二〇一三年〕)。出雲臣と額田部の関係が後事的だとすれば、『出雲国風土記』大原郡条に「少領」として額田部臣がみえるように、大原郡（および出雲西部）にのみ額田部臣が居住し、意宇郡には確認されないので、銘文の「各田卩臣（額田部臣）」は山間部大原郡出身の額田部臣と考えられる（田中禎昭「出雲と大原―八世紀出雲政治史の再構成―」〔『古代文化研究』八、島根県古代文化センター、二〇〇〇年〕、森田喜久男「古代出雲の政治勢力」〔『古代王権と出雲』同成社、二〇一四年〕）。出雲との交通路上と想定される播磨・備前・備中・備後国の山間部に額田部の分布が確認され、大原郡がこれらの地域と出雲中心部を結ぶ交通上の要衝であることもこのことを傍証する。雲南の大原地域の服属化の過程は、同じく同族的な臣姓を有するが、神門臣とは異なる服属過程が想定され、「各田卩臣（額田部臣）」銘の刀剣は、大原地域の服属あるいは献上という契機により、意宇郡に埋葬されたと想定しておきたい。

(58) 前田晴人註(49)前掲書、一五八・一五九頁。

(59) 狩野久「部民制再考―若倭部に関する憶説―」（『日本古代の国家と都城』東京大学出版会、一九九〇年、初出一九八三年）。

(60) 大川原竜一「出雲国造と古代王権―神賀詞奏上儀礼の成立と杵築大社の創建をめぐって―」（『国史学』二一二、二〇一三年）など。

(61) 木村徳国「ヤシロの基礎的考察」（『上代語にもとづく日本建築史の研究』中央公論美術出版、一九八八年、初出一九八二～一九八四年）、有富純也「神社社殿の成立と律令国家」（『日本古代国家と支配理念』東京大学出版会、二〇〇九年、初出二〇〇八年）。神殿建築をめぐる近年までの研究史については、錦田剛志「「古代神殿論」をめぐる研究動向と課題―考古資料の解釈とその周辺―」（椙山林継他編『古代出雲大社の祭儀と神殿』学生社、二〇〇五年）、同「「神社」の成立をめぐる研究視座」（浅川滋男・島根県古代文化センター編『出雲大社の建築考古学』同成社、二〇一〇年）が詳細である。

(62) 岡田荘司「国家祭祀からみた古代の大社と出雲国造」（椙山林継他著『古代出雲大社の祭祀と神殿』学生社、二〇〇五年）。

(63) 『類聚三代格』巻七、郡司事、延暦十七（七九八）年三月二十九日太政官符によれば、出雲国意宇郡では、慶雲三年（七〇七）以来国造と郡領の兼任が許されてきたとあるように、神郡では行政官と神官の一体的なあり方は旧国造以来の伝統的なものであったと考えられる。

(64) 平石充「神郡神戸と出雲大神宮・於友評」（『古代文化研究』二一、二〇一三年）。

(65) 奈良文化財研究所編『評制下荷札木簡集成』二〇〇六年、一六五〜一六八号木簡。前期評の段階では、於友神郡（評）が「二所大神」への奉仕をおこなっていたと想定されるが、後期評段階には出雲・神門評が分立する（奈良県明日香村西橋遺跡出土木簡には「□〔八〕雲評」の記載もあるが、どの郡の前身かは明らかでない〔明日香村教育委員会文化財課『西橋遺跡発掘調査報告書―明日香村役場新庁舎建設及び明日香村中山間地域農村活性化総合整備事業に伴う調査―』飛鳥村文化財調査報告書一八、二〇二四年〕）。とりわけ神門評は、出雲臣と同族伝承を有する有力氏族たる神門臣が居住し、推古紀に「神戸郡」（於友評の可能性もある）とも記されたように杵築大社への「神戸」的役割を担った。神門郡神戸里には神奴部・日置部・鳥取部（造）・若桜部・刑部などの祭祀的部民の居住が確認される。『出雲国風土記』神門郡条の諸山の記載によれば、吉栗山は大宮の宮材を造る山、宇比多伎山は大神の御屋、稲積山は大神の稲積、陰山は大神の御陰、稲山は大神の御稲種、桙山は大神の御桙、冠山は大神の御冠などとあるように、大神への奉仕をその役割としていた。

『評制下荷札木簡集成』一六七号木簡

□□〔神門〕評阿尼里知奴大贄

『出雲国風土記』神門郡条

所㆔以号㆓神門㆒者、神門臣伊加曾然之時、神門貢之。故云㆓神門㆒。即神門臣等、自㆑古至㆑今、常居㆓此処㆒。故云㆓神門㆒。

『日本書紀』推古二十五年（六一七）六月条

出雲国言。於㆓神戸郡㆒有㆑瓜。大如㆑缶。

(66) 項目に付した番号は、佐伯有清『新撰姓氏録の研究』考証篇一〜六（吉川弘文館、一九八一〜一九八三年）で使用されたものである。

(67) 複数の氏族が国造の職位を争うことは、豪族居館が短期で廃絶しているように強固な譜第氏族が成立していない段階では、印旛郡の丈部直氏から埴生郡の大生部直氏へ印波国造が交替したように一般的であったと考える。拙稿「貴族・地方豪族のイエとヤケ」(『古代王権と支配構造』吉川弘文館、二〇一二年、初出二〇〇七年)参照。考古学の立場からは松本岩雄「山陰」(石野博信編『古墳時代の考古学』一〇、雄山閣、一九九八年)が、東西出雲の輪番制を提唱し、出雲のまとまりの時期を早くみている。

(68) 吉井巌「崇神王朝の始祖伝承とその変遷」(『天皇の系譜と神話』二、塙書房、一九七六年、初出一九七四年)、山尾幸久「初期ヤマト政権の史的特性」(註(29)前掲書、初出一九八一年)。

(69) 楢崎干城「倭氏考」(『日本書紀研究』八、一九七五年)。

(70) 和田萃「三輪山祭祀の再検討」(『日本古代の儀礼と祭祀・信仰』下、塙書房、一九九五年、初出一九八五年)。ただし、鈴木正信『大神氏の研究』(雄山閣、二〇一四年)および同「『大神朝臣本系牒略』の原資料と引用史料」(『纒向学研究』三、二〇一五年)によれば、より古いとされる「大神朝臣本系牒略」に、この条は「字類抄」からの引用との注記があり、後から記された可能性を指摘して、この記事の信憑性は未詳とする。もっとも、より古いとされる「大神朝臣本系牒略」には「金刺宮御宇」ではなく「欽明天皇」という新しい表記がなされており、この部分に限れば、「三輪高宮家系図」のほうが古い表記となっており、単純な追記とすることはためらわれる。逆はあっても「欽明天皇」から「金刺宮御宇」に書き直す必然性に欠ける。さらに、注記があっても当該記事がみられない場合もあり「字類抄」からの忠実な引用部分かは疑問である。共通する先行史料から引用の可能性が高く、信憑性を否定する根拠としては弱いと考える。

(71) 寺沢薫「三輪山の祭祀遺跡とそのマツリ」(和田萃編『大神と石上—神体山と禁足地—』筑摩書房、一九八八年)など。

(72) 吉井巌註(68)前掲論文。

(73) 倭屯田の近くに、「大神神田」を含む出雲荘や、出雲から野見宿禰が招かれた伝承に関連して箸(土師)墓が存在することも偶然ではないと考える。本来は「土師墓」とされたのではないかとの土橋寛による説を前提とすれば（土橋寛「箸墓物語について―国文学の立場より―」〔『古代学研究』七二、一九七四年〕）、垂仁紀に土師部の設定記事を置いた関係で、それよりさかのぼる崇神紀の記載として「土師墓」ではなく「箸墓」の表記に変更されたとも想定される（拙稿「記紀から読み解く、巨大前方後円墳の編年と問題点」〔洋泉社編集部編『古代史研究の最前線　天皇陵』洋泉社、二〇一六年〕）。

（74）古市晃註（57）前掲論文。『書紀集解』は、本来は大山守のまちがいではないかとするが、境界祭祀に関係した神田の管理者としての額田部の職掌を重視して（拙稿註（56）前掲論文）、その部民を管理していた始祖的人物として額田大中彦の名前が記されたと想定する。額田部の職掌についての私見は、『新撰姓氏録』河内国神別の額田部湯坐連条に「天津彦根命五世孫乎田部連之後也」とあるのを重視して、額田部が乎（小）田連であるとするならば「大田部」に対する「額田部」＝「小田部」と解され、馬の飼育や湯坐としての職掌は二次的で、境界祭祀などをおこなう神田の管理を職掌とする田部の一種であったと解する。

（75）菊地照夫「ヤマト王権の祈年祭と三輪・葛城の神」（『古代王権の宗教的世界観と出雲』同成社、二〇一六年、初出二〇一一年）は、倭直氏が奉祭する倭大国魂神が本来三輪山の神であったという吉井巌註（68）前掲論文などの指摘を前提に、三輪山の神が倭屯田の地霊神であったとする。

（76）三谷栄一「大物主の性格」（『日本神話の基盤―風土記の神々と神話文学―』塙書房、一九七四年）。

（77）「神賀詞」にのみ「櫛廐玉命」と表現されるのは、熊野大神の「櫛御気野命」と結びつける意図が想定される（三谷栄一註（76）前掲論文）。

（78）遠藤慶太「欽明紀の「建邦の神」「神宮」―『日本書紀』の百済史―」（『日本書紀の形成と諸資料』塙書房、二〇一五年、初出二〇一〇年）によれば、通説の日本建国の神ではなく、百済の祖先神説を提起する。いずれにしても始祖神を祀る神社の修理が国の繁栄を導くとの思考が前提にある。

（79）拙稿「『日本書紀』編纂史料としての百済三書」（『古代王権と東アジア世界』吉川弘文館、二〇二四年、初出二〇一五年）。

（80）拙稿註（2）前掲論文、同「帝紀・旧辞と王統譜の成立」（新川登亀男他編『史料としての『日本書紀』―津田左右吉を読みなおす―』勉誠出版、二〇一一年）。

(81) 上田正昭「祭官の成立―中臣と日祀と日置と―」（『日本古代国家論究』塙書房、一九六八年、初出一九六四年）、岡田精司「日奉部と神祇先行官司」（『古代王権の祭祀と神話』塙書房、一九七〇年、初出一九六三年）。

(82) 岡田精司「記紀神話の成立」（朝尾直弘他編『岩波講座日本歴史』二古代二、岩波書店、一九七五年）。

(83) 鎌田元一「日本古代の「クニ」」（『律令公民制の研究』塙書房、二〇〇一年、初出一九八八年）。

(84) 木村徳国、有富純也註（61）前掲論文。

(85) 石母田正「国作りの物語についての覚書」（『石母田正著作集』一〇、一九八九年、初出一九五七年）、二五二頁。三宅和朗「国譲り神話の異伝について」（『ヒストリア』九一、一九八一年）も、国譲り神話の成立時期は六世紀中葉を上限としている。

(86) 一方、額田部臣が、出雲国造たる出雲臣（在地のヨコ系列）と中央の額田部連（職掌のタテ系列）に両属することが可能であったことはすでに述べた。これは『出雲国風土記』に代表される在地的な系譜意識と、『記紀』や『新撰姓氏録』に代表される中央的な系譜意識が、矛盾しつつも両立し得たことが背景にある。その理由としては、中央伴造による系列的な分節的支配を前提とするため直接的掌握の必要性が薄く、かつヤマト王権が畿内有力豪族の系譜化ほどには、流動的な地方豪族の系譜化に執着しなかったため、国造などを除けば両者の使い分けが可能であったことによると考えられる。

(87) 門脇禎二『出雲の古代史』（日本放送出版協会、一九七六年）、一七九頁。

(88) 平石充註（40）前掲論文。

(89) 天武五年（六七六）に「国造の子」の出身が認められているのは（天武紀五年四月辛亥条）、庚午年籍の国造に対する定姓を前提とする。拙稿「七世紀後半における公民制の形成過程」（本書第二編第一章、初出二〇一三年）。

第二章　欽明期の王権段階と出雲
—前史との比較を中心として—

はじめに —画期としての欽明期—

筆者は、かつて王権構造を考えるキー概念として、王権の直接的な支配ではない中央・地方豪族を介した「分節的支配」のあり方と、ヤケを拠点とする人間集団と貢納奉仕の関係こそが、ミヤケ制・国造制・部民制という国内支配制度の本質であると論じた[1]。こうした前提により、欽明期のヤマト王権と出雲の関係について、当該期における出雲国造とプレ出雲大社のヤマト王権による設定、国主から国造への転換と国譲り神話の再構築を中心に論じた[2]。そこでの結論として、欽明期における大きな変革は血縁継承の開始と連動した一系的な王統譜の形成が開始されたことであり、さらに政治基調としては「倭の五王」段階に顕著であった「外向きの軍事王」と評価される外交・軍事中心から内政重視への転換がみられるとした。具体的には対百済外交の転換であり、百済王族や五経博士の定期的な交替派遣と仏教に象徴される先進文物の提供という「質」と「賂」を中心とした時代に転換したことを指摘した。一方で、ミヤケ制・国造制・部民制という国内支配制度の整備による内政の充実がおこなわれ、これと並行して神話と系譜、および神祇制度といったイデオロギー的な整備もおこなわれたと結論付けた。

一方、当該期の出雲地域においては、意宇と杵築の東西二大勢力を出身母体とするプレ出雲臣から任命された出雲国造により、不十分ながら一つの出雲国が国造国として形成された。しかしながら、実質的には「二所大神」と二系統の出雲臣伝承に象徴される東西出雲の不統一は継続し、出雲大社を統合の核として七世紀以降に内実化した。『出雲国風土記』に記載された欽明期における二つの日置部設置記事は、「二所大神」と二系統の出雲臣伝承と対応して、ヤマト王権の介入により出雲地域を統合する「政」＝祭祀への奉仕を開始したことを示していると考えた。

本章では、欽明期が画期であることの補論として、五世紀の前史との比較を中心に論じたい。

一、広義の府官制と人制

(1) 広義の府官制秩序

まずは五世紀の「倭の五王」段階と継体・欽明期の差異をどう質的に評価するかという問題、言い換えれば王権と地域の関係のあり方の違いを考察する。

府官制とは、中国皇帝から将軍号を授けられることによって将軍府（幕府）を開き、その属僚として自らの臣下を長史・司馬・参軍などの府官に任命できる制度とされる。

『宋書』夷蕃伝倭国条・元嘉二年（四二五）

太祖元嘉二年、**讃**又遣㆓**司馬曹達**㆒奉㆑表献㆓方物㆒。

『宋書』夷蕃伝倭国条・元嘉十五年（四三八）

讃死、**弟珍立**。遣㆑使貢献。自称㆓使持節・都督倭百済新羅任那秦韓慕韓六国諸軍事・安東大将軍・倭国王㆒。

表求二除正一。詔除二安東将軍・倭国王一。**珍**又求三除二正**倭隋等十三人**平西・征虜・冠軍・輔国将軍号一。詔並聴。

『宋書』夷蕃伝倭国条・元嘉二十八年（四五一）

（元嘉）二十八年、加二使持節・都督倭新羅任那加羅秦韓慕韓六国諸軍事一、安東将軍如レ故。幷除二所レ上**二十三人軍・郡**一。

『宋書』夷蕃伝倭国条・昇明二年（四七八）

興死、弟武立。自称二使持節・都督倭百済新羅任那加羅秦韓慕韓七国諸軍事・安東大将軍・倭国王一。順帝昇明二年、遣レ使上表曰、封国偏遠、作二藩于外一。自レ昔祖禰、躬擐二甲冑一、跋二渉山川一、不レ遑二寧処一。東征二**毛人五十五国**一。西服二**衆夷六十六国**一、渡平二**海北九十五国**一。王道融泰、廓二土遐畿一。累葉朝宗、不レ愆二于歳一。臣雖二下愚一、忝胤二先緒一、駆二率所レ統、帰二崇天極一、道遥二百済一、装二治船舫一。而**句驪無道**、図二欲見呑一、掠二抄**辺隷**一、虔劉不レ已。毎致二稽滞一、以失二良風一。雖レ曰レ路レ進、或通或不。**臣亡考済**、実忿三寇讐壅二塞天路一、控弦百万、義声感激、方欲二大挙一、奄喪二父兄一、使三垂成之功、不レ獲二一簣一。居在二諒闇一、不レ動二兵甲一。是以偃息未レ捷。至レ今欲三練レ甲治レ兵、申二父兄之志一。義士虎賁、文武効レ功、白刃交レ前、亦所レ不レ顧。若以二**帝徳**一**覆載**、摧二此**強敵**一、克靖二方難一、**無**レ**替**二**前功**一。**窃自仮**二**開府儀同三司**一、**其余咸仮授**、以勧二忠節一。詔除二武使持節・都督倭新羅任那加羅秦韓慕韓六国諸軍事・安東大将軍・倭王一。

『宋書』の記載によれば、元嘉二年（四二五）に倭王は渡来系の「司馬」曹達を派遣していることから倭国においても府官を任命したことが知られる。倭王讃はつぎの珍が「安東将軍」に任命され、「安東大将軍」を要求していることから類推して、「除授」されたのは「安東将軍・倭国王」であり、「安東将軍」の府官として「司馬」が任命されたと想定される。(3) さらに元嘉十五年（四三八）には「珍又求三除二正倭隋等十三人平西・征虜・冠軍・輔国将軍号㆒」。詔並聴」、同二十八年（四五一）には「并除㆓所㆑上二十三人軍・郡㆒」とあるように、中国からそれぞれ一三人と二三人の任命が認められている。ここでは将軍府の長史・司馬・参軍といった府官任命をする狭義の府官制から、臣僚に郡太守や将軍号を与える「広義の府官制」[4]に拡大している。倭国王が「倭隋」のような王族や有力首長層に対する秩序構築を図っており、「府官制秩序」[5]と呼ばれている。これは、倭国の身分秩序が未熟なために中国の身分秩序に補完的に依拠する体制であり、公認された将軍号・国王号により臣下に対する将軍・郡太守号の仮授権を行使するもので、国内における軍事活動を秩序化することができるようになったと評価される。

ただし、元嘉十五年（四三八）に珍は安東将軍であったが、倭隋以下の一三人に与えられた平西・征虜・冠軍・輔国将軍号は、『宋書』百官志によれば、いずれも安東将軍と同じ第三品でほぼ同格とされている。したがって、倭王と諸臣の格差がほとんどない位置付けとなるので、当時の前方後円墳秩序は同盟的関係が強かったと考えられる。

一般には、これら府官の任命には中国王朝の承認が必要とされるが、倭王武の時期になると、昇明二年（四七八）には「興死、弟武立。**自称**㆓使持節・都督倭百済新羅任那加羅秦韓慕韓七国諸軍事・安東大将軍・倭国王㆒。……**窃自仮**㆓**開府儀同三司**㆒、**其余咸仮授**、以勧㆓忠節㆒。詔除㆓武使持節・都督倭新羅任那加羅秦韓慕韓六国諸軍事・安東大将軍・倭王㆒」とあるように、中国に対する正式な叙正だけでなく、武王単独による「自称」「窃自仮」「仮授」と表現された運用がなされている（珍も「自称」とあるが、中国の承認は後に求めている）。武の朝貢時期も即位直後ではなく、自ら「開府」したにもかかわらず、「余」の「府官」任命を積極的には中国に求めていない[6]。上表文においても、反語的には「帝徳の覆載」により「強敵（高句麗）」を打倒するという中国皇帝による権威が期待できない場合には、「前功を替える」（皇帝への忠節をやめ、冊封からの離脱すること）可能性を含んだ表現がなされている。倭王武の時期には、中国王朝の権威に頼らずとも、府官制を自らの権威により「自称」「仮授」という形で運用可能な状態になっていたことが指摘できる。これは、中国王朝の「天下」から相対的に離脱した、倭独自の「天下」観の形成と対応するものと位置付けられる。こうした倭独自の府官任命を「広義の府官制秩序」とするならば、配下の有力豪族に対する支配権が確立しつつある状況が確認される。[7]有力首長間の代替わりごとに結び直されるゆるやかな同盟的関係を背景に、有力豪族を束ねる「府官制」（四二五・四三八・四五一年）がまず先行し、倭王武の段階に「広義の府官制秩序」（四七八年）へと変化したと考えられる。[8]人制との前後関係でいえば、有力豪族を束ねる府官制（四二五・四三八・四五一年）が、制度としては先行し、雄略期に人制と融合したと考えられる。

ただし、雄略期に倭王を中心とする階層構造は一定程度強化されたが、有力豪族層との対等で自律的な関係が解体し、王権の優位性が恒常化するのは、早くとも欽明期以降であると考えられる。

（2）「杖刀人」と「世々」

記述内容が文献的にある程度確実な時代として位置付けられるのは雄略期である。金石文としての埼玉県稲荷山古墳出土鉄剣銘および江田船山古墳出土鉄刀銘の解釈が重要となる。

埼玉県稲荷山古墳出土鉄剣銘[9]

辛亥年七月中記、乎獲居臣、上祖名意富比垝、其児多加利足尼、其児名弖已加利獲居、其児名多加披次獲居、

其児名多沙鬼獲居、其児名半弖比（表）

其児名加差披余、其児名乎獲居臣、**世々**為杖刀人首**奉事**来至**今**、獲加多支鹵大王寺在斯鬼宮時、**吾左治天下**、

令作此百練利刀、記吾**奉事根原**也（裏）

江田船山古墳出土鉄刀銘(10)

台〔治〕天下獲□□□鹵大王世、奉事典曹人名无□〔利カ〕弖、八月中、用大鉄釜、并四尺廷刀、八十練、□〔九カ〕十振、三寸上好□〔刊カ〕刀、服此刀者、長寿、子孫洋々、得□恩也、不失其所統、作刀者名伊太□〔和カ〕、書者張安也

雄略期の達成度を測るものとしては、葛城氏や吉備氏を征討することにより達成された専制化、および支配制度としての府官制と人制、および中国に対する独自の「天下」観の形成が指摘できる(11)。

この銘文から読み取れることで重要なのは、「杖刀人」や「奉事典曹人」と表現された王権に奉仕する「某人」の存在である。まず留意すべきは、「世々」の問題と人制の関係である。「世々」は第一義的には、天皇の「御世御世」であるが、それとともに一族の「世々」とも密接に対応している。上祖オオヒコ以来の奉事という「奉事根源」と「世々」の対応は重要であるが、それは、あくまで雄略期（銘文の今）の言説として奉事根原を語っているにすぎないものである。系譜においてもタサキワケ以前との接合が想定され、少なくとも数代以上はさかのぼらないので、せいぜい五世紀中葉までが限度である。まずは乎獲居臣一代による杖刀人首としての奉事に史実認定としては、限定すべきものであり、この言説により杖刀人の名称から人制の開始を必ずしも保証するものではない。同様に部民制の開始についても『記紀』は古くからの開始を述べるが、継体・欽明期に主張された言説として限定に位置付けるべきものであることはすでに論じたことがある(12)。

（3）人制の研究史

人制については、稲荷山鉄剣銘や雄略紀の記載によれば雄略期において、その存在が確認される(13)。人制の研究史については、古くは湊敏郎・前之園亮一の整理があり、近年では平石充・鈴木正信による整理がある。それらの総

括によれば、はじめて人制を提起したのは直木孝次郎で、八世紀以降の史料を分類し、「某人」はヤマト王権の官職名として用いられ、部民制より遅れて六世紀に展開したと論じた。

これ以後、五世紀後半の稲荷山古墳出土鉄剣に「杖刀人」、江田船山古墳出土鉄刀に「奉事典曹人」という「某人」の記載が確認されたこと、一方で六世紀後半の岡田山一号墳出土大刀に「各田卩臣（額田部臣）」の記載が確認されたことから、直木説とは反対に五世紀には人制、六世紀には部民制が施行されることが有力視されるようになった。

すなわち佐伯有清は、雄略紀に「養鳥人」（雄略紀十年九月条）など「某人」が集中的にあらわれることと、「杖刀人」「典曹人」の実例から雄略朝に実際にあった可能性が高いとした。[14] 篠川賢も、雄略期にはトノモリ（殿守）など、畿内の中小豪族によって構成される内廷的トモの制度が成立していたこと、「部」の成立を雄略期にかけて語られることが多いことから、トモとべからなる部民制とは異なり原初的なトモの制度として「人制」を位置付け、府官制との関係によりトモを漢語で呼ばせたとし、「杖刀人」「典曹人」から倉人・酒人への発展を想定した。[15] さらに吉村武彦は、「某人」という名称で治天下大王に上番する職務の関係は全国的で、中国からもたらされたこと、漢語表現の人制から和文表記の職業部への変化を指摘する。[16] おおよそ、現在の共通理解となっているのは以上の指摘である。[17] このほか、鈴木靖民が、人制は府官制の下部組織であり、「某人首」と「某人」の関係は伴造とトモの関係に近いこと、渡来人の倭国への移住が人制成立の前提であること、人制は府官制の変化と連動して雄略期に成立したとする。[18] また田中史生は、人制は南宋ではなく河北から朝鮮半島を経由してもたらされたこと、「某人」だけでなく「某者」とも表記され、ヲワケの「世々」の奉仕を前提とすれば、早ければ五世紀中葉以降に開始されたとする。[19] さらに平石充は、人制から部民制への転換を労働奉仕の提供による中央生産から地方生産貢納体制への変革と屯倉設定に求める。[20]

（4）手工業生産と人制

人制の画期を雄略期に置くことはおおむね共通しているが、問題となるのは考古学で提起されている五世紀前半における手工業生産における画期の評価との整合性である。[21] すなわち、後の畿内地域における大規模な手工業生産地の成立が五世紀前半にあり、計画的な生産地の配置に王権の存在を想定するという議論である。具体的には、鍛冶遺跡の布留・大県・森遺跡、忍海・南郷遺跡、玉作の曽我遺跡、須恵器の陶邑などが相当する。しかしながら、王権膝下の地域で大規模な工房群が確認されはじめる五世紀前半期まで人制が及ぶかは必ずしも自明ではない。

ここで想起されるのは浅香年木による「部民制形成以前の倭政権が、特定の手工業部門に対して、単なる共同体内部の自生的分業関係とは明らかに段階を異にした分業形態を期待し、かつそれを何らかの形で把握しようと努めていたことは疑いない」が、「部民制が倭政権の手工業生産に対する唯一の支配形態ではない」との指摘である。[22]の政治権力の存在により生産が定着したことは否定できない。ヤマト王権膝下の特定地域に集中し、兵器・祭祀儀礼の用途を主体に生産していたことも確認される。[23]しかしながら、問題となるのは、陶部や玉作部などの存在形態である。

（5）玉作の工人編成

まず玉作については、部の先行形態たる玉作集団（五世紀）と玉作部（六世紀）には単純な継承関係がみられないことが問題となる。玉作部門においては、五世紀後半から六世紀前半に忌部氏の本拠に隣接する大和の曽我遺跡において生産が活発化し、出雲工人の上番が確実視されている。[24]ところが、六世紀中葉には衰退し、出雲の玉作が中心的となるが、出雲には玉作部は存在しない。そのため、忌部氏による『古語拾遺』の「出雲玉作」の記載と『出雲国風土記』意宇郡条の「忌部神戸」、『和名類聚抄』の「忌部郷」の記載などから、出雲国造を介した忌部首による玉作管理が想定される。[25]曽我遺跡段階において出雲からの工人の番上を想定するならば、「作玉人」（『古事記』垂仁段）・「作玉者」（神代紀第九段）などと表現された人制段階に位置付けられ、[26]それ以前から北陸・山陰地域などには玉作遺跡があり、「玉作集団」とも称すべき工人が存在し、ヤマト王権の影響下にあったことは明らかであるが、こうした地域には後の玉作部が存在しないという齟齬がある。消滅を含む生産地の地域的な変動があり（地を得ぬ玉作）、こうした動向を前提に考えなくてはいけない。おそらく、出雲の玉作集団は、本来出雲の首長配下の集団で、ヤマト王権に対しての奉仕は間接的支配であったものが、五世紀後半に在地神への奉仕から二次的に後の忌部首氏配下においてトモ化したものと推定される。[27]玉作部編成以前においては、後の忌部氏との関係が存在した可能性が高い。なお、中央の忌部氏が連や造ではなく「首」姓であるのも、「大王―杖刀人首―杖刀人」という古い人制的関係を連想させる。王権による掌握は肯定されるが、曽我遺跡の存続時期を勘案すれば、玉作部以前の人制的な作玉人名称は五世紀前半までは遡及しないと考えられ、雄略期以降における「忌部氏集団」（以下では氏姓制成立以前における、後の忌部首氏などの存在をこのように記す）を介した分節的な支配形態が想定される。以上によれば、おおまかな変遷は以下のように把握される。

玉作集団（五世紀前半以前）→作玉人（雄略期〜）→玉作部・出雲玉作（欽明期〜）

雄略期の作玉人段階には、大王―「忌部氏集団」―出雲作玉人という関係が、欽明期以降の出雲玉作段階においては出雲国造の統率による在地神への奉仕が想定されるので、忌部氏との関係は出雲国造を介した間接的なものと

なったと考えられる。(28)

（6）須恵器の工人編成

つぎは須恵器製造の工人集団の性格を検討する。『日本書紀』には崇神天皇の時、倭迹迹日百襲媛命が神懸りして受けた託宣により「茅渟県陶邑」（崇神紀七年八月己酉条）・「河内之美務村」（『古事記』崇神段）において大田田根子を探し出し、大和三輪山の神、大物主を祀る神主とし、疫病や災害を鎮めたとする伝承がある。この「陶邑」は、須恵器生産の中心的聚落を指すもので、泉北丘陵に広がる阪南古窯跡群の一部に対応する。(29)古窯群全体の窯は五世紀前葉から操業し、五世紀後半に活発化する。

酒井清治によれば、初期には広域の加耶地域から須恵器が流入し、その多様性が指摘されている。(30)これは菱田哲郎による単一系統の部民により須恵器生産が担われたわけではないという指摘と対応する。(31)王権直轄とイメージされることが多い「陶邑」の管理も、多様性や氏族集団の介在を前提に理解する必要がある。

陶邑をどのような氏族が管理したのかについては、多様な見解があり、王権直轄あるいは具体的な氏族が想定されている。比較的有力視されているのは大田田根子伝承や三輪山祭祀に五世紀後半以降、陶邑古窯跡群で焼成されたものが使用されていることなどから三輪氏や神人・神部とする見解である。(32)ただし、こうした関係は祭祀にかかわる限定的なものであったとする見解が有力となっている。(33)中林隆之は、雄略期までの陶邑は「葛城氏」と「紀氏集団」(34)の支配を前提に形成され、トヨキイリヒコ集団（茅渟県主）へ雄略期以降に転換したとし、(35)基本的に首肯される議論と考える。これによれば、陶邑の茅渟県主を介した王権直営による支配は遅れることとなる。少なくとも須恵器生産においては、祭祀への使用については部民制段階には三輪（神）氏や中臣氏が分節的に関与しており、一元的な管理ではなかったことになる。雄略期以前には、渡来人との結びつきを有する「葛城氏集団」と「紀氏集団」が「陶邑」を管理していたが、五世紀後半の雄略期における勢力交替により、茅渟県主を介した王権直営化が達成され、祭祀用の酒器たる須恵器生産や神酒に関係した上番する「神人」により部分的に担われるようになったと考えられる。(36) 三輪氏はこの段階では三輪山祭祀に関与しておらず、欽明期の国造制の設定と国譲り神話の再構築により三輪氏が三輪山祭祀を担当するようになってから各地の神人や神部などとの関係が構築されたと考えられる。(37)

玉作と同様に、おおまかな変遷は以下のように把握される。

陶作集団（五世紀前半）→神人・陶作など（雄略期～）→神部・陶部など（欽明期～）

ちなみに、『日本書紀』雄略十四年四月甲午朔条には、

天皇命二有司一、二分二子孫一、一分為二**大草香部民**一、以封二皇后一。一分賜二茅渟県主一、為二**負嚢者**一。即求二難波吉士日香々子孫一、賜レ姓為二大草香部吉士一。

とある。根使主に対する処罰として、その子孫を二分して、半分を皇后に「大草香部」として与え、もう半分を茅渟県主に「負嚢者」を与えたとある。王権に近い皇后には部民が与えられているが、臣下の茅渟県主には部民とは異なる卑しい身分としての「負嚢者」が与えられている。(38) 根使主伝承はまさに、和泉国和泉郡における紀氏同族の坂本臣（『新撰姓氏録』和泉国皇別）の祖とされる伝承的人物であり、この子孫らの半分が皇后と茅渟県主に与えられたことは、雄略期における当該地域の支配権力が旧来の「紀氏集団」から王権直轄に交替したことを象徴的に示す説話といえる。(39)

さらに、王権に直接奉仕する人を示す「人」に対して、この事例の「者」は互換的ではないことが指摘できる。(40)

さらに臣下に与えられた集団は「大草香部」とは異なる扱いがされており、王権に直接奉仕しない臣下の支配民は

「某人」の範疇に含まれないことが概念的には指摘できる。こうした例からすれば、有力豪族の配下に存在した技術者集団は、やはり「某人」の類型には含まれないことになるので、「人制」の画期は彼らが王権直属化する雄略期以降と考えられる。工房の成立は五世紀前半だが、多くの場合、五世紀後半以降にその活動が活発化することの意味は、雄略の専制化や「人制」の問題とリンクさせて考えることが可能である。

以上の検討によれば、王権膝下の地域での大規模な工房群の評価について、王権がそれらをすべて直営していたとの評価はできないと考えられる。

（7）吉備・葛城氏配下の工人

さらに、後の吉備・葛城氏配下の技術者集団も雄略期までは人制に編成されなかったことが指摘できる。

『日本書紀』神功五年三月己酉条

新羅王遣二汙礼斯伐・毛麻利叱智・富羅母智等一**朝貢**。仍有下返二先質微叱許智伐旱一之情上。……因以副二**葛城襲津彦**一而遣之。……乃詣二新羅一、次二于蹈鞴津一、抜二草羅城一還之。是時俘人等、今**桑原**・**佐糜**・**高宮**・**忍海**、**凡四邑漢人等之始祖**也。

『日本書紀』雄略七年是歳条

於レ是。西漢才伎歓因知利在レ側。乃進而奏曰、巧二於奴一者、多在二韓国一。可二召而使一。……由レ是、天皇詔二大伴大連室屋一、命二東漢直掬一、以二**新漢陶部**高貴・**鞍部**堅貴・**画部**因斯羅我・**錦部**定安那錦・**訳語**卯安那等一、遷二居于上桃原・下桃原・真神原三所一。〈或本云、**吉備臣**弟君還レ自二百済一、献二**漢手人部**・**衣縫部**・**宍人部**一。〉

桑原・佐糜・高宮・忍海の四邑漢人は新羅から渡来したと伝承され、雄略期までは「葛城氏集団」配下の技術者集団であった。また雄略期には吉備氏の反乱伝承に続き、百済から貢上の今来（手末）の才伎の記事がある。これらの記事は、新羅・加耶と個別首長（吉備・葛城）との多様なネットワークが前提として存在したことを示しており、王権による統一的な人制の枠組みに組み込まれるのは、早くとも雄略期以降と想定される。[41]布留・大県遺跡と「物部氏集団」、南郷遺跡と「葛城氏集団」、陶邑に対する「葛城氏集団」「紀氏集団」「茅渟県主」らによる掌握のように、基本的には豪族居館周辺での家産的な生産体制がその基本にあったと考えられる。[42]

「王宮と豪族居館との峻別は考古資料からは難しい[43]」と評価されていることを重視すれば、王宮の存在を積極的に五世紀にも遡及させうるかという疑問が生じる。欽明期以降の世襲的な王系の成立以前においては、そもそも臣下と明瞭に区別された王族の存在は証明できず、その段階に王族が居住する王宮が存在するという議論は、理解しにくい。近傍における奉仕集団の存在は、王宮と豪族居館の同質性を示すものではあっても、その差異性を証明するものではありえない。豪族居館と工房のセットを重視すれば、王権による一元的編成はまだ達成されていないことになり、五世紀前半の手工業技術者集団の存在形態について、そのすべてが強力な王権の直轄となったと考えるのは疑問となる。五世紀前半までは王権や外交に関係が深い有力首長層のもとに、渡来人たちを自己の「家産」的な関係に取り組んでいたことが想定される。忍海・南郷遺跡の評価についても、王宮と豪族居館の区別は考古学では明瞭でないとの議論に従うならば、豪族居館（「葛城氏」の居館）から王宮（忍海宮）への転換の可能性が指摘される。さらに、雄略期以降に忍海宮（飯豊王女）を核とした南北葛城（葛上・葛下）の分断により忍海評が成立すること、伝承上の「葛城の襲津彦」は葛城地域に居住する襲津彦という人物であり、氏姓が未成立であること、「葛城氏集団」には少なくとも玉田と葦田の二系統以上が存在し、王権への従属度は異なっていたこと、などを考慮する必要がある。

鎌田元一によれば、「部民制は旧来の「トモ」制と異質な原理に基づくものではない」ことから、「倭政権の統治方式に基本的な差異は認め難い」と主張する。[44] このうち人制と部民制は同質の「トモ」的原理により運営されていたことは首肯されるが、弥生時代以来の関係が継続し、統治方式に本質的な変化は認められないとの主張には飛躍があると考える。すなわち、王権制度として考えた場合には、人制と部民制の間には、永続的かつ均質な全国支配制度の有無という質的差異が存在する。トモの出身集団に対する王権の把握度や奉仕義務化というレベルにおいて大きな差異があり、人制が代替わりごとに更新される性質であり氏姓化していない点においても、同一視できないと考える。

（8）技術系統と人制

人制から部民制への転換には技術系統の問題としても位置付けることが可能である。先述したように、五世紀前半における渡来工人を編成した官営的工房の運営を想定する通説的見解については、雄略期以前に渡来したとの古い伝承を有する加耶・新羅系渡来人から百済系への技術的転換を想定する余地がある。[45] 百済系の技術が律令制下において品部・雑戸に編成されたのに対して、前者は基本的に継承されていないという点では、単線的な官営工房の系譜を想定することは困難と考える。東西漢氏配下の負名氏と称される今来漢人・百済才伎に対して、猪名部のような古い新羅・加耶系の多くは「某手」と称されていた。[46] とりわけ新羅王による技術者（猪名部）の献上伝承は注目される。品部・雑戸に百済戸と狛戸が存在するのに対して新羅戸がみえないのも象徴的である。

『日本書紀』応神三十一年八月条

当㆓是時㆒。新羅調使共宿㆓武庫㆒。爰於㆓新羅停㆒忽失火、即引之及㆓于聚船㆒、而多船見㆑焚。由㆑是責㆓新羅人㆒。新羅王聞之。讋然大驚、乃貢二能匠者一。是猪名部等之始祖也。

先述した『日本書紀』神功五年三月己酉条によれば、葛城襲津彦が連れてきた桑原・佐糜・高宮・忍海の四邑漢人は新羅から渡来したとの伝承があるように、「葛城氏集団」が保有する技術者集団は新羅系と考えられ、南郷遺跡群などとの関係が想定される。具体的には高宮漢人と長柄遺跡、桑原漢人と南郷遺跡、佐糜漢人と鳴神遺跡などの対応が考えられる。

新羅からはこの時期に人的保証としての「質」が送られていることを重視ならば、彼らは外交における物的保証としての「賂」として送られた技術者として位置付けることも可能となる(47)。

『三国史記』新羅本紀実聖尼師今元年三月条

与二倭国一通レ好。以二奈勿王子未斯欣一為レ質。

『日本書紀』仁徳十一年是歳条

新羅人朝貢。則労二於是役一。

五世紀初頭に新羅は高句麗と倭国の両国に「質」を出しているが、当時高句麗の強い影響下にあった新羅が高句麗だけでなく倭国に対しても百済と同じく「与二倭国一通レ好」を目的として「質」を出しているのは、新羅の主体的選択により高句麗からの相対的独立的を画策したものとして評価できる。五世紀前半における新羅との交渉と技術の導入は、考古学と文献の双方で確認されるとすれば、同時期の技術移転は、外交・軍事などに活躍した有力豪族の豪族居館周辺での家産的な生産体制として評価される。なお、『日本書紀』雄略九年五月条にも、「韓奴」六口は吉備上道蚊島邑の「家人部」との記載があるが、吉備臣により漢手人部・衣縫部・宍人部が献上された記事と合わせれば、吉備氏配下には同様な技術者が存在した可能性がある。

（9）允恭期の親新羅外交

『日本書紀』は基本的に新羅を敵国視しているが、いつも敵対していたわけではなく、五世紀前半と考えられる允恭紀にはヤマト王権との親密な関係がうかがわれる記載が散見する。

『日本書紀』允恭三年正月辛酉朔条

遣レ使求二**良医於新羅**一。

『日本書紀』允恭三年八月条

医至レ**自**二**新羅**一。則令レ治二天皇病一。未レ経二幾時一、病已差也。天皇歓之、厚賞レ医以帰二于国一。

『日本書紀』允恭四十二年正月戊子条

於レ是**新羅王**聞二天皇既崩一、而驚愁之、**貢**二**上調船八十艘及種々楽人八十**一。……遂参二会於殯宮一也。

『日本書紀』允恭四十二年十一月条

新羅弔使等喪礼既闋而還之。……時倭飼部従二新羅人一聞二是辞一、而疑之以為、新羅人通二采女一耳。乃返之啓二于**大泊瀬皇子**一。皇子則悉禁二固新羅使者一而推問……於レ是**新羅人大恨**、更減二貢上之物色及船数一。

允恭期の親新羅的外交を示す記載としては、使者を派遣して良医を新羅に求めて、天皇の病を治療させたところ、たちどころに病気が治ったとの伝承がある。ちなみに、『古事記』允恭段にも新羅の御調大使が薬方を知っていたので帝皇の病が治ったとあるので、古い伝承として伝えられていたと考えられる。また、允恭の死去に際しては、調船と楽人を派遣して、弔使として殯宮に参列したとある。こうした允恭期の親新羅的な記載に対して、新羅弔問使の未熟な日本語が雄略に誤解され、捕らえられて尋問されたが、後に誤解であったことが判明したとの伝承は、

『日本書紀』雄略九年三月条の「天皇欲㆔親伐㆓新羅㆒」や『宋書』倭王武上表文にみえる、雄略の反高句麗・新羅的立場を反映していると考えられる。このように允恭期においては、新羅との親密な交流がおこなわれた段階も想定され、雄略のような反高句麗・新羅路線が終始一貫していたわけではないことが指摘できる。

ちなみに、『日本書紀』垂仁三年三月条に、

新羅王子天日槍来帰焉。将来物、羽太玉一箇・足高玉一箇・鵜鹿々赤石玉一箇・出石小刀一口・出石桙一枝・日鏡一面・熊神籬一具、并七物。則蔵㆓于但馬国㆒。常為㆓神物㆒也。

とあるように、新羅から渡来したとされるアメノヒボコ伝承に関係しても、『播磨国風土記』の伝承地には秦系氏族の居住が確認されることから、秦氏が伝えた氏族伝承の可能性が指摘されている。(48)

（10）広義の人制

さらに人制段階には、某人だけでなく部字を訓まない某作、某手、某守、某取なども存在したと推定され、「広義の人制」段階とすべきと考える。前掲の『日本書紀』雄略七年是歳条によれば、吉備氏の反乱伝承に続き、百済から貢上の今来（手末）の才伎の記事がある。「新漢**陶部**高貴・**鞍部**堅貴・**画部**因斯羅我・**錦部**定安那錦・**訳語**卯安那等」という『日本書紀』の記載に付された古訓には「スエツクリ・クラツクリ・エカキ（エシ）・ニシコリ・ヲサ・アヤノテヒト」とあり、さらに「或本云、**吉備臣**弟君還㆑自㆓百済㆒、献㆓**漢手人部**・**衣縫部**・**宍人部**㆒」とある宍人部の注記に部の字は読まないとの「皆不㆑読㆑部上同㆑之」という記述がある。『釈日本紀』巻一七秘訓二にも「已上不㆑可㆑読㆓部字㆒」との注記がある。

すでに指摘があるように、部字は後から付加されたもので、読まないのがより古い名称であったと考えられる。(49)

おそらく、人制段階から部民制段階において、

陶作→陶部、鞍作→鞍部、画書→画部、錦織→錦部

（漢）手人→手人部、宍人→宍人部

という表記上の変化が想定される。ここには渡来系技術者に対して「某作」というモノを作る動詞的な名称や、技術者を示す「某手」が存在し、いわゆる人制としての「某人（者）」などと併存している情況が確認される。こうした渡来系の某作、某手と某人（者）の併存だけでなく、「主殿《トノモリ》・主水《モイトリ》」（神武紀二年二月乙巳条）、「掃部連」（天武紀十三年十二月巳卯条）と「掃守連」（孝徳紀白雉四年五月壬戌条）、「衣縫」と「衣縫部」（雄略紀七年是歳条・同十四年正月戊寅条）などから想定される表記の変化からすれば、人制段階から部民制段階において

殿守《トノモリ》→殿部、掃守《カニモリ》→掃部、水取《モイトリ》→水部

という表記上の変化が想定され、古くからの内廷的な職掌名が先行していたとの想定ができる。(50)

さらに、渡来系技術者の表記としては『元興寺縁起』にみえる記載が参考となる。

爾時使㆓**作**㆑**金人**㆒等、**意奴弥首**、名辰星也、**阿沙都麻首**、名未沙乃也、鞍部首、名加羅爾也、山西首、名都鬼也、以㆓四部首㆒為㆑将、**諸手使作奉**也。

これによれば忍海（意奴弥）・朝妻（阿沙都麻）などは葛城の地名にちなみ、古くは「葛城氏集団」の配下に位置していたが、雄略期以降に王権制度たる作金（人）として編成された経緯が想定される。表記には「漢手人部」など某部が多く用いられるが、古くは「作金（人）、諸手」との表記がなされていたのではないか。彼らは律令制下においては、兵部省造兵司の「鍛部」・宮内省鍛冶司の「雑工部」などへ継承されたと想定される。

ちなみに、律令制下において百済手人が百済戸から挑発される「某手人―某戸」の体制は、「一戸一丁番役制」

という部民制的編成の名残と考えられる。品部・雑戸制度の解体過程においては、全戸口課役免を前提とした戸ごとに番をなして丁を役する「一戸一丁番役制」から公民化による全課丁賦課への転換がなされた(51)。戸の代表者のみが把握される段階から公民化による全課丁把握に転換されたと考えるならば、「一戸一丁役制」は「トモ」が部集団を代表して上番する関係と類似し、戸の代表者のみ把握された段階が想定でき、この場合の戸は課税単位としての要素が強く、律令的な編戸を前提とする戸口全員の把握は不要な段階が存在したと考えられる。孝徳期の五十戸ごとの仕丁制や同一実態を示すと考えられる「戸別の調」「男身の調」の税目もこうした段階とすれば理解しやすい。

以上によれば、広義の人制段階には某人（者）だけでない某作、某手、某守、某取なども存在し、「広義の人制」としてまとめられる。これらは、最終的に「トモ」としての「百八十部」（「国記」）へと収斂していく。

（11）祭祀的部民

垂仁紀には石上神宮の神宝管理に関係して五十瓊敷皇子に与えられた祭祀的部民として物部首と「十箇品部」がみえる。

『日本書紀』垂仁三十九年十月条

五十瓊敷命、居二於茅渟菟砥川上宮一、作二剣一千口一。因名二其剣一謂二川上部一。亦名曰二裸伴一。〈裸伴、此云二阿箇播娜我等母一。〉蔵二于石上神宮一也。是後命二五十瓊敷命一、俾レ主二石上神宮之神宝一。〈一云、五十瓊敷皇子居二于茅渟菟砥河上一、而喚二鍛名河上一、作二大刀一千口一。是時**楯部・倭文部・神弓削部・神矢作部・大穴磯部・泊橿部・玉作部・神刑部・日置部・大刀佩部**、**并十箇品部**賜二五十瓊敷皇子一。其一千口大刀者。蔵二于忍坂邑一、然

後従二忍坂一移之蔵二于石上神宮一。是時神乞之言、春日臣族、名市河令レ治。因以命二市河一令レ治。是今物部首之始祖也。〉

『古語拾遺』所遺十也条

凡造二大幣一者、亦下須依二神代之職一、斎部之官、率二供作諸氏一、准レ例造備上。然則、神祇官神部、可レ有二**中臣・斎部・猨女・鏡作・玉作・盾作・神服・倭文・麻続等氏**一。而今、唯有二中臣・斎部等二三氏一、自余諸氏、不レ預二考選一、神裔亡散、其葉将絶、所レ遺十也。

具体的には「楯部・倭文部・神弓削部・神矢作部・大穴磯部・泊橿（泥）部・玉作部・神刑部・日置部・大刀佩部」の名前がある。『古語拾遺』にも神祇官の神部には古くは「中臣・斎部・猨女・鏡作・玉作・盾作・神服・倭文・麻続等氏」がいたとある。これら祭祀的部民のうち部名を付さない鏡作・玉作・盾作などは人制段階の古い名称と考えられる。本来的にはこれらの役割は、部（べ）ではなく伴（トモ）であり[52]、「広義の人制」は伴（トモ）に継承される。

先述したように、玉作りには祭祀担当の忌部氏、須恵器作りには祭祀担当の三輪氏が総括的な中央伴造となっている。祭祀では忌部・中臣・三輪氏など総括的な役割の伴造の配下に、細分化した職掌の作玉人や神人などが配される構造が存在したと考えられる。

出雲国の場合には、出雲国造＝プレ出雲臣により熊野大社と杵築大社への奉仕を義務付けられた祭祀部民集団の設置が欽明期以降にあり、多くは臣―首―部の系列に編成された出雲玉作（忌部）・日置部・額田部および楯（縫）部・刑部・鳥取部・弓削部・倭文部・品治部などで、より隷属的な神門・神人・神奴部らも存在した。玉作り・トネリ奉仕など中央への奉仕も開始されたが、出雲一国が巨大なミヤケ（祭祀的な初源的ミヤケとしての県）あるいは神郡として自己完結的に機能したため、他地域に比較すれば副次的な位置付けであったと考えられる。

「トモ」から「トモ－ベ」への拡大において大きな契機となったのは、六世紀の欽明期を画期として置かれた王族資養部民（『古事記』では「御名代」と表記される）の設置と考えられる。中央の王族の宮へ出仕する「トモ」＝舎人・膳夫・靫負らを在地で支援する「ベ」集団という組織が王族資養部民という位置付けにより全国に展開した。このように、均質な全国の民衆支配制度としては部民制が画期となる。

五世紀後半に成立した「広義の人制」は、大王との直接的な関係性を重視すること、代替わりごとに更新され世襲的でないこと、職名に力点が置かれ、まだ氏姓化されていないこと、船人・厨人などのように部名や氏族名に継承されない類型も存在すること、などが部民制との違いとして指摘できる。有力豪族の配下や全国的に支配が及ぶという点での均質性や永続的支配の有無において、部民制（トモとベ）と広義の人制（トモ）にはシステム・制度としては、大きな質的な格差が存在したと評価される。

(12) 小　結

有力首長間において代替わりごとに結び直されるゆるやかな同盟的関係を背景に、有力豪族を束ねる「府官制」がまず先行し、倭王武の段階には中国の承認を必ずしも必要としない倭独自の「広義の府官制秩序」（四七八）へと変化した。五世紀には王権の中枢部において内廷的なトモ的関係が開始されるが、まだ職名と氏名が一体化せず、代替わりごとに更新される非世襲的存在であり、某人とは称されていなかった（少なくとも五世紀前半では史料的に未確認）。一方、王権中枢部においては祭祀と武器を中心とする生産も開始されたが、こうした拠点的工房の経営は、王権の規制が相対的にゆるやかで、豪族居館周辺での家産的な生産体制がその基本にあった。

やがて雄略期には、有力首長層を編成した「広義の府官制秩序」に対応して、有力首長の子弟や配下の技術者などを某人（者）だけでなく某作、某手、某守、某取として編成する「広義の人制」が補完的に整備された。ただし、出雲には玉作部が編成されなかったように有力豪族の配下までは均質的編成がなされてはいなかった。

システム・制度としてみるならば、均質な全国の民衆支配制度としては部民制が大きな画期であり、有力豪族の配下まで永続的かつ均質的編成がなされていない点が人制段階と大きく異なる。人制段階には、某人（者）だけでなく部字を訓まない某作、某手、某守、某取なども存在したと推定され、「広義の人制」段階と評価される。

二、前期ミヤケの評価とその後の展開

（1）「前期ミヤケ」の評価

つぎは、いわゆる「前期ミヤケ」の評価について論じる。これまでのミヤケ制研究における通説的理解は、『記紀』の「屯倉」表記に従って、クラ（倉）やミタ（屯田）を中心とする土地に密着した概念とされ、人間集団に対する人格的支配を本質とする部民制とは原理が異なり、より先進的な一定の領域的な支配が想定されてきた(53)。時期区分としては、ほぼ五・六世紀を境に「前期ミヤケ」と「後期ミヤケ」に区分される(54)。「前期ミヤケ」とは、ヤマト王権の開発により成立した屯田を中核とするミヤケで、仁徳紀の「倭屯倉」や「茨田屯倉」などを典型とするように主に畿内に分布する。これらは、館舎・倉庫・労働力を要素とする経済体としての位置付けが強調される。一方、「後期ミヤケ」は、王権直轄地としての畿内の屯田の原理が全国に拡大され、全国の国造領域内部にもヤマト王権の拠点的な支配が拡大したものと位置付けられる。

仁徳朝前後の池溝開発記事と連動したミヤケ設置を典型とするいわゆる「前期ミヤケ」に対しては、その経済体や領域支配としての性格を批判する見解が近年では有力である(55)。しかし、五世紀にミヤケ的形態の存在を全く認めないのは誤りであり、貢納奉仕拠点としての役割を有していたことまでは否定できない(56)。時期による奉仕者と王権の関係の変質を考える必要がある。私見は『記紀』の構想に従った「前期ミヤケ」は認めない立場であり、ミヤケには本来的に土地を中心とする領域的な支配の要素が認められないと考える(57)。ただし、土地への支配は弱いが、貢納奉仕拠点としてのミヤケが存在した可能性までは否定しない。国造設置を前提とした貢納や徭役形態によるミヤケの管理方式は欽明期以降に確立し、『隋書』倭国伝にみられる「クニ（軍尼）―イナギ（伊尼翼）」の関係に継承されたと推測できる。

『隋書』東夷倭国伝

有㆓**軍尼**一百二十人㆒、猶如㆓中国牧宰㆒。八十戸置㆓一**伊尼翼**㆒、如㆓今里長㆒也。十伊尼翼属㆓一軍尼㆒。

屯倉と屯田の関係を語る倭屯倉における倭屯田の成立は仁徳期より新しく、その管理者として倭直から出雲臣への交替は欽明期と考えられる(58)。一方で五世紀後半には未分化なミヤケ的・トモ的支配(59)は部分的に存在したと考える。具体的な事例としては、祭祀目的の場合には先述した茅渟県のように県《アガタ》とされており、欽明期以降に支配制度としてのミヤケ（茅渟山屯倉）に継承・発展したと想定される。また木簡などにみられる八世紀の人姓化した「三宅人」の表記は、五世紀後半以降の「人制」段階に相当すると推測されるが(60)、田部の前身のような耕作民的たる「田人」のような表記ではないことに留意するならば、氏姓化以前の流動性を読み取ることも可能であり、若狭において塩の貢納に関係する拠点的ミヤケに奉仕したトモ的存在と推測される（ただし、当時からミヤケおよび三宅人の固有名称が存在したかは不明）。

「前期ミヤケ」への奉仕者は、徭役労働としての「钁丁」が専従的な「田部」へと転換したように、広義の人制と同じく代替わりごとに結び直される関係が基本であり、永続性はまだなかったと考えられる。

『日本書紀』安閑元年（五三四）閏十二月壬午条

行二幸於三嶋一。大伴大連金村従焉。天皇使三大伴大連、問二良田於県主飯粒一。県主飯粒慶悦無レ限。謹敬尽レ誠、仍奉二献上御野・下御野・上桑原・下桑原、幷竹村之地、凡合肆拾町一。大伴大連奉レ勅宣曰、……今汝味張、率土幽微百姓。忽爾奉レ惜二王地一、軽二背使乎宣旨一。味張自レ今以後、勿二預郡司一。於レ是県主飯粒喜懼交レ懐。廼以二其子鳥樹一献二大連一、為二僮竪一焉。於レ是大河内直味張恐畏求悔、伏レ地汗流。啓二大連一曰、愚蒙百姓、罪当二万死一。伏願、毎レ郡以二**钁丁**一、春時五百丁、秋時五百丁、奉二献天皇一。子孫不レ絶。藉レ此祈レ生、永為二鑑戒一。別以二狭井田六町一、賂二大伴大連一。蓋**三嶋竹村屯倉**者、以二河内県部曲一為二**田部**一之元、於レ是乎起。

河内県の「部曲」は、「钁丁」を経由して三嶋竹村屯倉の「田部」になったとあり、ここに県から屯倉への展開が想定される。さらに茅渟県陶邑においても雄略期に「負嚢者」が「茅渟県主」に与えられ、「茅渟山屯倉」の「三宅人」化した可能性が指摘できる。さらに、県と屯倉に関係した名称として（県）稲置が存在するのは、両者の歴史的連続性によると考えられる。

以上の検討によれば前期ミヤケは、五世紀後半にはトモ的な支配関係と同様、未分化なミヤケ的支配形態が存在したことが確認される。しかし、屯倉の名称は確立しておらず、祭祀的な県との質的な区別はなかったことが想定される。

（2）「後期ミヤケ」の展開

つぎは後期ミヤケへの転換の過程を考察する。宣化紀の屯倉記事によれば、屯倉の類型を想定できる記載がある。

『日本書紀』宣化元年（五三六）五月辛丑朔条

詔曰、食者天下之本也。黄金万貫、不レ可レ療レ飢。白玉千箱、何能救レ冷。夫筑紫国者、遐邇之所二朝届一、去来之所二関門一。是以、海表之国、候二海水一以来賓、望二天雲一而奉レ貢。自二胎中之帝一、洎二于朕身一、収二蔵穀稼一、蓄二積儲糧一。遥設二凶年一、厚饗二良客一。安レ国之方、更無レ過レ此。故、朕遣二**阿蘇仍君**一、〈未詳也。〉加運二**河内国茨田郡屯倉之穀**一。**蘇我大臣稲目宿禰**、宜下遣二**尾張連**一、運中**尾張国屯倉之穀**上、**物部大連麁鹿火**、宜下遣二**新家連**一、運中**新家屯倉之穀**上、**阿倍臣**、宜下遣二**伊賀臣**一、運中**伊賀国屯倉之穀**上。**修**二**造官家那津之口**一。又其筑紫・肥・豊、三国屯倉、散在二懸隔一。運輸遥阻。儻如須要、難二以備一レ率。亦宜下課二諸郡一分移、聚二建那津之口一、以備二非常一、永為中民命上。早下二郡県一、令レ知二朕心一。

すなわち、大王畿内直属型と豪族地域分節支配型（中央豪族―在地豪族）の二類型である。前者は「大王―阿蘇仍君―河内国茨田郡屯倉」のように、大王が直接に中央豪族を介さずに王権中枢部のミヤケを管轄するもので、後者は「大王―蘇我大臣稲目宿禰―尾張連―尾張国屯倉」のように地域のミヤケを中央豪族が仲介して支配する類型である。当該期には二つの支配類型が存在したと考えられるが、「前期ミヤケ」からの展開を考慮するならば、人制と同じく基本的に大王直属型（五世紀後半）から豪族分節支配型（六世紀）に展開したものと考えられる。大王直属型の河内国茨田屯倉は仁徳期成立の伝承があるように先行する可能性が高い。

『日本書紀』仁徳十三年九月条

始立二**茨田屯倉**一、因定二春米部一。

豪族地域分節支配型の類型は、六世紀以降展開する、有力豪族によるツカサの分有と不定期の群臣会議へと展開していくと考えられる。先行する祭祀的な倭六県などの県は大王直属型のミヤケ類型に含めて考えられる。

このように、ミヤケを大王らと系譜関係を結んだ諸氏族の奉仕拠点とみる場合、ミヤケ盛行期（継体〜宣化）と、欽明期の王権血縁継承開始や諸氏族系譜形成とのズレをどのように整合的に解釈するかが問われる。

詳細は不明ながら、ミヤケ的支配の拡大がまずは先行し、その支配の永続化・固定化の指向が強まったことにより、血縁継承と氏族系譜が永続的仕奉貢納（君臣関係の固定化）の前提として強く意識されるようになったと想定される。

『日本書紀』のミヤケ伝承には、しばしば後の郡や郡司との系譜的関係を示すものがみられる。たとえば、伊甚屯倉については「今分為レ郡、属二上総国一」（安閑紀元年四月癸丑朔条）とあり、三島竹村屯倉については、「味張自レ今以後、勿レ預二郡司一」（安閑紀元年閏十二月壬午条）との記載がある。中大兄による献上記事には「屯倉一百八十一所」とあるように実際には多数のミヤケが存在したが（孝徳紀大化二年〈六四六〉三月壬午条）、必ずしもすべてにそうした設置伝承が残されているわけではなく、あくまでそれは一部のミヤケに限定される。こうした伝承の違いは、孝徳期に国造だけでなく伴造や屯倉の管理者（県稲置）からも郡司（評司）への登用がされたことが関係していると考えられる。

『日本書紀』大化元年（六四五）八月庚子条

若有二求レ名之人一、元非二**国造・伴造・県稲置**一、而輙詐訴、言下自二我祖時一、**領**二**此官家**一**治**中**是郡県**上、汝等国司不レ得三随レ詐便牒二於朝一。審得二実状一而後可レ申。

伊甚屯倉の場合には、伊甚国造の一族から春日皇后に対して「春（日）部直」として伊甚屯倉の管理者となる者があり、その子孫が後に夷隅郡の郡司として認定される必要があった（国造については成務期以来の譜第は、『続日本紀』大宝二年（七〇二）四月庚戌条の「国造記」提出により明らか）。そのため、一族の「譜第」に「官家」を領したという伝承として、かつて伊甚屯倉の管理者であったことを明記する必要があった。大化の屯倉廃止後に上総国夷隅郡の郡司（評司）になりうる譜第郡司としての位置付けを与えられるためには、その歴史的根拠として「今分為㆑郡、属㆓上総国㆒」との註記が必要であったのではないかと想定される。このようにミヤケの伝承のうちには郡司の「譜第」に関係した伝承や註記が存在したと考えられる[61]。

双系的な親族制度の旧体を強く残す在地社会においては、在地豪族のウジは流動的で傍系継承が一般的であるため、明確な「譜第」は確立しにくかった。嵯峨朝に『新撰姓氏録』が編纂されるが、その採録地域は左右京五畿内を本貫とする氏族に限定され、地方豪族は含まれていない。藤原仲麻呂政権期の「氏族志」以降、在地豪族の系譜化を指向するも結局は断念されている。根本的には中央と在地で氏族構造が基本的に異なっていたことに由来すると考えられる[62]。

（3）吉備白猪・児島屯倉の支配

進んだ経営をおこなったとされる白猪屯倉と児島屯倉は同一実体で（「吉備五郡」は人間集団の出身母体を示し、「児島」は奉仕先）、二系統の原史料の重出が存在し、田戸・田部丁籍（名籍）などの表現は信頼できない。「田戸」を戸別に編成された田部と解し、田部丁籍（名籍）を戸籍と解することはできない。「田部丁」個人を集めて「田戸」としたのであり、必ずしも造籍や編戸は前提としない。飛鳥戸・春日戸の「某戸」は戸の管掌者・税負担者を示し[63]、「戸別の調」と「男身の調」を同一実体とすれば[64]、戸の代表者（成人男性）に課す調であったと解される。したがって、「田戸」も編戸・造籍により戸別に編成された田部ではなく、成人男子の課役負担者を集計するのみであり、「田部丁籍（名籍）」も一旦作成されると十年以上更新されない単発的なリストであった。

（4）推古期のミヤケ支配

『日本書紀』推古十五年（六〇七）是歳条には諸国に屯倉を置くともあり、国造領域内に多くのミヤケが設定されたことが想定される。池溝開発と連動したミヤケの設定は推古期に本格化し、「毎国」は全国的な設置と推定される。[65]『隋書』倭国伝にみえる「軍尼—伊尼翼」の体制は、六世紀代の「武蔵国造—武蔵四屯倉」「伊甚国造—伊甚屯倉」「上毛野国造—緑野屯倉・佐野三家（山上碑）」のような拠点的かつ先行的なあり方が東国全体にも拡大し、必ずしも均質な設定ではないが国造国内部にミヤケが広く設置されている状況を示すものと考えられる。推古期には、クニとイナギ（国造—ミヤケ）の系列化と池溝開発による全国展開が確認される。大化期に評官人の資格者として国造だけでなく県稲置というミヤケの管理者が挙げられているのも、国造・伴造・県稲置の評官家への転換という状況を前提としなければ理解しにくい（孝徳紀大化元年〔六四五〕八月庚子条）。

おわりに—諸制度の整備—

最後に展望として継体～宣化期のミヤケ・国造・部民制の整備と以降の質的差異を論じたい。まず六世紀段階には、東国と西国の差異が存在した。国造制やミヤケ制においては、吉備（雄略）・筑紫（継体）・出雲（欽明）などの在地有力豪族の拠点を中心に西国の再編が先行したと考えられる。一方、北関東の上毛野氏の勢力は対蝦夷問題の存在により温存され、孝徳期には東国国司による支配の再編が必要とされた。

地名的国造（西国）と伴造的国造（東国）の差異という国造氏姓における地名と伴造の選択については、西国のような出雲国造＝出雲臣といった国造＝地名＋直（君・臣）の事例は関東に少なく、壬生直のような某部＋直のような事例が多い。こうした傾向は、在地において西国とは異なり国造として排他的な名乗りが難しい分裂状況があり、伴造的なタテ系列の系譜を選択した場合が多かったことによると考えられる。わずかに検出される上毛野君・下毛野君や笠原直・伊甚直・武社直・新治直などの事例は、豊城入彦命系の君姓および天穂日命系の直姓に限定され、地縁同族的ヨコ系列の系譜を選択し地域な結合により自己の地位を確保していたことが確認される。

推古期に至ると、壬生部設置や国ごとのミヤケ設置により東国豪族の再組織化がなされただけでなく、仏教の普及による他界観の変化や冠位十二階の制定にともなう位階制秩序の導入で、従来の前方後円墳体制が相対化されたと考えられる。東国では六世紀末まで温存されるが、すでにローカル・ルール化しており全国的秩序とは評価しにくい情況であった。この時期になると、意宇地域の出雲国造独占化や南北ムサシの統一化など、輪番的な国造任命から特定氏族への固定化、領域統合化の動きがみられる。豪族地域分節支配型のミヤケ類型が、六世紀以降展開することを論じたが、部民制においても物部氏や蘇我氏など有力豪族の系列化が進行し、各地のミヤケやトモ—べ支配を前提とした有力豪族によるツカサの分有と不定期の群臣会議の開催へと展開していくと考えられる。王権の直接的な支配ではない中央・地方豪族を介した「分節的支配」のあり方と、ヤケを拠点とする人間集団と貢納奉仕の関係こそがミヤケ制・国造制・部民制という国内支配制度の本質として指摘できる。(66)

以上本章では、欽明期が王権段階において大きな画期であることを、五世紀の前史との比較を中心に論じた。

註

（1）拙著『古代王権と支配構造』（吉川弘文館、二〇一二年）。

（2）拙稿「欽明期の王権と出雲」（本書第一編第一章、初出二〇一六年）。ヤマト王権側からの考察としては同「倭屯田の成立と国譲り神話の転換—画期としての欽明朝—」（『大美和』一三二、二〇一七年）、出雲地域からの考察としては同「古代出雲とヤマト王権」（島根県古代文化センター編『古代出雲ゼミナール』ハーベスト出版、二〇一七年）がある。

（3）坂元義種『倭の五王—空白の五世紀—』（教育社、一九八一年）、九二〜一〇三頁。

（4）田中史生「倭の五王の対外関係と支配体制」（『前方後方墳と東西出雲の成立に関する研究—古墳時代中期における出雲の特質—』島根県古代文化センター研究論集一四、今井出版、二〇一五年）、一四五頁。

（5）鈴木靖民「倭の五王の外交と内政—五—六世紀を中心に—」（『倭国史の展開と東アジア』岩波書店、二〇一二年、初出一九八五年）。

（6）鈴木英夫「倭王武上表文の基礎的考察」「倭王武と称号自称の時代—武の王権と外交の特質—」（『古代の倭国と朝鮮諸国』青木書店、一九九六年）。

（7）拙稿「古代日本の世界観—天下・国・都城—」（『古代王権と東アジア世界』吉川弘文館、二〇二四年、初出二〇〇四年）。河内春人『倭の五王—王位継承と五世紀の東アジア—』（中央公論新社、二〇一八年）は、五世紀史を『記紀』ではなく中国の外交史料により論じた好論であるが、武の叙爵請求のみを強調する点には従いにくい。少なくとも武王単独による「窃自仮」と表現された自前の運用がなされていたことは否定できない。請求の力点は「府官制」の維持よりも、朝鮮半島に対する「都督・諸軍事」の承認を求めてのものである。独自の天下観の創出と対応し、明らかに武王以前の段階とは異なる対応が確認される。これを恒常的な専制化と評価するわけではないが（皮肉なことに以後の中国外交の途絶が広義の府官制秩序を弱体化させたと考える）、倭王武が以前の倭王とは異なる段階になったことは否定できない。一国史観による評価というよりも、中国冊封史観の過剰が感じられ、冊封体制の過剰な強調は、すでに李成市らの批判があるように克服されつつあるのではないかと考える（李成市

「東アジア世界論と日本史」(『闘争の場としての古代史―東アジア史のゆくえ―』岩波書店、二〇一八年、初出二〇一六年)、拙稿「東アジア世界と中華思想」(『古代王権と東アジア世界』吉川弘文館、二〇二四年、初出二〇一七年)。

(8) 拙稿註(7)前掲論文、同「「治天下大王」の支配観」(註(7)前掲書、初出二〇一五年)。ちなみに、景行紀五十五年条にみえる毛野氏の先祖に与えられた「東方十五国都督」などの表現は、府官制的な表現と考えられる。田中史生「倭の五王と列島支配」(大津透他編『岩波講座日本歴史』一原始・古代一、岩波書店、二〇一三年)は、倭国の「天下」は、中国王朝の「天下」と矛盾するものではないことから、冊封からの離脱とは連動しないと論じる。しかしながら、中国の許可を得ない倭国独自の「府官」の任命は中国の冊封とは矛盾するもので、倭国の「天下」観と連動した新たな段階に至ったと評価される。

(9) 埼玉県教育委員会『稲荷山古墳出土鉄剣金象嵌銘概報』(一九七九年)。

(10) 東野治之「銘文の釈読」(東京国立博物館編『江田船山古墳出土　国宝銀象嵌銘大刀』吉川弘文館、一九九三年)。

(11) 拙稿「ヤマト王権の成立」(歴史学研究会他編『日本史講座』一東アジアにおける国家の形成、東京大学出版会、二〇〇四年)。

(12) 拙稿「六・七世紀の地域支配」(広瀬和雄・仁藤敦史編『支配の古代史』学生社、二〇〇八年)。田中註(8)前掲論文は府官制や人制の「始動」という意味において五世紀中葉の倭王済の段階を評価する。五世紀中葉に「始動」したことは府官制や人制の評価において首肯されるが、やはり六世紀に連続する制度化という観点において倭王武の段階を軽視はできないので、私見では五世紀を三段階に分けて考えるが、五世紀後半を画期として最も重視したい。

(13) 湊敏郎「六・七世紀の在地における身分関係」(『姓と日本古代国家』吉川弘文館、一九八九年、初出一九七二年)、前之園亮一『研究史　古代の姓』(吉川弘文館、一九七六年)、平石充「人制再考」(註(4)前掲書、二〇一五年)、鈴木正信「人制研究の現状と課題―国造制・部民制の史的前提として―」(篠川賢他編『国造制・部民制の研究』八木書店、二〇一七年)。

(14) 佐伯有清「雄略朝の歴史的位置」(佐伯有清編『古代を考える　雄略天皇とその時代』吉川弘文館、一九八八年)、二二頁。
(15) 篠川賢「付論　部民制」(『日本古代国造制の研究』吉川弘文館、一九九六年、初出一九九〇年)、三四八～三五二頁。なお、人制の職掌内容の抽象度によって時期差を考えることもできるが、トモの出身階層による違い(抽象的な首長およびその近親者、具体的な配下の技術者)による場合も想定される。
(16) 吉村武彦「倭国と大和王権」(朝尾直弘他編『岩波講座日本通史』二古代一、岩波書店、一九九三年)、二〇一～二〇五頁。
(17) なお直木説は、八世紀の史料から「某人」を抽出したので、一般名詞と解して部民制に解消され、「族」「姓」と同じくトモ以下の下層民と解する議論も存在するが(平野邦雄「無姓と族姓の農民」(『大化前代社会組織の研究』吉川弘文館、一九六九年)、湊敏郎註(13)前掲論文)、人制は定姓以降の人姓と直接はつながらないとの指摘を重視したい(高橋明裕「姓成立期の〝某人〟呼称について」(『古代学評論』四、一九九五年))。
(18) 鈴木靖民註(5)前掲論文、同「倭国と東アジア」(同編『倭国と東アジア』日本の時代史二、吉川弘文館、二〇〇二年)など。
(19) 田中史生註(4)前掲論文。ただし、某者がすべて某人と置換できるわけではない(堀川徹「人制から部民制へ」(『古代国家形成期の地域支配制度』吉川弘文館、二〇二五年、初出二〇一七年))。
(20) 平石充註(13)前掲論文。
(21) 菱田哲郎「五、六世紀の手工業生産と王権」(『日本史研究』六五六、二〇一七年)。
(22) 浅香年木『日本古代手工業史の研究』(法政大学出版局、一九七一年)、一・三頁。
(23) 上田正昭「忌部の職能」(『日本古代国家論究』塙書房、一九六八年、初出一九六一年)、一九五頁。貢納と番上という類型でいえば、番上が先行することもすでに指摘されている。
(24) 米田克彦「古墳時代玉生産の変革と終焉」(『考古学ジャーナル』五六七、二〇〇八年)、大賀克彦「古墳時代後期における玉作の拡散」(『古代文化研究』一六、二〇〇八年)。なお、曽我遺跡の衰退と出雲への展開に相関を認めるかどうかについては考古学でも議論があるが、両者の関係性の解消と主張する大賀説をここでは支持したい。文献的には人制段階の「後の忌部首―出雲玉作」という関係が、出雲国造の介在、在地神への奉仕により希薄化した現象として理解される。

(25) 上田正昭註(23)前掲論文。

(26) 平石充註(13)前掲論文。

(27) 拙稿註(2)前掲論文(本書第一編第一章)、平石充「古代社会における地域社会と手工業生産―出雲地域の玉生産を中心として―」(鈴木靖民編『日本古代の地域社会と周縁』吉川弘文館、二〇一二年)。

(28) 忌部は、地方忌部から祭祀の必要物を集めていたが、『日本書紀』神代下第九段一書第二の紀伊忌部の遠祖が「作笠者」とされたように、直接な貢納の場合と、出雲のように国造を介する場合が存在した。

(29) 溝口優樹「「神人」と陶邑古窯跡群」(『日本古代の地域と社会統合』吉川弘文館、二〇一五年、初出二〇〇九年)、五五頁によれば、「茅渟県陶邑」「河内之美努村」は、「美努村」に比定される「見野山」に隣接した陶荒田神社を中心とする地域(大鳥郡大村郷)に限定されるという。この地域の遺跡は、「人制」段階に相当する五世紀末から六世紀にかけて成立する。

(30) 酒井清治『古代関東の須恵器と瓦』(同成社、二〇〇二年)。

(31) 菱田哲郎註(21)前掲論文、八頁。

(32) 佐々木幹雄「三輪と陶邑」(大神神社史料編集委員会編『大神神社史』吉川弘文館、一九七五年)。溝口優樹註(29)前掲書が研究史整理も含めて詳論している。

(33) 鷺森浩幸「陶邑と陶部」(栄原永遠男編『日本古代の王権と社会』塙書房、二〇一〇年)。なお、同「陶邑古窯跡群と中臣系氏族」(『和泉市史紀要』一一、二〇〇六年)では中臣氏の地理的広がりから祭祀に関与する部分で須恵器生産に関与していたとする。ただし、中臣氏の氏族的な勢力の盛衰からすれば六世紀以降のことと考えられる。

(34) 栄原永遠男「紀氏再考」(『紀伊古代史研究』思文閣出版、二〇〇四年、初出一九八五年)の定義によれば、「紀氏集団」とは、紀臣と紀直に分化する以前の部族連合を示す概念とする。

(35)　中林隆之「古代和泉地域と上毛野系氏族」(『和泉市史紀要』一一、二〇〇六年)。
(36)　溝口優樹註(29)前掲論文。和泉国の神直は紀直と同祖であり、三輪氏とは関係しない。
(37)　拙稿註(2)前掲論文(本書第一編第一章二(2))。
(38)　溝口優樹「氏族分布からみた初期陶邑古窯跡群」(註(29)前掲書、初出二〇一三年)、二九頁によれば、茅渟県主が陶邑を支配するための経済的基盤になったという。
(39)　溝口優樹註(38)前掲論文、二四～二九頁。溝口も中林説を基本的に肯定する。
(40)　堀川徹註(19)前掲論文。同条には「共食者」の用例もあるが、一時的な職務であり、これも「某人」としては扱えない。
(41)　鈴木靖民註(18)前掲論文も、府官制の変質と、雄略紀の某人記載を重視して、倭王武の時代に成立の画期を求めている。
(42)　和田萃「渡来人と日本文化」(朝尾直弘他編『岩波講座日本通史』三古代二、岩波書店、一九九四年)、田中史生「渡来人と王権・地域」(註(18)前掲書)。菱田哲郎『古代日本国家形成の考古学』(京都大学学術出版会、二〇〇七年)、五七頁においても、「王権を構成する氏族が、それぞれの職掌をもって王権に奉仕するという関係」を工房拠点ごとに氏族に当てはめることにより想定している。王権による計画的配置を重視する立場である。しかしながら、反乱伝承に象徴される雄略期を転換点とした各氏族の王権に対する同盟的・独立的な様相はあまり考慮されていない。氏族集団ごとの独立的工房運営のあり方は雄略期以前の段階には顕著であったと考える。中林隆之「茅渟県と珍県主」(和泉市史編さん委員会編『和泉市の考古・古代・中世』和泉市の歴史六、二〇一三年、一九四頁)は、渡来系工人のあり方が初期には加耶系が多く多様であることから、数次にわたり呼び寄せられ波状に住み着いたとし、五世紀半ば以前の初期陶邑は、王権の規制が相対的にゆるやかであったとする。六世紀以降の「職能部民」の存在形態を生産の継続によって五世紀に単純に遡及させることにより「部民」を前提とする生産を想定することは、『記紀』の論理を除けば必ずしも証明されていない。私見では五世紀と六世紀における王権と豪族集団の関係性の差異を質的に異なるものと考える必要があり、拠点的工房の支配形態にも質的な差異が認められるとの立場をとる。
(43)　菱田哲郎註(21)前掲論文、一三頁。
(44)　鎌田元一「部民制の構造と展開」(『律令公民制の研究』塙書房、二〇〇一年、初出一九八四年)。
(45)　高田貫太『古墳時代の日朝関係』(吉川弘文館、二〇一四年)。たとえば、定型性を持たない多様な系譜の初期馬具が氏族集団ごとに存在したあり方から、後には百済系へ統一化されることはその一例となる。さらに陶邑の渡来系工人のあり方が、初期には加耶系が多く、多様であることもその例となる。
(46)　平野邦雄「帰化系技術の二系統」(註(17)前掲書)。
(47)　拙稿「文献よりみた古代の日朝関係―質・婚姻・進調―」(註(7)前掲書、初出二〇〇四年)。
(48)　平野邦雄註(17)前掲書、一六八頁。
(49)　直木孝次郎「伴と部との関係について」(『飛鳥奈良時代の研究』塙書房、一九七五年、初出一九六八年)。
(50)　篠川賢註(15)前掲論文など。
(51)　新井喜久夫「品部雑戸制の解体過程」(彌永貞三先生還暦記念会編『日本古代の社会と経済』上、吉川弘文館、一九七八年)。
(52)　平野邦雄註(17)前掲書。
(53)　平野邦雄「六世紀の国家組織―ミヤケ制の成立と展開―」(『大化前代政治過程の研究』吉川弘文館、一九八五年)、鎌田元一「屯倉制の展開」(『律令公民制の研究』塙書房、二〇〇一年、初出一九九三年)など。
(54)　井上辰雄「『ミヤケ制の政治史的意義』序説」(『歴史学研究』一六八、一九五四年)において、「前期的ミヤケ制支配」より「後期的ミヤケ制支配」への転換が指摘されて以降、通説的な時期区分となっている。
(55)　舘野和己「屯倉制の成立」(『日本史研究』一九〇、一九七八年)、同「ミヤケ制再論」(奈良古代史談話会編『奈良古代史論集』二、真陽社、一九九一年)、同「畿内のミヤケ・ミタ」(山中一郎他編『新版古代の日本』五近畿一、角川書店、一九九二年)、同「ヤマト王権の列島支配」(歴史学研究会他編『日本史講座』一、東京大学出版会、二〇〇四年)、森公章「国造制と屯倉制」(『倭国の政治体制と対外関係』吉川弘文館、二〇二三年、初出二〇一四年）など。

(56) 拙稿「古代王権とミヤケ制」（註（1）拙著、初出二〇〇五年）。

(57) 拙稿「古代王権と「後期ミヤケ」」（註（1）拙著、初出二〇〇九年）。

(58) 拙稿註（2）前掲論文（本書第一編第一章）。

(59) 鎌田元一が想定したトモ的関係のように、屯倉の名称はまだ確定しないがミヤケ的な貢納奉仕関係が先行的に存在し、質的には類似する関係を想定する。具体的には、祭祀的な県などが想定される。部民制下においても名代子代の人間集団と屯倉に重なり合う部分が少なくとも当初から存在したと想定される。これは人間集団に対する貢納奉仕の拠点としての「ヤケ」の基本的属性によるもので、人間集団を重視した「春日部」と貢納奉仕拠点としての「屯倉」という表記は併存しうるものであったと考えられる。

(60) 中田興吉「発生期のミヤケと王権」（『倭政権の構造』支配構造篇上、岩田書院、二〇一四年、初出二〇一一年）。

(61) 拙稿註（2）論文（本書第一編第一章）。

(62) 拙稿「貴族・地方豪族のイエとヤケ」（註（1）拙著、初出二〇〇七年）。

(63) 岸俊男「日本における「戸」の源流」（『日本古代籍帳の研究』塙書房、一九七三年、初出一九六四年）。

(64) 石上英一「日本古代における調庸制の特質」（歴史学研究会編、歴史学研究別冊『歴史における民族と民主主義』一九七三年）。

(65) 拙稿註（2）前掲論文（本書第一編第一章）。推古期の王権構造については、拙稿「六、七世紀の宮と支配関係」（『考古学研究』五五―二、二〇〇八年）。

(66) 拙著註（1）前掲書。東国と王権の問題については、拙稿「古代国家形成期の王権と東国」（上野祥史編『金鈴塚古墳と古墳時代社会の終焉』六一書房、二〇一三年）。

第二編　「大化改新」論　—七世紀—

第一章　七世紀後半における公民制の形成過程

はじめに　―官家の多様性―

本章は、七世紀後半における公民制の整備過程を検討することを課題にしている。この時期は、旧来の国造制度から八世紀初頭に成立する国郡制への転換期に相当する。通説的理解によれば、国造は郡司へ転換し、国造のクニは、再編されて令制国になったと考えられている。しかしながら、郡司に採用されたのは国造だけではない。また、広域行政区画としての大宰総領の細分化として、令制国が成立した側面は等閑視されてきた。とりわけ国郡制成立の前提には、全国的かつ均質な編戸が不可欠であるが、天武四年（六七五）の部曲の廃止以後に可能となった。こうした論点を念頭に置いて当該期の再編過程を考察したい。

まず、大化前代に複数の支配系列が存在したことは、伴造と尊長（所属の首長＝国造、中央では有力豪族）という上訴の二系統が存在したことから明らかである[1]。

『日本書紀』大化元年（六四五）八月庚子是日条

是日設二鍾・匱於朝一而詔曰、若憂訴之人、有二**伴造**一者、其**伴造**先勘当而奏。有二**尊長**一者、某**尊長**先勘当而奏。若其**伴造・尊長**、不レ審レ所レ訴、収レ牒納レ匱、以二其罪一々之。

訴える人は伴造がいれば、その伴造が判断して奏上せよとあり、また所属の首長がいれば、彼が判断して奏上せよとある。「伴造・尊長」と併称されていることは、この二つの系統に支配が分かれていたことを示唆する。同日条には「国家所有公民」「大小所領人衆」という併称もあり、「伴造・尊長」と対応させるならば、「国家所有公民」は伴造・部民系列、「大小所領人衆」とは、大小の規模が存在する、その他の有力諸氏・国造系列と考えることが可能である。以上によれば、伴造配下の民は王権に直属した王民とされていたが、王権とは相対的に独立的な民衆（諸氏や国造配下の民）も存在したことが想定される。国造と県稲置（ミヤケ）の関係は、

『隋書』東夷倭国伝

有二軍尼一百二十人一、猶如二中国牧宰一。八十戸置二一**伊尼翼**一、如二今里長一也。十**伊尼翼**属二一軍尼一。

とあるように、「軍尼百二十人―伊尼翼十人―八十戸」という体制が記載されている。これは必ずしも全国画一的な制度ではなく、「武蔵国造―横渟・橘花・多氷・倉樔の四屯倉（県稲置）」というように、畿内や王権の意向が強く反映したところにおいて、一部に国造―稲置（ミヤケ）の体制が存在したと考えられる。さらに軍尼や伊尼翼が人数で記載されている点も、行政の上下単位というよりも人格的な関係を想定することができる。

国造と稲置の関係については、成務紀に、国郡に造長、県邑に「稲置」を置くとあり、(2)允恭紀にも「闘鶏国造」の姓を貶しめて「稲置」としたとの記載があることによれば、(3)国造よりも下位の県邑を単位としたことが確認される。

さらに大化二年（六四六）の「東国国司詔」には、(4)異なる管理系統の馬がみえる。すなわち、国造系列の「国造之馬」、ミヤケ系列の「田部之馬」（皇極紀には「深草屯倉」の馬もみえる）(5)、部民（名代子代）系列の「湯部之馬」がそれぞれ記載されている。このうち、東国国司は国造系列の「部内之馬」のみを使用可能で、他の系列の馬を徴発

した国司たちは罰せられている。

また、『日本書紀』大化元年（六四五）八月庚子条によれば、東国国司に対する命令として、国造・伴造・県稲置ではないにもかかわらず、先祖の時代から「官家」を委任されて「郡県」を治めてきたとの虚言は、実状を調べたうえでなければ採用してはならないとされている。(6)

『日本書紀』大化元年八月庚子条

若有二求レ名之人一、元非二**国造・伴造・県稲置**一、而輙詐訴、言下自二我祖時一、領二此**官家**一治中是**郡県**上、汝等国司不レ得三随レ詐便牒二於朝一。審得二実状一而後可レ申。

ここでは、すでに指摘があるように国造だけでなく制度的に異なる伴造（部民制）・県稲置（ミヤケ制）が歴史的に官家（貢納奉仕の拠点）を領したと認識され、その実績が評造や五十戸造といった新たな官家候補者（官家《ミヤケ》の一種としての評家《コホリノミヤケ》と五十戸家《サトノイヘ》）の選定の前提になっていたことは重要である。(7)前代の国造制だけでなく、部民制やミヤケ制との連続性、およびこれら前代的制度の止揚において評・五十戸制が構想されている点が指摘できる。評・五十戸制は多様な前代的制度の統合的側面においてその新しさを評価できるが、それが大きな抵抗なく可能であったのは、人間集団と貢納奉仕の拠点としての「官家」を一対一に結び付けるという前代からの基本的な原理を変更しなかった点にある。これが、旧来からの連続性であり、領域的かつ均質的な支配を指向する国郡里制との大きな質的差違として評価される。前代的制度が有した官家の多様性を前提に、これを課税単位としての評ないし五十戸としてまとめたものと考えられる。

さらに評・五十戸制と郡郷里制との大きな違いは、当初は同じ造姓により、国造・評造・五十戸造が階層的な差違がなく併存することであり、(8)飛鳥京木簡においては、評＋五十戸段階より某部五十戸が一段階古いこと、(9)かつ貢納責任者たる五十戸造[10]、氏族的な評君などの特徴を重視するならば、人間集団への課税単位として評と五十戸は併存し、行政組織の重層性は本来は弱かったと評価される。これが国―評―五十戸へと重層的な編成として全国的に転換するのは、木簡表記を尊重するならば、庚午年籍および中央氏族を対象とした先行する同質の「甲子年諸氏系譜」（後述）を前提に、部曲を廃止した天武四年以降と考えられる[11]。

一、公民制の成立過程

(1) 五十戸制の変遷

木簡の表記によれば、評の用字は大宝令まで変化しないが、下部組織の五十戸は、天武朝以前は「五十戸」、持統朝以後は「里」という用字変化が確認されている[12]。従来は、天智朝以前の五十戸表記には部名が多く、天武期以後に地名（非部名）の五十戸表記が多いことから、天武四年の部曲廃止により部民的集団から領域的な里に再編されたと考える説が有力であった[13]。ところが、天智期にも「大山五十戸」のような非部名の五十戸表記がなされることを重視して、こうした一元的な転換を批判して天武四年以前から非部名の領域的五十戸も存在したとの説が提起されている[14]。

大化前代には「国家所有公民」（伴造・部民系列とミヤケ系列）[15]と「大小所領人衆」（諸氏・国造系列）という複数の支配系列が存在し、本来的に五十戸にも部民系とミヤケ系という二系列が存在したとすれば、部名と非部名の差違はこのような違いとして理解できる。人間集団と貢納奉仕の拠点の対応という基本的に同じ原理の二つの系統と理解するならば[16]、ミヤケや国造の民も部民と同じく人格的な関係を前提としているので、非部名五十戸だから領域的ということにはならないと考えられる。

実例を示すならば『播磨国風土記』の里名によれば、部民的な系譜を引く里名は、表面上多くない。すなわち、飾磨郡漢部里・揖保郡噫部里・神前郡的部里などにすぎない。しかしながら、部を省略した飾磨郡伊和里（伊和部）・賀毛郡起勢里（巨勢部）・穂積里（穂積部）・宍禾郡石作里（石作部）を含め、さらに飾磨郡安相里（沙部）・少川里（私部）・安師里（神戸）・揖保郡越部里（皇子代）・少宅里（漢部）・宍禾郡比治里（山部）・安師里（山守里・山部）などの里は、表面上は部名に基づかない非部名里に分類されるが、説話の内容からすれば部名里に起源を有したことは容易に判断される。こうした里名がいつ改称されたかについて、風土記には必ずしも明記されていないが、庚寅年籍において部名里から地名里に変更された事例は、飾磨郡私里→少川里、揖保郡皇子代里→越部里、揖保郡漢部→少宅里の三例が知られる。部名里から地名里への最終的な転換はこの時期であったと推定される。ところが、これ以前にも孝徳期に宍禾郡比治里（山部）が成立し、天智期の国宰道守臣の時に、鹿来墓が揖保郡香山里、庚午年籍の時に伊和から宍禾郡石作里、総領石川王の時に握村から揖保郡広山里へ、国宰田中大夫の時大宮里から揖保郡大宅里へと改称している。これらの事例は、天武十年（六八一）以前の五十戸制段階であり、さらには天武四年の部曲廃止以前においても地名里への変更がなされていることは重要である。このことは、木簡において部名五十戸と非部名五十戸の違いにより質的に区分することは困難であることを示している。有名な下総国大嶋郷戸籍は孔王部集団を組織していることは知られているが、仮に非部名五十戸への改称（孔王部→大嶋）が、『播磨国風土記』の実例のように、里制施行よりも早かったとすれば、その部民集団としての本質を「大嶋五十戸」のような表記から判断することは難しくなる。部民集団を母体とする五十戸が、必ずしも部名五十戸と表記せず、里制施行以前から非部名（地名）五十戸で表記されていることを認めるならば、非部名（地名）五十戸が領域的支配の指標には必ずしもならないことが確認される。

一方、『播磨国風土記』の里名には、ミヤケ系の里名も存在する。美嚢郡志深里（屯倉・御宅村）、神前郡川辺里（三家人）、印南郡益気里（御宅）、飾磨郡（飾磨御宅・五国造田）、揖保郡越部里（三宅）・枚方里（漢人・田部）・大家（宅）里（千代勝部）・大田里（呉勝）などがある。こちらは、当初から地名里名を採用していたが、国造や渡来系の人間集団を前提に組織していたことを前提とすれば、部民と基本的に同一原理であったことになる。「大山五十戸」には「田部」が存在したことを重視すれば、[17]ミヤケに系譜する可能性が指摘できる。

改新の詔第一条にも「罷二昔在天皇等所レ立子代之民・処々屯倉、及別臣・連・伴造・国造・村首所有部曲之民・処処田庄一」とあるように、[18]部民（子代）と屯倉がセットで、諸氏・国造の有する部曲と対比されている。[19]大化二年の皇太子奏においても「子代入部」「御名入部」「皇祖大兄御名入部」と「屯倉」がセットで記載されている。部民と屯倉がセットで記載され、非部名里のミヤケ（県稲置）系五十戸も古くから存在したことを考慮すれば、先述した「国家所有公民」は伴造・部民とミヤケ（県稲置）系列、「大小所領人衆」とは、その他の諸氏・国造系列に分類することが可能である。部名と非部名を区別せず五十戸に編成したこと、すなわち改新の詔第一条でいう、子代の民とこれに対応する屯倉の廃止がまず実施され、国家所有の公民に位置付けられたのは、伴造・部民とそのミヤケ（県稲置）系列であったと考えられる。

しかしながら、五十戸には課税単位としての性格が強く認められるとすれば、律令制下のように戸口全体の編戸的把握は必ずしも必要がなく、貢納責任者たる五十戸造や戸主の把握に重点があったことになる。したがって、戸口まで把握する造籍編戸の必要性は律令制下に比較して低く、庚午年籍を前提に、天武四年に部曲（民部）を廃止することにより諸氏・国造系統の民を五十戸に統合したため、非部民的五十戸の割合が高くなったと考えられる。

なお、家部の実質は以後も氏賤として存続するが、庚寅年籍の前後に解放された「直広肆下毛野朝臣子麿、奏レ欲レ免二奴婢陸佰口一。奏可」[20]とある下毛野朝臣の奴婢や、「氏祖時所レ免奴婢既除レ籍」[21]という存在は、家部のうち解放された者と推定される。

天武期の部曲廃止による二系統の統合は、まだ氏族制的な同一原理による「民部・家部」籍と「五十戸」編成の庚午年籍を前提にして可能であったことになる。造籍をしなくても、天武四年の部曲廃止を契機として非部名の五十戸が編成されたことは、こうした系統論を前提とすれば十分可能である。造籍による最終的再編は、二つの系統を区別なく統合し、戸口まで把握した庚寅年籍が大きな画期となったが、それでも部曲の廃止直後に出挙の額に関係して戸の等級を前提とした三等戸制が施行されたことは[22]、戸の大小を意識した編成がこの時から開始されたことを示唆する。さらに天武六年（六七七）には浮浪人対策として出身地と浮浪地の両方で課役を徴収する命令が出されており[23]、戸籍に記載された「本土」（本貫地）を前提に「課役」を徴収する制度が開始されたことが確認され、部曲の廃止から庚寅年籍の間に公民制の基礎が大きく整備されたと考えられる。

五十戸制の変遷において、

Ⅰ大化二年（六四六）―品部廃止詔

『日本書紀』大化二年八月癸酉条

始二於今之御寓天皇一及二臣連等一、所有品部、宜三悉皆罷、為二国家民一。

Ⅱ天智三年（六六四）―民部家部の設定

『日本書紀』天智三年二月丁亥条

宣下増二換冠倍位階名一及氏上・民部・家部等事上。……其大氏之氏上賜二大刀一、小氏之氏上賜二小刀一、其伴造等之氏上賜二干楯・弓矢一。亦定二其民部・家部一。

Ⅲ天智九年（六七〇）―庚午年籍

『日本書紀』天智九年二月条

造二戸籍一、断三盗賊与二浮浪一。

Ⅳ天武四年（六七五）―部曲廃止

『日本書紀』天武四年二月己丑条

詔曰、甲子年、諸氏被レ給部曲者、自レ今以後、皆除之。

Ⅴ持統四年（六九〇）―庚寅年籍

『日本書紀』持統三年閏八月庚申条

詔二諸国司一曰、今冬、戸籍可レ造。宜下限二九月一、糺中捉浮浪上。

『日本書紀』持統四年九月乙亥朔条

詔二諸国司等一曰、凡造二戸籍一者、依二戸令一也。

という五つの公民制における画期が想定されている。さらにⅣからⅤの間に、五十戸表記から里表記の変化が起きているが、質的な転換なのか、表記上の変化にすぎないのかについて議論がある。これについては、天武期後半の国境画定事業や浄御原令の先行施行との関係が指摘されている。従来の議論では、令制前の諸制度を族制的な部民制と領域的なミヤケ制・国造制などに二分して、前者から後者への転換を構想し、Ⅳ天武四年の部曲廃止に大きな画期を求めてきた。[24] しかしながら、先述したようにミヤケ・国造制が領域的であったかどうかは疑問であり、こうした説明ではミヤケと部民を峻別するため天武四年以前にも非部民（地名）五十戸が存在することの説明ができなかった。

（2）品部廃止詔

前提としてI大化二年―品部廃止を中核とする大化期の部民廃止がどの程度のものであったかは、大化改新の評価にかかわる重要な問題であり、評価は分かれている。(25) 理念的には王民たるべき「国家所有公民」と豪族私有民たる「大小所領人衆」に区分されるが、大化期には、後者を前者に繰り込む部民廃止政策が多く出されている。

①『日本書紀』大化元年（六四五）九月甲申条

自レ古以降、毎二天皇時一、置二標レ代民一垂二名於後一。其臣・連等、伴造・国造、各置二己民一恣レ情駆使、……進二調賦一時、其臣・連・伴造等先自収斂、然後分進。……従レ今以後不レ得レ売レ地。勿三妄作レ主兼二幷劣弱一。百姓大税。

②『日本書紀』大化二年（六四六）正月甲子朔条（大化改新詔）

即宣二改新之詔一曰、其一曰、罷二昔在天皇等所レ立子代之民・処々屯倉、及別臣・連・伴造・国造・村首所有部曲之民・処処田荘一。

③『日本書紀』大化二年三月壬午条（皇太子奏請文）

皇太子使レ々奏請曰、……其群臣・連及伴造・国造所有昔在天皇日所レ置子代入部、皇子等私有御名入部、皇祖大兄御名入部〈謂二彦人大兄一也。〉及其屯倉、猶如二古代一而置以不。……天無二双日一、国無二二王一。是故兼二幷天下一可レ使二万民一、唯天皇耳。別以二入部及所封民一、簡二充仕丁一、従二前処分一。自余以外、恐二私駆役一。故献二入部五百廿四口・屯倉一百八十一所一。

④『日本書紀』大化二年八月癸酉条（I品部廃止詔）

而始二王之名々一、臣・連・伴造・国造、分二其品部一、別二彼名々一。復以二其民品部一、交雑使レ居二国県一。遂使二父子易レ姓、兄弟異レ宗、夫婦更互殊レ名、一家五分六割。……粤以、始二於今之御寓天皇一及二臣・連等一、所有品部、宜三悉皆罷、為二国家民一。……改二去旧職一、新設二百官一、及著二位階一、以二官位一叙。

①では代々の天皇が置いた代の民までが、臣連以下により駆使される実状が語られ、[26]土地の兼併が禁止される。②では子代の民（および屯倉）と臣連以下の部曲（および田荘）を廃止することが宣言される。③では①と同じく昔の天皇が置き、群臣の所有となっている子代入部と皇子等が私有している御名入部が対比的に語られ、入部と屯倉の献上が語られている。ただし、豪族が子代を管理した場合を「子代入部」と称していたことになり、②の部曲とは異なる範疇と考えられる。④も同じく王の名前だけでなく群臣の名前が付けられた「品部」までも廃止して、「国家の民」とすることが述べられている。さらに、伴造・国造などの「旧職」を廃止して、「百官」「位階」「官位」の秩序を構築することが宣言される。

①から④まで、表現は異なるが、いずれも「代民」「子代之民」「子代入部」「王之名名」など、王の名前が付けられた御名入部と、豪族が所有する部曲と、子代入部とが対比的に語られている。[27]

①「自レ古以降、毎二天皇時一、置二標レ代民一垂二名於後一」（御名代）

「其臣・連等、伴造・国造、各置二己民一恣レ情駆使」（部曲）

②「罷二昔在天皇等所レ立子代之民・処々屯倉一」（子代・屯倉）

「別臣・連・伴造・国造・村首所有部曲之民・処処田荘一」（部曲・田荘）

③「（昔在天皇日所レ置）皇子等私有御名入部、皇祖大兄御名入部〈謂二彦人大兄一也。〉及其屯倉」（御名入部・屯倉）

「其群臣・連及伴造・国造所有昔在天皇日所レ置子代入部（及其屯倉）」（子代入部・屯倉）

④「始二王之名々一（分二其品部一、別二彼名々一）」（王之名々＝御名代）

「臣・連・伴造・国造、分二其品部一、別二彼名々一」（豪族部＝部曲）

いずれも表現は異なるが基本的に同じ対比を示すと考えられる。とりわけ④に「始二於今之御寓天皇一及二臣連等一所有品部、宜三悉皆罷、為二国家民一」とあるように、御名代と部曲を合わせた概念として「品部」が位置付けられ、「天無二双日一、国無二二王一。是故兼二并天下一可レ使二万民一、唯天皇耳」という理念を示し、これらを廃止して「国家民」（王民）とすることが目標として語られている。理念的には、純粋な王民たる「御名入部」に対して、豪族が管理する「子代入部」と豪族部名を付せられた「部曲」（後の民部）の区分が想定され、さらに部名を有さない豪族私有民（後の家部）も存在したと考えられる。(28)

六世紀以降、地方首長の王権への従属度が深まり、伴造・部民制的関係の量的拡大がおこった。この段階に大王から伴造・部民集団の管轄権を委譲された有力王子と大夫による合議制が生まれたと考えられる。中小伴造の奉仕先であるツカサ（司・官）が大王宮だけに収斂されなくなり、王族の宮や豪族の宅を拠点として機能させるようになったのである。厩戸王子が独自に斑鳩宮を経営し、蘇我氏の邸宅で「天皇記・国記」の編纂管理がおこなわれたように、大王宮のみに収斂しない分節的な権力構造であったため、軍事・外交などの重要な政策課題については、大王のもとでの有力王族・大夫らによる群臣会議が開催される必要があった。群臣の宅や有力王子の宮、キサキ宮に馬司（官）のような職務執行の機構（ツカサ）が分散したため、この段階に大王から伴造・部民集団の管轄権を委譲された有力王子や大夫による群臣会議が生まれ、大殿前の庭が大王臨御の御前会議の場となっていた。(29)

こうした有力な王子の宮と群臣のヤケを単位としたツカサの分有を前提に考えれば、部民が豪族に分割所有されるのは弊害ではなく、「王政出レ自二大夫一」（『藤氏家伝』上、鎌足伝）と形容されるように日常的な政務については、大夫らに任されていたのであり、まさしく構造的なあり方である。「私民」化の進行という現状に対して、部民がすべて王民であることを強調する新たな王民制は、あくまで現状変革の目標として大化期に宣言された理念であったとしなければならない[30]。

④品部廃止詔や②改新の詔などでは、本来は王の民でありながら王族や豪族に所有されている民を「国家の民」とすることが繰り返し命令されている。③の皇太子奏請文には王の名前を付けた品部を「国家の民」とすると宣言されているが、その実態は大王への定量的な課役負担を新たに開始するものとして解釈される[31]。これにより品部雑戸の把握にみられる戸の代表者による「一戸一丁役」のように、戸口全体を把握せずとも五十戸単位の仕丁およびその資養物（養＝庸）、戸別（男身）の調などの貢納が可能となり、部名五十戸編成の前提となった。

しかしながら、王民とは異なる無姓の豪族私有民については、Ⅱ天智三年の民部家部の設定やⅣ天武四年の部曲廃止まで具体的な政策がみえないので、改新の目標としては宣言されたとしても、実効性はなく、そのまま存続したと考えられる（その意味では、現状の改新の詔は天武期あたりまでを視野に入れて書かれた理念的な性格が強い[32]）。

結局、豪族が己民（部曲）を置いて駆使しているとの現状認識に対して（①）、子代と部曲を合わせた品部全体を国家民とする理念が宣言されたが（②・④）、具体的政策として実現されたのは、子代（昔の天皇が置き、群臣の所有となっている子代入部と皇子等が私有している御名入部に区分される）からの仕丁の献上による「国家民」化だけである（③）。豪族部名を付せられた「部曲」の王民化は、天智期におけるⅢの民部・家部の設定まで遅れ、その内容も③皇太子奏請文において子代に対しておこなわれたような数量的把握と限定にすぎず、名目的な仕丁や戸別（男身）の調に留まり、王族や豪族の有する権益はあまり変化しなかった。ようやく天武期以降のⅣ部曲廃止において公民制への転換が可能となったとの見通しが得られる。

二、食封と造籍 ―氏族制原理の残存―

(1) 甲子の宣と部曲・食封

ここまで五十戸編成の内実を中心とする公民制の形成過程を概観してきた。後半では、天智期の甲子の宣と庚午年籍について検討したい。[33] 天智九年（六七〇）の庚午年籍は、天智三年（六六四）の甲子の宣と天武四年（六七五）の部曲廃止の中間に位置している。すなわち、氏ごとの民部・家部すなわち部曲の認定を前提に全国的な造籍がなされていることがまず留意される。庚午年籍が後の戸籍と大きく異なるのは、領域的ではない、こうした氏族的な編成により作成されていた点である。

甲子の宣の適用範囲は、『続日本紀』大宝二年（七〇二）九月己丑条に「詔、甲子年定二氏上一時不レ所レ載氏、今被レ賜レ姓者、自二伊美吉以上一、並悉令レ申」とあり、[34]『古語拾遺』浄御原朝条に「至二于浄御原朝一、改二天下万姓一、而分為二八等一、唯序二当年之労一、不レ本二天降之績一。其二曰二朝臣一、以賜二中臣氏一、命以二大刀一。其三曰二宿禰一、以賜二斎部氏一、命以二小刀一。其四曰二忌寸一、以為二秦漢二氏及百済文氏等之姓一」とあるによれば、おおむね大氏が朝臣、小氏が宿禰に相当することが確認される。庚午年（天智九年）において氏上を定めた時に作られた台帳を基準にして、天武期に朝臣と宿禰が与えられたことが推定できる。[35] ただし、伴造と忌寸が厳密に対応し、大氏や小氏と同質の「氏」と扱われていたのかは明確でない。少なくとも従来の説では、少数の特権階層たる忌寸とその他の連についての質的な区別や、「伴造等氏」そのものである連姓への改姓とその位置付けが曖昧であったと考える。[36]

すなわち、朝臣や宿禰に比較して、忌寸の賜姓が一一氏と少ないこと、忌寸以上の賜姓の前提として連姓が天武九年（六八〇）以降、大量に与えられており[37]、これらの旧姓の多くが造であるように伴造的性格の氏に対して与えられていること[38]、天武紀十年正月丁丑是日条には「大山上草香部吉士大形授二小錦下位一、仍賜レ姓曰二難波連一」とあるように、しばしば後の五位に連続する小錦位と連姓賜与が連動していること[39]、などからすれば連姓を賜与することは五位相当の小錦位以上になりうる家格として氏の家柄を認定したものと判断される。天武期前半に「小錦以上大夫」という定型句が『日本書紀』に頻出するようになるのはこうした動きと連動する[40]。甲子の宣において、氏上に認定されながら、「伴造等之氏上」については「不レ所レ載氏」として台帳に載せられなかったと考えられる。そのため、天武期の真人・朝臣・宿禰・忌寸の四姓賜与に先行して、「不レ所レ載氏」であった「伴造等之氏」について連姓が与えられたことが想定される[41]。

すなわち、「大氏・小氏」と「甲子年定二氏上一時不レ所レ載氏」＝「伴造等氏」を合わせた全体が、連姓以上への改姓をおこなったとするならば、ほぼ小錦位以上になりうる貴族に相当することになる。『日本書紀』の記載によれば、真人姓に一三氏、朝臣姓に五二氏、宿禰姓に五〇氏、忌寸姓には一一氏（大隅直を含む）が改姓している。さらにこれに準ずる氏として旧姓である連姓への氏単位の改姓が五五氏ある。ただし、これらのうち文首（連）が書忌寸、草壁吉士（連）が難波（連）忌寸となるなど一〇氏が後に忌寸姓に上昇し、さらに物部首（連）が布留宿禰、三宅吉士（連）が三宅宿禰、刑部造（連）が忍壁宿禰に改姓しているので、連以上の合計はこれら重複を除けば一六八氏となる[42]。およそ甲子の宣においては、「大氏・小氏」が古い臣・連姓に相当し、宿禰姓以上、「伴造等氏」は古い中央の伴造・国造に相当し、連（忌寸）姓以上を示すと考えられる。

そもそも改新の詔第一条には、豪族層の部曲を廃止した後には大夫以上に食封を与えると宣言されていた[43]。しかしながら、民部・家部を与えられたのは「伴造等氏」までであったが、天武四年の「諸氏」に与えた部曲廃止後は、「甲子年定二氏上一時不レ所レ載氏」の扱いにより小錦以上の大夫でなければ食封の対象外となってしまった。(44)

A『日本書紀』天武四年（六七五）二月己丑条

詔曰、甲子年、諸氏被レ給**部曲**者、自レ今以後、皆除之。

B『日本書紀』天武五年（六七六）四月辛亥条

勅、諸王・諸臣被レ給**封戸之税**者、除二以**西国**一、相易給二以**東国**一。

C『日本書紀』天武五年八月丁酉条

親王以下**小錦以上大夫**、及皇女・姫王・内命婦等、給二**食封**一、各有レ差。

D『日本書紀』天武十一年（六八二）三月辛酉是日条

詔曰、親王以下至二于**諸臣**一、被レ給**食封**皆止之、更返二於公一。

旧食封たる部曲（民部）から新たな食封制度の移行において、西国から東国への割り代えなどにより「小錦以上大夫」に与えられた新たな食封と「諸臣」に与えられていた旧食封＝部曲（民部・家部）の収公において、その特権を失ったのが「伴造等氏」であったと考えられる。

『日本書紀』天武十一年八月癸未条

詔曰、凡諸応二考選一者、能検二其**族姓**及景迹一、方後考之。若雖二景迹・行能灼然一、其**族姓不**レ**定**者、不レ在二考選之色一。

『日本書紀』持統四年（六九〇）四月庚申条

詔曰、百官人及畿内人、有レ位者限二六年一、無レ位者限二七年一、以二其上日一、選二定九等一、四等以上者、依二考仕令㆒、以㆓其善最功能、**氏姓大小**㆒、量授㆓冠位㆒。

部曲廃止にともなう諸臣の旧食封の収公と連動して、「族姓」（家柄）を重要な判断基準とした官位の昇進が開始され、「族姓」がはっきりしないものは昇進させないことが明言され、持統期には氏姓の大小が冠位授与の指標になった。

とりわけ「伴造等氏」は「甲子年定㆓氏上㆒時不㆑所㆑載氏」とされたので、「其族姓不㆑定」という状態になった。これを是正するため、五位相当の小錦位以上になりうる家格としての連姓の大量賜与と、さらに選抜された忌寸以上の賜与（一四氏）による小錦位確保＝食封の対象化という修正がなされたと考えられる。天武期以来、食封（位封）の支給対象は五位相当の小錦位以上であり続け、文武期まで存続した。以後は位禄に代えられたが、五位以上に食封があったという伝統は、しばしば政策的な議論の前提とされ続けた。

『続日本紀』文武元年（六九七）八月壬辰条

　賜㆓王親及**五位已上食封**㆒各有㆑差。

『続日本紀』慶雲二年（七〇五）十一月庚辰条

　有㆑詔、加㆓親王・諸王臣食封㆒各有㆑差。先㆑是、**五位有㆓食封**㆒。至㆑是、代以㆓位禄㆒也。

経済的問題などから、伴造層すべてを五位相当の小錦以上の大夫として処遇することができない矛盾が以後も問題視されたと考えられる[45]。本来、律令制以前においてマエツギミ層が有したツカサの分有にともなう支配層としての特権と負担という一体的な地位が、その後、伴造層にも擬似的に拡大した結果、支配層としての氏の認定と、旧連姓が有した大夫の地位、五位相当の叙位、経済的特権などにアンバランスなズレが生じたことがその根本にあったと評価できる。

（2）甲子の宣と庚午年籍

庚午年籍については、井上光貞の研究が基本的な論点を提示している[46]。五畿七道に対して庚午年籍を写し進めることが命じられている平安期の史料や遺存史料により、その対象は全国に及び、その対象も中央氏族を除いて全階層に及ぶこと、定姓の特殊性により永久保存が義務づけられていたこと、甲子の宣や天武の新姓との連続性などが指摘されている。

ここで、中央氏族の庚午年籍が遺存史料にみられないとの指摘を重視するならば、「甲子年定二氏上一時不レ所レ載氏」の表現からは「甲子年諸氏系譜」ともいうべき掲載すべき台帳が存在し、これが庚午年籍と補完的に機能したことが推定される。中央有力氏族にとっての基本台帳はこの「甲子年諸氏系譜」であったことになる。この帳簿は理官（後の治部省）が管理し[47]、大氏と小氏に限定されるとすれば[48]、後の真人・朝臣・宿禰姓に相当する合計一一一氏（連姓からの改姓四氏を引いた数）よりも少ないものであったと考えられる。

したがって、中央有力氏族を除く、地方の国造・評造氏への定姓は庚午年籍までは確定しなかったことになる。

『日本書紀』天武五年（六七六）四月辛亥条

外国人欲二進仕一者、**臣連・伴造之子**、及**国造子**聴之。唯雖二以下庶人一、其才能長亦聴之。

天武五年段階において、諸国に居住する臣・連および伴造の子だけでなく、国造の子までが出身を許されているのは庚午年籍において新たに国造・評造の姓が定められたことによると考えられる[49]。庚午年籍において外国にも臣・連・伴造さらには国造の定姓がなされた結果（「甲子年諸氏系譜」の地方豪族版）、中央の豪族層とのカバネ的区別が曖昧になり、「更改二諸氏之族姓一、作二八色之姓一」とあるように、新たな四姓による再編が必然化したものと考えられる。[50]

庚午年籍の「背」（紙背）には「粟凡費籍」「長費籍」などと表記されており、地方豪族においても氏別の編戸がなされていたことが以下の史料から推測される。

『続日本紀』神護景雲元年（七六七）三月乙丑条

阿波国板野・名方・阿波等三郡百姓曰、己等姓、**庚午年籍**被レ記二凡直一。唯**籍背**著二費字一。自レ此之後、評督凡直麿等披二陳朝庭一、改為二粟凡直姓一已畢。天平宝字二年編レ籍之日、追注二凡費一。情所レ不レ安。於レ是改為二粟凡直一。

『続日本紀』宝亀四年（七七三）五月辛巳条

阿波国勝浦郡領長費人立言、**庚午之年**、**長直籍背**著二費之字一。因レ茲、前郡領長直救夫、披訴改二注長直一。天平宝字二年、国司従五位下豊野真人篠原、以レ無二記験一更為二長費一。官判依二**庚午籍**一為レ定。

これらの記載によれば、阿波国板野・名方・阿波等の三郡では、庚午年籍に「凡直」と記されているが、籍の紙背にのみ「費」字を記していること、阿波国勝浦郡でも庚午年の「長直籍」には紙背に「費」の字、すなわち「長費籍」と記されていたこと、などが想定されている。[51] したがって、これら庚午年籍の紙背に書かれた題名は、里（五十戸）名などの地名ではなく、氏別に記載されていたことになる。

すでに指摘があるように、その規模は筑紫諸国の庚午籍の巻数七七〇が『和名類聚抄』の郷数五〇九に比較して多いことから、里よりも小規模な人間集団を単位とする編成であり、[52]『粟鹿大明神元記』の記載によれば、但馬の朝来評造が「国造・県領并殿民」の源（定姓）の是非を勘定し、朝庭に注進したとあるように、王民たるべき「国家所有公民」（＝国造・県領）と豪族私有民たる「大小所領人衆」（＝殿民）に対しての評造による氏族系統別の調査がなされている[53]。

以上によれば庚午年籍段階では、部民・ミヤケ系列の五十戸編成と氏族単位の民部・家部＝部曲という二元的な編成がなされていたことになる[54]。

このように、地方豪族に対する定姓が庚午年籍段階であるならば、『常陸国風土記』にみえる天智三年（六六四）の冠位を有する国造・評造の記載は、庚午年籍の定姓を前提にした記載と考えられる。

たとえば、『常陸国風土記』行方郡条には有名な「立郡」記事がある。

古老曰、難波長柄豊前大宮馭宇天皇之世、癸丑年、茨城国造小乙下壬生連麿、那珂国造、**大建**壬生直夫子等、請二惣領高向大夫・中臣幡織田大夫等一、割二茨城地八里、（那珂地七里）一、合二七百余戸一、別置二郡家一。

「大建」という冠位は天智三年以降のものであり、「国造」姓だけでなく「評造」や「五十戸造」という地方豪族層への姓の統一的な賜与も庚午年籍段階であった可能性を示唆する。おそらく郡領の「譜第[55]」に記載された記事が本文に採用されたもので、『常陸国風土記』には『播磨国風土記』とは異なり庚午年籍段階の記載がないことも勘案すれば（常陸国の場合、庚午年ではなく一年遅れの辛未年に完成したことは『類聚三代格』巻一七、弘仁十一年〔八二〇〕五月四日太政官符に記載がある）、孝徳期だけでなく、天智期までの内容が圧縮されている可能性が高いと考えられる[56]。

さらに、久慈郡条には天智期に藤原鎌足の封戸を検校する使者として軽直里麻呂の記載がある。

『常陸国風土記』久慈郡条

至二淡海大津大朝光宅天皇之世一、**遣レ検二藤原内大臣之封戸一**、軽直里麻呂、造レ堤成レ池。

天智朝における封戸とは、正確には氏単位に与えられた「民部」のことであったと推測される。国司経由でない、使者を派遣する直接的な収取に任されており、「民部」からの「封戸之税」などが評―五十戸とは別系統の使者派遣により管理されたと考えられる。後の長屋王家の税司や屯田司舎人、中宮職捉稲使は、この系譜に連続するものである[57]。やがてこれらは、天武期における「民部・家部＝部曲」系封戸の廃止により里を単位とした「五十戸」系封戸への転換にともない、正丁数を基準とし、均質な標準戸編制を前提とした評―里の一元的な再編が必要とされたものと思われる。

　以上によれば甲子の宣により、中央氏族の「甲子年諸氏系譜」認定（ただしリスト化は大氏と小氏のみ）と、「其」（大氏・小氏と伴造等）の民部家部＝部曲は、先行して氏別にまとめられ庚午年籍とは補完的に扱われた。庚午年籍段階には、諸国の国造・伴造氏の氏記録化と、部民やミヤケ系の五十戸編成とが別扱いでおこなわれた。すなわち、中央・地方の氏別編成を除外したところで、課税単位としての五十戸編成が二元的におこなわれており、領域的な編戸としては不十分な段階であったと評価される。

　庚午年籍の五十戸（部民・ミヤケ系）＝「国家所有公民」は労役と貢納物の課税単位として位置付けられ、その内実は、里より小規模な人間集団で、品部雑戸の把握にみられる戸の代表者による「一戸一丁役」のように、戸口全体を把握せずとも五十戸単位の仕丁およびその資養物（養＝庸）、戸別（男身）の調などの貢納が可能となる体制であった。一方、畿内有力諸氏の民部・家部＝部曲＝「大小所領人衆」は、その廃止が「親王・諸王及諸臣、幷諸寺等所ㇾ賜山沢・嶋浦・林野・陂池、前後並除焉」と同時であったように[58]、用益地と合わせた先駆的な旧封戸民として扱われ（常陸国へ派遣された藤原内大臣封戸管理のための使者軽直里麿が「造ㇾ堤成ㇾ池」として在地の再生産構造に関与していることも参考となる[59]）、氏女の貢納のような氏単位の負担とセットで機能させたと考えられる。

『常陸国風土記』では基本的に大化二年（六四六）の改新の詔に依拠して「国―郡―里―戸の編成」を記述して

いる。坂東の八カ国への国の分割、六国造国を前提とした第一次立郡、里の編成、編戸を前提とした郡の分割などは、明らかに大化二年の改新の詔にみえる国郡制や編戸の規定が常陸国でも完全に実施されたことを前提にしている。しかしながら、これらは庚午年籍段階に認められた地方豪族の譜第的記載に準拠したものと考えれば、天智期までに達成されたのは、国宰（常道頭）―評―五十戸にすぎなかったと解釈される。全国的には大宰―国宰―評―五十戸の体制が庚午年籍以降に確立するが、一方で氏とその私有民を公的制度として位置付け、「詔曰、諸氏貢二女人一」(60)「詔曰、凡政要者軍事也。是以文武官諸人、務習二用レ兵、及乗レ馬。則馬・兵幷当身装束之物、務具儲足」(61)などとあるように、その義務的負担と対応させている（中央では官人化・武装と軍役・氏女貢納など）。

（3）庚午年籍における京戸の問題

近年、「京職・畿内・七道諸国」に所在する庚午年籍を写し進めさせて中務省に置かせたとある平安初期の記事を根拠に(62)、庚午年籍には京戸が存在したとの見解が示されている(63)。しかしながら、書写は「左右京職」に対して命じられており(64)、大宝令以降に京職が左右京に分化したのであるから、「京職・畿内・七道諸国」の表記が天智朝段階の戸籍区分を正確に伝えたものではないことになる。加えて七道諸国のすべて、とりわけ当時立国されていない辺境諸国に庚午年籍が作成されたわけではなく、平安期において「京職」の用字はしばしば左右京職の略称としても用いられ、「京職」の語は天武朝以降に初見するので、天智朝の「京職」に庚午年籍が存在したとの根拠は薄弱である。京戸の主要な構成要素である畿内有力氏族の本宗家については、先述したように庚午年籍には記載がなく、甲子の宣（六六四）から天武四年（六七五）の部曲廃止までは、「大氏・小氏・伴造」という氏単位の編成であったことを重視するならば、五十戸編成とは異なる氏族制的編成原理によるもので、少なくとも律令制的な京戸は未成立であった可能性が高い。

ちなみに、『藤氏家伝』上、鎌足伝によれば近江に移住したことが明らかな中臣鎌足は（ただし、庚午年籍の前年に死去し、藤原姓を賜与されている）、「大倭国高市郡人」と表現されているのに対して、天武朝の生まれであるにもかかわらず藤原武智麻呂は「左京人」との表現がある。したがって、庚午年籍以降に京戸は整備されたとするのが妥当と考える。

ただし、甲子の宣で定められた中央氏族の「甲子年諸氏系譜」認定が、基本的に後の畿内地域に分散居住する有力氏族を網羅しており、これが八世紀以降の京貫政策により京戸として把握され、『新撰姓氏録』の左右京に記載された氏族につながっていくという連続性は承認される。たとえば、『日本書紀』天武十三年十二月己卯条には、河内国を本拠とする「手繦丹比連・靫丹比連」に宿禰姓を与えているが、『新撰姓氏録』右京神別下の丹比宿禰条には「庚午年依ㇾ作二新家一、加二新家二字一、為二丹比新家連一也」とあるように、この丹比宿禰は河内国志紀郡新家郷を拠点としており、明らかにこの段階では京貫していないことが確認される。(65)

（4）庚午年籍と王子宮・寺家

甲子の宣と庚午年籍にみられる補完的な関係および甲子の宣にみられる地方豪族の甲子の宣に準拠した氏族的編成についてはすでに論じた。庚午年籍において全国化した旧部民・ミヤケ系人民の五十戸編成の例外は、中央・地方の氏だけでなく、同様な義務的負担を課された王子宮や寺社なども対象であったと考えられる。白村江の敗戦以降における戦時体制の構築において、王子宮や寺社もまたこうした単位として認定されたことがうかがえる。

『続日本紀』和銅六年（七一三）五月甲戌条

讃岐守正五位下大伴宿禰道足等言、部下寒川郡人物部乱等廿六人、庚午以来、並貫二良人一。但庚寅校籍之時、誤渉二飼丁之色一。自加二覆察一、就令二自理一、支証的然、已得二明雪一、自レ厥以来、未レ附二籍貫一。故皇子命宮検二括飼丁一之使。誤二認乱等一、為二飼丁一焉。於レ理斟酌、何足二憑拠一。請、従二良色一。許レ之。

『続日本紀』天平神護元年（七六五）五月庚戌条

播磨守従四位上日下部宿禰子麻呂等言、部下賀古郡人外従七位下馬養造人上款云、人上先祖吉備都彦之苗裔、上道臣息長借鎌、於二難波高津朝庭一、家二居播磨国賀古郡印南野一焉。其六世之孫牟射志、以二能養一レ馬、仕二上宮太子一、被レ任二馬司一。因レ斯、庚午年造レ籍之日、誤編二馬養造一。伏願、取二居地之名一。賜二印南野臣之姓一。国司覆審、所レ申有レ実。許レ之。

前者は、故皇子命宮（高市皇子か）[66]、後者は上宮（厩戸王子）に仕えていた「飼丁」や「馬養」など、いずれも従属度の高い家部あるいは品部・雑戸的な地位にあった者の処置に関する記事である。注目すべきは庚寅年籍の段階においては、国司ではなく「故皇子命宮検二括飼丁一之使」が「飼丁」という身分上の帰属を判断する権限を有していたことである。律令制下においてようやく讃岐守や播磨守がこうした誤りを訂正する権限を得たと考えられる。すなわち、「讃岐国寒川郡」や「播磨国賀古郡」という領域的な国郡制下の編戸において、彼らの帰属が再検討されたのである。和銅の段階においても高市皇子宮（北宮）の家産と家政機関の実質は、長屋王に継承されていた[67]。『常陸国風土記』久慈郡条には天智期に軽直里麻呂が「遣レ検二藤原内大臣之封戸一」として常陸国に派遣されたとあるように、有力な氏や王族には、独立的な経営体としての実質が認められていた。おそらく、中央氏族の「甲子年諸氏系譜」と同じく、王族の宮＝家産機構単位で所封民（民部・家部）が登録され、「人上先祖吉備都彦之苗裔、上道臣息長借鎌、於二難波高津朝庭一、家二居播磨国賀古郡印南野一焉。其六世之孫牟射志、以二能養一レ馬、仕二上宮太子一、被レ任二馬司一」とあるような、王子宮への奉仕の伝統の記録化がなされていたと考えられる。これは、先述したように孝徳期の皇太子奏請文において、「入部」献上（五十戸ごとの仕丁負担）を前提に認められた「所封民」（王族による固有の管理が認められた部分、湯沐や北宮功封および家人的な宮奴婢など）のことを示す。天武四年（六七五）の部曲廃止以後は、王子宮内部に維持されたツカサの解体および王族の官人化を前提に、[68]律令制的な定量化された封物および労働力のみが封主の得分となっていく。史料が示すように、宮奴婢的な存在の多くは形骸化して公民化していったと考えられる。

同様に、寺院においても有名な紀寺の奴について「謹奉二厳勅一捜二古記文一、有二僧綱所一庚午籍、書二寺賤名一」[69]とあるように、「古記文」によれば、玄蕃寮の統属下にある「僧綱所」が「庚午籍」を管理していたことは重要で、「庚午籍」には寺院単位の「寺賤」のリストが存在した可能性が指摘できる。本来は紀臣の家部的な存在であったものが、ある時期に家産の分割を防ぐ目的で、施入されて紀寺の奴となったと考えられる。良賤身分の固定は、

『延喜式』刑部27売児条

凡父母縁二貧窮一売レ児為レ賤。其事在二己丑年以前一。任依二元契一。若売在二**庚寅年以後**一及因二負債一被二強充一レ賤幷余親相売者皆改為レ良。不レ須レ論レ罪。其大宝二年制レ律以後依レ法科断。

とあるように、庚寅年籍以降であるが、寺院における家部のような存在はリスト化されて所有が認められていたと考えられる。おそらく、前掲の「飼丁之色」や「未レ附二籍貫一」という表現は一般の公戸籍に付されていないことを示し、持統期にみえる「氏祖時所レ免奴婢既除レ籍」[70]とある除かれた籍＝特殊籍（氏ごとの家部籍）に該当するのではないか。天武四年以前には、諸氏だけでなく王子宮や寺社ごとにこうした「民部・家部」籍が作成されていたことが想定される。

持統期の良賤身分の固定とは、民部・家部の解消と氏賤の認定であり、家部姓の庚寅籍での成立が想定され、[71]最終的に庚寅年籍の里制で、民部・家部＝部曲の多くが包含されたことになる。一方、庚午年籍の段階で氏・宮・寺の「家部」であったものは、庚寅年籍においては一般の公戸籍とは区別された「氏賤」「宮奴婢」「寺賤」などとして表記され、身分の固定がなされたことになる。氏・宮・寺の家産機構を単位とした負担体系が、公民制の成立により解体され、部曲（＝民部・家部）の一般籍（五十戸＝里）への編入と、国司による管理が徹底されたものと考えられる。

（5）天武期の封戸政策

天武四年の部曲廃止（一六一頁A）と連動して天武期の封戸政策は、先述したようにまず天武五年（六七六）四月に諸王・諸臣に対する「封戸之税」を西国から東国に変更している（一六一頁B）。この時期の封戸は令制の封戸（租の半分、調庸の全部、封丁の徴発）とは異なり、封戸の出挙稲（税）を運用することも可能で、徭役労働への徴発も頻繁であった。[72]これは同年五月に、

『日本書紀』天武五年五月庚午条

宣下進レ調過二期限一国司等之犯状上云々。

とあることと比較するならば、封主による「封戸之税」の徴収権の留保と国司による調の徴収権の併存状況がみられ、過渡期的様相を示している。すなわち、甲子の宣で定められた諸氏に対しては、改新の詔にみえる「大夫以上」への食封＝民部・家部が認められ、天智期に軽直里麿が「藤原内大臣封戸」を遣検したとあるように、新たに任命された国司（国宰）とは独立した徴収権が留保されていた。

一方、王族に対しては皇太子奏の「入部」献上（入部の王民化）以外の「所封民」（湯沐）が王族への旧食封として定められ王子宮の実質は存続した。おそらく大海人皇子が美濃に派遣した「安八磨郡湯沐令」多臣品治や、「屯田司舎人」土師連馬手も同様な存在であり、国司とは併記されている。(73) 皇大弟宮舎人が「私糧」を運んだり、「湯沐之米」を運んだりする「伊勢国駄五十匹」の記載もこうした独自の徴収・運搬のあり方を示している。(74) これらを図式化すれば以下のようになる。

皇子私有の子代・屯倉　↓**入部**献上と旧食封（**所封民**）認定（大化二年／皇太子奏）

入部＝名代（含押坂部）＝王民↓献上／所封民＝王族旧食封↓維持（湯沐）

豪族所有の部曲・田処　↓旧食封（**民部・家部**）認定（天智三年）

↓王族・豪族旧食封＝**部曲**の廃止（天武四年）

これにより、庚午年籍段階では「国家所有公民」＝評・五十戸系列とは異なる、「大小所領人衆」＝旧食封という扱いが諸氏・王家・寺家の民部・家部にはなされたことになる。五十戸や評単位の負担に等値されるツカサの経営を前提とした諸氏・王家・寺家単位の負担が明確化したのである。義務的負担としては官人化・武装と軍役・氏上への拝礼と氏女貢納（天武八年）・京内二四寺の法会（同九年）などが考えられる。

天武五年（六七六）八月には、部曲廃止に対応して、「親王以下小錦以上大夫、及皇女・姫王・内命婦等」に対して食封が与えられた（一―六一一頁C）。三等戸編制による旧五十戸封戸への切り換えであり、認定された氏上ではなく「小錦以上大夫」という五位相当以上の官人に対して与えられた点が新しい。さらに皇女・姫王・内命婦への食封の拡大は飛鳥池木簡にみられる「大伯皇子宮物」などヒメミコ宮の創設と関係しているのではないか。(75)

天武十一年（六八二）三月には、親王や諸臣が有していた古いタイプの食封（氏上に対する部曲食封）が全廃された（一六一頁D）。これにより部曲封戸（民部）の旧五十戸編入による五十戸＝里再編の前提条件が整備されたことになる。これは戸口数を平均化した標準戸編制を前提とする里制封戸への再編であり、天武朝後半以降における領域的な里制の開始（「五十戸」記載から「里」記載への変化は、浄御原令の先行施行による[76]）と令制国の成立が可能となった。族姓的な要素が濃厚な庚午年籍と領域的な庚寅年籍には明らかに断絶が存在すると判断される。

おわりに

本章では、ここまで孝徳期から持統期に至る五十戸編成の内実を中心に公民制の形成過程を考察してきた。その結論は、以下のようにまとめられる。

①部民集団を母体とする五十戸は必ずしも部名五十戸と表記するとは限らず、反対に非部名五十戸のミヤケ系列も国造や渡来系の人間集団を前提に組織していたことを論じ、非部名五十戸だから領域的であるという単純な議論は成立しないと結論した。また、五十戸には課税単位の性格が強く、律令制下のように戸口全体の把握はまだ不要であったこと、評と五十戸の行政的な重層性は、当初は弱かったことを指摘した。

②大化期の政策を分析し、豪族が己民（部曲）を置いて駆使しているとの現状認識に対して「子代」と「部曲」を合わせた「品部」全体を国家民とする理念が宣言された。具体的政策として実現されたのは、子代からの仕丁の献上による「国家民」化だけであり、豪族部名を付せられた「部曲」の王民化は、天智期における民部・家部の設定まで遅れた。その内容も数量的把握と限定にすぎず、名目的な仕丁や戸別（男身）の調に留まり、王族や豪族の有する権益はあまり変化せず、ようやく天武期以降の部曲廃止において公民制への転換が可能と

なったことを論じた。

③甲子の宣により、中央氏族の「甲子年諸氏系譜」認定（ただしリスト化は大氏と小氏のみ）と、「其」（大氏・小氏と伴造等）の民部家部＝部曲は、氏別にまとめられ、庚午年籍とは補完的に扱われた。庚午年籍段階には、諸国の国造・伴造氏の氏記録化と、部民やミヤケ系の五十戸編成とが別扱いでおこなわれた。すなわち、中央・地方の氏別編成を除外したところで、課税単位としての五十戸編成がおこなわれるという二元的な編成であり、領域的な編戸としては不十分な段階であったと評価される。

④庚午年籍において全国化した旧部民・ミヤケ系人民の五十戸編成の例外なものは、中央・地方の氏だけでなく、同様な義務的負担を課された王子宮や寺社なども対象であった。白村江の敗戦以降における戦時体制の構築において王子宮や寺社もまたこうした単位として認定された。庚午年籍段階では「国家所有公民」＝評・五十戸系列とは異なる、「大小所領人衆」＝旧食封という扱いが諸氏・王家・寺家の民部・家部になされた。

以上の結論によれば、庚午年籍から庚寅年籍の間に、族制的な編成から領域的な編成へと質的な転換を遂げたことになる。

関連する評制については、別稿において私見を述べたことがある。(77)すなわち、改新の詔と戸令2定郡条にみえる郡（評）の等級規定については、原理的に大きな違いが存在する。単なる里数の多少だけではなく、一国に匹敵する大郡（評）や一里に等しい小郡（評）が想定されていることが重要である。大宝令以降における郡と連続しない評は、大評および小評が該当する。成立期の評が、遅れて天武朝後半期に成立する令制国や里の存在をあらかじめ想定せずに、その大小を設定していることは、なによりも行政区画としての未熟性を示すものである。評は郡とは異なり、里＝五十戸の編成を必ずしも前提とせず、「駅評」のように二里以下でも任意の人間集団を編成できる点が大きな特質であった。領域的・均質的な郡制への移行の前段階として、緩やかに人間集団を編成・支配するという評制の本質を典型的に示している。伴造―部民制的な旧来の編成原理を大きく転換することなしに、人間集団と奉仕先の一対一の対応という限定をつけることが成立期の評の属性であり、国造だけでなく駅家・神社・宮など多様な奉仕先が存在した。行政区画としての均質な領域性の保持は孝徳朝段階には深く考慮されていなかった。極端にいえば、特定の奉仕先と人間集団の存在に規定されるのであるから、領域的には同心円や斑状な分布や飛び地的なあり方も存在した。「香山正倉」（大倭国正税帳）にみられるような郡域を超える出挙も、均質な領域性を有さない評制の本質に由来すると考えられる。したがって、評という単位での貢納奉仕関係の一元化・明確化という意味において、孝徳朝の「天下立評」は理解すべきであり、郡に連続する領域的な行政区画としての側面は過大に評価できない。孝徳期の改革は、行政区画の設定よりも重層化した徴税単位の設定に重点があり、国造のもとで官家を拠点とする統一的、直接的な税の貢納および人の徴発を構想したものと考えられる。具体的には国造からは、広域の徭役労働・兵士役の徴発・馬の貢納などで、評造からは采女・兵衛の仕養物（養＝庸）や兵庫の造営管理、五十戸造は、仕丁の仕養物（養＝庸）や男身（戸別）の調などの貢納が官家の階層化により果たされた。このように五十戸制と同じく、評制も人間集団の編成において共通し、郡制と比較して原理的に異なる側面を有していたと考えられる。

『日本書紀』の記載を基本的に信頼する立場においては、木簡の国―評―五十戸記載が天智朝までさかのぼるようになったこともあり、『皇大神宮儀式帳』の記載にみえる「天下立評」と『常陸国風土記』の「立郡記事」や「坂東八国」の分立を評価して、国と評の成立は孝徳期を画期とし、これらが基本的には八世紀の国郡制に連続するという見解が提起されている。(78)しかしながら、本章で論じたように、この段階の五十戸は、律令制下の里制とは大きな質的な断絶があり、こうした見解をそのまま支持することはできない。

五十戸と同じく、大宰総領―国宰制も令制国とは地方行政単位として大きく質的に異なっていたと考えられるが、この検討は別稿に譲りたい（本書第二編第二章参照）。

〔補記〕　補足しておきたいのは、庚寅年籍以前には二元的な支配がおこなわれたとしたが、五十戸編成以外の民部・家部＝部曲の系列は、数量的に限定されるのではないかとの疑問である。少なくとも質的に異なる支配が並存したことは本章で論じたので繰り返さないが、後者の系列が数量的にも少なくない割合を占めていたことは、天武五年に諸王・諸臣へ給わっていた「封戸之税」を西国から東国へ大規模に移し替える必要があったことから推測されるし、王族に限定しても大海人皇子が三〇〇〇人の兵を徴発する母体となった美濃国安八磨郡に有した「湯沐」の存在や、後にも高市皇子が五〇〇〇戸の「功封」を有し、藤原氏も古くは五〇〇〇戸の「功封」を有したと伝えるように、大きなものは一国規模の家産を有していたことが確認される。なお、律令制下においても家令職員の構成が一国に匹敵する規模を有していたことも、伝統的に相当する家産を前提に規定されていたとすれば理解しやすい。

註

（1）狩野久「部民制と国造制」（『発掘文字が語る古代王権と列島社会』吉川弘文館、二〇一〇年、初出一九九三年）。
（2）『日本書紀』成務五年九月条。
（3）『日本書紀』允恭二年二月己酉条。
（4）『日本書紀』大化二年（六四六）三月甲子条。
（5）『日本書紀』皇極二年（六四三）十一月丙子条。
（6）薗田香融「律令国郡政治の成立過程」（『日本古代財政史の研究』塙書房、一九八一年、初出一九七一年）は、評司への任用視角を記しているとするが、五十戸造も同様と考える。
（7）薗田香融註（6）前掲論文、井内誠司「国評制・国郡制支配の特質と倭王権・古代国家」（『歴史学研究』七一六、

一九九八年)、拙稿「貴族・地方豪族のイエとヤケ」(『古代王権と支配構造』吉川弘文館、二〇一二年、初出二〇〇七年)。
(8) 狩野久「律令国家の形成」(『日本古代の国家と都城』東京大学出版会、一九九〇年、初出一九八四年)、岩宮隆司「律令里制の歴史的前提―五十戸編成の成立と展開―」(『ヒストリア』一六九、二〇〇〇年)。駅評のように里レベルの評が存在することも、本来的な評と五十戸の重層性を否定し、異なる課税単位としての性格を有していたことを示す。
(9) 鶴見泰寿「七世紀の宮都木簡」(『木簡研究』一〇、一九九八年)。
(10) 市大樹「飛鳥藤原出土の評制下荷札木簡」(『飛鳥藤原木簡の研究』塙書房、二〇一〇年、初出二〇〇六年)。
(11) 近年出土した「乙丑年」(天智四年)の年紀を有する「三野国ム下評大山五十戸」の木簡(『飛鳥・藤原宮発掘調査出土木簡概報』一七―三四号、二〇〇三年)を重視して、天智期以前、とりわけ孝徳期の品部廃止に連動した地方行政機構の整備を想定する議論がある(市大樹註(10)前掲論文、吉川真司「律令体制の形成」〔『律令体制史研究』岩波書店、二〇二二年、初出二〇〇四年〕)。しかしながら、「木簡の形状、あるいは書式、形態等が、実は乙丑年ではなくて、十年下った丁丑年の同じ三野国から出た木簡とたいへんよく似ていること」から、「この一点だけでもって天智四年に本当にさかのぼるかどうかという点には、なお若干留保は必要」との見解もある(渡辺晃宏「古代地方木簡の世紀」〔滋賀県文化財保護協会『古代地方木簡の世紀』サンライズ出版、二〇〇八年〕)。現状では時間的に連続して評・五十戸(天武十二年以降は里)を階層的に併記するようになるのは部曲が廃止される天武四年(六七五)以降であることが確実なので、少なくとも天智期以前に大きな画期を想定することは慎重な立場に立つ。
(12) 市大樹註(10)前掲論文、三六六頁。
(13) 早川庄八「律令制の形成」(『天皇と古代国家』講談社、二〇〇〇年、初出一九七五年)、一二八頁など。
(14) 市大樹註(10)前掲論文、三六六頁。
(15) 『日本書紀』推古二十八年(六二〇)是歳条に「皇太子・嶋大臣共議之、録二天皇記及国記、臣・連・伴造・国造

百八十部幷公民等本記」」とみえる公民は百八十部と対になり、部民と伴造を示すと考えられる。

(16) ミヤケ制については拙稿註（7）前掲書、初出二〇〇八年）。なお、大国造や国県制を根拠に領域支配を実現した新しい地方官であるという意見に対しては（石母田正「日本の古代国家」〔『石母田正著作集』三、岩波書店、一九八九年、初出一九七一年〕、井上光貞「国造制の成立」〔『井上光貞著作集』三、一九八五年、初出一九六〇年〕など）、国造の多様性を強調し、領域支配は論証されていないとする狩野久註（1）前掲論文の見解を支持する。

掲論文、国造制については、拙稿「古代東国と「譜第」意識」（註（7）前

(17) 註（11）前掲書、『飛鳥・藤原宮発掘調査出土木簡概報』一七―三四号。

(18) 『日本書紀』大化二年（六四六）正月甲子条。

(19) 関晃「大化前代における皇室私有民―子代・御名代考―」（『関晃著作集』二、吉川弘文館、一九九六年、初出一九六五年）は、子代と屯倉との密接な関係を述べる。

(20) 『日本書紀』持統三年（六八九）十月辛未条。

(21) 『日本書紀』持統五年（六九一）四月辛丑条。

(22) 『日本書紀』天武四年（六七五）四月壬午条。

(23) 『日本書紀』天武六年（六七七）九月己丑条。

(24) 早川庄八註（13）前掲論文、鎌田元一「評の成立と国造」（『律令公民制の研究』塙書房、二〇〇一年、初出一九七七年）など。

(25) 原秀三郎「大化改新論批判序説」（『日本古代国家史研究―大化改新論批判―』東京大学出版会、一九八〇年、初出一九六六・一九六七年）、狩野久「部民制―名代・子代を中心として―」（註（8）前掲書、初出一九七〇年）は、部民廃止を甲子の宣の段階まで遅らせて品部廃止詔を疑う。早川庄八註（13）前掲論文、鎌田元一註（24）前掲論文は、王民と部曲を区別し、非部民を含む豪族私有民の廃止を強調する。私見は後者の立場を基本的に支持する。

(26) 「己民」の解釈は、狩野久（註（25）前掲論文、一五頁）に従い、豪族私有民ではなく、臣連伴造以下が統率した「王に帰属されるべき民」と理解する。

(27) 鎌田元一「「部」についての基本的考察」(註(24)前掲書、初出一九八四年)は、品部が部一般を示し、部曲(民部)も部民であるとして、品部が王権の民として側面を強調するのに対して、部曲は豪族の領有・支配の側面を強調したものであることを論じ、部民が本来有する二面性を強調する。

(28) 北村文治「改新後の部民政策に関する試論」(『大化改新の基礎的研究』吉川弘文館、一九九〇年、初出一九五七年)。(大)家部が畿内と西国に多く分布することと、部曲が廃止された直後に「勅、諸王・諸臣被レ給封戸之税者、除二以西国一、相易給二以東国一」(『日本書紀』天武五年四月辛亥条)とあるように、西国から東国に王臣に対する「封戸之税」が割り代えられたことは連動しており、それまで黙認されていた王臣の民部・家部に対する直接支配を公民化を前提に否定したものと位置付けられる。

(29) 拙稿「六、七世紀の宮と支配関係」(『考古学研究』五五―二、二〇〇八年)。

(30) 石母田正「日本の古代国家」(註(16)前掲書、一九七一年)は、すでに五・六世紀に王民制が編成原理となっていたとする。しかしながら、当時は豪族の「氏」による「タテ割り」的体制を否定するものではなく、王の民としての建前(統一体に属する王民の分割所有)はそれと共存するもので、必ずしも矛盾とは位置付けられていなかった。孝徳期以降に政策として自覚される王民制の徹底は、部民制が有した二面性(王の民であるとともに部曲でもある)のうち、「私民」化の進行に対して、前者のみを強調することになり、旧来の部民制の否定につながるものになる。「無姓」の民に対するカバネ付与は、一面で部民の拡大ではあるが、部曲という分割所有の側面を否定されることで、公民制の前提ともなった。

(31) 具体的な過程を説明するならば③の「皇太子奏請文」は、②改新の詔の原則に従って、王土王民的な建前から王族による大王への定量的な課役負担を新たに開始する宣言として解釈される。すなわち、理念としては「入部」(国家の民として王民化され、廃止されるべき部民)と「所封民」(字義としては湯沐・上宮乳部のような旧食封であるが、王民化したうえで、あらためて王族による固有の管理が国家から認められた部分、入部との対比では、私有の性格が強く、まだ部姓のない家人的形態の家部などを示すか)の二類型に対して五十戸ごとの仕丁負担を王民として求めたものである。しかしながら、その実質は王子宮内部のツカサの運営費として温存され、基本的に天武四年の部曲廃止まで存続する。反対に王子宮内部に維持されたツカサが解体され、王族の官人化を前提に律令制的な定量化された封物および労働力のみが封主の得分となるのは、天武朝以降と判断される。

したがって、具体的には入部は王族が所有し、豪族が管理した民部（旧部民）、所封民はそれ以外の家部（家人的奴婢）が相当すると考えられる。臣下「所有」の子代入部、皇子「私有」の御名入部を新たに大王のみが「使役」するという王民制的原則を確認し、そのうえで国造の屯倉献上と同じく、形式的に全体を献上したうえで、実質的な経営権はあくまで王族が留保したものと考えられる。王族が所有する入部と所封民から「前処分」（改新の詔第四条の仕丁徴発規定）により新規に仕丁を五十戸単位（編戸された標準戸とは異なる）で中央に出仕させることを承認したうえで、「自余以外、恐私駆役」として出身母体としての屯倉全体もあわせて形式的に献上したものである。それ以前における三十戸単位の徴発は大王直轄の屯倉に限定された慣行で、臣下「所有」の子代入部、皇子「私有」の御名入部に関係した屯倉にはまだ及んでいなかったと想定される。封戸制の仕丁徴発も本来は天皇（大王）のみが使役する権利を例外的に臣下に譲渡したものとすれば、改新の詔に規定された大王による貢納物以外の制度的な徴発は仕丁のみであった。分節的なツカサの存続を前提に、天武・持統朝まで高市の香具山宮のように王子宮の実質が存続したことを視野に入れるならば、実際は封戸制度が整備されるまで、現状追認的に王族による経営権を留保し、大王に献上した仕丁（入部）以外の私的な駆使は制約されないとの妥協を示すものであった可能性が高い。おそらく「入部五百廿四口」の献上は労働力たる仕丁を象徴するもので、名目的に加えられた「屯倉一八一処」の献上は貢納物の収取を象徴したと考えられる（拙稿註（7）前掲論文、一九九〜二〇一頁）。

（32）早川庄八・鎌田元一註（24）前掲論文。改新の詔の本格的検討については今後の課題であり、素朴な原詔は存在したと考えてもよいが、大幅な潤色が加わっており、天武・持統期までの制度的展開を必ずしも見通したものではなかったと考える。

（33）「甲子の宣」「部曲廃止」についての研究史は、村山光一「甲子の宣の「民部・家部」と天武四年詔の「部曲」について」一〜四（『史学』五六—二・四、五七—二・三、一九八六・一九八七年）。

（34）平野邦雄「大化改新と〝甲子宣〟」（『大化前代政治過程の研究』吉川弘文館、一九八五年、初出一九七八年）が指摘するように、民部・家部を給わった氏族は中央豪族に限定されるので、具体的な対象は甲子の宣以降に忌寸以上を賜った氏族となる。
（35）石母田正「古代の身分秩序」（『石母田正著作集』四、岩波書店、一九八九年、初出一九六三年）は「天武八姓の制定は、いうまでもなく天智朝の対氏族政策の延長であった」と位置付ける。
（36）平野邦雄註（34）前掲論文も、本章と同じく部曲と食封の連続性を強調するが、「冠位でいえば、「小錦下位」以上、カバネでいえば「連」、後の「忌寸」以上にあたえられた特権」（四三〇頁）、「原理としては、「忌寸」以上にあたる氏を「伴造」以上に指定した」（四一六頁）、「〝甲子宣〟の「大・小・伴造之氏」＝「小錦下位」以上」（四四八頁）とあるように連と忌寸の質的な違いが曖昧で、二段階の改姓の意味が明示されていない。また熊谷公男「天武政権の律令官人化政策」（関晃教授還暦記念会編『日本古代史研究』吉川弘文館、一九八〇年）は、天武十一年（六八二）以降に新氏上制が施行されたことを強調するが、自身述べられているように、そうするとなぜ「八色の姓」にさきがけて、旧姓の枠組みを残す一斉連姓賜与が実施されたのかという問題が残される。
（37）『日本書紀』天武九年（六八〇）正月甲申条（一人）、同十年正月丁丑是日条（一人）、同四月庚戌条（一四人）、同十年十二月癸巳条（二人）、同十一年五月甲辰条（一氏）、同十二年九月丁未条（三八氏）、同十月己未条（一四氏）、同十三年正月庚子条（二氏）。なお、前半の四条では個人に対して、後半の四条は氏に対してものである。前半の個人対する賜姓に比較して、後半の氏全体に対する改姓を重視するならば、合計で五五氏に及ぶ。
（38）阿部武彦『氏姓』（至文堂、一九六〇年）、七一頁。
（39）阿部武彦「天武朝の族姓改革について」（『日本古代の氏族と祭祀』吉川弘文館、一九八四年、初出一九五九年）、三九頁。
（40）阿部武彦註（39）前掲論文、三一一頁。『日本書紀』天武三年（六七四）三月丙辰条には「小錦以上大夫等」に銀を下賜し、同五年正月癸卯条には高市皇子以下、「小錦以上大夫等」らに衣服を下賜、同丙午条には「小錦以上大夫等」に禄を下賜、同八月丁酉条に親王以下、「小錦以上大夫」、皇女・姫王・内命婦等に食封を給ったとある。

この時期に、小錦以上の大夫という身分が確立しつつあったことを示している。

(41)　笹川進二郎「甲子の宣の研究—天智朝の史的位置その一—」(『立命館文学』三六一・三合併号、一九七五年)。なお、この連姓は八色の姓について「詔曰、更改二諸氏之族姓一、作二八色之姓一、以混二天下万姓一」(『日本書紀』天武十三年〈六八四〉十月己卯条)とあることを重視するならば、「諸氏之族姓」=旧姓を改めたと解釈するのが妥当と考える。古い臣・連姓を有する階層が支配層=大夫であったとする幻想に、伴造層を含めることに意義があり、その基盤のうえで天武四姓が架上されたと考えられる。

(42)　なお、『日本書紀』天武九年正月甲申条に個人に対する改姓記事として忌部首首に連姓を与えられているが、同天武十三年十二月己卯条には「忌部連」に対して宿禰姓を与えられている。この事例を含めて重複して数えれば、真人一三氏・朝臣五二氏・宿禰五〇氏・忌寸一一氏・連五六氏の合計一八二氏となるが、連と宿禰の重複四氏、連と忌寸の重複一〇氏を引けば、一六八氏となる。

(43)　石母田正「日本の古代国家」(註(16)前掲書)は、「民部・家部の給与は、間接には令制の食封制の原初形態をなし、直接には天武五年の新しい食封制の前段階をなす」(一六三頁)と評価する。

(44)　石母田正註(16)前掲書では、すでに甲子の宣の段階で「大氏・小氏と伴造等との区別は、民部・家部の賜与にあずかり得る氏族と、そうでない氏族を明確にしたものとみられ」(一六三頁)と想定する。しかしながら、地方豪族の和気氏にも家部が認められたとすれば、史料表現による限り伴造にのみ民部・家部が与えられなかったとは考えにくい。民部・家部は「伴造等之氏」にも与えられ、小錦位以上の大夫に対する食封との身分的ねじれが天武期に政策的問題になったと考える。

(45)　拙稿「蔭位授与制度の変遷について—慶雲三年格を中心にして—」(『古代王権と官僚制』臨川書店、二〇〇〇年、初出一九八九年)において、「天皇は令制前のマエツギミ層につながる五位以上の貴族子弟のプールから自己に都合のよい執政的貴族を選択して配置することができた」と述べたことがあるが(一八六頁)、前提にはさらに、階層としての「伴造等」までを含めた、拡大した大夫層という母集団から、実際に五位以上に叙位される忌寸以上が選ばれるという同様な王権側の選択が存在したと考えられる。

(46) 井上光貞「庚午年籍と対氏族策」(『井上光貞著作集』四、岩波書店、一九八五年、初出一九四五年)。関係史料については、奈良国立文化財研究所『飛鳥編年史料集稿』四、一九七八年、八二～九二頁に集成されている。

(47) 『日本書紀』天武十年(六八一)九月甲辰条に「詔曰、凡諸氏、有二氏上未一レ定者、各定二氏上一、而申二送于理官一」とあるのを参考にすれば、理官が管理していたことになる。山尾幸久「甲子の宣の基礎的考察」(『日本史論叢』三、一九七三年)。熊谷公男「治部省の成立」(『史学雑誌』八八―四、一九七九年)は氏族系譜と推測する。

(48) 笹川進二郎註(41)前掲論文。山尾幸久「七世紀前半期の国家権力―部民制の再検討を中心に―」(『日本史研究』一六三、一九七六年)。熊谷公男註(36)前掲論文。

(49) なお、「詔、定二諸国国造之氏一。其名具二国造記一」(『続日本紀』大宝二年四月庚戌条)とあるのは、旧来の国造とは異なる一国一国造とされた新国造の段階である。

(50) 山尾幸久『カバネの成立と天皇』(吉川弘文館、一九九八年)、二四六頁。

(51) 浅野啓介「庚午年籍と五十戸制」(『日本歴史』六九八、二〇〇六年)。なお、「背」をここでは紙背と理解したが、滋賀県湯之部遺跡出土木簡のような代本板状形態による管理を想定すれば、その「背」と解する余地もある。なお、市大樹「公民制の成立と大化改新」(『歴史評論』八二一、二〇一八年)は、「背」ではなく「皆」と解し、「長費直」「凡費直」と書かれていたとして、氏族別の編成を否定する。しかしながら、写本表記が「皆」よりも「背」の可能性が高いこと、庚午年籍に「費直」と明記されていたならば、「官判依二庚午籍一為レ定」「己等姓、庚午年籍被レ記二凡直一」とあるように、庚午年籍の表記を同じく尊重する決定をしていながら、なぜ「費直」姓に改姓されなかったのか疑問になる。やはり「長直」「凡直」が本文の表記であり、籍背に「長費」「凡費」とあったのではないか。「籍背」の表題的な記載が、本文の表記よりも重視されたことは、庚午年籍が「長費籍」「粟凡費籍」という氏族台帳の括りとして機能していたことを示すと考える。「甲子年諸氏系譜」の地方豪族版として庚午年籍において諸国に対しても臣・連・伴造、さらには国造の定姓がなされたことは先述した。

(52) 早川庄八註(13)前掲論文。

(53) 山尾幸久註(50)前掲書、二一五～二二五頁。

(54) 北村文治註(28)前掲論文、山尾幸久『日本国家の形成』(岩波書店、一九七七年)、浅野啓介註(51)前掲論文。

(55) 『令集解』考課令61大弐已下条所引古記には、国司が部内の「国造・郡司等譜第」を管理していたとある。また「弘仁式部式」には郡領の式部試練の場で「譜第」を申すことが定められており、「甲子年諸氏系譜」の地方豪族版に相当すると考えられる。

(56) 拙稿「七世紀後半の領域編制―評と大宰・総領―」(『日本歴史』七四八、二〇一〇年)。この史料が五十戸一里制の起源としては問題があることや領域的再編の可能性についても論じている。

(57) 拙稿a「皇子宮の経営」(『古代王権と都城』吉川弘文館、一九九八年、初出一九九三年)、同b「「長屋王家」の家産と家政機関について」(『国立歴史民俗博物館研究報告』一一三、二〇〇四年)。

(58) 『日本書紀』天武四年二月己丑条。

(59) 若月義小「食封制の再検討―古代官僚制研究の一視点―」(『立命館文学』五〇四、一九八七年)。

(60) 『日本書紀』天武八年(六七九)八月己酉条。

(61) 『日本書紀』天武十三年閏四月丙戌条。

(62) 『続日本後紀』承和十年(八四三)正月甲辰条。

(63) 市川理恵「京戸に関する一試論」(『古代日本の京職と京戸』吉川弘文館、二〇〇九年、初出二〇〇三年)。

(64) 『続日本後紀』承和六年(八三九)七月壬辰条。

(65) 同祖ではあるが厳密には「手繦連丹比連・靭丹比連」と「丹比新家連」は系統が異なるので、いつ宿禰姓を与えられたのかは不明である。

(66) 草壁皇子宮の可能性もあるが、嶋宮はこの段階では収公されて離宮化しているので、高市皇子宮(北宮)の可能性が高いと考える(拙稿「古代の行幸と離宮」〔『条里制・古代都市研究』一九、二〇〇三年〕)。なお、定裕美「皇子命宮の飼丁に関する一考察」(『日本歴史』六八三、二〇〇五年)は、嶋宮が律令制初期に公的な「皇子命宮」として管理された可能性を指摘するが、その名称は前代的であり(親王家と東宮に二極分解する以前の段階)、名目的な継承者として首皇子を想定するとしても東宮または官奴司などに編入すればよく、律令制段階においては公的に位置付けにくいこと、宮の主人として高市皇子に対する長屋王のような明確な継承者が指摘できないこと、などの理由から従いにくい。

(67) 拙著『女帝の世紀―皇位継承と政争―』(角川学芸出版、二〇〇六年)。

(68) 拙稿註(66)前掲論文。具体的には、第一に唯一の皇位継承予定者たる皇太子の「東宮」と親王の「家」に名称のうえで区分すること。第二には天皇にのみ奉仕する官人見習いとして大舎人を創出し、東宮以外の親王家従者の人数を制限し、その名称も「舎人」から「帳内」へと名称変更することにより、王子宮への舎人奉仕の伝統に制限を加えること。第三に、山沢・嶋浦・林野・池などの収公、封戸所在国の変更および収公、嶋・春日・広瀬・飽波・奄治などの宮(村)奴婢の収公による官奴婢としての集約、などによる王族家産の制限。第四に、王族に対する拝賀の礼の制限、吉野での天智系を含む六皇子の誓約、王族への叙位開始などにより、天皇に対する忠誠の強制がおこなわれた。こうした政策と連動して、王子宮の離宮化または廃絶化が進行する。すなわち、京外に所在した王子宮に起源する春日宮・飽波宮・広瀬宮・嶋宮などを廃絶または天皇の離宮化することにより、京内への王族の集住を促し、集積された家産と家政機関を前提に宮内省や中務省が成立する。

(69) 『続日本紀』天平宝字八年(七六四)七月丁未条。

(70) 『日本書紀』持統五年(六九一)四月辛丑条。

(71) 吉田晶『日本古代社会構成史論』(塙書房、一九六八年)、三一六頁。

(72) 吉村武彦「倭国と大和王権」(朝尾直弘他編『岩波講座日本通史』二古代一、岩波書店、一九九三年)。

(73) 拙稿註(57)前掲論文。

(74) 『日本書紀』大化元年五月是月条、同六月甲申是日条。

(75) 奈良文化財研究所『飛鳥藤原京木簡―飛鳥池・山田寺木簡―』一解説(二〇〇七年)、六四号。部曲の廃止後に新たに置かれた、皇女(内親王)宮は、独自の隷属民を有さないため、飛鳥池の工房から金属製品を取り寄せた可能性がある。

(76) 鬼頭清明『律令国家と農民』(塙書房、一九七九年)、舘野和己「律令制の成立と木簡―七世紀の木簡をめぐって

―」（『木簡研究』二〇、一九九八年）。

(77)　拙稿「額田部氏の系譜と職掌」（註（7）前掲書、初出二〇〇一年）、同註（7）前掲論文。

(78)　吉川真司註（11）前掲論文、市大樹註（10）前掲論文。

第二章　広域行政区画としての大宰総領制

はじめに

七世紀後半の地方行政単位は、大宝令以降の国郡制とは異なり国と評から構成されていたとされる。その内実については「大化改新」をめぐる評価に連動して、多様な見解が存在し、必ずしも統一的な理解は存在しないのが現状である。『日本書紀』の記載を基本的に信頼する立場においては、『皇大神宮儀式帳』の記載にみえる「天下立評」と『常陸国風土記』の「立郡記事」や「坂東八国」の分立を評価して、国と評の成立は孝徳期を画期とし、これらが基本的には八世紀の国郡制に連続するという見解が有力視されている(1)。木簡の国―評―五十戸記載が天智朝までさかのぼるようになったことも、こうした見解を支持しているように思われる。

しかしながら、この段階の国・評および五十戸制は律令制下の国郡里制とは大きな質的な断絶があると考えられ、評制や五十戸制については、こうした立場から私見を述べたことがある。具体的には、人間集団による貢納奉仕を本質とする評制と領域的支配による郡制との違いを強調した。さらに進んで、高安城を素材に山城と大宰総領制の関係を考察し、広域行政区画としての大宰総領制度の細分化として、令制国が成立したとする見通しを述べたことがある(2)。改新以降の評―五十戸制導入においても必ずしも解消されず一元化されなかった、国造・ミヤケ（県稲置）・伴造による支配、さらには尊長＝諸氏（大氏・小氏）・国造の私民＝民部（部曲）・家部＝旧食封系列が存在するという錯綜した状況と、(3)白村江の敗戦以降における統一的な軍事動員体制の整備の必要性が、広域行政単位としての大宰総領制の導入を必然化したと考えられる。

西海道地域が大宝令以前には筑紫大宰により「筑紫国」として広域支配されていたこと、また『常陸国風土記』の総記には常陸国の成立に関係して、国の領域を越えて坂東八カ国の分割再編に惣領が関与したとの記載があるのは周知のことであるが、これを七世紀後半における特殊なものと考えなければ、「畿内」や「東国」も孝徳期には同様な状態であったと想定することが可能である。(4)少なくとも白村江の敗戦以降において朝鮮式山城造営と連動して「筑紫」「周防」「伊予」「吉備」という広域行政ブロックが機能していたことが想定される。以下ではこうした可能性を論じたい。

一、大宰総領の研究史

まず、大宰総領についての従来の研究史を概観するならば、坂本太郎が国司の統括官司と位置付けて以来、総領（惣領）の設置時期・設置範囲・職掌などについては、多くの研究が存在する。(5)まず、大宰と総領の関係については、『続日本紀』文武四年（七〇〇）十月己未条に、笠志惣領（長官）・大弐（次官）の任命記事があることから大宰は官司名で、惣領は長官名とする説が妥当と考えられる。(6)

つぎに、国司（国宰・宰）との上下関係については、津田左右吉が国の長官の別称、坂本太郎が国司の統括官司と解釈したが、坂本説の国司の統括官とする説が支持されて、通説化している。ただし、孝徳期の東国国司（『日本書紀』）と東国惣領（『常陸国風土記』）の関係については　史料が頻出するようになる天智期以降と時代的に隔たり、国司との関係が不明確なため、国司と惣領が分化する以前の段階で時期差として区別する説と、基本的に東国国司の上に置かれた国司統括官であったとする説が存在する。(7)後の持統期には、同一人物が伊予惣領と伊予国司を使い分けて、律令制下の按察使のように、総領と国司は兼任する場合があったことが確認され、筑紫大宰府と筑前国の兼帯も一般的で、天智期以前は西海道地域は筑紫一国であったことも指摘されている。こうした明瞭な上下関係を孝徳期に確認することができないので、質的に異なる段階であったと考えられる。

また、壬申の乱の戦後処理として、「以西諸国司等」という表記で、播磨以西の国司（国宰）の権限（軍事権・財政権）が縮小されているが、一時的な処置か、制度的変化かについては議論があり、大宰総領の権限との関係をどのように解釈するかは確定していない。

設置時期については、おおむね大化改新時、白村江の敗戦後、壬申の乱後の三時期が想定されているが、白村江の敗戦後と考える説が朝鮮式山城の管理とも関連して、比較的有力である。(8)設置された地域については、史料に明証がある西国のみとする説と、畿内や東国にも設置を考える全国説がある。(9)職掌については、行政を中心に考える説と、軍事を中心に考える説がある。(10)

私見は、臨時使者的な東国総領を前段階として、白村江の敗戦後に全国的規模で、軍事動員を前提とした大宰総領制が本格化したと考えており、以下で時期ごとに検討したい。

二、孝徳期の東国国司と東国惣領

大化元年（六四五）八月の第一次東国国司は、①「収聚国郡刀・甲・弓・矢」②「作戸籍」③「起造兵庫」という三つの任務が明記されているが、この前後に全国に派遣された①六月から九月にかけて諸国（四方国）で兵器の収公（『日本書紀』大化元年九月丙寅条）、②民の元数を記録（大化元年九月甲申条）、③兵庫を修営（大化二年正月是月条）という三回の使者との類似が指摘されている。[11] 全国的政策としては、対蝦夷関係の緊張を背景にした課丁数の把握と評家（兵庫）への武器収公が中心であったと考えられる。ちなみに、蝦夷と境を接する毛野地域では収公した武器を規定に従って本人に返さず、国造に渡したことがとがめられており、これは毛野地域の国造の力量と東国国司との関係を示す記事といえる。

しかし、新たに官家を領することになった者の一斉任命については『日本書紀』に明証はなく、『常陸国風土記』の記載によれば在地の事情による個々の申請によっており、あくまで第一次東国国司の段階では「官家」運営候補者選定＝「譜第」の決定に留まっていたとしなければならない。

さらに大化二年八月には、「品部廃止の詔」を受けて、第二次国司が派遣されているが、その呼びかけ文言に「今発遣国司、幷彼国造、可二以奉聞一」とあるように、国司だけでなくまだ郡司と改称されていない国造も廃止されずに同行している。この全国派遣の国司と国造たちには、いくつかの方針が示されているが「宜下観二国々壃界一、或書或図、持来奉上示、国県之名、来時将定」とある記載以外は令文の潤色が多く信憑性が低い。

「国々の境界を図示して、国県の名前を定める」とは、具体的にどのようなことであろうか。国造を同行させていることからすればこの国は令制国ではなく（『常陸国風土記』における坂東八カ国への国の分割はこの記載を過大に評価したものか）、国造領域の確認再編を中心とするものであり、「国県之名」と『隋書』の軍尼―伊尼翼の関係を念頭に置くならば、国造国を前提とした部内への官家（評と五十戸の併存）の設定ではなかろうか。改新以後における国造の位置付けについては議論があるが、通説的のように国造国が一律に国造評へ転換したと理解するにしても、国造および国造国の実質は存続したと考えられる。(12) ちなみに、「国造本紀」によれば、国造国である伊豆国と伊賀国は孝徳朝を画期として隣国たる駿河国や伊勢国に「隷」したとの記載があり、再び天武朝に国が復活したとの記載がある。これは、孝徳朝における国造国の確認再編と天武朝における令制国の設置に対応した記載であると考えられる。

『常陸国風土記』に記載された東国惣領は、『日本書紀』孝徳紀にみえる第二次東国国司以降に派遣された使者を在地で記録されたものとして補完的に考えるのが通説的な理解である。しかしながら、両者の記載には必ずしも整合しない部分が存在する。(13)

『常陸国風土記』では「東国惣領」については以下の五カ所に記載がある。

総　記　孝徳朝に惣領高向臣と中臣幡織田連らが坂東八カ国を分割

信太郡　高向大夫等　　癸丑年　白雉四年（六五三）

行方郡　高向大夫・中臣幡織田大夫等　癸丑年

香島郡　高向大夫　己酉年　大化五年（六四九）

多珂郡　高向大夫　癸丑年

総記と行方郡に中臣幡織田連（大夫）の名前が加えられているのを除けば、すべてに惣領高向臣（大夫）が関与したと記載されている。ちなみに惣領に任命された高向臣については、『続日本紀』和銅元年（七〇八）八月丁酉条に記載がある国忍の可能性が指摘されている。惣領は、坂東八カ国に派遣され、そのうち常陸では大化五年に香島郡、白雉四年に信太郡・行方郡・多珂郡の四郡分立に関与したことが明記されている。すべて「古老曰」という形式で伝承的な部分に含まれながらも、「某天皇之世」という漠然として表記ではなく「癸丑年」「己酉年」という干支年が明記されていることは異例である。しかも、立郡の記載に限ってこの形式が統一的に書き込まれていることも留意される。国司の側で統一的に立郡の経緯が書き込まれたことは明らかであり、当該郡の郡司が提出した「譜第」を基礎資料としたと考えられる。

先行する中央氏族の系譜については、「甲子年定二氏上一時不レ所レ載氏」の表現からは「甲子年諸氏系譜」ともいうべき掲載すべき台帳が存在し、中央氏族の庚午年籍が遺存史料にみられないことを重視するならば、これが庚午年籍と補完的に機能したことが推定される。中央有力氏族にとっての基本台帳はこの「甲子年諸氏系譜」であった。この帳簿は理官（後の治部省）が管理し[14]、大氏と小氏に限定されるとすれば[15]、後の真人・朝臣・宿禰姓に相当する合計一一一氏（連姓からの改姓四氏を引いた数）よりも少ないものであったと考えられる。郡司譜第（譜図牒）の内実は、この中央氏族に対する「甲子年諸氏系譜」に由来するもので、その地方豪族版ともいうべき庚午年籍段階につくられた氏単位の「庚午年諸氏系譜」が直接のルーツと考えられる。庚午年籍は、氏単位と五十戸単位の記載が併存したと考えられ[16]、『粟鹿大明神元記』の記載にも、但馬の朝来評造が「国造・県領幷殿民」の源（定姓）の是非を勘定し、朝廷に注進したとあるように、王民たるべき「国家所有公民」（＝国造・県領）と豪族私有民たる「大小所領人衆」（＝殿民）に対しての評造による氏族系統の調査が区別されている[17]。したがって、中央有力氏族を除く、地方の国造・評造氏への定姓は庚午年籍までは確定しなかったことになる。

また『日本書紀』天武五年（六七六）四月辛亥条に「外国人欲二進仕一者、臣・連・伴造之子、及国造子聴之。唯雖二以下庶人一、其才能長亦聴之」とあるように、諸国に居住する臣・連および伴造の子だけでなく、国造の子までが出身を許されているのは、庚午年籍において新たに国造・評造の姓が定められたことによると考えられる。(18)『常陸国風土記』にみえる「大建」という冠位は天智三年（六六四）以降のものであり、「国造」姓だけでなく「評造」「五十戸造」という地方豪族層への姓の統一的な賜与も庚午年籍段階であった可能性を示唆する。(19)おそらく郡領の譜第に記載された記事が本文に採用されたもので、『常陸国風土記』には『播磨国風土記』とは異なり庚午年籍段階の記載がないことも勘案すれば、孝徳期だけでなく、天智期までの内容が圧縮されている可能性が高いと考えられる。立郡人の位階が天智三年制定の位階（おそらく立郡人死没時の最終位階）により記されていることを重視するならば、孝徳朝の史実だけでなく、その事績も天智朝までの変遷を一括して孝徳朝の史実としてまとめている可能性が想定される。

立郡人という系譜上の人物を核にして列伝的に「譜第」が語られているとすれば、天智朝に至るまでの制度的変遷をすべて「奉事根源」として孝徳朝に収斂させて語ることは必ずしも「作為」ではなく、「譜第」という史料的性格に即せば自然な叙述であった。そうであるとすれば、天智朝の庚午年籍を画期としてその段階までに実現した国―評―五十戸の編成を前提に、孝徳朝の立郡記事が立郡人に即して語られることはありうることとなる。『類聚三代格』によれば常陸国における庚午（辛未）年籍の作成は確実であるにもかかわらず（『三代格』巻一七、弘仁十一年（八二〇）五月四日太政官符、延喜交替式一四四）、庚午（辛未）年の変化についての記述がないことや、神評の申請者が那賀国造よりも位階が六階上となるような表面上の矛盾も、如上のように考えれば解決できる。『常陸国風土記』では時期区分の要素として国宰として当麻・久米・川原大夫の名前もあり惣領は、それら国宰とは明らかに区別される表記となっている。以後にみえる総領とは異なり国司とは併存していない点が特殊である。

なお、地元での尊称としての「大夫」が用いられたことは、観音寺遺跡出土七〇号木簡に「板野国守大夫」の例がある。これらは、いずれも奈良時代の国司とは異なり国衙常駐的ではなく、孝徳朝の時代に「遣」されたとあるように、官職的ではない使者的記載になっている。しかしながら、「癸丑年」「己酉年」に高向大夫が駐留したことが確実だとすれば、派遣期間は最短でも大化五年（六四九）から白雉四年（六五三）まで四年以上、第二次東国国司の派遣に含まれていたとすれば最長で七年間も現地に駐留していた長期の滞在の可能性が指摘できる。この点では現地に駐留する令制下の国司と類似し、半年で帰還した第一次東国国司とは大きく性格が異なっている。

東国惣領は、派遣の範囲が明らかに坂東に限定され、立郡の前提として、坂東八カ国の分割に関与し、常陸国だけでなく周辺の下総や陸奥の分割権限があるように、国司よりも広域の行政権限を有し、天智期以降の大宰総領とは異なり下部の国司とは併存しないこと、などが指摘できる。

『常陸国風土記』総記

遣二高向臣・中臣幡織田連等一、惣二領自レ坂已東之国一。于レ時、我姫之道、分為二**八国**一、常陸国、居二其一一矣。

『常陸国風土記』香島郡条

古老曰、難波長柄豊前大朝馭宇天皇之世、己酉年、大乙上中臣□子・大乙下中臣部兎子等、請二惣領高向大夫一、割二**下総国海上国造部内**、軽野以南一里、那賀国造部内、寒田以北五里一、別二置神郡一。

『常陸国風土記』多珂郡条

至二難波長柄豊前大宮臨軒天皇之世一、癸丑年、多珂国造石城直美夜部、石城評造部志許赤等、請二申惣領高向大夫一、以二所部遠隔、往来不レ便、分二置多珂・石城二郡一。〈石城郡、今存二**陸奥国堺内**一。〉

一方、東国国司の派遣地域は、大化元年七月条の記載によれば蝦夷地域を除く、尾張・美濃以東[20]と考えられ、坂東八カ国よりは確実に広い。ちなみに、磐舟柵の柵戸が越と信濃から徴発され（『日本書紀』大化四年是歳条）、『万葉集』（巻一九―四二五〇番歌）に「しなざかる越」と詠まれたように、越へは美濃信濃経由で移動し、東国の一部に含まれていた。派遣期間は半年で帰還しており、令制下の国司とは異なり、任務と期間が限定された巡検使的な性格が強い。

以上によれば、東国惣領と東国国司では、明らかに範囲と任期が異なっていたことが指摘できる。『常陸国風土記』は基本的に大化二年の改新の詔を前提に「国―郡―里―戸の編成」を記述している。坂東八カ国への国の分割、六国造国廃止を前提とした第一次立郡、里の編成、編戸を前提とした郡の分割などは、明らかに大化二年の改新の詔にみえる国郡制や編戸の規定が常陸国でも完全に実施されたことを前提にしている。反対にいえば、『常陸国風土記』の記載は改新の詔には忠実であるが、他の孝徳期の記載とは齟齬しているといえる。たとえば、『日本書紀』では改新の詔から六年後の白雉三年（六五二）に、はじめて班田をおこない、戸籍をつくり五十戸を一里としたとあるが（白雉三年四月条「造二戸籍一。凡五十戸為レ里」）、すでにこれより以前の己酉年（六四九・大化五年）に、六里により神郡（香島郡）を編成したとあるように五十戸一里を前提とした記載がある。

一方で、『播磨国風土記』では、郷里レベルにおいて孝徳朝から庚寅年籍までに順次、氏族的な名称が一般的な地名に変更されており、明確な画期がない対照的な記載になっている。『常陸国風土記』では新たに分立した郡のみ記載が残され、六国造国を前提とした第一次立郡についての明確な記載はない（厳密に考えれば、第一次立郡がおこなわれたとすれば、すでに立郡人の国造はすでに、郡司（評造）となっているはずで国造でない。しかも一人の可能性が高い）[21]。おそらくこの欠落は意図的であり、旧国造が任命されたと推定される残された新治・筑波・茨城・那賀・久慈・多珂の六郡は、前代の国造国との連続性が、『常陸国風土記』にことさらに記載しなくとも、彼らの「譜第」により自明であったことによると考えられる。逆にいえば、自己の系譜的正統性として「難波朝庭以還譜代重大」をことさらに強調する必要があったのは、『常陸国風土記』編纂時点で郡領氏族となっていた伴造・県稲置から郡司に変化した新興層であり、郡の起源と関連させて中央に進められた『常陸国風土記』で公認されることが彼らにとって重要な意味を有したと考えられる。(22) 屯倉や品部の廃止とともに、系譜的空白がなく、横滑りして郡領に任じられたと「譜第」において主張することは、「地位継承次第」と「奉事根源」を内容とする「譜第」において望ましいあり方であった。

　けれども、こうした内在的な要請により記載された事柄が果たして正確な事実を伝えているかどうかについては、別途検討する必要がある。すなわち、『常陸国風土記』は先述したように、国郡制や五十戸一里の編戸など大化二年における改新の詔の内容が基本的に即時実施されたことを前提に記載されている。しかしながら、孝徳紀の他の記事との整合性は必ずしもとられていない。『常陸国風土記』を『日本書紀』とは異なる系統の一次史料として扱うには、躊躇される部分が多いことも指摘できる。

『常陸国風土記』行方郡条には有名な「立郡」記事があるが、その記載が問題となる。

　古老曰、難波長柄豊前大宮馭宇天皇之世、癸丑年、茨城国造小乙下壬生連麿、那珂国造、**大建**壬生直夫子等、請二惣領高向大夫・中臣幡織田大夫等一、割二茨城地八里、（**那珂地七里**）一、合二**七百余戸**一、別置二郡家一。

「那珂地七里」の部分は原文にはなく、万延元年（一八六〇）に刊行された宮本元球『常陸国郡郷考』が脱字を想定して補ったものである。立郡に関係した那珂国造の記載から推測したものであるが、「七百余戸」の記載からは「七里」とも「八里」とも断定することはできず、ましてや五十戸一里制の起源を示す史料としては単純に利用できない。(23)

評についても、郡とほぼ同様な内実を持つことを前提として大化改新を評価する議論が多いが、その内実には原理的に大きく異なる部分がある。すでに指摘があるように、神評と後の香島郡段階では、管郷数（六郷と一七郷）に大きな開きがあり、さらには神評が香島郡と同規模と仮定すれば那賀国造の部内と行方評が領域的に連続しなくなることから、神評については小規模な評から二次的な再編がおこなわれた可能性が指摘できる。(24) すなわち、行方郡が「那珂地」を割いて「立郡」されたとするには、「癸丑年」（六五三・白雉四年）より以前の「己酉年」（六四九・大化五年）に鹿島郡が「下総国海上郡部内地軽野以南一里」とともに「那賀国造部内寒田以北五里」を割いて成立したとの記載が問題となる。律令制下では鹿島郡の成立により那賀郡と行方郡は領域的に分断されていること、管郷数が『和名類聚抄』段階では六郷から一八郷へと大幅に増大していること、那賀郡茨城郷に茨城郡の郡家が存在したとの記載があることなどから判断すれば、孝徳朝から大宝令の施行までの間にこれら諸評領域の大幅な再編が想定される。領域よりも人間集団としての把握を優先したため、領域的な不整合が存在し、これを後に解消しなければならなかったと考えられる。

『常陸国風土記』の記載で、確実なのは国造部内から神評（神戸五八戸と香島神山を中核）を分置したことと、国造部内を割いて信太評・行方評・多珂評を分置したことだけであり、孝徳朝における国造国の廃止は確認できず、確実なのは常陸国南部（霞ヶ浦周辺）と北部の再編のみとなる。「譜第」の記載を前提とすれば孝徳期と天智期の歴史的評価は相対的であり、七世紀後半の変化を含むので、総体としては孝徳朝のこととしては承認できないことになる。

一方孝徳期には、東国国司詔に「東国国司」がみえるだけでなく、改新の詔には「畿内国司」という表記もある。改新の詔の副文には国司の規定がなく（国司制度の未整備、あるいは先行して存在したと解するにしても、国司制度の画期とは位置付けられていない）、にもかかわらず「畿内国（司）」「東国国司」などの広域行政を担当する使者派遣が確認される。

『日本書紀』大化二年（六四六）正月甲子朔条

即宣二改レ新之詔一曰、……其二曰、初修二京師一、置二**畿内国司**・郡司・関塞・斥候・防人・駅馬・伝馬一、及造二鈴契一、定二山河一。……凡畿内、東自二名墾横河一以来、南自二紀伊兄山一以来、〈兄、此云レ制。〉西自二赤石櫛淵一以来、北自二近江狭々波合坂山一以来、為二**畿内国**一。

この「畿内国司」の解釈については、孝徳朝は後に五カ国に細分化された「五畿内」ではなく、「四至畿内」段階で「畿内国」の内部は未分化であったとすれば、畿内は畿内国という単一の国であったとする解釈が妥当と考えられる[25]。「畿内国の司」であり、この段階には「東国国司」と対になる広域行政の国司を構想していたと考えられる。未分化な畿内国との対比からすれば、東国という広域単位が存在するだけで、『常陸国風土記』の総記が、孝徳期に東国惣領により坂東八カ国の分割がなされ、常陸国が成立したとするのは疑問である。後述するように、天武期の前半までは「畿内」や「東国」という広域行政単位の記載が散見することは、こうした想定を裏付けている。

『日本書紀』大化元年（六四五）八月庚子条

拝二**東国等国司**一。仍詔二国司等一曰、……

『日本書紀』大化二年三月甲子条

詔二**東国々司等**一曰、集侍群卿大夫及臣・連・国造・伴造幷諸百姓等、咸可レ聴レ之。……故前以二良家大夫一使レ治二**東方八道**一。既而国司之レ任、……

『日本書紀』天武元年（六七二）六月丙戌条

則以二韋那公磐鍬・書直薬・忍坂直大摩侶一遣二于東国一、以二穂積臣百足・弟五百枝・物部首日向一遣二于倭京一、且遣二佐伯連男於筑紫一、遣二樟使主磐手於吉備国一。並悉令レ興レ兵。

『日本書紀』天武四年（六七五）正月壬戌是日条

大倭国貢二瑞鶏一、東国貢二白鷹一、近江国貢二白鵄一。

『日本書紀』天武五年正月甲子条

詔曰、凡任二国司一者、除二畿内及陸奥・長門国一、以外皆任二大山位下人一。

『日本書紀』天武五年四月己未条

詔二美濃国司一曰、在二砺杵郡一紀臣訶佐麻呂之子遷二東国一即為二其国之百姓一。

これらの記載によれば、「大倭」や「近江」と同格の貢進単位として「東国」がみえ、美濃以東の諸国は「東国」と一括され「其国の百姓」が存在している。さらに、壬申の乱では「東国」「倭京」「筑紫」「吉備」へ興兵使が支配単位ごとに派遣され、「畿内」・陸奥・長門国の国司が重視されている。反対に、五畿内の国司については、ようやく壬申紀に「河内国司」（天武元年七月壬子条）がみえるのみである。伝統的な「東国の調」（崇峻紀四年十一月乙巳条）の貢納も視野に入れるならば、孝徳朝以降にも「東国」「畿内」という広域行政単位が機能したことが確認される。

三、斉明期の国司国造と天智期の筑紫大宰

斉明期における軍事と造作に対する大規模な動員は、すでにおこなわれていた皇極期の動員と比較して、国造を

中心とする点では、質的には大きく異なるものではなかったと考えられる。すでに、皇極期の改新以前においても、

『日本書紀』皇極元年（六四二）九月乙卯条

天皇詔二大臣一曰、朕思三欲起二造大寺一。宜レ発二**近江**与レ**越**之丁一。〈百済大寺。〉復課二**諸国**一、使レ造二船舶一。

『日本書紀』皇極元年九月辛未条

天皇詔二大臣一曰、起二是月一限二十二月以来一、欲レ営二宮室一。可三於**国々**取二**殿屋材**一。然東限二**遠江**一、西限二**安芸**一、発二造レ宮丁一。

とあるように、百済大寺（近江と越の丁）と殿屋材（諸国）、飛鳥板蓋宮（東限遠江・西限安芸）、造船のような徴発が記録され、複数の国造国を管轄する国司《クニノミコトモチ》と配下の国造による地域的動員によりこれらの造営が可能であったことが確認される。

これに対して、斉明期においては、以下のような有間王子の変における記載がある。

『日本書紀』斉明四年（六五八）十一月壬午条

留守官蘇我赤兄臣、語二有間皇子一曰、天皇所レ治政事有二三失一矣。**大起**二**倉庫**一、**積**二**聚民財**一、一也。**長穿**二**渠水**一、**損**二**費公糧**一、二也。**於**レ**舟載**レ**石**、**運積為**レ**丘**、三也。有間皇子乃知二赤兄之善一レ已、而欣然報答之曰、吾年始可レ用レ兵時矣。

『日本書紀』斉明四年十一月甲申条

有間皇子向二赤兄家一、登レ楼而謀。夾膝自断。於レ是知二相之不祥一、倶盟而止。皇子帰而宿之。是夜半赤兄遣二物部朴井連鮪一、率二**造**レ**宮丁**一、囲二有間皇子於市経家一。便遣二**駅使**一、奏二天皇所一。

さらに斉明期の造営としては、

『日本書紀』斉明元年（六五五）十月己酉条

於二小墾田一造二起宮闕一、擬二将瓦覆一。又於二深山広谷一、擬レ造二宮殿一之材。朽爛者多。遂止弗レ作。

『日本書紀』斉明二年（六五六）是歳条

於二飛鳥岡本一更定二宮地一。……遂起二宮室一。天皇乃遷、号曰二後飛鳥岡本宮一。於二田身嶺一冠以二周垣一。〈田身山名。此云二太務一。〉復於二嶺上両槻樹辺一起レ観、号為二両槻宮一、亦曰二天宮一。時好レ興事、廼使二水工穿一レ渠、自二香山西一至二石上山一。以二舟二百隻一載二石上山石一、順レ流控二引於宮東山一、累レ石為レ垣。時人謗曰、狂心渠。損費、功夫三万余矣。費損、造垣功夫七万余矣。宮材爛矣。山椒埋矣。又謗曰、作二石山丘一、随レ作自破。〈若拠二未レ成之時一、作二此謗一乎。〉又作二吉野宮一。

などの記載もある。留守官であった蘇我赤兄は、奈良時代の藤原種継のような「造宮丁」を動員できる造営責任者でもあり、駅使の派遣権限も有していた（壬申の乱時にも倭京留守司は駅鈴を管理）。管轄範囲は倭京であるが、興兵使が東国・筑紫・吉備と並んで倭京に対して派遣されたことを重視すれば、大倭国司あるいは畿内に相当する権限を有していたらしく、造営責任者として政事＝労役についての「三失」は重みのある発言であったと考えられる。[26]

斉明期には、民財を積む倉庫、公糧を用いた水路造営、石を積んだ石上山、小墾田に瓦葺きの宮殿建設（中止）、後飛鳥岡本宮の造営、田身嶺の周垣と両槻宮（天宮）造営、酒船石付近の石垣（造垣功夫七万余）、香山の西から石上山（石山丘）への水路（狂心渠／功夫三万余／舟二百隻）、須弥山像、漏刻などの大土木工事が記載されている。皇極期の動員体制と大きく異なるのは、五十戸から選ばれた仕丁や、大化以後の課丁数の調査（民元数）と統一税制（田調／戸別調）を前提とした、造垣功夫七万余、功夫三万余、舟二百隻を徴発可能な国家体制の整備であり、君主権の強化と全国的な税負担および労役動員の体制が前提であったと考えられ、皇極期よりも広域かつ量的な動員が可能になったと考えられる。しかし、律令制下の籍帳による動員と比較するならば、依然として国造の動員力に大きく依存する体制であったと考えられる。

『日本書紀』斉明五年（六五九）是歳条

命二**出雲国造**一〈闕レ名。〉修二厳神之宮一。狐嚙二断**於友郡役丁**所レ執葛末一而去。

三善清行『意見封事』所引「備中国風土記」逸文

見二一郷戸邑甚盛一、天皇下レ詔、**試徴**二勝兵二万人一。

前者は、出雲杵築大社造営の労働力徴発を出雲国造に依存していたことがうかがわれ、国―評的秩序とは異なる国造による広域の労働力徴発が前提となっている。後者の記載によれば、白村江の兵員徴発も帳簿ではなく在地豪族の動員力に期待した「試徴」という体制であった。この段階においてもあくまで国造軍を中心とした軍事編成であり、国造を介在させなければ評造と五十戸造は行政単位としては未熟であった。国造のもとで官家を拠点とする統一的、直接的な税の貢納体制が斉明期の動員体制であり、大宰―国宰―評という体制は、国造抜きにはまだ機能しなかったと推定される。

これまでの議論を前提とするならば、国造・評造・五十戸造とは、国造のもとで官家を拠点とする統一的、直接的な税の貢納および仕丁の徴発を構想したもので、国造からは、広域の徭役労働・兵士役・馬など、評造からは采女・兵衛の仕養物や兵庫の造営管理、五十戸造は、仕丁の仕養物や男身（戸別）の調などの貢納が官家の階層化により果たされたと考えられる。ちなみに、藤原宮木簡からは五十戸造の責任による仕丁の徴発を構想していたことがうかがわれるものが出土している。[27] 孝徳期には惣領国司（東国）―国造（常陸六国造）―官家（候補者選定↓一部任命・立評）が構想され、以後は甲子の宣と庚午年籍を画期として、国造国から国造評および分割評への転換と評

―五十戸の系列化が進められ、全国的な大宰総領（常道頭）[28]―国宰―評―五十戸制（民部・家部の私民系列を除く）は白村江の敗戦以後、天智朝の庚午年籍までに概ね成し遂げられたと考えられる。[29]大きな転換は天智期であり、白村江の戦いまでは国造軍であったが、興兵使が東国・筑紫・吉備・倭京に対して派遣されたことを重視すれば、壬申の乱では大宰総領―国宰による兵士徴発へと変化したことが指摘できる。

『日本書紀』の記載によれば、筑紫大宰の設置時期が天智期の初期であったことが推測される。[30]律令制下と異なり、他と区別するため筑紫の地名が冠されていることからすれば、持統期には複数の大宰が存在したことも想定される。

『日本書紀』持統五年（六九一）正月丙戌条

詔曰、直広肆筑紫史益、拝二**筑紫大宰府典**一以来、於**今廿九年**矣。

持統五年から二十九年前は天智元年（六六二）に相当し、この時期が筑紫大宰の整備時期と推測される。筑紫史益が天智期には大宰府の典（第四等官）として勤務していたことが記されており、一定の官僚制的整備がなされていたことが確認される。白村江の戦時にも「筑紫大宰帥阿倍比羅夫」（『続日本紀』養老四年〔七二〇〕正月庚辰条）の記載があり、天智期における国土防衛体制＝大宰惣領と朝鮮式山城の整備設置が想定される。壬申紀には、実録的な記載のうちに、河内・尾張・美濃・伊勢などの国司が記載されており、すでに天智期後半までには、大宰総領の配下から国宰が分割されつつあったことがうかがえる。ただし、筑紫大宰は、持統四年（六九〇）までは、後の「筑後国上陽咩郡」が「筑紫国上陽咩郡」（持統紀四年九月丁酉条）と表記されているのに対して、持統十年（六九六）に「肥後国」（持統紀十年四月戊戌条）が初見するので、「筑紫七国」（『続日本紀』大宝二年四月壬子条）のような体制は、他国よりも遅れたと考えられる。[31]

さらに、天智期には、筑紫大宰を都督府になずらえた記載がある。

『日本書紀』天智六年（六六七）十一月乙丑条

百済鎮将劉仁願遣二**熊津都督府**熊山県令上柱国司馬法聡等一。送二大山下境部連石積等於**筑紫都督府**一。

「筑紫都督府」の表記は、「熊津都督府」との対句表現により、筑紫大宰府を西海道諸国の上位に位置する軍事的性格を強調して表現したものと考えられる。

早川庄八は、『延喜式』式部上の35試郡司条の規定に「六道〈除二西海道一〉」とあることから、かつて総領一般が有していた評造の詮議権が大宝令の施行により一旦消滅したのち、総領の唯一の後身官司である大宰府において復活したものと解釈する。(32)

四、天武・持統期の大宰総領制

天武期になると、大宰についての記載が多くみえるようになる。

『日本書紀』天武元年（六七二）六月丙戌是時条

其**筑紫大宰**栗隈王、与二**吉備国守**当摩公広嶋一、二人、元有レ隷二大皇弟一、疑有レ反歟、若有二不レ服色一即殺之。

まず壬申紀には「筑紫大宰栗隈王」と併記される「吉備国守当摩公広嶋」の記載があるが、天武八年（六七九）には「吉備大宰総領石川王」の記載もみえ、「吉備国守」も兼任していた「吉備大宰総領」と推定される。先述した興兵使が「筑紫」と「吉備国」にも派遣されていたことは、壬申の乱当時において、広域行政官としての吉備大宰が存在したことを裏付けている。

『日本書紀』天武元年七月辛亥条

将軍吹負既定二倭地一、便越二大坂一往二難波一。以余別将等各自二三道一進、至二于山前一、屯二河南一。即将軍吹負、難波小郡而仰二**以西諸国司等**一、令レ進二官鑰・駅鈴・伝印一。

『日本書紀』天武元年六月丙戌条（再掲）

則以二韋那公磐鍬・書直薬・忍坂直大摩侶一遣二于**東国**一、以二穂積臣百足・弟五百枝・物部首日向一遣二于**倭京**一、且遣二佐伯連男於**筑紫**一、遣二樟使主盤磐手於**吉備国**一。並悉令レ興レ兵。

また、壬申の乱の終結時には、将軍大伴吹負が難波小郡において、播磨以西の国司（国宰）を招集し、「官鑰・駅鈴・伝印」に象徴される、彼らの権限（軍事権・財政権）を縮小した記載がある。(33) 潤色があるとしても、「官鑰」は正倉や武器庫の管理を象徴し、「駅鈴・伝印」は兵士動員や命令伝達権を象徴していると考えられる。(34) 壬申紀の国司としては、伊勢・美濃・尾張・河内、さらには倭京留守司＝大倭国がみえており、潤色を考慮しても天智期の段階に筑紫・吉備・東国および畿内に置かれた大宰の管轄地域が次第に細分化されて、国宰が置かれ始めたことがうかがわれる。おそらく、西日本全体の大宰総領と国宰たちを集め、彼らが有していた軍事や行政の権限を形式的に没収し、彼らの帰服を確認したものと考えられる。少なくとも律令制成立期の国司が、田領や税司に象徴されるミヤケや正倉の管理権を有していなかったこと（『続日本紀』大宝元年六月己酉条）、軍事権については兵士の点定や弓矢の教習などに国宰が関与しているので（持統紀三年七月丙寅条・同閏八月庚申条）、以後も一定程度の権限が認められたことが想定される。(35)

一方、大宰総領については、後述するように大倭と河内の国境に置かれ、大宝期まで畿内の田税を一括して納めた高安城の管理や（天智紀八年是冬条・『続日本紀』大宝元年八月丙寅条）、天武期に周芳惣令所と筑紫大宰へ「儲用物」（軍事物資）を送付していることを重視するならば（天武紀十四年〔六八五〕十一月甲辰条）、一貫して大きな軍事・財政権を有していたことが想定される。律令制以前においては、国宰よりも大宰総領が相対的に大きな権限を有する広域行政がおこなわれており、これが国宰に対して大きな権限を与えなかったことと表裏の関係にあったと考えられる。

畿内国司の表記は、大化二年の改新の詔に記載があるのみだが、河内と大倭の国境に位置する高安城についての記載が天智期後半以降に頻出するようになる。

『日本書紀』天智八年（六六九）是冬条

修二**高安城**一、収二**畿内之田税**一。

『日本書紀』天智九年（六七〇）二月条

又修二**高安城**一、積二穀与一レ塩。又築二長門城一。筑紫城二一。

『続日本紀』大宝元年（七〇一）八月丙寅条

廃二**高安城**一、其舎屋、**雑儲物**移二貯于大倭、河内二国一。

まず、天智八年に「畿内」の田税を収納したとあり、河内と大倭の国境地域に築城された高安城に、「畿内」全域から田税を収納させたとあることは、軍事および財政上の必要から一国単位の行政よりも広域の権力が存在したことを示すと考えられる。高安城には、以後も穀や塩などの軍事物資が集積されたとあり、廃止時には大倭と河内に「雑儲物」を分配していることもこうした想定を傍証している。先述したように天武朝においては、周芳惣令所と筑紫大宰へ「儲用物」の送付例があり、「畿内」においても同様に大宰総領が軍事物資の運用権限を有していたことが想定される。畿内制については、孝徳期には内部が未分化な四至畿内であったが、天武期以降には令制国の成立を受けて四畿内（大倭・山背・河内・摂津国）に細分化されたと考えられる。「四畿内百姓」の用語は持統六年（六九二）に初出するが（持統紀六年四月庚子条）、国名はすでに天武四年にみえている（天武紀四年二月癸未条）。壬申紀には河内国司守の名前があるので、細分化が進行していたことは確実と思われるが、興兵使が東国・筑紫・吉備と並んで「倭京」に対して派遣されたこと、有間王子の変や壬申の乱時にも国司のように倭京留守司は駅鈴を管理し、駅使の派遣権限を有していたことに注目するならば、表面上の管轄範囲は「倭京」であるが、大倭国司あるいは畿内に相当する権限を有していたと考えることもできる。倭京留守司は「小墾田兵庫」を管轄する重要な役割があり、天武五年には「畿内」と陸奥・長門の国司に対して後の五位クラスの官位相当が高い地位を与えているので、「畿内」に対して管轄権を有する大宰総領的な地位にあったのではないか。おそらく、大倭国司（あるいは倭京留守司）には高安城や「畿内国」を管轄する大宰総領的役割があったとも想定される。

東国国司については、天武四年（六七五）に大倭国・近江国と並ぶ貢進単位として「東国」がみえ、さらに翌年にも美濃以東の諸国は「東国」と一括されて、その国の百姓として一括されていることは注目され、「東国」にも大宰総領が存在したことが想定される。[36]

『日本書紀』天武四年正月壬戌是日条（再掲）

大倭国貢二瑞鶏一、**東国**貢二白鷹一、**近江国**貢二白鵄一。

『日本書紀』天武五年（六七六）四月己未条（再掲）

詔二美濃国司一曰、在二砺杵郡一紀臣訶佐麻呂之子遷二**東国**一即為二**其国**之百姓一。

国司の言上は天武三年以降に頻出するようになるので、それ以前は国造国を単位としていたことが想定される。

東国国司（物領）自体は孝徳期にみえるのみであるが、東国・倭京・筑紫・吉備という広域行政単位に興兵使が派遣されていることからすれば、少なくとも徴兵のシステムがこうした単位ごとに完結していたことが想定される。その内実は不明確であるが、以下の記載が参考となる。

『続日本紀』文武四年（七〇〇）十月己未条

以二直大壱石上朝臣麻呂一為二**筑紫揔領**一。直広参小野朝臣毛野為二**大弐**一。直広参波多朝臣牟後閇為二**周防揔領**一。直広参上毛野朝臣小足為二**吉備揔領**一。直広参百済王遠宝為二**常陸守**一。

文武期ではあるが、筑紫・周防・吉備の揔（総）領任命に続いて、これらと同位の直広参の「常陸守」が任命されていることは重要である。この記載を尊重するならば、常陸国が古くは東国総領の治所であった可能性を示唆する。大伴吹負が天武期に、やはり高位の「常道頭」であったことを想起するならば、周辺諸国も管轄する按察使的なポストであった可能性が高い。『常陸国風土記』にみえる当麻・久米・川原大夫も国宰とあるが、同様な職掌を持っていた可能性がある。後の按察使の例にならえば東国惣領は伊勢（伊賀・志摩）・遠江（駿河・伊豆・甲斐）・常陸（安房・上総・下総）・美濃（尾張・三河・信濃）・武蔵（相模・上野・下野）などのように次第に細分化したことが想定される。伊賀や伊豆の分国が天武九年と伝えられていること、古くは「越国守阿倍比羅夫」「越後城司」などとあるように、北陸道の成立が遅いことも参考となる。当初は巡検使的な存在であった国司が国府の成立により常駐化していくことになる。

細分化した国司制度の整備の画期としては、まず天武五年の記事が注目される。

『日本書紀』天武五年（六七六）正月甲子条（再掲）

詔曰、凡任二**国司**一者、除二**畿内**及**陸奥**、**長門国**一、以外皆任二大山位下人一。

この記載によれば、畿内と陸奥・長門が重視されているが、官位相当を定めて、諸国への国司（国宰）設置の画期と位置付けることができる。この前後から郡からの報告として東国の国司が奏上主体として現れてくることも注目される。

『日本書紀』天武四年（六七五）十月庚寅是日条

　相摸国言、高倉郡女人生二三男一。

『日本書紀』天武五年五月甲戌条

　下野国司奏、所部百姓遇二凶年一、飢之欲レ売レ子。而朝不レ聴矣。

ただし、天武期後半の領域的な令制国の設置の前段階であるが、天武四年における部曲廃止による、一元的な公民支配が国司のもとで可能となったことが考慮される[37]。天武四年に坂東諸国の郡名が初見するので、東国においては下部に国宰が整備されるとともに大宰総領制という広域行政は解体の方向に向かったと考えられる。さらに、その後には持統期に大宰と国司の交替期限や昇進方法が明記されるようになった。

『日本書紀』持統四年（六九〇）七月辛巳条

　大宰・国司皆遷任焉。

『日本書紀』持統四年四月庚申条

　詔曰、百官人及畿内人、**有位者限**二**六年**一。無位者限二七年一。以二其上日一、選二定九等一。四等以上者、依二考仕令一、以二其善最功能、氏姓大小一、**量授**二**冠位**一。

これらの記載によれば、大宰・国司の遷任が明記されているので、大宰総領と国司の併存が確認される。六年での交替が明記されていることからは、常駐化が進んでいると判断される。

吉備大宰については、壬申の乱の前後で具体的な人物が複数みられ、その前後関係が問題となる。まず天智期には道守臣が播磨国では国宰であった。

『播磨国風土記』揖保郡香山里条

後至二**道守臣**為レ**宰**之時一、仍改レ名為二香山一。

『播磨国風土記』讃容郡船引山条

近江天皇之世、**道守臣**、為二此**国之宰**一。

つぎには壬申の乱において前掲の「吉備国守当摩公広嶋」の名前があり、前後して「備後国司」が亀石郡から祥瑞を献上したとある（天武紀二年（六七三）三月壬寅条）。「備後国司」の名称は、郡名に引きずられた記載で、原史料は「吉備国司」であったと推測される[38]。さらに、天武八年（六七九）には石川王の名前が確認される。

『日本書紀』天武八年三月己丑条

吉備大宰石川王病之薨二於吉備一。

『播磨国風土記』揖保郡広山里

石川王為二**総領**一之時、改為二広山里一。

石川王は、吉備大宰と総領の違いがあるがおそらく同一人物と考えられ、壬申紀にも同じく「山部王・石川王」の名があるが、壬申の乱以降の天武期に石川王が任命されたとすれば同一人物と推定される[39]。さらに、石川王と近江朝の道守臣の時代は里名改訂が共通するが異なる時期と考えられる[40]。とすれば、おそらく任命の順番は、①播磨国宰道守臣（天智朝―近江天皇之世）→②吉備国守当麻広嶋（天武元年）→③吉備大宰総領石川王（天武八年）というものであったことになる。吉備大宰は広域行政官として播磨国を管轄していたことも確認される。

天武期後半以降には、周防と伊予の総領が新たにみえる。

『日本書紀』天武十四年（六八五）十一月甲辰条

儲用鉄一万斤送二於**周芳総令所**一、是日、**筑紫大宰**請二儲用物、絁一百疋・糸一百斤・布三百端・庸布四百常・鉄一万斤・箭竹二千連一、送二下於筑紫一。

『日本書紀』持統三年（六八九）八月辛丑条

詔二**伊予総領**田中朝臣法麻呂等一曰、讃吉国**御城郡**所レ獲白燕、宜二放鷹一焉。

ここで注目されるのは、軍事物資の集積に関係して周芳惣令所と筑紫大宰の名称がセットで書かれていることで、大宰＝官司名、惣領＝長官名の区別とするならば、「筑紫将軍所」（崇峻紀五年十一月条）に例があるように長官のいるところ＝「周芳大宰惣令所」の意と解される。(41)地名を冠した筑紫大宰の名称からすれば、「吉備大宰」のように、この他にも地名＋大宰が存在したことになる。

後者の史料は、「伊予総領田中朝臣法麻呂」に対して讃岐国御城郡へ命令したものである。持統五年には「伊予国司田中朝臣法麻呂」による宇和郡からの献上記事もあり（持統紀五年七月庚午条）、大宰総領と国司の併任であることが確認される。讃岐国という他国に対しては、伊予総領という身分で命令が可能であった。ちなみに、「御城郡」とは隣接した山田郡の屋島城と関連した表記と考えられ、(42)伊予総領による山城の管理との関係も想定される。

なお、持統三年から同五年の間は田中朝臣法麻呂が継続しているが、中間の同四年には先述した六年サイクルの遷任が規定されている。伊予国の場合、遷任がないのは、六年の遷任年限に達していないためかと想定される。これより以前は六年以上の在任もあったことが想定される。

五、文武期の大宰総領と国司

大宝令の施行により、筑紫の大宰府を除いて他の大宰は廃止されたと考えられるが、直前の文武期までは、各地に総領が存続していたことが確認される。

『続日本紀』文武四年（七〇〇）六月庚辰条

薩末比売・久売・波豆、衣評督衣君県、助督衣君弖自美、又肝衝難波、従二肥人等一、持レ兵剽二劫覓国使刑部真木等一。於レ是勅二**竺志惣領**一、准レ犯決罰。

『続日本紀』文武四年十月己未条（再掲）

まず、文武四年六月には、竺志惣領に対して、薩摩・大隅の土豪に処罰命令が与えられており、同十月には竺志捴領（長官）・大弐（次官）、周防捴領・吉備捴領、常陸守に対して高い官位相当がみえる。周防や吉備総領と同じ位階の常陸国も総領とは明記されていないが、周辺諸国を管轄する存在であった可能性がある。

さらに、美濃・伊勢国司も一般的な大山位（天武五年正月甲子条）＝勤位＝六位クラスではない、大宰総領や常陸と同じく直位＝五位クラスという高い位置付けがなされているので、伊賀（天武期に分立）・志摩・飛驒国など周辺の下国的諸国との関係から東国惣領的な地位にあったと考えられる。

『続日本紀』文武二年（六九八）七月癸未条

以二**直広肆**高橋朝臣嶋麻呂一為二**伊勢守**一。**直広肆**石川朝臣小老為二**美濃守**一。

ちなみに、乙丑年＝天智四年には美濃国で、国—評—五十戸制が推測され[43]、壬申の乱で美濃・尾張で人夫や兵士の迅速な動員が可能であったのも、白村江敗北以降に、美濃・尾張では西国大宰総領と同様な動員体制が可能であった東国総領的国司であったからとも考えられる。大宰総領は、白村江の敗戦以降において急速に整備された軍国体制を推進する目的で整備された国宰を管轄する広域行政官であったと考えられる。

六、大宰総領制と山城・信濃遷都

最後に、ほぼ同時期に西日本に築城された朝鮮式山城（古代山城）との関係を述べたい。天智期には、白村江の敗戦以降、国内防衛体制の整備により朝鮮式山城が西日本各地に築造される。『日本書紀』には、天智三年に筑紫の水城、同四年に長門城、筑紫の大野城・椽（基肄）城、同六年に倭国の高安城、讃吉国の屋島城、対馬の金田城、文武二年に鞠智城が初見するように、天智期前半に集中して築造記事がある。文献にみえない鬼ノ城のような神籠石系山城も存在するが、築造年代は必ずしも明らかでない。

これらの山城と大宰総領制との関係を示すものとしては以下のような史料がある。

『続日本紀』文武二年五月甲申条

令㆔**大宰府**繕㆓治大野・基肄・鞠智**三城**㆒。

「大宰府出土木簡」(44)

為レ班㆓給**筑前・筑後・肥等国**㆒遣㆓**基肄城稲穀**㆒随㆓**大監**正六上田中朝□□□㆒。

これらの記載によれば、文武期において広域行政を担当する大宰府が大野（筑前）・基肄（肥前）・鞠智（肥後）三城(45)に対して行政権限を行使でき、天平期には大宰府大監（三等官）が基肄城稲穀を筑前・筑後・肥（前）等国に班給していることが確認される。こうした大宰府と山城の密接な関係からすれば、令制国が未分化な天智期においても筑紫大宰が直接に山城を管轄していたことが想定される。

ところで天武期後半には、信濃への遷都計画が記載されているが、東国における大宰総領制との関係も想定される。すなわち、天武は複都宣言の直後から「難波」だけでなく「畿内」にも技術者を派遣して「都つくるべき地」を視察させたが、また同日には、「遣二三野王・小錦下采女臣筑羅等於信濃一、令レ看二地形一。将レ都二是地一歟」（天武紀十三年二月庚申是日条）として「信濃」への遷都計画を模索している。ただし、この計画についてはその後、結局は本格的な遷都事業に発展することはなかった。その構想は、必要に応じて、難波・新城・信濃という三カ所の拠点を定期的に移動することにより、官人集住地区としての新城、外交拠点および官人予備軍居住地としての難波宮、防衛および東国支配の拠点としての信濃宮という、それぞれの役割が果たされる構造であったと推測される[46]。当然ながら、その前提には東国における総領的国司の存在が不可欠であったと想定される。

律令制下において、大宰総領制は大宰府を除き廃止されるが、節度使・按察使や巡察使・畿内摂官などとの連続性が指摘されている[47]。

おわりに

以上、時期別に検討してきたことをまとめるならば、少なくとも西日本において筑紫・周芳・伊予・吉備の四地区における大宰総領制の施行は、山城の設置と関連することは確実である。さらに、畿内と東国においても、正史に大宰総領の用語は直接用いられていないが、同様な支配方式が導入されていた可能性は高いと判断される。

筑紫―帯筑前国　西海道（筑紫国）　水城・大野城・椽（基肄）城・鞠池城・対馬国金田城
周芳―安芸　長門は独立？(48)　長門城
伊予―讃岐（土佐・阿波？）　讃岐国山田郡屋島城　↑御城郡（含山田郡か）
吉備―吉備・播磨　鬼ノ城
畿内―河内・大和（摂津・山背？）　高安城
東国―東国全体（東方八道）　天武の信濃遷都計画

時期的な変遷を総括するならば、孝徳期の畿内国司と東国惣領は、立評や国の分割再編を担当する国を超える広域行政官であったが、その下位に国司が存在しない点や使者的な性格において区別される。天智期以降には、対外防衛と辺要地域の行政のため、山城と連動して少なくとも筑紫・周芳・伊予・吉備の四大宰が新たに設置された。天智後半からは国宰の分離と併存が確認されるようになり、美濃・尾張などを中心に東国へも展開するようになったと考えられる。持統期には天武期後半の令制国の設置を前提に、大宰・国司の併存が明瞭化し、六年サイクルの交替制度が開始された。律令期には大宰と山城が廃絶し、西海道大宰府のみが広域行政の拠点として存続する。その広域行政の役割は、按察使に引き継がれるが、陸奥出羽按察使と坂東との関係という変則的な形態が生み出される。

七世紀後半における広域行政組織としての大宰（官司）・総領（長官）制の存在が文武期には確認され、大宰府が筑前国を帯したと同じような大宰の帯国制度が機能していた。これにより国宰の統括官司として位置付けられ、在地支配の拠点としての山城との密接な関係からは、対外的緊張による軍管区として機能したことも指摘できる。筑紫大宰の設置目的として『日本書紀』天武元年六月丙戌条に「筑紫国者元戍二辺賊之難一也。其峻レ城深レ隍、臨レ海守者、豈為二内賊一耶。今畏命而発レ軍、則国空矣」とあるように、壬申の乱に際しても、対外防衛の目的が述べられ、内乱に兵を用いるべきではないと主張されているのは象徴的である。

　以上の検討によれば、国造国はそのまま評、そして令制国に移行したのではなく、まずは広域行政組織としての大宰総領制により複数の国造国が管理され、部曲が廃止される天武四年以降、評—五十戸に一元化されたことにより、ようやく内部に評—里を基礎単位とする令制国を分割し、その権限を縮小していったと考えられる。評—五十戸（里）だけに限れば、天武期後半までにその制度は完成しつつあったが、上部の大宰—国宰という基本構造が解消されないため、大宝期の令制国を基本単位とする国司制の開始までは、地方行政組織は未完成であったと評価される。

註

〔補記〕　筑紫大宰をめぐる論争については、大宰と総領が異なるものとする酒井芳司「倭王権の九州支配と筑紫大宰の派遣」（『大宰府の成立と古代豪族』同成社、二〇二四年、初出二〇〇九年）、同「筑紫における総領について」（同前、初出二〇一六年）などの主張に対して、坂上康俊「令制大宰府成立前史—総領と大宰—」（九州歴史資料館編『大宰府史跡100年記念シンポジウム「律令国家と大宰府史跡」—平城京・大宰府・多賀城—』福岡県教育委員会、二〇二一年）が筑紫大宰は筑紫総領を書き換えたものにすぎないと反論を加えた。さらに酒井芳司「筑紫大宰と筑紫総領—職掌と冠位の再検討—」（同前、初出二〇二二年）が批判に答えている。

　私見は、坂上説が批判するように筑紫の大宰と総領が同一実態と考えることはできないが、総領が孝徳期以降、全国的に設置された広域行政官で、一国を超える山城の管理も担当したこと、総領が国司を兼ねる場合があったことについては同意見である。

（1）吉川真司「律令体制の形成」（『律令体制史研究』岩波書店、二〇二二年、初出二〇〇四年）、市大樹「飛鳥藤原出土の評制下荷札木簡」（『飛鳥藤原木簡の研究』塙書房、二〇一〇年、初出二〇〇六年）。

（2）拙稿a「額田部氏の系譜と職掌」（『古代王権と支配構造』吉川弘文館、二〇一二年、初出二〇〇一年）、同b「貴族・地方豪族のイエとヤケ」（『古代王権と支配構造』吉川弘文館、二〇一二年、初出二〇〇七年）、同c「古代東国と「譜第」意識」（同前、初出二〇一二年）、同d「七世紀後半における公民制の形成過程」（本書第二編第一章、初出二〇一三年）において評・五十戸制の内実を論じ、口頭報告「七世紀後半の戦乱と高安城」第三三回古代史サマーセミナー全体会報告「高安城とその時代」（二〇〇五年八月二十五日、於信貴山）と拙稿e「七世紀後半の領域編制―評と大宰・総領―」（『日本歴史』七四八、二〇一〇年）において、本章の基礎と大宰総領制についての見通しを述べた。

（3）拙稿d註（2）前掲論文。七世紀後半には天皇の支配下にある「国家所有公民」と豪族の支配下にある「大小所領人衆」という複数の支配系列が存在した。「国家所有公民」とあるように、伴造・部民系列とミヤケ系列の民は王権に直属した王民とされていたが、一方で「大小所領人衆」とあるように、王権とは相対的に独立的な民衆（諸氏や国造配下の民）も存在した。国造制の導入により、ミヤケ系列だけでなく、伴造・部民を含めた統一的な動員体制を指向したが不十分であった。

『日本書紀』大化元年（六四五）八月庚子条

拝二東国等国司一。仍詔二国司等一曰、随二天神之所奉寄一、方今始将レ修二万国一。凡**国家所有公民**、**大小所領人衆**、汝等之レ任。皆作二戸籍一、及校二田畝一。

『日本書紀』大化元年八月庚子是日条

設二鍾・匱於朝一而詔曰、若憂訴之人、有二**伴造**一者、其**伴造**先勘当而奏。有二**尊長**一者、某**尊長**先勘当而奏。若其**伴造**・**尊長**、不レ審レ所レ訴、収レ牒納レ匱、以二其罪一々之。

『隋書』東夷倭国伝

有二**軍尼**一百二十人一、猶如二中国牧宰一。八十戸置二一**伊尼翼**一、如二今里長一也。十**伊尼翼**属二一**軍尼**一。

『日本書紀』大化元年八月庚子条

若有二求レ名之人一、元非二国造・伴造・県稲置一、而輙詐訴、言下自二我祖時一、領二此官家一治中是郡県上、汝等国司不レ得三随レ詐便牒二於朝一。審得二実状一而後可レ申。

「国家所有公民」は伴造・部民系列およびミヤケ系列、「大小所領人衆」とは、大小の規模が存在する有力諸氏・国造の私民系列と考えることが可能である。前者の伴造・部民系列とミヤケ（県稲置）系列は、後の五十戸系列に編成され、後者の尊長＝諸氏（大氏・小氏）・国造の私民系列は、後の民部（部曲）・家部＝旧食封系列に編成されたと想定される。

（4）早川庄八「律令制の形成」（『天皇と古代国家』講談社、二〇〇〇年、初出一九七五年）。

（5）坂本太郎『坂本太郎著作集』六（吉川弘文館、一九八九年、初出一九三八年）、津田左右吉「大化改新の研究」（『津田左右吉全集』三、岩波書店、一九六三年、初出一九四七年）、家令俊雄「上代に於ける総領の研究」（『芸林』四―二、一九五三年）、菊地康明「上代国司制度の一考察」（『書陵部紀要』六、一九五六年）、林陸朗「大化改新と東国の総領」（『西郊文化』一七、一九五八年）、関晃「大化の東国国司について」（『関晃著作集』二、吉川弘文館、一九九六年、初出一九五九年）、黛弘道「国司制の成立」（『律令国家成立史の研究』吉川弘文館、一九八二年、初出一九六〇年）、坂元義種a「東国総領について―特に大化改新時における―」（『続日本紀研究』九―四・五・六、一九六二年）、八木充a「国郡制成立過程における総領制」（『律令国家成立過程の研究』塙書房、一九六八年、初出一九六三年）、坂元義種b「古代総領制について」（『ヒストリア』三六、一九六四年）、薗田香融「律令国郡政治の成立過程」（『日本古代財政史の研究』塙書房、一九八一年、初出一九七一年）、早川庄八註（4）前掲論文、大町健「律令制的国郡制の特質とその成立」（『日本古代の国家と在地首長制』校倉書房、一九八六年、初出一九七九年）、笹川進二郎「律令国司制成立の史的前提」（『日本史研究』二二〇、一九八〇年）、渡部育子a「古代総領と国司」（『律令国司制の成立』同成社、二〇一五年、初出一九八二年）、八木充b「筑紫大宰とその官制」（『日本古代政治組織の研究』塙書房、一九八六、初出一九八三年）、直木孝次郎「大宰と総領」（『大宰府古文化論叢』上、一九八三年）、中西正和「古代総領制の再検討」（『日本書紀研究』一三、一九八五年）、渡部育子b

「古代総領関係史料の解釈についての二、三の疑問」（『古代史研究』五、一九八六年）、篠川賢「国宰制の成立と国造」（『日本古代国造制の研究』吉川弘文館、一九九六年、初出一九八七年）、松原弘宣「総領と評領」（『日本歴史』四九二、一九八九年）、中西康裕「古代総領制の一考察」（『律令制社会の成立と展開』吉川弘文館、一九八九年）、森田悌「総領制について」（『金沢大学教育学部紀要』人文科学・社会科学編四〇、一九九一年）、下向井龍彦「日本律令軍制の形成過程」（『史学雑誌』一〇〇―六、一九九一年）、白石成二「古代総領制をめぐる諸問題―伊予総領を中心に―」（『ソーシアル・リサーチ』一八、一九九二年）、鐘江宏之「国司制の成立」（『律令制諸国支配の成立と展開』吉川弘文館、二〇二三年、初出一九九三年）、同「令制国の成立」（同前）、中村聡「古代の大宰・総領制に関する再検討」（『立命館史学』一五、一九九四年）、狩野久「山城と大宰・総領と「道」制」（『永納山城跡』二〇〇五年）、八木充c「百済滅亡前後の戦乱と古代山城」（『日本歴史』七二二、二〇〇八年）、鈴木靖民「七世紀　日本と東アジアの情勢―山城造営の背景―」（『謎の鬼ノ城―城内を探る―』岡山県古代吉備文化財センター、二〇一〇年）など多数。

(6)　八木充b註（5）前掲論文。

(7)　関晃註（5）前掲論文、薗田香融註（5）前掲論文は、国司統括官説。先駆的には喜田貞吉「東国考―古代東国の地位に就いて―」（『歴史地理』三七―三、一九二一年）や林陸朗「古代東国雑考」（『西郊文化』三、一九五三年）にも国司統括官という指摘がある。

(8)　大化改新時とするのは薗田香融註（5）前掲論文、白村江の敗戦後とするのは早川庄八註（4）前掲論文および家令俊雄註（5）前掲論文、壬申の乱後とするのは坂元義種b註（5）前掲論文および渡部育子b註（5）前掲論文、八木充b註（5）前掲論文などの論考である。

(9)　八木充b註（5）前掲論文、黛弘道註（5）前掲論文、坂元義種b註（5）前掲論文、直木孝次郎註（5）前掲論文などが西国説、坂本太郎註（5）前掲論文、菊地康明註（5）前掲論文、八木充a註（5）前掲論文、早川庄八註（4）前掲論文などが全国説を主張する。

(10)　薗田香融註（5）前掲論文、渡部育子b註（5）前掲論文、八木充a註（5）前掲論文が行政を中心に位置付け、坂元義種b註（5）前掲論文、森田悌註（5）前掲論文、下向井龍彦註（5）前掲論文などが軍事を中心に位置付ける。

(11) 中西康裕「大化の「東国国司」に関する一考察」（『続日本紀研究』二四七、一九八六年）。

(12) 鎌田元一「評の成立と国造」（『律令公民制の研究』塙書房、二〇〇一年、初出一九七七年）、篠川賢『日本古代国造制の研究』（吉川弘文館、一九九六年）。ちなみに、鎌田説でも国造は存続するが国造国から国造評への転換を想定する。

(13) 孝徳期の東国国司と東国惣領については、拙稿c註（2）前掲論文、二五三〜二六三頁参照。

(14) 『日本書紀』天武十年（六八一）九月甲辰条に「詔曰、凡諸氏、有二氏上一未レ定者、各定二氏上一、而申二送于理官一」とあるのを参考にすれば、理官が管理していたことになる。山尾幸久「甲子の宣の基礎的考察」（『日本史論叢』三、一九七三年）、熊谷公男「治部省の成立」（『史学雑誌』八八—四、一九七九年）は氏族系譜と推測する。

(15) 笹川進二郎「甲子の宣の研究—天智朝の史的位置　その一—」（『立命館文学』三六二・三合併号、一九七五年）、山尾幸久「七世紀前半期の国家権力—部民制の再検討を中心に—」（『日本史研究』一六三、一九七六年）、熊谷公男註（14）前掲論文。

(16) 浅野啓介「庚午年籍と五十戸制」（『日本歴史』六九八、二〇〇六年）。

(17) 山尾幸久『カバネの成立と天皇』（吉川弘文館、一九九八年）、二一五〜二二五頁。

(18) なお、「詔、定二諸国国造之氏一。其名具二国造記一」（『続日本紀』大宝二年四月庚戌条）とあるのは旧来の国造とは異なる一国一国造とされた新国造の段階である。

(19) 熊谷公男註（14）前掲論文によれば、甲子年の諸氏系譜が庚午年籍で全国化したプロセスが想定されている。

(20) 井上光貞「大化改新と東国」（『井上光貞著作集』一、一九八五年、初出一九五四年）。

(21) しばしば「難波朝廷天下立レ評給時」（『皇大神宮儀式帳』）という記載は、孝徳朝の「全国的な全面立評」を示すと解釈されるが、この場合の「天下」は「某宮治天下大王時」のように「難波朝廷」と一体の表記で難波朝庭の御世と同じ時代区分を示すとも解釈される。後世の認識がそのまま孝徳朝の史実とは認定できず、「天下」の意味を考える必要がある。少なくとも先行する「昔難波朝庭、始置二諸郡一」（『類聚国史』巻一九、国造、延暦十七年〔七九八〕三月丙申条）「夫郡領者、難波朝庭始置二其職一」（『日本後紀』弘仁二年〔八一一〕二月癸卯条）などの表現は、開始が孝徳朝であることを示しているにすぎないものである。

(22) 山尾幸久『「大化改新」の史料批判』（塙書房、二〇〇六年）。

(23) 『茨城県史料』古代編（一九六八年）、三三四頁。この点は、拙稿e註（2）前掲論文参照。

(24) 山中敏史「常陸国における国郡制の成立過程」（『古代常陸国シンポジウム—風土記・国府・郡家—』レジュメ、二〇〇六年）。

(25) 関晃「畿内制の成立」（『関晃著作集』二、吉川弘文館、一九九六年、初出一九五四年）、二七八頁。

(26) 拙稿「「大津京」の再検討」（『古代王権と都城』吉川弘文館、一九九八年）。

(27) 『飛鳥・藤原宮発掘調査出土木簡概報』一七—七六号（奈良文化財研究所、二〇〇三年）、市大樹註（1）前掲論文。

(28) 『続日本紀』宝亀八年（七七七）八月丁酉条に「飛鳥朝常道頭贈大錦中少吹負」とある。壬申の乱の功臣で、四位に相当する高位であることを考慮すれば、単なる常陸国守ではなく、天武朝初期に存在した周辺諸国も管轄する総領的ポストであった可能性が高い。

(29) 公民制の成立過程については、拙稿d註（2）前掲論文。

(30) 大宰府の成立については、宣化期の「那津官家」や、推古期の「筑紫大宰」記載も注目されるが、律令制下の外交・軍事・西海道支配という三機能を中心に考えるならば、直接的には白村江の敗戦後に大きな画期があったと考えられる。倉住靖彦『古代の大宰府』（吉川弘文館、一九八五年）。

(31) 井上辰雄「筑紫の大宰と九国三島の成立」（鏡山猛他編『新版古代の日本』三九州、角川書店、一九七三年）。早川庄八註（4）前掲論文は、『続日本紀』神亀四年（七二七）七月丁酉条の「筑紫諸国、庚午籍七百七十巻、以二官印一印レ之」の記載から、庚午年籍（六七〇年）の段階では、令制国が未成立のため国印を捺すことができず、太政官印を捺したとする。

(32) 早川庄八註(4)前掲論文。
(33) 壬申の乱において尾張国司が二万の兵士を動員して大海人皇子に帰順したとあることは(天武紀元年六月丁亥条)、この段階の国宰の軍事動員権が大きかったことを示している。
(34) 黛弘道註(5)前掲論文。
(35) 同前。なお、「吉備国守」が斬殺されているので、近江方による動員が成功した可能性もあり、そうだとすれば帰服を確認するのは重要な意味があったことになる。笹川進二郎註(5)前掲論文。
(36) 坂元義種註(5)前掲論文。
(37) 拙稿d註(2)前掲論文。
(38) 津田左右吉註(5)前掲論文。
(39) 菊地康明註(5)前掲論文。
(40) 篠川賢「国宰制の成立と国造」(『日本古代国造制の研究』吉川弘文館、一九九六年、初出一九八七年)。
(41) 八木充b註(5)前掲論文。
(42) 森田悌註(5)前掲論文。
(43) 『飛鳥・藤原宮発掘調査出土木簡概報』一七―三四号(奈良文化財研究所、二〇〇三年)。
(44) 木簡学会編『日本古代木簡選』(岩波書店、一九九〇年)、大宰府跡出土の五〇〇号木簡。
(45) 『三代実録』元慶三年(八七九)三月十六日丙午条に「肥後国菊池郡城院兵庫」の記載があり、肥後国に菊池城、肥前国基肄郡に基肄城が所在したと考えられる。
(46) 拙著『都はなぜ移るのか―遷都の古代史―』(吉川弘文館、二〇一一年)、一三六～一三八頁。
(47) 菊地康明註(5)前掲論文、早川庄八前掲註(4)論文。
(48) 中村聡註(5)前掲論文。

第三章　外交拠点としての難波と筑紫

はじめに

難波は古代都城の歴史において外交・交通・交易などの拠点となり、副都として機能していた。外交路線の対立（韓政）により蘇我氏が滅亡し、小郡宮が小郡を改造して造られ、さらに難波長柄豊碕宮（前期難波宮）が新たに造られた。先進的な大規模朝堂院空間を有しながら、孝徳朝の難波遷都から半世紀の間は同様な施設が飛鳥や近江に確認されない点が、これまで大きな疑問とされてきた。

藤原宮の朝堂院までは、こうした施設は飛鳥に造られず、この間に外交使節の飛鳥への入京が途絶える。これに対して、藤原宮の大極殿・朝堂の完成とともに外国使者が飛鳥へ入京するようになったことは表裏の関係にあると考えられる。筑紫の小郡・大郡とともに、難波の施設は、唐・新羅に対する外交的な拠点として重視されたことを以下では考察したい。

一、孝徳期の外交基調

孝徳期前後における対外関係研究の基調は、隋唐帝国の成立による東アジア諸国の緊張を背景に権力集中を試みた時期として位置付ける議論が通説的位置を占める。[1]とりわけ高句麗の泉蓋蘇文、新羅の金春秋、さらには百済の義慈王による権力集中と、倭国における乙巳の変および「大化改新」の諸政策は、当時の超大国である隋唐帝国の東アジアへの軍事的・外交的介入に対する国家的な対応策として評価されている。

倭国における当該期の外交基調については、等距離・均衡外交と評価する説と分裂外交と評価する説がこれまで併存している。このうち分裂外交という立場を基本的に支持することは研究史の検討を基礎に前稿で論じた。[2]すなわち私見は、森公章のように、改新政治を「急進的な孝徳大王の改革」（親唐派）と「抵抗勢力」たる中大兄（親百済派）の対立と評価する。[3]しかしながら、調和的な均衡外交ではなく、対抗関係は基本的に異なるが、山尾幸久のように「孝徳の時代の権力中枢は天智以後のそれのように一元化されておらず、対外政策も親百済派と親唐派との二つの立場からなされているとみることができる。蘇我石川麻呂の変（六四九年）から有間皇子の変（六五八年）までを見通して大づかみにいうならば、孝徳の時代に、孝徳と中大兄とを権力核とする二つの派閥勢力が拮抗していた」との分裂外交の立場が私見に近い。[4]

従来の研究で第一に問題と思われるのは、隋と唐という各段階における東アジアに対する影響度の強弱である。中国王朝による高句麗遠征に対する対応が、推古期以来の継続的課題であることは明らかである。しかしながら、その深刻度において隋王朝と唐王朝では大きな落差が存在したと考えられる。『隋書』倭国伝には「新羅・百済皆以レ倭為三**大国**多二珍物一、並敬二仰之一、恒通レ使往来」とあるように、倭国の「大国」的主張（礼的秩序を形成できる国で、単なる軍事強国や被朝貢国ではない）がともかくも記載されていることからすれば、隋への朝貢と倭国の新羅や百済に対する「大国」的主張が曲がりなりにも併存しうるものとして認識されていたことはまちがいない。これに対して、高句麗遠征を背景とした唐による東アジアへの介入（海東之政）は高圧的であり、唐の新羅への属国的要求（六四三年〔皇極二、貞観十七〕）および百済に対する新羅への領土返還命令（六四九年〔大化五、貞観二十三〕）、倭国への軍事援助命令（六五四年〔白雉五、永徽五〕）などは、[5]曖昧さを排して従属か敵対かという究極の選択を迫るもので、国論を二分する緊張度はより高くなったと思われる。六三一年（舒明三、貞観五）のこととして『旧唐書』倭国伝には、使者の高表仁と王子が礼を争ったとあり、以後しばらく遣唐使が断絶したのは唐への冊封や新羅への援助要求などの対立点が露わになり、妥協点が容易にみつからない段階に入ったことを示す。

もう一つ問題となるのは、孝徳期における権力構造をどのように位置付けるかという点である。とりわけ通説のように中大兄と中臣鎌足が当初から中心的な役割を果たしていたとすれば、大化期における親唐・新羅的な路線から白村江の戦いにおける唐・新羅との戦闘までを一貫した基調で説明することができない、という矛盾を抱えることとなる。[6]乙巳の変の原因については、『日本書紀』に古人大兄の言として「韓政」の対立が蘇我本宗家滅亡の理由であると語られている。この「韓政」の具体的な内容については、外交路線の対立とする見解もあるが、必ずしも十分に解明されてこなかった。その理由としては、大化の新政権の外交方針が混乱しており、一元的な外交方針が読み取りにくかったこと、加えて改革の中心人物を中大兄とする通説の理解が、孝徳の政策との対立点を不明確なものにしてきた原因と考えられる。乙巳の変の首謀者が通説のように中大兄と中臣鎌足ではなく軽と蘇我石川麻呂であったとする議論を支持するならば、[7]政権内部は政治的にも外交的にも分裂的であり、中大兄と中臣鎌足は乙巳の変当時においては相対的に立場が軽く、(8)二人の死後に有力化したことになり、大化期の親唐・新羅政策は軽と蘇我石川麻呂により主導された政策となる。そのように解するならば、乙巳の変は、親百済から親唐・新羅路線への転換というまさしく「韓政」の問題となり、白雉期以降の中大兄と大王斉明の権力奪取にともなう蘇我氏的な親百済外交への回帰は説明が可能となる。皇極（斉明）も、百済の復興を試みたことからすれば、中大兄と同様の立場であったと推定される。したがって、孝徳を改革の中心に位置付ける議論に従うならば、改新期における外交政策の対立軸は、改新の中心たる孝徳と、皇極（斉明）・中大兄（天智）の間に存在したことになる。

ここではまず、前稿(9)では十分に論証できなかった、孝徳期におけるこうした対立的な構造を史料に即して論証しておきたい。

二、孝徳期の外交的対立

(1) 外交路線の対立と変化

前稿において、孝徳期の外交路線が中大兄・斉明（親百済）と孝徳・蘇我石川麻呂（親唐・新羅）という対立関係にあることを想定した。蘇我石川麻呂が軽とともに乙巳の変の首謀者であり、中大兄の存在は乙巳の変当時においては相対的に軽い役割であり、蘇我石川麻呂の失脚および、孝徳との外交的対立を画期として、有力化したと考えられる。

大化期は、それまでの親百済色が強かった蘇我氏政権に比較して、親唐・新羅的政策が強まる時期と評価される。恵日による有名な建言によっても、舒明期以降の蘇我氏政権下では重用されなかった中国留学生たちは、孝徳朝になると国博士（高向玄理・僧旻）や中国の十大徳を真似た十師（僧旻・恵隠・恵雲・常安＝南淵請安?・）に登庸されている。(10)

『日本書紀』推古三十一年（六二三）七月条

是時大唐学問者僧恵斎・恵光及医恵日・福因等、並従二智洗爾等一来之。於レ是恵日等共奏聞曰、留二于唐国一学者皆学以成レ業。応レ喚。且其大唐国者法式備定之珍国也。常須レ達。

一方で高向玄理は、大化年間（六四五～六五〇年）に遣新羅使として派遣され、金春秋を連れ帰っている。

『日本書紀』大化二年（六四七）九月条

遣二小徳高向博士黒麻呂於新羅一、而使レ貢レ質、遂罷二任那之調一。〈黒麻呂、更名玄理。〉

『日本書紀』大化三年（六四八）是歳条

新羅遣二上臣大阿飡金春秋等一、送二博士小徳高向黒麻呂・小山中中臣連押熊一来、献二孔雀一隻・鸚鵡一隻一。仍以二春秋一為レ質。春秋美二姿顔一善談笑。

さらに、彼は白雉五年（六五四）の第三次遣唐使にも押使として参加している。(11)

このように孝徳を中心とする改新政権が、大化年間に中国からの帰朝者を重用し、新羅との積極的交渉を試み、新羅使も来朝していることは、前後の時期に比較して特異である。反対に、大化期には百済への遣使がないことも指摘できる。(12)

さらに、中臣鎌足の立場も、少なくとも当初は孝徳と関係が深く、留学帰りの南淵請安に師事していたことから親唐・新羅的立場であったことが推測される。

『日本書紀』舒明十二年（六四〇）十月乙亥条

大唐学問僧清安・学生高向漢人玄理、伝二**新羅**一而至之。

『日本書紀』皇極三年（六四四）正月乙亥朔条

中臣鎌子連曾善二於**軽皇子**一。故詣二彼宮一而将二侍宿一。……自学二周孔之教於**南淵先生**所一。

問題は、孝徳から中大兄にいつ頃から支持を変えたのかという点である。「鎌足伝」では、軽が大事を謀るに器量不足であると判断して（「皇子器量不レ足三与謀二大事一」）、すでに乙巳の変前夜の時点からとして予定調和的な描き方をしているが、これは疑わしい。乙巳の変後にも鎌足は、軽を「民望に答う」という理由により推挙し即位させているが、「鎌足伝」では「実大臣之本意也」と表現して、当初からの意図であったとする。これに対応して孝徳の側近として「内臣」に任命されている点や、白雉四年（六五三）に中大兄が孝徳と対立し、飛鳥へ帰還した直後、鎌足に紫冠と封戸が与えられたと記されているが、この措置は孝徳が難波に健在であることからすれば、孝徳による指示であったと推測される。すなわち、孝徳の存命中は鎌足と良好な関係を維持したとするのが自然である。

『日本書紀』孝徳即位前紀皇極四年（六四五）六月庚戌条

中大兄退語二於中臣鎌子連一。**中臣鎌子連**議曰、古人大兄殿下之兄也、**軽皇子**殿下之舅也。方今古人大兄在。而殿下陟天皇位、便違二人弟恭遜之心一。且立レ舅以答二民望一、不二亦可一乎。

『日本書紀』孝徳即位前紀皇極四年六月庚戌是日条

以二大錦冠一授二**中臣鎌子連**一、為二**内臣**一。増レ封若干戸、云々。

『日本書紀』白雉五年（六五四）正月壬子条

以二紫冠一授二**中臣鎌足連**一。増レ封若干戸。

鎌足の外交的立場は、大化二年（六四六）の遣新羅使や白雉五年（六五四）の遣唐使に同族の中臣押熊と中臣間人連老が任命されていること、[13] さらに長子の定恵を白雉五年から新羅経由の遣唐使に学問僧として派遣し、唐使郭務宗とともに天智朝に帰国、郭務宗に対して鎌足から物を賜っていること、[14] 同じく新羅からの使者上臣金庾信に船一隻を賜っていること、[15] などからすれば親唐・新羅的立場であったことが推測される。[16]

このような孝徳朝における親唐・新羅的政策が旧来の親百済路線に変化する第一の画期は、大化五年（六四九）の左大臣阿倍内麻呂の死（三月辛酉（十七日））に続く、右大臣蘇我石川麻呂の自殺（三月己巳（二十七日））にともなう左右大臣の交代（四月甲午（二十日））である。

『日本書紀』大化五年三月辛酉条

阿倍大臣薨。

『日本書紀』大化五年三月己巳条

大臣……誓訖自経而死。妻子殉死者八。

『日本書紀』大化五年四月甲午条

於㆓小紫**巨勢徳陀古臣**㆒授㆓大紫㆒為㆓**左大臣**㆒、於㆓小紫**大伴長徳連**㆒〈字馬飼。〉授㆓大紫㆒為㆓**右大臣**㆒。

左大臣阿倍内麻呂は、大化四年（六四八）に四天王寺に対して積極的な寄進をおこなっているが、注目されるのは、先述した恵日の建白の時に、新羅系の仏教献上物が広隆寺とともに難波の四天王寺にも納められている点である。

『日本書紀』大化四年二月己未条

阿倍大臣請㆓四衆於**四天王寺**㆒。迎㆓仏像四軀㆒、使㆑坐㆓于塔内㆒。造㆓霊鷲山像㆒、累㆓積鼓㆒為之。

『日本書紀』推古三十一年（六二三）七月条

新羅遣二大使奈末智洗爾一、任那遣二達率奈末智一、並来朝。仍貢二仏像一具及金塔幷舎利、且大観頂幡一具・小幡十二条一。即仏像居二於葛野秦寺一。以二余舎利・金塔・灌頂幡等一、皆納二于**四天王寺**一。

さらに阿倍氏が、新羅の官位「吉士」をカバネ化した氏族であり、対新羅外交や対中国外交に活躍した難波吉士氏と同族であり、新羅の服属儀礼と推定される吉士舞を奏上することも注目される。[17] これによれば、阿倍内麻呂が親新羅的立場にあったことが推測される。

一方新任の左大臣巨勢徳太臣は、白雉二年（六五一）に新羅の貢調使が唐服を着ていたことを咎めて追い返した際には、新羅征討を建議しているように、反唐・新羅＝親百済の立場に立つ人物で、孝徳の進めた政策とは異なる立場の大臣が登庸されている。

『日本書紀』白雉二年是歳条

新羅貢調使知万沙飡等、著二唐国服一泊二于筑紫一。朝庭悪二恣移レ俗、訶嘖追還。于レ時**巨勢大臣**奏請之曰、方今不レ伐二新羅一、於レ後必当レ有レ悔。其伐之状、不レ須レ挙レ力。自二難波津一至二于筑紫海裏一、相接浮二盈艫舳一、徴二召**新羅**一問二其罪一者、可レ易レ得焉。

このように大化期には従来の親百済路線からの方針転換がなされたが、左右大臣の交替を契機にして再び親百済派の復活がみられるようになる。[18] 白雉期に新羅使が途絶え、白雉二年から百済使が復活するのはこうした動向を反映している。

さらに外交方針における決定的な転換期は、白雉四年（六五三）に中大兄が孝徳と対立し、飛鳥へ帰還し、翌年に孝徳が、難波宮で死去した時と考えられる。

『日本書紀』白雉四年是歳条

太子奏請曰、欲三冀遷二于倭京一。天皇不レ許焉。皇太子乃奉二皇祖母尊・間人皇后一、幷率二皇弟等一、往居二于倭飛鳥河辺行宮一。于レ時公卿大夫・百官人等、皆随而遷。由レ是天皇恨欲レ捨二於国位一、令レ造二宮於山碕一。

『日本書紀』白雉五年（六五四）十月癸卯朔条

皇太子聞二天皇病疾一。乃奉二皇祖母尊・間人皇后一、幷率二皇弟・公卿等一、赴二難波宮一。

『日本書紀』白雉五年十月壬子条

天皇崩二于正寝一。仍起二殯於南庭一。以二小山上百舌鳥土師連土徳一主二殯宮之事一。

これは難波に留まり唐・新羅との積極的な外交を展開しようとした孝徳政権に対して、旧来の親百済的立場から、防衛的な意味で飛鳥への還都を主張したと考えられる。皇極・斉明期にみられる飛鳥の造営工事は、王権の新たな仏教的世界観による荘厳化であるとともに、対外的な防衛を意識したものであった[19]。以後は、白村江の戦いにおける敗北まで、基本的に親百済路線に復帰する。

（2）古人大兄「謀反」事件の処理

このような孝徳期における外交的対立を別な側面から傍証するのが、東国国司に対する二度の審査と古人「謀反」事件の対応である。

まず、古人大兄「謀反」事件については、門脇禎二による研究史整理や記事の分析があり[20]、それに対しては金鉉球氏が批判を加えている[21]。門脇説は中大兄と左大臣阿倍内麻呂と右大臣蘇我倉山田石川麻呂を対立的に理解する。これに対して、金鉉球説は、第一次征討軍を古人大兄や蘇我氏に友好的なグループのため、説得による投降を促したが、第二次征討軍は古人大兄や蘇我氏に対して敵対的なグループであり、文字通り「謀反」として処理されたとする。私見は以下に検討するように、後者の批判を基本的に妥当と考える。

古人大兄事件の経過は『日本書紀』によれば以下のようである。

『日本書紀』大化元年（六四五）九月戊辰条

①**古人皇子**、与二蘇我田口臣川堀・物部朴井連椎子・吉備笠臣垂・倭漢文直麻呂・朴市秦造田来津一、謀反。〈或本云、**古人大兄**。或本云、**古人大兄**。此皇子入二吉野山一。故或云二**吉野太子**一。垂。此云二之娜屢一。〉

『日本書紀』大化元年九月丁丑条

②吉備笠臣垂自二首於**中大兄**一曰、**吉野古人皇子**与二蘇我田口臣川堀等一謀反。臣預二其徒一。〈②或本云、吉備笠臣垂言三於阿倍大臣与二蘇我大臣一曰、臣預二於吉野皇子謀反之徒一。故今自首也。〉③中大兄即使下菟田朴室古・高麗宮知、将二兵若干一、討中**古人大市皇子**等上。〈④或本云、十一月甲午卅日、中大兄使下阿倍渠曾倍臣・佐伯部子麻呂二人、将二兵三十人一攻二**古人大兄**一、斬中古人大兄与上子。其妃妾自経死。或本云、十一月、**吉野大兄王**謀反、事覚伏誅也。〉

記載は、三つの本文と三つの「或本」の異伝から構成される。本文は、一貫して改新政府の中心は中大兄であり、彼を責任者としてこの事件に対処しているという書きぶりになっている。この点は、『日本書紀』の編纂態度としては了解されるが、異なる伝承として左右大臣に密告したとある点を重視すれば、相対化して考える必要がある。さらに大きな相違は、事件の決着が本文のように九月なのか、異伝のように十一月なのかという点である。門脇説が指摘するように、①にみえる謀議に参加した人物のうちに、以後も活躍している人々がみえることは、一度は説得があり、これにより投降したと考えるのが自然である。また九月と十一月に異なる人々が記載されていることを重視すれば、二度の征討軍派遣があったと考えられる。したがって、おそらく事件の経過は、

①古人王子が蘇我田口臣川掘・物部朴井連椎子・吉備笠臣垂・倭漢文直麻呂・朴市秦造田来津らと謀反の謀議

②吉備笠臣垂による阿倍大臣と蘇我大臣への密告

③九月に（中大兄系の）菟田朴室古・高麗宮知による説得で物部朴井連椎子・倭漢文直麻呂・朴市秦造田来津が投降

④十一月に（孝徳系の）阿倍渠曾倍臣・佐伯部子麻呂と兵三十人を派遣して古人王子を討つ

という流れが想定される。

「自首」した吉備笠臣垂は、後に密告した功により功田二〇町を与えられている。[22]さらに物部朴井連椎子は後に有間王子の包囲指揮者として記載され、[23]朴市秦造田来津は、百済派遣軍の将としてみえ、[24]倭漢文直麻呂も白雉五年の遣唐使判官に任命されている。[25]とりわけ、物部朴井連椎子や朴市秦造田来津は斉明朝以降も左遷されずに行動していることを重視すれば中大兄系の人材となったことが確認される。倭漢文直麻呂の遣唐使判官任命も勢力混在の妥協的人事と考えれば中大兄系としても支障はない。古人大兄の娘である倭姫王が後に天智の皇后ともなっていることを加味するならば、[26]中大兄が、中大兄派と孝徳派の対立を前提に、蘇我氏の系譜を引く古人系の反孝徳勢力を吸収したと考えることもできる。その後十一月に派遣された阿倍渠曾倍臣は左大臣阿倍内麻呂の同族であり、佐伯部小麻呂は佐伯連子麻呂と同一人で、右大臣蘇我石川麻呂の推挙により入鹿暗殺に参加した経緯を考えると、[27]孝徳派による第二次征討軍派遣が想定される。

以上によれば、蘇我本宗氏的勢力の弱体化を指向する孝徳系勢力に対して、中大兄はできるだけ自首や投降を促して、蘇我氏の系譜を引く古人系の反孝徳勢力を自派に吸収したものと位置付けられる。

（3）東国国司の再審査

同様に大化期における東国国司への評価の変更も、孝徳系と中大兄系による抗争が背景に存在したと考えられる。とりわけ穂積臣咋（噛）と塩屋連鯯魚に対する評価は対照的である。門脇禎二の指摘によれば、再審査において穂積臣咋は叱責されているが、三年後の蘇我倉山田石川麻呂の事件において、彼の死体を傷つける異常な行動を取っていることから、再審査に石川麻呂が関与していたことを推測する。(28) 最初の審査では「六人奉法、二人違令」とあるように、八道に派遣された長官のうち六人はよく任務を遂行したが、残りの二人は違背したとある。これが再審査では「犯」五人（このうち穂積臣咋を含む三人が特に「怠拙」と評価された）、「無犯」二人、「未問」一人と大幅に変更されている。さらに、井上光貞が推定するように「怠拙」とされた冒頭の三人が、第一次審査の「奉法」から「犯」に評価を変更されたため、第一次審査の「違令」二人から「怠拙」三人を加えて第二次審査の「犯」五人に増加したと考えられる。(29) したがって、穂積臣咋も、第一次審査では「違令」ではなく「奉法」と評価されていたが、再審査で「犯」の中でもより重い「怠拙」に評価が変更され、この変更に石川麻呂が関与したのではないかと推測する。

『日本書紀』大化二年（六四六）三月辛巳条

穂積臣咋所レ犯者、於二百姓中一毎レ戸求索、仍悔還レ物。而不二尽与一。……以レ此観之、紀麻利耆拕臣・巨勢徳禰臣・**穂積咋臣**・汝等三人之所二怠拙一也。念二斯違一レ詔、豈不レ労レ情。

『日本書紀』大化五年（六四九）三月庚午条

山田大臣之妻子及随身者、自経死者衆。**穂積臣噛**捉二聚大臣伴党田口臣筑紫等一、着レ枷反縛。是夕。木臣麻呂・

蘇我臣日向・**穂積臣噛**、以レ軍囲レ寺。喚二物部二田造塩一、使レ斬二大臣之頭一。於レ是二田塩仍抜二大刀一、刺二挙其宍一、叱咤啼叫、而始斬之。

『日本書紀』大化二年三月甲子条

詔二東国々司等一曰、……故前以二良家大夫一使レ治二東方八道一。既而国司之レ任、**六人奉**レ**法**。**二人違**レ**令**、毀誉各聞。

同じく巨勢臣や朴井連（欠名）、犬養五十君らも再審査では処罰の対象となっているが、彼らは親中大兄派であったと推測される。

『日本書紀』大化二年三月辛巳条（再掲）

其臣勢徳弥臣所レ犯者、於二百姓中一毎レ戸求索、乃悔還レ物。而不二尽与一。復取二田部之馬一。其介**朴井連**・押坂連〈並闕名。〉二人者、不レ正二其上所一レ失。而翻共求二己利一。復取二国造之馬一。……其以下官人河辺臣磯泊・丹比深目・百舌鳥長兄・葛城福草・難波癬亀〈俱毘柯梅。〉・**犬養五十君**・伊岐史麻呂・丹比大眼、凡是八人等咸有レ過也。……以レ此観之、紀麻利耆拕臣・**巨勢徳禰臣**・穂積咋臣・汝等三人之所二怠拙一也。念二斯違一レ詔。豈不レ労レ情。

すなわち、朴井連は欠名であるが、先述したように古人大兄の謀反事件で、物部朴井連椎子は謀反に参加し、後に有間の包囲指揮者として記載される。また犬養君五十君は、後に壬申の乱で近江方の武将としてみえ、粟津市で斬首されている（天武紀元年〔六七二〕七月壬子条）。さらに巨勢徳禰臣の同族徳太臣は、先述したように新羅の貢調使が唐服を着ていたことを咎めて追い返した際には、新羅征討を建議しているように、反唐・新羅＝親百済の立場の人物で、孝徳の進めた政策とは異なる立場であった。このように再審査において処罰された人物は、親中大兄派の者が多く確認される。

一方、塩屋連鯯魚は、最初の審査に関係して投獄されていたが、再審査に際しては、天皇の命令に従ったとして称賛されている。

『日本書紀』大化二年（六四六）三月辛巳条

宜下遣二使者一、諸国流人及獄中囚一皆放捨上。別**塩屋鯯魚**〈**鯯魚**。此云二挙能之盧一。〉・神社福草・朝倉君・椀子連・三河大伴直・蘆尾直、〈四人並闕名。〉此六人奉レ順二天皇一。朕深讃二美厥心一。

彼は、孝徳の子、有間王子に最後まで付き従い、斬首されているように、親孝徳派であったと考えられる。

『日本書紀』斉明四年（六五八）十一月戊子条

捉三有間皇子与二守君大石・坂合部連薬・**塩屋連鯯魚**一、送二紀温湯一。舎人新田部米麻呂従焉。於レ是皇太子親問二有間皇子一曰。何故謀反。答曰、天与二赤兄一知。吾全不レ解。

『日本書紀』斉明四年十一月庚寅条

遣二丹比小沢連国襲一、絞二有間皇子於藤白坂一。是日斬二**塩屋連鯯魚**・舎人新田部連米麻呂於藤白坂一。**塩屋連鯯魚**臨誅言、願令三右手作二国宝器一。

以上によれば、穂積臣咋（囓）と塩屋連鯯魚を典型として、第一次審査と第二次審査で大きく東国国司に対する評価が変更されている。第一次審査では、親孝徳派が投獄され、親中大兄派が「奉法」とされている。ところが、反対に第二次審査においては、親中大兄派が処罰され、親孝徳派が赦免されている。したがって、第一次審査は親中大兄派の立場による評価であり、第二次審査は親孝徳派の立場による評価であったことになる。少なくとも、古人「謀反」事件の処理と東国国司に対する評価の変更をめぐって、中大兄派と孝徳・石川麻呂派の政治的対立が存在したことが確認される。この対立は、先述した改新期における外交政策の対立軸と照応する関係にあったことを示している。

（4）孝徳期の外交

以上を概観するならば、皇極の生前譲位、孝徳の即位、斉明天皇としての重祚の事情については、中国との外交関係が背景にあったと考えられる。乙巳の変の原因について、『日本書紀』には古人大兄の言として「韓政」の対立が蘇我本宗家滅亡の理由であると語られている。この「韓政」の具体的な内容については、必ずしも十分に解明されてこなかった。その理由としては、先述したように大化の新政権の外交方針が混乱しており、一元的な外交方針が読み取りにくかったこと、加えて改革の中心人物を中大兄とする通説の理解が、孝徳の政策との対立点を不明確なものにしてきたためである。

孝徳を改革の中心に位置付ける議論に従うならば、改新期における外交政策の対立軸は、改新の中心たる孝徳と、皇極（斉明）・中大兄との間に存在した。そして、皇極の生前譲位は外交方針の対立による、強制的な退位であった可能性が指摘できる。具体的には、六四三年に唐は「国女君、故為レ鄰侮、我以二宗室一、主二而国一」という提案をしている（『新唐書』高句麗伝）。これは対高句麗戦において新羅援軍の条件として女王を廃し唐王族を王とせよとの提案であった。皇極女帝を擁する倭国にとっても、こうした提案は対岸の火事では済まない問題である。新羅では六四七年に「女王不能善理」を主張し女王の廃位を計画した毗曇の乱が発生している。[30] 倭国内の支配層においても、唐による高句麗遠征（六四五年）、百済領「任那」の新羅への返還命令（六四九年）、倭国への新羅援助命令（六五四年）に連続していく対外的な圧力、および高句麗の百済接近という事態に対して、唐に距離を置き、欽明期以来の蘇我氏路線を継承し、百済と親密な関係を維持していこうとする独立派と、超大国唐に迎合する親唐・新羅派の路線対立が存在した。おそらく、改新の中心たる孝徳は女帝を承認しない唐に迎合するため皇極の強制退位を選択し、男帝として即位する。

これに対して不本意のまま退位させられた皇極（斉明）と中大兄は、唐に対しては独立的な立場、新羅に対しては大国的立場から白村江の戦いに連続する従来の親百済路線を重視したものと考えられる。(31) 孝徳の難波遷都は唐・新羅との積極外交を象徴し、高向玄理の新羅派遣（六四六年）や「任那之調」から人質（実質は外交官的性格）への転換（六四七）がおこなわれ、唐に対しては新羅経由の交渉（六四八）や遣唐使派遣（六五三・六五四年）がなされた。

皇極（斉明）と中大兄は、百済との交渉を継続し（六五一～六五六年）、国土防衛を重視した飛鳥還都（六五三年）や近江遷都をおこない、不本意なままの強制退位に対抗するべく斉明女帝として重祚する。斉明の飛鳥での興事もこうした一貫した観点から理解される。世界の中心と観念された須弥山を飛鳥に作り、隼人と蝦夷を服属させ、遣唐使に蝦夷を連れて中国皇帝に献上しているのは、自己の大国的立場を隋代と同じく認めてもらうことを試みたものである。結局こうした試みは失敗し、白村江における唐・新羅との軍事的対決に向かうこととなる。

三、孝徳期の難波遷都

（1）難波遷都の実態

孝徳は皇極から譲位され即位すると、飛鳥から外交・交通の点ですぐれていた難波へ宮を遷した。しかしながら、「天皇遷㆓都難波長柄豊碕㆒」とある如く、直後から難波長柄豊碕宮へ移動したわけではない。

『日本書紀』大化元年（六四五）十二月癸卯条

天皇遷㆓都**難波長柄豊碕**㆒。老人等相謂之曰、自㆑春至㆑夏鼠向㆓難波㆒。遷㆑都之兆也。

これは難波に遷都する方針を、象徴的に記したもので、しばらくは難波にあった既存のミヤケや外交施設を利用している。

すなわち、大化二年（六四六）正月から翌月には、「難波狭屋部邑」に所在した「子代屯倉」を壊して行宮とした「子代離宮」に滞在したとある。孝徳が行幸した「宮東門」は、子代離宮の東門であろう。

『日本書紀』大化二年正月是月条

天皇御㆓**子代離宮**㆒。……〈或本云、壊㆓難波狭屋部邑子代屯倉㆒、而起㆓行宮㆒。〉

『日本書紀』大化二年二月戊申条

天皇幸㆓**宮東門**㆒。

『日本書紀』大化二年二月乙卯条

天皇還㆑自㆓**子代離宮**㆒。

一般に屯倉は農業経営の拠点としてのイメージが強いが、本来は豪族の居宅を意味する「ヤケ」の属性のうち、支配の拠点という要素が強調されれば「官家《ミヤケ》」という官衙的施設としても機能した。[32] さらに同年九月には「蝦蟇行宮（離宮）」に滞在したとあるが、「行宮」あるいは「離宮」との表記が、仮設的な宮であったことを示している。

『日本書紀』大化二年九月是月条

天皇御㆓**蝦蟇行宮**㆒。〈或本云、**離宮**。〉

子代離宮において述べられた「然遷㆑都未㆑久。還似㆓于賓㆒」（然るに都を遷して未だ久しからず。還《カエ》りて賓《タビヒトノ》に似れり」[33]という旅人のようだとの表現もあるように、難波に遷宮したものの恒常的な宮がまだ造営されていない状況を示している。これらの宮は、あくまでも行宮・離宮としての位置付けであり、大化二年二月に「子代離宮」から「還る」とある常居の宮は明記されていない。この部分は、飛鳥に一時帰還したとも、あるいは「於レ是天皇従二於大郡一遷、居二新宮一」[34]などの記載を重視して、欽明朝以来の外交施設である「大郡」を利用したとも解される記載である。少なくとも大化二年正月の改新の詔は、難波長柄豊碕宮以外の宮で宣言されたことになる。

ようやく大化三年になると、「壊二小郡一而営レ宮。天皇処二小郡宮一而定二礼法一」[35]とあるように、小郡を改造して恒常的な宮の建設が開始された。すでに前年の三月には、「於二農月一不レ合レ使レ民、縁レ造二新宮一、固不レ獲レ已」[36]とあり、新宮すなわち小郡宮の造営が開始されていたと解される。まだこの段階では難波長柄豊碕宮の造営についての記載はみられない。

小郡宮において鐘を用いた時間による官人の出退庁の規定である礼法を定めたということは、官人の集住を前提とした恒常的な宮室をまず、小郡宮で構想したと考えられる。この礼法は、後に天武期において「難波朝庭立礼」と称された画期的なものであった[37]。すでに鐘による出退管理の命令は舒明八年（六三六）にも規定されているが、蘇我蝦夷は従っておらず、小郡宮の礼法は退庁のみが鐘により知らされており、天智朝の水時計以前の日時計による計測では夜間・雨天・曇天の場合には計測不能であり、不完全であったとされる[38]。唐制を模倣した立礼の導入は、大きな変革であったが、すぐには定着せず、官僚制の整備という点では、斉明・天智朝の漏刻の設置こそがむしろ大きな画期であった。孝徳期には、まだ伴造層の解体および難波への官人集住や京域の形成が不十分であったことも指摘できる。

大化三年の「天皇処二小郡宮一而定二礼法一」との記載を重視すれば、これ以降の常居の宮は小郡宮であり、大化四年には「難波碕宮」への行幸記事がみえるが、翌年の冠位十九階や「八省百官」を置いたとの改革的な出来事は、小郡宮でのことであったと考えられる。さらに白雉元年にも味経宮への行幸があったとするが、還った「宮」は小郡宮とするのが自然で、直後におこなわれた白雉献上儀礼や、大化五年にみえる「朱雀門」（宮城南面正門の呼称）も同所であろう。

（2）小郡宮の構造

孝徳朝の小郡宮での礼法を定めた記事には、小墾田宮と同じく庁・朝庭―南門の構造が確認される。

『日本書紀』大化三年（六四七）是歳条

壊二**小郡**一而営レ**宮**。天皇処二**小郡宮**一、而定二礼法一。其制曰、凡有レ位者、要於二寅時、**南門**之外一、左右羅列、候二日初出一、就レ**庭**再拝、乃侍二于**庁**一。若晩参者、不レ得二入侍一。臨レ到二午時一、聴レ**鍾**而罷。其撃レ**鍾**吏者、垂二赤巾於前一。其鍾台者、起二於**中庭**一。

鍾が置かれたのは「中庭」とあるが、以下の記事と関係付ければ、北側の大殿―庭の空間に設置されたと推定される。

『日本書紀』白雉元年（六五〇）二月甲申条

朝庭隊仗、如二元会儀一。左右大臣百官人等、為二四列於**紫門**外一。以二粟田臣飯虫等四人一、使レ執二雉輿一、而在前去。左右大臣、乃率二百官及百済君豊璋・其弟塞城・忠勝・高麗侍医毛治・新羅侍学士等一、至二**中庭**一。使二三国公麻呂・猪名公高見・三輪君甕穂・紀臣乎麻呂岐太、四人一、代執二雉輿一、而進二**殿前**一。時左右大臣、就二執輿前頭一、伊勢王・三国公麻呂・倉臣小屎、執二輿後頭一、置二於**御座**之前一。天皇即召二皇太子一、共執而観。皇太子退而再拝。

これは白雉の祥瑞を孝徳に献上する儀式の記事である。場所は明記されていないが、同年十月条に起工記事がある豊碕宮とは考えられないので、小郡宮の可能性が高い。儀式は「朝庭」の奥にある「紫門」を入った「御座」のある「殿前」の「中庭」でおこなわれた。「紫門」を小墾田宮の閤門・大門に比定するならば、大殿―庭の空間での儀式となる。したがって、小郡宮の構造は

殿（大殿）――殿前・中庭・御座――紫門（閤門）――朝庭

のように復元される。

群臣の参加する祥瑞献上の儀式は後の天武朝では「大極殿前」（エビノコ郭＝外安殿？）での儀式とされており、[39]本来は大王の私的空間であった大殿―庭の空間が拡大し、公的空間に転化しつつある状況が確認される。ただし、大殿―庭への大王の出御自体は皇極紀にもみえ、「百官人」「有位者」の内実は王子宮や豪族宅に奉仕する伴造層の解体を前提としない段階であり内容が乏しいこと、白雉献上の儀式に参加した外国人は迎接の対象にならない倭国在住者が主体であること、などに留意する必要がある。

（3）小郡と大郡

白雉元年には「味経宮」へ行幸し、賀正の礼に臨席したとあり、翌年にも二一〇〇余人の僧尼を招請して一切経を読ませ、夕には二七〇〇余の灯火を「朝庭」に灯したとある。参加した僧侶の数から味経宮には広大な宮庭が存在したらしいが、この直後に「新宮」に遷宮して「難波長柄豊碕宮」と称したあるため、「味経宮」こそが「難波長柄豊碕宮」であったと解する説がある。[40]味経宮と長柄豊碕宮の関係については、神亀二年（七二五）と天平十六年（七四四）における聖武の難波行幸において『万葉集』に「長柄の宮」「味経の原」（巻六―九二八番歌）や「味原《あじふ》

の宮」（巻六―一〇六二番歌）が詠まれていることから、長柄豊碕宮の跡に聖武が宮を再建しようとしたこと、奈良時代には「味経宮」が難波宮の別名とされていたことは確かである。したがって、両者が同じ宮を示していると考えることができる。

白雉元年の段階で、常居の宮とされたのは小郡宮であるが、白雉元年に行幸先の「味経宮」から「宮」に帰還したとあり、さらに翌年、「大郡」から「新宮」に遷宮して「難波長柄豊碕宮」と称したあること、翌年にも「大郡宮」に行幸していることなどを重視すれば、「大郡」の可能性も否定できない。ただし、後述するように「小郡」「大郡」は皇極期には「難波郡」とも総称され、近接した場所に存在した可能性があり、両者は一体的に利用されたと考えられる。大郡が三韓館（難波館）と併称され、大郡に「館舎」があり、難波館に「庁」があると表現されているのも、こうした想定を傍証する。

『日本書紀』欽明二十二年（五六一）是歳条

復遣二奴弖大舎一、献二前調賦一。於二**難波大郡**一、次二序諸蕃一、掌客額田部連・葛城直等、使レ列二于百済之下一而引導。
大舎怒還。不レ入二**館舎**一。乗レ船帰二至穴門一。

『日本書紀』敏達十二年（五八三）是歳条

復遣二大夫等於**難波館**一、使レ訪二日羅一。是時日羅被レ甲乗レ馬到二**門底下**一、乃進二**庁前**一、進退跪拝、歎恨而曰、……
於レ是日羅自二桑市村一遷二**難波館**一。……天皇詔二贄子大連・糠手子連一、令レ収二葬於**小郡**西畔丘前一。

『日本書紀』舒明二年（六三〇）是歳条

改修二理**難波大郡**及**三韓館**一。

小郡の所在地は、天平宝字四年（七六〇）十一月七日「東大寺三綱牒案(41)」に「東小郡前西谷」が「西生郡美怒〔努カ〕

郷」に属したとあり、日羅が「難波館」の近く「小郡の西畔の丘前」に埋葬されたと伝えることなど[42]から、上町台地の先端で難波堀江に接する辺り（現大阪城の北端付近）に比定されている[43]。

以上によれば、大化年間には小郡宮、白雉年間には大郡（宮）から味経宮＝豊碕宮という二つの中心的な宮の経営が確認され、特に小郡宮は、欽明期からの伝統を有する外交用施設に系譜し、礼法を定めたとあるような重要な施設であった。

（4）長柄豊碕宮の造営

先述した大化元年の「天皇遷二都難波長柄豊碕一」という記載を、味経宮＝豊碕宮だけでなく上町台地の先端に位置した小郡宮を含めた象徴的な遷都方針を示すとするならば、豊碕宮の造営は、大化四年正月の「難波碕宮」への行幸以降において注目されたと考えられ、白雉元年正月の「味経宮」への行幸に続き、十月に将作大匠荒田井直比羅夫を遣して宮堺の標を立てたとあるのが、本格的な造営の開始と考えられる。荒田井直比羅夫に「将作大匠」という唐風な官職名を与えて、造営の責任者に任命し、境界の設定と宮の占地をおこなっている。

『日本書紀』白雉元年（六五〇）十月条

為レ入二**宮地**一、所二壊丘墓一及被レ遷人者、賜レ物各有レ差。即遣二**将作大匠**荒田井直比羅夫一、立二宮堺標一。

白雉二年の遷宮以降は、新宮＝味経宮＝豊碕宮が常居の宮となり、白雉三年正月の朝賀の後に「大郡宮」へ行幸し、二ヶ月滞在ののち三月に還った「宮」は豊碕宮であった。この間に造営が進展し、同年九月にようやく「造レ宮已訖。其宮殿之状不レ可二殫論一」（宮を造ること已に訖りぬ。其の宮殿の状、殫《コトゴトク》に論ふべからず）」とあるように宮殿が完成したことになる。その宮殿の形状は言葉では説明できないと評されるように、画期的なものであったらしい。

大阪市中央区法円坂町に所在する難波宮のうち、下層の前期難波宮をこの難波長柄豊碕宮に比定する説が有力視されている。しかしながら、この宮は後の藤原宮以降の朝堂に匹敵する巨大さを有しながら、特異な形状を有する点が議論の焦点となってきた。すなわち、一四堂以上の規模と朝堂院区画の広さが、直後の大津宮や浄御原宮には継承されず、孝徳朝に藤原宮規模の宮殿が唐突に出現することの解釈が問題となってきた。このため焼失の痕跡を重視して、天武朝段階に造営されたとの議論も存在する。

筆者も孝徳朝以降に豊碕宮の記載が途絶えるのに対して、小郡宮などの外交用の施設が継続的に使用されていることから天武朝説を支持したことがある。[44] 都城の発展と律令制・官僚制の充実が相即的な関係にあった奈良時代以降の様相を前提に考えるならば、孝徳期の前期難波宮＝難波長柄豊碕宮という議論は単純には理解しにくい。ここでは考え方を変えて、律令制下の都城中枢が前代的要素の止揚と総合であるとすれば、日常政務・節会・即位・外交・服属などの施設が統合されて大極殿・朝堂区画が藤原京段階で一応の完成を果たしたとの見通しができる。難波宮の巨大朝堂区画は通説のように日常の政務・儀礼空間というよりは、外交儀礼の場に特化して早熟的に発達したため、エビノコ郭や飛鳥寺西の広場などと相互補完的に機能し、大津宮や浄御原宮には朝堂空間としては直接継承されなかったと考えられる。それが藤原宮の大極殿・朝堂区画の成立により、これらの機能が集約されて難波宮の外交儀礼も藤原宮に収斂したと考えるならば、孝徳朝説は理解可能である。大極殿空間の未発達や官人の集住を前提とした京域の未整備といった様相もこうした分節的な不均等発展の観点からは合理的に理解できる。

以下では、こうした観点から、難波宮の朝堂区画が外交儀礼に特化した施設であること、孝徳朝に外交施設としての朝堂院が難波に必要とされた事情を述べたい。

（5）儀礼空間としての宮の整備

まず小墾田宮朝堂（庁）の整備が主に唐との外交儀礼のための空間として整備されたことを論じる。『隋書』倭国伝には「開皇二十年（推古八・六〇〇）、倭王姓阿毎、字多利思比孤、号阿輩雞弥、遣レ使詣レ闕」として推古八年の遣隋使についての記載がある。この記載は『日本書紀』にみえないため、非公式かつ予備的なものと考えられている。ここで、使者は所司から風俗を問われ、伝統的な政務方式を説明したところ、高祖文帝は道理に合わないとして、使者に諭してこれを改めさせたとある。倭国の使者は、この時に礼的秩序に基づく中国的な位階や公服、儀礼などについてその必要性を痛感し、その知識を学習して帰国したと考えられる。隋との正式な国交を開くためには倭国の制度的な整備が必要であるとの認識から、次回の遣使までにこれらの整備を約束したのであろう。事実、推古八年の遣使から、つぎの同十五年（六〇七）までの正式な遣隋使までの間に、倭国ではさまざまな制度的な整備がおこなわれている。

『日本書紀』によれば、推古十一年（六〇三）、人材登用をはかるため冠位十二階を制定し、さらに翌年には十七条憲法を制定して官僚の心得を示したとある。同様に、同十一年の儀礼空間の構築たる小墾田宮造営と儀仗の整備、同十二年の匍匐礼導入による朝礼の改変、同十三年の諸王・諸臣への褶着用の強制などもこうした中国的な礼制導入の一環と位置付けられる。

ちなみに、『元興寺縁起』には推古十五年の遣隋使の帰国に際して、裴世清の一行の次官に「使副尚書祠部主事遍光高」の名前がみえる。「尚書祠部」という礼制や儀礼を担当する役人が派遣されたことは、倭国の儀礼を視察し、不足や誤りがあれば教諭することが目的であったと考えられる。

特に冠位十二階は、冠の種類により個人の朝廷内での地位を示した最初の冠位制度として重要である。これにより大王を中心とする身分秩序を可視的に服飾により示すことが可能となった。推古十六年（六〇八）八月に裴世清の一行は小墾田宮において国書を奏上しているが、そこからは整備された儀礼空間としての「朝庭」と冠位十二階による服色の区別を読み取ることができる。

小墾田宮の庁（朝堂）と庭が外交儀礼に用いられたことは、『日本書紀』の記載により確認される。唐使裴世清一行の入京時に、唐客を「朝庭」に召して、使者の趣旨を奏上させ、大唐国の信物を「庭中」に置き、裴世清は立って使者の趣旨を言上したとある。その後阿倍臣が、進み出て、書を受け取って前へ進み、大伴囓連が、迎え出て書を受け取り、「大門」の前の机の上に置いて奏上し、それが終わると退出したとある。この時、儀式に参加した皇子・諸王・諸臣たちはみな金の飾り物を頭に挿し、衣服もみな錦・紫・繡・織と五色の綾羅を用いたが、服の色はそれぞれの冠の色に合わせたとの註釈がある。

『日本書紀』推古十六年（六〇八）八月壬子条

召二唐客於**朝庭**一、令レ奏二使旨一。時阿倍鳥臣・物部依網連抱、二人為二客之導者一也。於レ是大唐之国信物置二於**庭中**一。時使主裴世清親持レ書、両度再拝、言二上使旨一而立之。其書曰、皇帝問二倭皇一。……時阿倍臣出進、以受二其書一而進行。大伴囓連迎出承レ書、置二於**大門**前机上一而奏之、事畢而退焉。是時皇子・諸王・諸臣悉以二金髻花一著レ頭。亦衣服皆用二錦・紫・繡・織及五色綾羅一。〈一云、服色皆用二冠色一。〉

一方、新羅と任那の使者が入京した時にも、客の一行は、「朝庭」を拝謁し、案内役が客人を連れて「南門」より入り、「庭中」に立った。その時四人の大夫らがともに席を立ち、進み出て「庭」に伏せた。両国の客は再拝して、使者の趣旨を奏上した。四人の大夫が進み出て、大臣に申し伝えた。大臣は席を立ち、「庁前」でこれを聞いたとある（『日本書紀』推古十八年〔六一〇〕十月丁酉条）。

外国使節を迎え入れた小墾田宮の構造は、すでに論じたように大殿の前の庭―朝庭―南庭という合計三カ所の庭と称される空間がありそれぞれの用途が異なっており、

禁省（大殿）・庭――閤門（大門）――庁・朝庭（庭中）――宮門（南門）――南庭

という構造が復元できる。[45] とりわけ閤門（大門）と宮門（南門）にはさまれた庁・朝庭（庭中）の空間が重要であった。豊浦宮から小墾田宮へ遷宮した大きな目的は、こうした外交儀礼の場として宮室を整備する必要があったためと考えられる。

（6）外交施設としての難波宮

一方、難波の外交施設としては、難波館（三韓館―高麗館・百済客館堂）や難波郡（大郡・小郡）が孝徳朝以前から存在し、そこには小墾田宮と同じく「庁」も存在した。[46]

『日本書紀』継体六年（五一二）十二月条

大伴大連金村具得二是言一、同レ謨而奏。迺以二物部大連麁鹿火一、宛二宣勅使一。物部大連方欲下発二向**難波館**一、宣中勅於百済客上。

『日本書紀』欽明二十二年（五六一）是歳条（再掲）

難波大郡・館舎

『日本書紀』敏達十二年（五八三）是歳条（再掲）

難波館・門底下・庁前・難波館・小郡

『日本書紀』推古十六年（六〇八）九月乙亥条

饗二客等於**難波大郡**一。

『日本書紀』舒明二年（六三〇）是歳条（再掲）

難波大郡及三韓館

注目すべきは、難波の大郡で諸蕃を序列化した外交儀礼をおこなっていること、大王の宮でなく難波館へ大夫を派遣して、外交問題を百済使に口頭伝達していること、難波郡（大郡・小郡）と難波館（三韓館）は近接する場所にあり一体的に機能していたことである。皇極期には「難波郡」の表記が用いられ、大夫を派遣しての口頭伝達や献物の検勘だけでなく、饗宴の場としても機能している。

『日本書紀』皇極元年（六四二）二月丁未条

遣二諸大夫於**難波郡**一。検二高麗国所レ貢金銀等、幷其献物一。

『日本書紀』皇極元年二月戊申条

饗二高麗・百済客於**難波郡**一。

『日本書紀』皇極二年（六四三）七月辛亥条

遣二数大夫於**難波郡**一、検三百済国調与二献物一。

難波郡（大郡・小郡）は難波館とセットで、百済や高麗に対する重要な外交施設として機能していたことが確認される。ただし、孝徳朝には小郡も大郡も宮室として利用されているように、儀礼空間と宿泊・饗宴施設という機能上の区別は難波郡（大郡・小郡）と難波館では必ずしも明瞭ではない。

孝徳朝以降の難波では、以下のような記事がみえている。

斉明元年（六五五）―**難波朝**での蝦夷と百済調使の饗応(47)
斉明五年（六五九）―遣唐使が**難波三津之浦**を発して、唐に向かう(48)
斉明六年（六六〇）―**難波館**に高麗使人到着／**難波宮**から海路で筑紫へ行幸(49)
天智三年（六六四）―百済王善光が**難波**に居住(50)

とりわけ斉明元年に「難波朝」で蝦夷と百済の調使の合計三〇〇人以上に饗宴と叙位の儀礼がわざわざ飛鳥ではなく難波でなされているのは典型的な使用例と考えられる。

前期難波宮の広大な朝堂院区画は、小墾田宮以来の大夫層だけでなく、新たに拡大した有位の伴造層を含めた全官人（あるいは僧侶）を儀礼に際して収容し、かつ外国や化外からの使者を迎える外交・服属儀礼を念頭に造営されたと考えられる。難波宮は、大化期に小郡宮で整備された礼制を継承しうる施設であり、その点では先進的な画期性を有していた。しかしながら、難波への官人の集住や四等官的な官僚秩序は未整備であり、都城に必要とされた官人の集住区画および階統的秩序は欠落していたといわざるをえない。朝堂院区画の広大さは、横並びの量的拡大を指向する伴造・部民制原理を質的に止揚したうえで凝集化したものではなく、あくまで前代的な王民制的統合原理であったとしなければならない。なお、内裏の西方には倉庫群、東方官衙には楼閣風建物も確認されているが、官衙的充実よりも、難波館（三韓館―高麗館・百済客館堂）や難波郡（大郡・小郡）などの前身施設からの連続性において迎賓館や軍事・交易拠点などとして理解すべきものと考える。

一方、飛鳥ではこうした施設が小規模な小墾田宮を除けば、飛鳥寺の西の広場などに分散し、斉明二年（六五六）には岡本宮予定地に紺幕を張って三韓から使者を饗宴したともあるように、浄御原宮を含めて藤原宮以前には十分な施設が存在しなかったことも指摘できる。壬申の乱後、大伴吹負が難波に進出し、西国の国司たちを「難波小郡」に集めて「官鑰・駅鈴・伝印」を進めさせたとあるのも、外交施設たる豊碕宮との機能分化を意識したものであろう。(51)

律令制以前において飛鳥の施設は、難波長柄豊碕宮との補完的な利用を前提にしているだけでなく、外交施設という点では、天武期以降では、後述するように遠く筑紫の大郡・小郡を含めて機能していたとも考えられる。難波の利用は難波宮焼失までは頻繁にみられるが、天武元年にみえる「難波小郡」のような施設名は、以降は不明確となる。

天武二年（六七三）―新羅使を**難波**で饗す
天武四年（六七五）―新羅王子、**難波**に至り、**難波**から帰国する
天武六年（六七七）―丹比公麻呂を**摂津職大夫**とする
天武八年（六七九）―**難波**に羅城を築く
天武十二年（六八三）―**難波**に都せんとして百寮に家地を請わせる
朱鳥元年（六八六）―**難波宮**の焼失
持統六年（六九二）―新羅貢調使を**難波館**で饗す
大宝三年（七〇三）―新羅使を**難波館**で饗し、帰国する

留意すべきは、難波を副都として宣言し、官人の集住が政策的に進められるより以前、都市よりも難波津の交通・外交機能を重視して、摂津職大夫を置いたことである。(52)

『日本書紀』天武六年十月癸卯条
内大錦下丹比公麻呂為二**摂津職大夫**一。

『日本書紀』天武十二年十二月庚午条

又詔曰、凡都城宮室非二一処一、必造二両参一、故先欲レ都二**難波**一、是以百寮者各往之請二**家地**一。

前期難波宮段階には明確な京域は確認されず、官人居住区としての成熟は達成されていなかったのであるから、この段階では交通・外交機能に特化して摂津職大夫が置かれたと考えるのが自然である。おそらくは持統四年（六九〇）九月に筑紫大宰河内王等が詔により新羅送使金高訓等を饗宴したのと同じような役割が、摂津職大夫に期待されたものと考えられる。[53] 同時期に羅城を築いたのも、唐使や新羅使などの対外使節らにその偉容を誇示することが想定されたと思われる。難波宮の焼失以降、藤原宮の成立までは外交使節の飛鳥への入京がないことを重視するならば、難波（天武期以降は筑紫でも）が外交的拠点として機能することを期待されていたと考えることができる。

（7）筑紫の小郡・大郡

藤原宮の完成までは、筑紫と難波における選択的な外交的対応が構想されたが、壬申の乱以来、筑紫に留めることが基本政策とされ、特に難波宮焼失以後の持統期前半には筑紫での饗応が目立っている。

『日本書紀』天武二年（六七三）十一月壬申条

饗二高麗邯子・新羅薩儒等於**筑紫大郡**一。賜レ禄各有レ差。

『日本書紀』持統二年（六八八）二月己亥条

饗二霜林等於筑紫館一。賜レ物各有レ差。

『日本書紀』持統二年九月戊寅条

饗二耽羅佐平加羅等於筑紫館一。賜レ物各有レ差。

『日本書紀』持統三年（六八九）六月乙巳条

於㆓筑紫小郡㆒設㆓新羅弔使金道那等㆒。賜㆑物各有㆑差。

これらの記載によれば、筑紫には「筑紫小郡」「筑紫大郡」「筑紫館」という難波の施設と対応する同様の施設が確認され、唐や新羅との国交回復に備えたと考えられる。さらに、唐・新羅だけでなく高麗・耽羅の使者も筑紫で饗応されている。筑紫における饗応に注目するならば、天武元年十一月に新羅国使金押実等を筑紫で饗宴してから、持統四年九月に筑紫大宰河内王等が詔により新羅送使金高訓等を饗宴するまでの時期、しばしば筑紫が外交の拠点として機能していることが確認される(54)。この約十年ほどの間に一七回に及ぶ饗宴記載が存在する。壬申の乱以降には、筑紫での外交的な饗応記事が頻出するのである。難波や飛鳥に使者を送るか、筑紫から帰国させるかの選択的外交が、限定的ながらも大宰府の判断によりおこなわれていたと評価される(55)。天武八年（六七九）の新羅送使以降、文武二年（六九八）の新羅朝貢使までの間、確実な入京記事は存在しない。

（8）新羅使の入京

天武朝以降において飛鳥への確実な入京記載は、まず天武二年（六七三）の「喚㆓賀騰極使金承元等中客以上廿七人於京㆒」とあるもので、「唯除㆓賀使㆒以外不㆑召。……久滝留之還為㆓汝愁㆒。故宜㆓疾帰㆒」とあるように選択的な入京を天武朝の初期に宣言している(56)。しかしながら、具体的な入京後の記載はなく、翌月に難波での饗宴記事がみえるのみである。天武六年（六七七）三月にも、「中客」二七人の半分である一三人に制限された入京が許されているが、入京後の儀礼はやはり不明であり、天武二年同様、実際には入京せず、難波で饗宴した可能性は残る(57)。その後は天武七年（六七八）に「耽羅人向㆑京(58)」、同八年に「新羅送使加良井山・金紅世等向㆑京(59)」とあるものだけで、同十年の新羅使者の使者により国王が死去したことを告げられたとあるのは、(60)十二月に使者を派遣して使者を筑紫で饗宴していることからすれば入京しなかったと判断される。(61)また、持統二年（六八八）に天武の葬儀に参加した「諸蕃賓客」は亡命貴族と考えられるので、(62)以後は文武二年（六九八）に、「天皇御二**大極殿**一受レ朝。文武百寮及**新羅朝貢使**拝賀。其儀如レ常(63)」とあるまで記載がない。以後は慶雲二年（七〇五）に「新羅使金儒吉等入レ京(64)」とあるように入京が常態化する。

この間、外交使を入京させなかった理由として、唐・新羅に対する警戒感と飛鳥京が新羅の慶州に比較して見劣りしたためとの指摘もあるが、(65)本章の視角によれば、基本的に飛鳥ではなく難波が当該期の外交施設として位置付けられていた点と藤原宮の完成によりはじめて外交機能を含めた諸機能が統合された施設として成立した点をより重視したい。この間に藤原宮の造営が進行していたことは偶然ではなく、難波と筑紫での饗宴とは表裏の関係にあったことになる。(66)

以上論じてきたように、大郡や小郡といった外交的施設を難波宮が継承していること、天武朝以降、藤原京の完成まで、しばらくの間は外国使節が筑紫に留まり、飛鳥に入京しなかったこと、難波宮の火災によって持統朝前半期は筑紫における新羅使の饗宴が常態化すること、筑紫には難波と同じ機能を有する「筑紫小郡」「筑紫大郡」「筑紫館」が天武朝以降に存在したこと、天武十二年（六八三）の複都の宣言より以前の同六年（六七七）に摂津職大夫の任命記事がみえるのは、難波津の外交・交通機能を重視したもので、副都としての官人集住地区としての役割よりも先行していたこと、などからすれば、孝徳朝の特色として外交儀礼を優先した施設として難波宮が位置付けられた可能性が指摘できる。

一方で斉明・天智朝において近江・飛鳥が重視され、難波宮が相対的に軽視されたことは、唐・新羅に対する防衛的な外交方針の違いとしても理解できる。天武朝における副都としての難波への再度の注目が難波宮の火災により頓挫した後、持統朝で藤原宮の朝堂において外交使節を迎え入れるようになったのは、こうした動向を反映するものである。

すなわち、宮としての先進性は孝徳朝の唐・新羅に対する積極的な姿勢と表裏をなすもので、孝徳の難波遷都は唐・新羅との積極外交を象徴し、高向玄理の新羅派遣（六四六年）や「任那之調」から人質（実質は外交官的性格）への転換（六四七年）がおこなわれ、唐に対しては新羅経由の交渉（六四八年）や遣唐使派遣（六五三・六五四年）がなされたことと対応する。

したがって、京を付随した官人居住区や一般政務の場としての役割よりも外交儀礼の場としての宮に重点を置いたものと考えられる。

おわりに

外交儀礼の場としての難波や筑紫の役割は、大宝令制下では藤原宮の大極殿・朝堂の機能の一つとして収斂されるが、最後にまとめとして、大極殿の成立過程を概観しておきたい。

浄御原宮と推定される飛鳥京跡のエビノコ（東南）郭が、天武紀が記すように「大極殿」として機能したかという議論があるが、飛鳥寺の西広場での儀礼との関係性からすれば、天との唯一の接点という役割において不十分な段階であったと判断される。臣下を召し入れる建物の使い方が藤原宮以降の天皇の独占的な空間利用と異なることから、四例みえる『日本書紀』の記載は潤色と解する見解がこれまでも多い(67)。少なくとも天武・持統の即位の場所は、前者が有司に命じて臨時に壇場を屋外に設けて即位したとあり、(68)後者も即位の場所についての記載はなく、天武の殯宮が終了した直後とすれば、いずれも屋外の南庭の可能性が高い。

『日本書紀』天武二年（六七三）二月癸未条

天皇命二有司一設二**壇場**一、即二帝位於飛鳥浄御原宮一。

ちなみに壇場を屋外に設けて即位したことが明らかな大王孝徳と同じ表現で、持統紀にも「公卿百寮、羅列《ツラナ》りて匝《メグ》り拝《オガ》みたてまつりて、手拍つ」と記される。

『日本書紀』孝徳即位前紀皇極四年（六四五）六月庚戌条

由レ是。軽皇子不レ得二固辞一、升レ**壇**即祚。于時大伴長徳〈字馬飼。〉連帯二金靫一、立二於**壇**右一。犬上健部君帯二金靫一、立二於**壇**左一。百官臣・連・国造・伴造百八十部**羅列**、**匝拝**。

『日本書紀』持統四年（六九〇）正月戊寅朔条

物部麻呂朝臣樹二大盾一。神祇伯中臣大嶋朝臣読二天神寿詞一。畢忌部宿禰色夫知奉二上神璽剣・鏡於皇后一。皇后即天皇位。公卿・百寮**羅列**、**匝拝而拍手焉**。

「羅列匝拝」の作法は、百官が数珠つなぎになって即位の壇場のまわりをめぐると解釈されている。(69)これは壇場を屋外に設けて即位した古い段階に対応するものと考えられ、大極殿内に高御座が置かれた段階では天皇の独占空間たる大極殿の周囲を百官が巡ることになり、明らかに不自然な儀礼といわざるをえない。したがって、この点からも屋外の南庭で持統の即位がなされたと解釈するのが自然である。

さらに大極殿に置かれた高御座が天の接点とされるようになるのは、かつて宮の近傍でおこなわれていた飛鳥寺の西の広場に所在した槻下での儀礼が廃絶して以降であり、天下の中心で天上世界との唯一の結節点となった高御座が藤原宮の大極殿の内部に付加されるのは、飛鳥寺の西の広場の消滅時期と連動している（飛鳥寺の西の広場は持統朝まで使用され、つぎの文武朝から藤原宮の大極殿が使用を開始する）。

『日本書紀』持統二年（六八八）十二月丙申条

饗二蝦夷男女二百一十三人於**飛鳥寺西槻下**一。仍授二冠位一、賜レ物各有レ差。

『日本書紀』持統九年（六九五）五月丁卯条（飛鳥寺の西広場の終見記載）

観二隼人相撲於**西槻下**一。

『日本書紀』持統八年（六九四）十二月乙卯条

遷二居**藤原宮**一。

『続日本紀』文武二年（六九八）正月壬戌朔条（藤原宮大極殿の初見記載）

天皇御二**大極殿**一受レ朝。文武百寮及**新羅朝貢使**拝賀。其儀如レ常。

したがって、律令制下における大極殿（高御座）の重要な機能である即位の場としての役割を、天武・持統期にエビノコ（東南）郭はまだ果たしていなかったと考えられる。即位場所は、孝徳の飛鳥寺の西の広場から浄御原宮内部の南庭へと変化したが、あくまで屋外の臨時的なものであり、文武の即位宣命に「高御座」がみえ、元明が「大極殿」で即位したと明記されるように、恒常的な場所にまだ固定していない点で、過渡期的な様相を読み取ることができる。

藤原宮の朝堂・大極殿は、七世紀において飛鳥寺西の広場や難波宮朝堂（難波大郡・小郡・難波館）(70)さらには筑紫大郡・小郡・筑紫館などで分節的に果たしていた服属儀礼・外交儀礼・饗宴・即位などの役割を集約したものであり、エビノコ郭が果たした機能は限定的であり、以後の大極殿とは明らかに等値できない施設であった。結論を図式化して示すならばつぎのようにまとめられる。

七世紀の分節的構造　　　　　　　　　　　**八世紀の集積的構造**
エビノコ郭（＋南庭）＋難波宮朝堂（＋筑紫）＋飛鳥寺西広場　↓　藤原宮大極殿＋朝堂
天武・持統期　　天武期焼失（↓持統期）　持続期まで　　文武期以降
公的儀礼　　　　外交儀礼　　　　　　　服属・即位　　請印儀礼付加

『日本書紀』は、律令・国史編纂・祥瑞献上・（万国）朝賀など国家的な大事がおこなわれた場所という側面に特化して遡及的に「大極殿」と表現しているが、天皇の排他的な空間として即位などに用いられていないという点で、「天下」観念の未成熟な段階として位置付けられる。

〔補記〕　難波長柄豊碕宮の造営過程については、本章でも基本的に支持した吉川真司a「難波長柄豊碕宮の歴史的位置」（『律令体制史研究』岩波書店、二〇二二年、初出一九九七年）、同b「難波宮と大化改新」（『明日への文化財』七五、文化財保存全国協議会、二〇一六年）は難波長柄豊碕宮の造営開始は大化五年（六四九）とし、子代離宮と小郡宮が同一であると主張する。これに対して市大樹「難波長柄豊碕宮の造営過程」（武田佐知子編『交錯する知―衣装・信仰・女性―』思文閣出版、二〇一四年）、同「子代離宮と小郡宮―難波長柄豊碕宮遷居への道程―」（『郵政考古紀要』六九、二〇一九年）の反論がある。前者は難波長柄豊碕宮の造営開始を大化五年以前に求め、後者は子代離宮と小郡宮が別宮であることを主張する。詳細な検討であるが、重要な論点である郡域の変化や「新宮」「飛鳥への退去」の解釈は必ずしも決定的ではなく、結論と論証が循環論になっているところもあり、可能性の提示ではあっても十分な批判にはなっていないと思われる。外交施設としての「難波大郡」「難波小郡」や、それを継承した儀式空間としての「小郡宮」の評価が相対的に低いように感じられる。飛鳥板蓋宮への一時的帰還は難波での儀式空間の狭さが理由とされるが、当該期の飛鳥に十分な広さの朝庭が存在したとの証明はされていない。

古代難波地域の歴史的復元については、西本昌弘「古代難波津の位置をめぐる研究史（1）」（『関西大学文學論集』六六―四、二〇一七年）、同「蝦蟇行宮・高津・難波市」（『続日本紀研究』四二一、二〇二〇年）、同「難波津高麗橋説批判」（『関西大学文學論集』七〇―四、二〇二一年）、同「難波屯倉と難波大郡」（『古代史の研究』二一、二〇二三年）、同「大化前代難波研究の現在地―高津宮・堀江・難波津・大郡・客館―」（『ヒストリア』三〇〇、二〇二三年）がある。

註

（1）井上光貞「大化改新と東アジア」（『井上光貞著作集』五、一九八六年、初出一九七五年）、一三五頁など。
（2）拙稿「孝徳期の対外関係」（高麗大学校日本史研究会編『東アジアの中の韓日関係史―半島と列島の交流―』上、J&C、ソウル、二〇一〇年）。
（3）森公章『東アジアの動乱と倭国』戦争の日本史一（吉川弘文館、二〇〇六年）、一二三五頁。
（4）山尾幸久『古代の日朝関係』（塙書房、一九八九年）、三九五・四〇一頁。
（5）『新唐書』高句麗伝、『旧唐書』百済伝、『新唐書』日本伝。
（6）鬼頭清明「七世紀後半の東アジアと日本」（『日本古代国家の形成と東アジア』校倉書房、一九七六年、初出一九七〇年）の一二三頁には、均衡外交を前提としつつも、親新羅的な政策が採用されたとすれば、やがて白村江の戦に至るような百済への日本の支配者層の志向は理解できないとの指摘がある。
（7）門脇禎二『「大化改新」史論』上（思文閣出版、一九九一年、初出一九六九年）、篠川賢「乙巳の変と蘇我倉山田石川麻呂」（『日本古代の王権と王統』吉川弘文館、二〇〇一年、初出一九八三年）、遠山美都男『大化改新―「乙巳の変」の謎を解く―』（中央公論社、一九九三年）。

（8）女帝と大兄の関係から相対的な年齢において孝徳期における中大兄の政治的地位が低かったこと、鎌足・不比等についての情報操作＝「功臣伝の創出」が藤原仲麻呂時代におこなわれ、それ以前には功臣の評価も①難波朝廷への奉仕、②天智朝の近江令編纂、③皇極朝の乙巳年の功績などに分散され、一つに定まっていなかったことなどが指摘できる（拙著a『女帝の世紀─皇位継承と政争─』〈角川学芸出版、二〇〇六年〉、九八～一〇〇・二二八～二三三頁、同b「中臣鎌足と「大化改新」」〈『東アジアの古代文化』一三七、二〇〇九年〉、同c『藤原仲麻呂─古代王権を動かした異能の政治家─』〈中央公論新社、二〇二一年〉）。

（9）拙稿註（2）前掲論文。

（10）『日本書紀』舒明十一年（六三九）九月条に、大唐学問僧恵隠・恵雲が新羅の送使に従って帰国したとあり、同十二年十月乙亥条には、大唐学問僧清安と学生高向漢人玄理が新羅を経由して帰国したとある。

（11）『日本書紀』白雉五年（六五四）二月条。

（12）金鉉球『大和政権の対外関係研究』（吉川弘文館、一九八五年）、四一三頁。

（13）『日本書紀』大化三年（六四七）是歳条、同白雉五年二月条。

（14）『日本書紀』白雉五年二月条、同天智三年（六六四）十月乙亥是日条。

（15）『日本書紀』天智七年（六六八）九月丁未条。

（16）金鉉球註（12）前掲書、三八七頁。

（17）志田諄一「阿倍臣」（『古代氏族の性格と伝承』雄山閣、一九七一年、初出一九六七年）、三浦圭一「吉士について─古代における海外交渉─」（原島礼二編『大和王権』論集日本歴史一、有精堂出版、一九七三年、初出一九五七年）。

（18）李在碩「孝徳朝権力闘争の国際的契機─東アジアの政勢と飛鳥遷都論─」（栄原永遠男他編『律令国家史論集』塙書房、二〇一〇年）は、この理由について『三国史記』新羅本紀文武王十一年（六七一）七月二十六日条にみえる、六四八年（貞観二十二）に唐皇帝が新羅王に高句麗と百済への出兵計画が示されたことが、倭国にも伝わったことで、百済の武力平定を危惧したことが変化の原因であるとする。しかしながら、李も認めるように、しばしば唐皇帝は新羅に出兵を約束しているが実行しておらず（同前、善徳王十二年〔六四三〕秋九月・真徳王二年〔六四八〕冬条など）、かつ翌年には征討を約束した唐皇帝太宗自身が死去しているので、この時のみ、百済征討の実現可能性が高かったとすることはできないのではないか。

(19) ＮＨＫ「日本と朝鮮半島二〇〇〇年」プロジェクト編『日本と朝鮮半島二〇〇〇年』上（ＮＨＫ出版、二〇一〇年）、一六〇・一六一頁。

(20) 門脇禎二「いわゆる、古人王子「謀反」事件について」（『「大化改新」史論』下、思文閣出版、一九九一年、初出一九六九年）。

(21) 金鉉球註（12）前掲書、四五八～四六四頁。

(22) 『続日本紀』天平宝字元年（七五七）十二月壬子条。

(23) 『日本書紀』斉明四年（六五八）十一月甲申条。

(24) 『日本書紀』天智即位前紀天智元年（六六二）九月条、同十二月丙戌条、同二年八月癸酉条。

(25) 『日本書紀』白雉五年二月条。

(26) 『日本書紀』天智六年（六六七）二月条。

(27) 『藤氏家伝』上、鎌足伝。

(28) 門脇禎二「いわゆる、大化の東国「国司」について」（註（20）前掲書、初出一九七三年）。

(29) 井上光貞「大化改新と東国」（『井上光貞著作集』一、岩波書店、一九八五年、初出一九五四年・改稿一九六三年）。

(30) 武田幸男「新羅「毗曇の乱」の一視角」（『新羅政治社会史研究』勉誠出版、二〇二二年、初出一九八五年）、拙著『東アジアからみた「大化改新」』（吉川弘文館、二〇二二年）六四頁。

(31) 拙著a註（8）前掲書。

(32) 拙稿「貴族・地方豪族のイエとヤケ」（『古代王権と支配構造』吉川弘文館、二〇一二年、初出二〇〇七年）。

(33) 『日本書紀』大化二年（六四六）二月戊申条。

(34) 『日本書紀』白雉二年（六五一）十二月条。

(35)『日本書紀』大化三年(六四七)是歳条。
(36)『日本書紀』大化二年(六四六)三月辛巳条。
(37)『日本書紀』天武十一年(六八二)九月壬辰条。
(38)今泉隆雄「飛鳥の須弥山と斎槻」(『古代宮都の研究』吉川弘文館、一九九三年、初出一九九二年)。
(39)『日本書紀』天武十二年(六八三)正月乙未条。拙著『都はなぜ移るのか―遷都の古代史―』(吉川弘文館、二〇一一年)。
(40)吉川真司a補記前掲論文。
(41)『大日本古文書』家わけ第十八、東大寺文書之三(東南院文書之三)、一四頁。
(42)『日本書紀』敏達十二年(五八三)是歳条。
(43)栄原永遠男「難波堀江における経済活動」(『奈良時代流通経済史の研究』塙書房、一九九二年、初出一九九一年)。
(44)拙稿「複都制と難波京」(『古代王権と都城』吉川弘文館、一九九八年、初出一九九二年)、補注。
(45)拙稿「小墾田宮と浄御原宮」(『古代文化』五一―三、一九九九年)、拙著註(39)前掲書。
(46)吉田晶『古代の難波』(教育社、一九八五年)、北村優季「首都論と日本古代の都城―律令国家と都城―」(『日本史研究』四七六、二〇〇二年)。なお、直木孝次郎「孝徳朝の難波宮―小郡宮を中心に―」(『難波宮と難波津の研究』吉川弘文館、一九九四年、初出一九七七年)は、小郡を内政のために朝廷が難波に設けた出先機関とする。ただしその論拠は、消去法的で難波小郡が外交施設として用いられた形跡がなく、大伴吹負が壬申の乱後に西国の国司らを集めたとあることを根拠とする。難波の小郡について直接の記載が少ないので明確ではないが、類似の筑紫小郡で新羅使を饗応している点や、難波郡を総称とすれば大郡だけでなく小郡を含む可能性、小郡を改造した小郡宮で外国使者を迎えている点を総合すれば、あえて「小郡宮」でなく「小郡」と表記するように、臣下が中心的な豊碕宮を避けて使用したと考えられる大伴吹負の事例を一般化することはできず、少なくとも「小郡」が内政専用の施設に特化していたとは考えられない。
(47)『日本書紀』斉明元年(六五五)七月己卯条。

(48)『日本書紀』斉明五年（六五九）七月戊寅条。
(49)『日本書紀』斉明六年（六六〇）五月戊申・同十二月庚寅条。
(50)『日本書紀』天智三年（六六四）三月条。
(51)『日本書紀』天武元年（六七二）七月辛亥条。
(52) 利光三津夫「摂津職の研究」（『律令及び令制の研究』明治書院、一九五九年、初出一九五七・五九年）および坂元義種「摂津職について」（『古代東アジアの日本と朝鮮』吉川弘文館、一九七八年、初出一九六八年）が先行研究としては重要であるが、共通して京職的な要素よりも難波津や蕃客の接待の要素を重視する。すなわち、前者においては「京職の被官に相当するものを有しない」（一九二頁）、「その官司が京職に比して小規模」（一九三頁）、「難波京が外交上の使命をもっていたことこそ、難波京が洛陽のごとき、陪都本来の使命を有せざるにも拘らず」高い格式を有した理由であるとする（一九五頁）。さらに、摂津職官人の補任において外交官の資格を有する者や関津事務の熟達者が多いにもかかわらず、京職的職掌は裏付けることができないと結論する（二三〇頁）。後者においても、「摂津職を単に難波京の官司であるとする見解には同意しかねる」（四一四頁）、摂津職のみの職掌は「津済・上下公使・検校舟具」であり、職員令に陪都難波京の管理や難波大宮の管理について触れられていないことに注目する（四二三頁）。坂元が指摘するように、「職」という格式はあくまで中央官司における「公使之使」を勘過する外交・交通上の扱いであり（四二八頁）、難波京は郡を単位とするので、「職」の名称は特別行政区画としての京とは直接の関係はなく、官人居住区としての扱いは京職に比較して低かったと評価される。
(53)『日本書紀』持統四年（六九〇）十月戊午条。利光三津夫「摂津職の補任」（註(52)前掲書、初出一九五九年）。摂津職大夫の外交的役割については拙稿「複都制と難波宮官人」（中尾芳治編『難波宮と古代都城』同成社、二〇二〇年）参照。
(54)『日本書紀』天武元年（六七二）十一月辛亥条・同持統四年（六九〇）九月戊午条。
(55) 酒寄雅志「七・八世紀の大宰府―対外関係を中心として―」（『國學院雑誌』八〇―一一、一九七九年）。
(56)『日本書紀』天武二年（六七三）八月戊申条。

(57)『日本書紀』天武六年（六七七）三月辛巳条。
(58)『日本書紀』天武七年（六七八）正月己卯条。
(59)『日本書紀』天武八年（六七九）正月丙戌条。
(60)『日本書紀』天武十年（六八一）十月是月条。
(61)『日本書紀』天武十年十二月甲戌条。
(62)『日本書紀』持統二年（六八八）十一月戊午条。
(63)『続日本紀』文武二年（六九八）正月壬戌朔条。
(64)『続日本紀』慶雲二年（七〇五）十二月癸酉是日条。
(65)田村圓澄「大宰府の成立」（『日本仏教史』四百済・新羅、法蔵館、一九八二年、初出一九七六年）。
(66)拙稿「倭京から藤原京へ」（註（44）前掲書、初出一九九二年）。
(67)狩野久「律令国家と都市」（原秀三郎編『大系日本国家史』一古代、東京大学出版会、一九七五年）など。
(68)『日本書紀』天武二年（六七三）二月癸未条。
(69)熊谷公男「持統の即位儀と「治天下大王」の即位儀礼」（『日本史研究』四七四、二〇〇二年）。
(70)直接的に前期難波宮が難波郡（小郡・大郡）を継承したのではなく、機能としての連続性において評価したものである。さらに、客館や鴻臚館は奈良時代以降も筑紫や難波に存在するが、藤原京成立以前と比較するならば、頻度や内容は大幅に変化しており同質的には扱えないと考える。すなわち、外国からの使客ではなく遣唐使や遣新羅使が使用し、さらには商人が使用することになり、外交儀礼における使用頻度も低くなっている。

第三編　王権と儀礼　—七・八世紀—

第一章　律令国家の王権と儀礼

一、天皇と貴族

(1) 天皇専制か貴族制か

日本の奈良時代を中心とする律令国家の構造については、天皇が絶対的な権力を有した専制国家とする見解（専制国家論）と、貴族の地位が相対的に高い貴族共和制国家であるとする見解（畿内貴族政権論）があり、古代史の重要な争点の一つとなっている。わかりやすくいえば、天皇が国家権力を集中的に有し、意のままに行使できたとする立場と、天皇から相対的に独立し、身分的・政治的・経済的特権を持つ世襲的な支配階級が存在したとする立場である。ここでは、主に前者の立場から奈良時代の天皇を中心とする王権構造を概観し、律令国家の制度・実態面で天皇と太政官（貴族）との関係を考え、後半では、天皇を中心に展開された王権儀礼の構造・役割とその変遷を権力構造との密接な関連のなかで位置付けてみたい。

律令国家の歴史的性格をめぐる議論で、重要な論点となっているのは、第一には貴族勢力を結集した拠点とされる太政官と天皇との関係であり、(1)第二には畿内勢力による全国支配という見方である。(2)専制国家論では、貴族や太政官は基本的に天皇に従属し、天皇権力に対抗できる存在とは位置付けられない。全国支配のあり方も共同体の意思が首長に代表される構造（在地首長制）を基本とし、地域による本質的な違いはないと考える。[3] 一方、畿内貴族政権論では、天皇権力に対置できるような畿内豪族勢力の存在を想定し、両者に緊張関係があったとする。全国支配においては、畿内と畿外を峻別し、畿内貴族勢力による畿外支配を強調するという違いがある。

専制国家論の特徴としては、在地と各氏族との個別的な結合が、天皇に一元化された画期として七世紀後半の国家成立期を重視し、前代との断絶性を強調する。その場合、律令法の制定は、日本古代社会の実態に制約されて継受と改変がなされたと位置付ける。

一方、畿内貴族政権論の特徴としては、二～三世紀以来の畿内を中心とする地域王権が、中国から継受した律令法を武器として、全国に対して権力の拡大と浸透を図ったと位置付ける。律令法からはずれた現象を令制前からの伝統に還元するという二分法的立場をとり、五位以上の世襲的な支配層が諸特権を有するという貴族制的要素の存在はかつての地域王権のあり方を律令国家が継承したためであるとするなど、前代との連続面が強調される。[4] ここでは七世紀後半の古代国家の成立要因として、国際的契機が重視され、国内的矛盾は軽視される。八世紀の律令国家をいわば「輪切り」にして律令制度を緻密に分析し、畿内と畿外、律令制と在地首長制（在地社会）という二層構造から把握する点が特徴となる。ただし、「ヤマト朝廷における畿内政権の構造はほぼ原型を保ったまま律令国家の内部に継承」されたと論じるだけで、その形成過程は不明確である。[5]

畿内政権論の重要な意義は、戦後も根強く残る伝統的な天皇神聖観や、「天皇即国家」の観念から生まれる天皇中心史観を相対化した点に求められる。専制国家論は、表面的には天皇を絶対視する戦前の天皇観と共通する。戦前の絶対的な天皇制を相対化すべき戦後の歴史学においても、古代の天皇が東洋的な専制君主であることを自明の前提とする素朴な専制君主論が中心であったのはこうした状況とは無関係ではない。しかしながら、天皇の地位を相対的に軽くするという点では、天皇を政治権力とは無縁な精神的権威として存在した点を強調することによって天皇を美化する「天皇不執政論」の系譜に位置付けられる危険性を持つ。(6)

近年では、この二つの立場の折衷的な議論が展開しつつある。専制的要素と貴族的要素という二つの要素のうち、どちらか片方のみを完全に否定する論者はむしろ少なくなっている。畿内貴族政権論も当初は専制国家論に対置される貴族共和制論（畿内豪族連合政権論）としての性格が強かったが、専制国家内における貴族制的要素の強調、貴族に共立された天皇を中心とする政権という位置付けに転換しつつある。(7) さらに、畿内政権論に立ちつつも、個々の畿内豪族は天皇を首長とする統一体を媒介とすることによってのみ、地方豪族を支配することができ、郡司をはじめとする在地首長層に依存し、かれらの積極的な協力を得てはじめてその支配が可能になったとして、畿内豪族の持つ力量の限界を一面では指摘する。(8) 公民に対する支配方式によれば、日本の律令国家が専制国家の一類型であること、(9) 天皇と太政官（貴族）との関係は役割分担・相互依存で、強い緊張関係ではないこと、貴族の地位が天皇により承認される流動的なもので、必ずしも安定的ではないこと、などについては承認されつつある。(10) 専制国家論でも、官僚制を基礎とした貴族制的要素の存在は、否定されていない。(11) その意味で、論争は専制国家論そのものの当否ではなく、専制国家論の内実をめぐる議論に変化している。「畿内政権論」を前提とした専制国家論というものが、成り立ちうるか、否かをめぐる議論になっていると思われる。

ただし、専制国家論の立場をとる在地首長制論が、在地首長制の長い歴史的展開の結果出現したものとして天皇制や律令国家を位置付けるのは、畿内政権論への根本的な批判を内包している。(12) したがって、首長と共同体成員の関係という在地社会の矛盾・対立を基礎として律令国家の成立を捉える「生産関係の総括としての国家」という立場をとる限り、律令や国家を単なる制度＝「国制」としてしか評価しない畿内政権論との折衷的な議論は成り立たない。両説が根本的に違うのはこうした国家の捉え方であり、少なくとも「原理的」には二元的あるいは二層的理解は成立し難いことになる。[13]

（2）合議制の内実

畿内貴族政権論によれば、太政官は畿内貴族勢力を結集した拠点とされる。太政官は神祇官とともに官僚機構の最上位に位置付けられ、直接のモデルとした唐の三省（中書省・門下省・尚書省）としばしば比較される。詔令の立案・審議・施行という三省の機能が太政官に集中している点から、貴族の合議体の存在が推測されている。[14]さらに、論奏式に規定する内容の広範さ、詔勅発布における太政官構成員の副署、太政官符の作成などから太政官における勅命審議権や独自の立法権などが指摘されている。[15]合議制の内実については、国政審議に関与する議政官（大臣・大納言）が前代の大夫層の系譜をひく畿内有力氏族であることや、平安時代の陣定からの類推、構成メンバーの氏族代表者的性格などから議論されている。[16]

しかし、奈良時代における合議制の内実は史料により必ずしも証明されておらず、前後の時代からの類推にすぎない。[17]合議制の内実についても、日本が模範とした唐における「議」の分析からは、君主制の一部をなす最終決定権のない臣下の合議制を想定する余地がある。太政官が発議できる広範な論奏事項についても、天皇は最終決定権を留保していると考えられる。[18]古代中国においても、広範な官僚による会議が存在したが、その本質は皇帝の諮問会議で、意思決定は究極的に皇帝の独裁であること、朝議の衰退は、皇帝専制ひいては国家そのものの衰亡につながったとされる。[19]これによれば、合議制の存在自体は、皇帝（天皇）専制を否定する反証とはならないこととなり、古代中国における国家意思形成のプロセスを皇帝個人の独裁と単純に位置付け、日本古代の貴族制的要素を議論してきた研究史の流れは根本的な見直しを迫られることとなる。

また、奈良時代を通じて議政官氏族を継続的に出した氏族は藤原氏を除けばほとんどなく、その地位は時代とともに相対的に低下していった[20]。前代の大夫合議制についても、その構成員には構造の柔軟性、階層の流動性、地位の一過性などの特徴があり、大王との関係において他律的な職位であって、律令制以前の群臣会議にも貴族制的秩序は存在しなかったと考えられる[21]。陣定についても、会議の主催者たる天皇の権力を補完したとの見解も提示されている[22]。

（3）実例の検討

実例では『日本書紀』舒明即位前紀にみられる大夫の会議が推古没後の皇位を決定したことから、大夫層の後裔である畿内五位以上官人層により皇位が承認されていたとされる[23]。しかし、大王と群臣の関係は、こうした群臣による共立とともに一方で大臣・大連の地位の確認が「代替わり」ごとになされる必要があった[24]。しかも、王権内での地位の確認は、自己の属する族長位（氏上）の継承と不可分の関係があり、王権から相対的に独立した一族内部の問題に限定されなかった。したがって、各豪族が誰をつぎの大王に推薦するかはフリーハンドの選択権を持っているわけではなかった。

律令制以前においては、大王との人格的な関係によって、その支配が成り立っており、「代替わり」ごとにその関係はすべて再確認されなければならなかった。原理的には大夫層といえども、王の代替わりごとに入れ替わる可能性があり、自らの政治的地位を安定的に保持するためには、王位継承に絶えず関与し続けなければならなかった。次期大王位の継承に大きな発言力を有し、新大王またはその皇子の母族であることは、その氏族の安定にとって大きな意味を有することになる。「大王宮」だけではなく厩戸王子が経営した斑鳩宮のような「王子宮」へ群臣の奉仕や結集がなされたのには、こうした背景を視野に入れなければならない。舒明即位前紀における混乱も、王族内部の有力者が不在の時期であることを考慮すべきであろう。蘇我馬子と境部摩理勢との族長争いという性格が強く、同一氏族内で、それぞれ田村王子と山背大兄王を分裂して支持したのも、両者の争いがあったからと考えられる。しかも、推古の死後、たびたび開かれた大夫層との会議だけでは「共同意思の形成」ができず、摩理勢を倒すとすんなり田村王子の即位を認めているのはこうした背景ぬきには考えられない。大王との人格的関係を前提とし、大臣・大夫などの地位も代替わりごとの確認が必要であったとする点では、「畿内豪族」の地位はむしろ不安定であったとしなければならない。したがって、舒明即位前紀を根拠に「大夫合議制」が有効に作用した実例とすることはできないと考えられる(25)。

もう一つの実例としては、聖武朝における宮子の称号問題がしばしば取り上げられる。すなわち、藤原宮子の称号を「大夫人」と称せよとの勅が聖武から出されたが、これに対して「長屋王等」はこの処置に対する異議を上奏する。公式令では皇太夫人という称号は定めているが、大夫人号はない。それゆえ令に従えば勅に違反し、勅に従えば令に違反すると上表した。これに対して、先勅を撤回し、文章では皇太夫人、口頭では大御祖《おおみおや》と称するとの詔が即日出された（『続日本紀』神亀元年〔七二四〕三月条）。

この事件は、議政官組織が天皇の意思を審議の対象としたという点で両者の緊張関係を示す事例とされている(26)。しかしながら、結果として宮子の地位が大夫人から准皇太后としての皇太夫人へと格上げされ、令制では三后にしか置かれない中宮職が設置されるようになった点が重要である。上奏は宮子の地位をことさらに貶めるものではなく、両者の緊張関係を示す事例としては適当ではない。公式令69奏詔勅条には「凡そ詔勅を奉らむ、及び事奏聞に経て、已に施行せりと雖も、理を験ふるに、灼然に不便ならば、所在の官司、事に随ひて執奏せよ」とあり、詔勅などに施行の段階で不都合が発見された場合の規定が存在する。太政官は詔勅の不都合に対しては、報告の義務が存在したのである。勝手に改定したり、奏請せずそのまま施行した場合には罰則規定さえ存在した（職制律24詔書誤輙改定条）。宮子の称号事件の場合には、令制前に比較的高い地位にあった「大夫人《おおみおや》」という臣下出身の生母の位置付けが令制では明らかでなく、令文と勅との整合性をとる必要から、太政官の義務として天皇にその身位の明確化を求めたものと考えられる。(27)

君主の恣意がオートクラシー（独裁政治）に陥らないため、さらには安定的な国家意思として定立されるためには、太政官が天皇を補佐する義務があった。まさに「天皇制が国家を包摂したのではなく、逆に国家が天皇制の一部を機構内に編成したとみなす」という有名な位置付けは、(28)天皇対貴族（太政官）の対立関係から理解するのではなく、天皇家を含む諸氏族・諸個人を超えた非人格的な共同機関として国家を位置付けたものと解釈される。

（4）天皇の二つの役割

統治権の総覧者として天皇独自が持つ権力としては、①官制の改廃権、②官吏任免権、③軍事権、④刑罰権、⑤外交および王位継承に関する「大権」が想定される。これらは大王が有した最高軍事指揮権を中心とする単一不可分の権力であり、「万機摂断」（『続日本紀』養老五年〔七二一〕十月条）、「国家大事、賞罰二柄」（同天平宝字六年〔七六二〕六月条）などと表現され、危機における非常大権の発動は容易に太政官を制圧しえた。(29)

具体的な法規定としては、公式令1の詔書式に、蕃国使への宣、立皇后・皇太子、左右大臣以上の任官、五位以上の授位などの際の書式があり、②官吏任免権と⑤外交および王位継承に関する権限が天皇に所在することを示している。また、出征する大将には天皇から使命を遂行するために節刀を下された（軍防令18節刀条）。節刀は天皇から分与された強力な軍事権と刑罰権を象徴しており、節刀を有する者は、部下に対して死罪以下の刑罰を勅裁を受けずに「専決」することができた（同前条）。このことは天皇が通常は③軍事権と④刑罰権を独占していたことを示す。犯罪の処罰については、「非常の断は、人主これを専らにす」（名例律21除法条疏）とあるように、律の規定に拘束されないのは天皇のみであると解説され、天皇による④刑罰権の超越性が述べられている。なお、①官制の改廃権について、律令条文に明文規定はないが、令に規定のない官司である大学寮、斎宮寮、内匠寮、中衛府、近衛府などの設置は詔勅により承認されている（『類聚三代格』巻四、神亀五年七月二十一日勅など）。とりわけ、太政官と天皇との関係については、中納言・参議の設置などのように太政官に自己の機関の構成を決定する権限がなく、天皇大権に依存する「他律的」な合議体であることが重要である(30)。

こうした統治権の総覧者として権力以外に、天皇は支配階級全体あるいは「王民」全体の政治的首長としての地位があり、祭祀・叙位・賜姓などの権限を有していた。すなわち、公式令3論奏式条には、①「大祭祀」や⑧「勅授外応授五位以上」という案件があり、『延喜式』太政官11内外印条には内印を請う事例として「預官社神」「得度」「百姓附籍・移貫・改姓」「放賤従良」などの案件が規定されている。

このように、制度のうえからも、実例からも太政官（貴族）には天皇権力に対置できる貴族制的な要素は確認できないと考えられる。律令国家には貴族制の原理とは相反する官僚制原理と王権による選択という要因が存在し、国家に対する求心性の強さと自立性の弱さによりその地位は低下していくと考えられる(31)。

天皇と貴族は相互依存関係であり、前代の大夫層の系譜をひく畿内五位貴族が天皇制の存立基盤であったとする折衷的な見解も提示されている(32)。

相互依存の大きな根拠とされる、前代からの群臣によるレガリアの奉献の伝統は、令制下では、「不改常典」による生前譲位（あるいは先帝の遺詔）と忌部によるレガリア献上により形式化され、皇位継承における両者の関係は大きく変化する。(33)さらに、前代の大夫層の系譜をひく畿内五位貴族という連続面が強調されるが、前代の大夫層は司《ツカサ》による王民の分割管理という建て前により群臣会議への参加が認められたにすぎず、大夫層には王権を離れて独自の権力基盤が存在したわけではない。また、連続面を強調する見解では、天武朝を画期とする畿内豪族層に対する都城への居住強制、大舎人出身や八色の姓など、天皇を中心とした官人化政策が過小評価されている。前代の大夫層は明らかに経済的基盤においても部曲・田荘から国家的給付たる封戸・給禄へとその中心が移動している。

一方では、意図的に在地豪族の中央官人化が制限され、畿内豪族による官僚秩序が形成されたのは天武朝からである点も見過ごすことはできない。これ以前には、地方豪族においても「佐治天下」（稲荷山古墳鉄剣銘）、「国家棟梁」（那須国造碑）という意識を有し、外交・軍事の使者として活躍する者が存在した。(34)祭祀においても従来の奉斎集団による祭祀に加えて、国家による班幣、国司管理、司祭者の公認など、いわゆる官社化がなされた。氏上の認定、八色の姓、修史事業など氏の序列化と並行して伊勢神宮を頂点とする祭神の序列化もおこなわれた。相嘗祭にみられるような畿内諸神の優遇は、こうした畿内諸氏族の再編・序列化と連動したもので、天武朝以降における意図的なものと考えられる。(35)天武朝の前後において類似する要素をいくらつなぎ合わせても、天武朝における天皇を中心とする一元化政策を経過していることからすれば、畿内五位貴族との間には明瞭な質的な断絶が存在する。

令制下において五位以上の畿内豪族層が蔭位制により大勢として再生産されたことは事実である。だが、支配層の共同意思の形成に参加可能な議政官への登用は、新興貴族である藤原氏重視という王権側の選択と官僚制原理の導入により不安定な状態となる。加えて神亀五年（七二八）以降の外五位と内五位の接合は、在地豪族の支配層への参入を容易化し、畿内貴族層の相対的な地位低下を加速化した(36)。律令国家には貴族制の原理とは相反する要素が明瞭に存在したと考えられる。

二、畿内制の成立

(1) 畿内制の成立時期

つぎに論点の第二として、畿内勢力による全国支配という点を検証する。畿内制とは、天子の住む都を中心として、天子の徳が及ぶ程度により同心円的に地域を区分した中国の制度を模倣したものである。畿内は天子の徳が強く及ぶ地区として税制や官人出身などの面で優遇措置がとられた。その範囲は、大倭・河内・摂津・山背・和泉(天平宝字元年〔七五七〕以後河内から分立)の五カ国の地域で、特別行政区画とされた。

その成立時期については、『日本書紀』によれば大化改新の詔に四至畿内の規定があり、天武朝以降に京畿内という表現が頻出するようになる。これらの記載にどの程度の内容を史実と認めるかで解釈は分かれる。律令制的な畿内制の前提や基底に大化前代からの畿内(ウチックニ)を想定するのが畿内政権論の立場である。畿内の範囲が遷都によって影響を受けないことを重視し、本来の畿内は京師の存在とは別で、中央豪族の古くからの居住地であったことに求め、中国の畿内制とは異なると位置付ける(37)。そして、実質的な人民支配や収取制度の点においてすでに推古朝段階には明確に個別人身支配の貫徹した畿内と在地首長による間接支配をとる畿外、という支配構造の二重性が存在したとする(38)。

まず「四至畿内」と「四畿内」の異同については、ほぼ同じ範囲と考え、連続性を強調されることが多い。しかし、厳密には評制しか存在しない孝徳朝段階の畿内国と天武朝以降の令制国を混同することはできない。大倭・山背・河内などの大国造的な国を想定するとしても、令制国としての内実は未熟であり、「秦人凡国評」（難波宮出土木簡）のように人間集団の把握を前提とする評が唯一の行政単位であったことに注意する必要がある。新益京段階になってはじめて「四畿内百姓」（『日本書紀』持統六年〔六九二〕四月条）「京師及四畿内」（同前閏五月条）などとみえることは、四畿内が都城の成立と密接な関係を有していたことが指摘できる。畿内制の実質は、造営への労役徴発や軍事動員、京戸口分田、官人出身など都城の成立とリンクしてが整備されたと考えられる。造寺・造宮・造墓などへの労働力徴発自体は、都城成立以前にも存在した。だが、蘇我氏による今来双墓造営に一族の部曲や上宮乳部を動員したように（『日本書紀』皇極元年〔六四二〕是歳条）、伴造―部民制を前提とする縦割り的体制が根強く残っていた。天武朝の部曲廃止（同天武四年〔六七五〕二月条）や令制国の成立（同天武十二年〔六八三〕十二月条）までは領域を前提とする動員に完全には転換していない点で段階が異なる。「四至畿内」の範囲が後の播磨国や紀伊国の一部を含み、令制国の範囲と微妙に異なっていることは、国を基礎単位としていなかったことを如実に示す。孝徳朝以降に畿内制が開始されたことは認められるが、持統朝以降の四畿内とは明らかに内実が異なり、評を単位とした領域と考えざるをえない。

庸の免除、調の半減という畿内に対する優遇税制は、形式的には天子直轄地の課役を優遇すべきであるという律令法の前提にある社会的な倫理規範としての礼的秩序導入の問題であるが、実質的には恒常的な造営事業や有事の軍事動員を可能するため、畿内民衆の疲弊を防ぐ目的があった。(39)なお、畿内から貢進された調は布か銭に限定され、在地首長に依存する面がないとされるが、畿内の調雑物には、贄土師部や猪名部などによる貢納物が含まれ、吉野国栖の御贄献上とともに古くからの服属儀礼や祭祀と結びついていたとの批判もある。(40)

都と畿内の密接な関連性は、天武朝以後に京と畿内の名称が併記されて頻出すること、近江の保良京では、近都の二郡を「畿県」とし、百姓の労役差科が頻繁であるとして賦役を免除している点（『続日本紀』天平宝字五年〔七六一〕十月条）、京戸口分田の畿内への配分などから確認されるので(41)、畿内の範囲が遷都によって影響を受けない確定した領域であるとの見解は問題が残る。まして、その差違が本質的に支配構造の違いによるとすれば、短期間に畿外→畿内→畿外と扱いが大きく変化した保良京のような事例は十分に説明できない。

（2）「みやこ」と「ふるさと」「ひな」

畿内に対して畿外の異質性を強調する議論として、畿内貴族の意識として畿外が「天離る夷《ひな》」と意識されていたことから、それが大化前代からの伝統であるとの指摘がある(42)。「夷《ひな》」の示す具体的な場所が奈良時代において、いわゆる「畿内」に対する「畿外」の地域であることは確かだが、令制以前から歴史的に固定した観念であったとは考えにくい。「天」に対する「夷」の意識は、都城の中心たる大極殿の高御座《たかみくら》の存在とまさに対応する意識であり、高御座は、『記紀』神話で構想された天上世界との唯一の結節点として垂直的な空間および高天原との神話的時間の連続性を表象するものである(43)。そして「飛鳥寺の西の広場」のような多様に存在した天を祀る施設を統合し、高御座に天との結節点を集中させ、都城が成立する七世紀後半に形成されたものである。すなわち都城＝「みやこ」という中心＝天上世界との唯一の結節点の成立により、天から離れた「ひな」＝畿外が意識されることが重要であり、その逆ではないと考えられる。ここでは本来中心を意識しないはずの空間的な遠近の区別（ウチとソト）から、垂直的な「天」と天から離れた場所＝「夷」という垂直的な空間認識に大きな転換が認められる。「天」と「夷」には、容易に埋めがたい文化的落差が存在すると観念され、華夷の区別を内包した大きな飛躍、断絶がその間には存在する。歴史的には都城という首都が形成されることがこの意識形成の大きな契機になったと考えられる。

『万葉集』などからうかがえる貴族層の都鄙意識を示す用語を構造化するならば、「ひな」および「ふるさと」「いなか」は「みやこ」を間に挟んで対置される概念であると位置付けられる。すなわち、「ひな」は畿外にあり、天から離れた場所とされる。「みやこ」は藤原京以降の天皇の居住する現都であって、大極殿の高御座を媒介として天との結節点として位置付けられる。飛鳥・藤原・難波など豪族らの旧居住地は、情緒的に「ふるさと」、景観的に「いなか」と表現された。構造的には「みやこ」を中心に「ふるさと」が畿内、「ひな」が畿外という同心円的構造をとるが、「ひな」と「ふるさと」が直接対比されるわけではない。両者は「みやこ」を媒介としてのみ成立する関係であることが重要となる。少なくとも『万葉集』には「ひな」と「ふるさと」を一体的に詠んだ歌はなく、「みやこ」がいつも中心に意識される関係がある。

そのように考えた場合、「ふるさと」「いなか」と「みやこ」の対比は、都城の成立および官人制の成立により意識が形成されたものと考えられる。村落に住む豪族が「大宮人」として都市貴族化するという生産の場からの離脱が前提にある。さらに「ふるさと」という語は、比較的新しい時期に用いられており、『万葉集』でも天平六年（七三四）以降の最後の時期、いわゆる第四期の歌人を中心に用いられている。したがって、「ふるさと」意識の形成は比較的新しく、豪族層の集住により形成された「みやこ」の成立と連動していたことになる。「ひな」と「みやこ」の対比も同様で、「ひな」は国司や遣唐使など都から地方へ派遣される場合に用いられた概念で、都城制や国司制の成立を前提として意識が形成されたと考えられる。これは天との距離感を示す人為的・差別的な観念で、高度に抽象化した意識である。「みやこ」の大宮人が国司として「ひな」＝地方へ赴任することにより畿内・畿外の意識が明確化するというプロセスが想定される。

いずれにしても、「ひな」（畿外）と「ふるさと」（畿内）の同心円的構造は一見すると畿内の成立の古さを証明しているようにもみえるが、問題は「ひな」と「ふるさと」の関係が「みやこ」を媒介としてのみ成立することであり、七世紀後半以降の都城＝「みやこ」の成立に規定されて歴史的に形成された観念であることは明らかであろう。(44)逆説的表現になるが、蕃国・夷狄を支配する帝国的秩序の構想・理念に対応した畿内制の実体化は、天皇権力が強化された天武朝に王権側の主導によってはじめて可能になったのであり、これ以前ではないと考えられる。(45)

三、宮の経営からみた王権構造

(1) 宮号の限定化

前節では、有力な学説とされる畿内貴族政権論の批判的検討を通じて、天皇と貴族（太政官）との関係を考察した。律令国家の天皇は畿内政権の王に限定されるものではなく、統治権の総覧者としての地位に加えて、支配層全体あるいは「王民」全体の政治的首長としての役割を有した。(46)律令国家の天皇は、権力構造の中心に位置することは確かであるが、平安時代と比較するならば天皇への権力的な収斂は不完全な状態であった。すなわち、幼帝が奈良時代には存在しないなど、権力核の構成は明らかに異なっており、権力や権威の発動の仕方において、天皇単独でなされない局面が奈良時代には多く存在した。天皇の周辺には譲位後の天皇たる太上天皇、および天皇の配偶者（あるいは生母）たる皇后（皇太后）、さらには唯一の皇位継承予定者たる皇太子が権力核を構成し、「制度化された王権」として天皇による高度な政策決定能力および安定的な皇位継承を保証する役割を与えられていた。従来は、

「皇権」の在処という問題意識から、単純に太上天皇や皇太后が詔勅発布や内印の掌握などに代表される天皇大権を代行したと考えられていた。しかしながら、天皇の有する権力および権威は賞罰や祭祀を含めて多様であり、このうちどの部分を太上天皇や皇太后が分有したのか、厳密に議論される必要がある。

ここでは、専制国家論をさらに深化するために、奈良時代における天皇を中心とする王権構造を、宮室の問題として捉え直すことにより明らかとしたい。

まず確認しておくべきことは、七世紀の宮室は大王宮に収斂されない権力構造を有した点である。王子《ミコ》宮や妃宮《キサキ》あるいは皇祖母宮《スメミオヤ》を含む分散的な体制である。ただし、それらは律令制下の東宮や中宮（皇后宮）あるいは太上天皇宮とは質的異なっていた。つまり、王子宮は古人大兄王子と中大兄王子のように複数の継承可能者が同時に存在する点で、奈良時代の東宮とは異なっていた。さらに妃宮は大王宮とは独立して維持され、複数存在した点が異なっていた。律令の規定との比較でいえば皇后・夫人・嬪といった序列化がなされていない点が指摘できる。令制下の太上天皇とのかかわりで指摘すべきは、同時代的には「王母」（難波宮出土木簡）と表記された王族内部の女性年長者の宮として皇祖母宮が重要である。官僚機構や文書行政が特化していない段階では、大王皇極のような生前譲位にともなう前大王宮の出現により、現大王宮とは極めて近似した権力内容を有する点で、前大王が経営する皇祖母宮は危うい存在であった。こうした分散的な権力構造に対応し、王子宮や豪族宅《ヤケ》など司《ツカサ》を経営する主体により構成された群臣会議により王権への結集を維持する構造になっていた。

律令制下における宮の法的位置については、宮号呼称の限定化という問題がある。宮号は天皇以外では天皇の代理で伊勢神宮へ赴く斎宮を除けば、正妻たる皇后、唯一の皇位継承予定者たる皇太子に限定される。それにともない旧来の王子宮・妃宮の二極分解が進行する。つまり、天皇以外で宮経営を許されたのは皇太子と皇后に限定され、王子宮は内裏内の東宮と京内の親王家・王家・王宅などに階層分解することになる。たとえば、長屋王家は、法制上、職事三位以上の位階官職を持つ二世以下の諸王家として位置付けられる。あくまで木簡にみえる有名な「長屋親王宮」の称号は「長屋王家」家産機構内部の尊称であり、法制上の位置とは異なっている。父高市皇子の経営した経営体が「香具山宮」として位置付けられた段階とは区別され、国家機構内部の位置付けの変化を押さえる必要がある。(47) 結局、藤原京の建設により王子宮は、他の親王とは隔絶した規模と地位を持ち、内裏内に所在して唯一の皇位継承者の居所となる「東宮」であり、これに対して京内に宅地班給され、法制上は家あるいは宅と改称した「王族の邸宅」とに二極分解する。東宮はこの段階ではじめて皇太子的地位の場所となり、その他の王子宮は東宮と区別するため「家」「宅」などの表記を強制される。

一方、妃宮も皇后・皇太后らの中宮と夫人以下が集住する後宮に二極分解する。後宮職員令には嬪以下、夫人・妃の記載しかなく、皇后は別に職員令によると中務省被管の中宮職に支援される存在とされている。この区分は重要であり、中宮職の設置を認められ「しりへの政」をおこなう皇后と、狭義の後宮に所属し自立性の弱い夫人以下とは大きな質的断絶があると考えられる。天皇の妻たちのなかで、宮の経営権を独立して認められたのは正妻たる皇后だけである。さらに、皇后・皇太后・太皇太后という三后が乱立した場合にも中宮職のみを設置するという原則は、内裏における唯一の主人として天皇を位置付け、宮の乱立を許さないという律令の理念を示している。

（2）舎人と帳内・資人

舎人（宮人）と帳内・資人の称号の区別についても、その範囲や格付けは、「宮」と「家」との差別化と連動する。『日本書紀』では妃宮・王子宮への奉仕者が一般に舎人と表記されたが、律令制下では「宮」の主人に奉仕する者のみが内位の舎人とされた。「家」の主人に奉仕する者が外位の帳内・資人と位置付けられ、王家への奉仕者に対して舎人表記は排除された。天武朝において天皇にのみ奉仕させる大舎人が創出されたように、天皇周辺へ奉仕する官人見習いたる舎人と異なり、帳内・資人は官僚制的秩序からすれば、一段低い位置に置かれている。しかしながら、その階層制のみを強調することは正しくない。官僚制秩序からは低い扱いをされつつも、律令規定上、帳内・資人と本主との人格的結合そのものは否定されていない。なによりも、舎人が出身当初において、官人見習いとして天皇周辺へ奉仕するように、帳内・資人と本主との人格的結合と質的には同じ原理を前提に律令官人制が構想されていることは重要である。さらに、階層的原則にもかかわらず、帳内・資人から舎人への昇進、すなわち外位から内位へ転換が可能であったことは、選叙令16帳内資人条および19帳内労満条の規定だけでなく、有名な他田日奉部神護が藤原麻呂資人から藤原宮子の中宮舎人へ昇進した実例から確認される（二条大路木簡）。このように律令官人制の基礎部分に主人との私的関係を前提とする帳内・資人制度が位置付けられている点は重要である。

一方、律令制下の家令の位置は、帳内・資人よりも律令官人と私的従者の両面性をより強く有する。しかし、内位の判任官という一般官人よりも低い地位であり、兼官や併任を原則としない点に注目するならば、皇子への奉仕とともに大王に対する公的職務も並行して遂行した、推古朝の秦河勝のような二重身分の位置にある家臣的氏族との相違は大きいといわざるをえない(48)。

（3）後宮の整備と天皇

つぎに後宮の変遷を概観するならば、まず藤原宮の文武の後宮には複数の妻が確認されるが、身分的な区分は明瞭ではなかったらしい。宮子が夫人となるのは当初からではなく、追号の可能性が考えられる。大宝元年（七〇一）当時、文武の後宮には持統、元明、宮子らがそれぞれに家政機関を維持・運営する状況にあった。平城宮前半期になると元明・元正という女性天皇が連続することにより天皇が管理すべき後宮と皇后の空間である中宮が明確に区分されない状況が聖武即位まで続いたと考えられる。『続日本紀』の用例からすれば聖武朝や淳仁朝という基本的に男性天皇が在位する期間に中宮や中宮院の用例が集中する。これは男性天皇の出現を意識した意図的な使い分けであったと考えられる。平城宮の後半期になると中宮・中宮院の名称は用いられなくなる。その画期は宮子が太皇太后として中宮に没して以後である。さらに淳仁が配流されて以降は中宮院の名称もみられなくなる。殿舎名称の「中宮」は、男性天皇に対してその女主人たる居住者が存在する期間に限定して用いられるという原則がある。さらに二次的に居住主体がいなくなった時や聖武や淳仁など、本来の居住主体にふさわしくない人物が居住ないし利用した場合に「中宮院」の名称が用いられている。このように奈良時代前半期には都城制の成立にともない内裏への后妃の集住が強化されてきた。だが、文武の早死や女帝の連続により男性天皇による后妃の序列化や、それに連動した「後宮域」と「中宮域」の分化は遅れることとなった(49)。なお、長屋王邸では「西宮」がそうした後宮域として位置付けられ、王妃たちの集住が想定されている(50)。

奈良時代後半には、中宮に代わって西宮・東宮（東院）の名称が用いられる。平城宮内の居住区画は当初内裏地区と称される部分にしか存在しなかったが、奈良時代後半になると、中央区の大極殿が恭仁遷都以降に移建されたため、その北半分が居住区画に改造された。ここが西宮と称される区画で、東宮（東院）と併記されるのは時期的にはほとんど淳仁の淡路配流以降、称徳の死去までの短期間に限定される。これは、天皇と太上天皇が内裏に同居する状況を象徴している。淳仁天皇と孝謙太上天皇との軋轢は、「別宮に住んでいれば、こんなに非難されることはなかった」という宣命が出されたように、両者の内裏内部での同居が原因であった。光仁朝になると後宮域と中宮域は、光仁天皇と井上皇后という形で統一され、内裏という用法が固定化する。

平城宮の内裏地区の殿舎名称は、中宮から東宮・西宮さらには内裏と変化する。これは、女性年長者の高い地位、さらには天皇と太上天皇の内裏内居住などの実態が名称に反映したものと考えられ、「内裏の唯一の主人」という天皇の地位が確立されていなかったことを示している。都城の形成により、ミコ・キサキの二極分解を促進し、宮号を天皇以外では皇后・皇太子に限定することはできたが、律令理念として構想された大王宮に中宮・後宮・東宮を包摂し、「内裏の唯一の主人」として天皇を位置付け、大宮を構成すること、さらには前天皇を内裏外に排除することは平安時代の課題として残された。

平安宮では明確に中宮域（皇后の居住域）を取り込んだ後宮ブロックが形成され、嵯峨朝以降には皇后宮職固有の職掌の移管や縮小も進行する。(51)一方、東宮も幼少皇太子が継続的に置かれるようになり、内裏に隣接して東西前坊あるいは雅院と呼ばれた場所に恒久施設化し、後には内裏後宮が居所となる。(52)こうした東宮の安定的な再生産が前提となって、東宮時代からの春宮坊の官人が即位後も太政官の構成員となり、天皇との円滑な人格的関係を維持するいわゆる「藩邸の旧臣」体制が一般化する。(53)さらに、太上天皇宮については、天皇と太上天皇の対立というい わゆる「薬子の変（平城太上天皇の変）」を教訓として、嵯峨は譲位すると内裏から離脱して、皇太后とともに京内の冷然院へ退去した。以後、天皇による譲位後の御所として内裏に対しての後院が成立する。その上で、太上天皇号の尊号を贈ることや天皇が正月に後院へ行幸して年始のあいさつをする朝覲行幸が恒例化する。後院の成立は、太上天皇が内裏から退去することにより、天皇が「内裏の唯一の主人」になることを可能にした。太上天皇の尊号を賜うことは天皇とは質的に異なる身位になることを意味し、太上天皇の重祚（天皇への復位）を可能にしていた「王の終身性」を払拭する儀礼として位置付けられる。朝覲行幸は天皇が百官を統率する儀式である元日朝賀をおこなった翌日以降に、親子の関係を確認する目的でおこなわれた。これらの行為により、百官を統率するのは天皇のみで、原則として内裏内でおこなう日常政務には太上天皇が介入しないという原則を保つことが可能となった。有名な宇多太上天皇が菅原道真の解任を聞いて、内裏に向かったが入れてもらえなかったとの逸話は、こうした関係を象徴している。(54)

四、王権儀礼（朝儀）の成立

(1) 儀式の構造

本節では、天皇を中心とする王権儀礼の構造・役割とその変遷を節会や元日朝賀を中心に考える。律令の編目の一つである儀制令冒頭の義解によれば、「儀制」の儀は朝儀、制は法制と注釈されるように、法制と対置されるほど王権儀礼（朝儀）は重要な位置を占めた。すでに文武二年（六九八）には「別式」として「朝儀」の礼を定めたとみえる（『続日本紀』文武二年八月条）。『続日本紀』の編纂にあたっては、元会之礼・大嘗之儀・隣国入朝・朝庭出使などの儀式の詳細については、文武元年（六九七）以来の「別記」がすでに存在するので、採録されなかったとある（『官曹事類』序）。また、『弘仁式』の編纂にあたっても、朝会之礼・蕃客之儀などの儀礼は弘仁九年（八一八）に唐風に改定されたが、詳しい「記文」が存するため、採録されなかったとある（『弘仁格式』序）。これら儀式の詳細を記したとする「別記」「記文」とは外記日記を指すとされ、(55)律令国家の成立以降において、儀式の記録化が正史や法典の編纂と並んで重要な意味を持っていたことがうかがわれる。さらに、弘仁年間（八一〇～八二四年）にはこうした外記日記を基礎史料として儀式書が編纂される。弘仁六年（八一五）以降には旧来の儀式次第を集成した『内裏儀式』、さらには弘仁九年（八一八）以降の朝儀の唐風化に対応した新儀式書『内裏式』が弘仁十二年（八二一）に編纂されている。儀式書には節会と呼ばれる決まった期日におこなわれる饗宴の儀式が規定されている。正月元日、七日白馬、十六日踏歌、五月五日端午、七月七日相撲、九月九日重陽、十一月新嘗などの諸節会である。これらは、すでに雑令諸節日条に節日として規定されており、正史には饗宴や賜禄の実例が散見される。(56)

儀式は中国では朝儀と会儀に区分されるように、概念的には朝賀のような行事とその後の宴会（節会）から構成された。前者では主に天皇を頂点とする服属―貢納関係の強調や朝拝による君臣関係の再生産、後者では主に共同飲食と賜禄による君臣関係の和合や一体感の醸成が図られた。儀式構造は、儀式の場と参加者の変化により規定される。都城制成立以前の儀礼が、大王の行幸先や飛鳥寺の西の広場など宮室内部に必ずしも限定されていなかったことと対比するならば、宮内の大極殿・朝堂という儀式空間に限定かつ一元化したことは、大きな変化である。さらに、儀礼における呪術性が次第に払拭されて、平安宮段階には国家的儀式の場としての朝堂と国家的な饗宴の場としての豊楽院に分離し、儀式内容も唐風化するように、洗練されていく点も指摘できる。天皇の出御する場については、朝賀や即位は大極殿、節会および蕃国使や化外民への賜宴には大極殿閤門が用いられ、これは後の平安宮における朝堂と豊楽院の利用区分に対応しており、(57)君臣関係の再生産および一体感の醸成という儀式の目的に沿った空間利用がなされている。

文徳朝以降になると、政務儀礼や献上儀礼、神事では天皇の不出御が多くなっていく。これは、単なる幼帝の出現や病弱などの個人的な資質の問題ではなく、大局的には天皇の政務処理能力に期待しなくとも日常的な政務は法と前例に従って、太政官以下の官僚機構により処理されていく体制が確立したことを示している。大極殿―朝堂あるいは豊楽院から紫宸殿など内裏内部へと儀式の場が変化し、六位以下が排除されるなど構成員も限定されていくが、朝賀や節会など天皇が臨御すること自体に意味がある儀礼での出御は継続する。[58] 臣下の参加形態については、五位以上と六位以下に二分され、奈良時代には前者のみの参加が基本であるが、踏歌節会のように六位以下のグループの参加が許される場合には五位以上との一体型の場合と分離型の二つがあった。[59] 平安期になると五位以上のうち、さらに限定された王卿を含む次侍従以上のタイプが一般化するが、わずかに白馬節会や新嘗節会などでは五位以上に六位以下を含む一体型も一時残る。朝賀から小朝拝への変化に典型的なこうした傾向は、天皇と貴族層との関係や秩序がより狭い範囲で再編されたことを物語っている。

（2）元日朝賀の位置付け

王権儀式（朝儀）のうちで、重視されていたのは「元会之礼」「朝会之礼」と表記される元日朝賀、「大嘗之儀」などとされる即位儀礼、「隣国入朝」「蕃客之儀」とされる外交儀礼であり、『延喜式』左右近衛府1大儀条では元日・即位・蕃国使表の三つが「大儀」とされている。蕃国使に対して天皇の出御がなければ「小儀」に格下げされたように（『延喜式』左衛門府3小儀条）、いずれも官僚制秩序や外交、王位継承など天皇大権にかかわる重要な儀礼である。

とりわけ毎年おこなわれた元日朝賀は、即位式と同じ構造であり、諸蕃や夷狄の儀礼への参加に象徴されるように、天皇を中心とする専制国家の社会的統合を儀礼的秩序により示す場として位置付けられた。中国では元会と称された朝賀儀礼は賀詞奉呈と酒礼—饗宴を基本とし、早く両漢期に成立し、西晋期に儀礼として完成し、隋唐期にはかなりの変質を遂げるとされ、本来的には皇帝との君臣関係の確認および地方諸国との貢納—従属関係の確認が要素として重視されていた。しかし、唐代には君臣関係の再確認儀礼たる委贄儀礼がなくなり、逆に朝集使を媒介とする諸州・諸蕃との貢納―従属関係が強調されるようになった。この変質は、漢代以来の地方長官の属吏人事権が否定されたことと関係し、地方を含む君臣関係の一元化が儀礼内容の変化をもたらしたという。(60)

こうした元会儀礼の時代による変化は、従来の比較研究ではあまり注目されてこなかった。これまでは日本の『儀式』と唐代の『大唐開元礼』の儀式次第を詳細に検討することが基本であり、唐制にある①奏賀、②諸州鎮表、③祥瑞、④諸州貢物、⑤諸蕃貢献などの行事内容のうち、②・④・⑤が日本になく、③も本来的なものではないとされ、①の天皇への拝礼方式が注目されていた。五位以上の官人の朝拝を規定した儀制令元日条に天皇以外では親戚＝氏上への拝礼が認められていたことから、元日朝賀の主眼は、朝拝により天皇と畿内の「氏」（五位以上官人）との関係の確認であったと論じられている。(61)

日本の朝賀儀礼の特色は、地方官が朝集使となって中央の朝賀に参列する唐制とは異なり、中央の朝賀に参列するのは中央官人を原則とし、地方では天皇の代理人たる国司（クニノミコトモチ）を中心に独自の儀式がおこなわれる二重構造をとる点である。(62)この点では君臣関係がまだ皇帝に一元化せず、地方長官と属吏との君臣関係が二次的に認められていた隋唐以前の儀式構造に類似する（たとえば『漢書』巻四三、叔孫通伝によれば高祖七年〔前二〇〇〕の朝会には高級官僚のみが出席し、君臣関係の確認儀礼は含まれていない）。元日には国司長官が属僚や郡司を国庁に集め正殿に向かって拝礼するが、その後に長官が賀を受け宴を設けることが重要で、国司長官が天皇の代理人として一国的秩序の頂点にいることを確認する儀式となっている。外位の対象者が国司の支配下にある郡司や軍毅であり、郡司が准貴族たる外五位を例外として位階にかかわらず国司に下馬の礼をするのは、こうした国司長官を頂点とする一国的秩序を維持するための礼的な表現形式と考えられる。(63)

元日朝賀儀礼に畿内貴族による天皇への服属儀礼的要素が希薄なのは、儀式書の手本とされた唐制そのものに、前代と比較してその要素が希薄化されていたことがまず指摘できる。さらに日本側の事情としては、伝統的な服属的要素が大嘗祭や節会、御薪進上などに分散し、唐制と比較して元日朝賀儀礼に一元化された儀式構造になっていなかったと考えられる。すなわち、大嘗祭において新穀を献上させるユキ・スキの国郡は畿外の東西二国に割り振られるが、これは古くからの伝統ではなく雄略朝の伝承などによれば前身たる新嘗の日に酒饌を献じたのは畿外とは限らず、畿内豪族からの献進も含まれていた。[64] 唐制では朝集使が献上する御贄は、日本では冬至に献上するとされるが、冬至儀礼は神亀二年（七二五）に親王・侍臣が天皇に贄を献上したことを除くと僅かな例しかなく（『続日本紀』神亀二年（七二五）十一月条）、大嘗・新嘗の儀式を念頭に置いたとも考えられる。[65] また、畿内に位置する吉野国栖による服属儀礼は、天武朝頃に確立したと考えられ（『日本書紀』応神十九年十月条）、大嘗祭や諸節会への奉仕が規定されている。[66] 唐制では朝賀において諸蕃貢物として規定される行事が、日本ではなぜか元日朝賀ではなく三日あるいは五日などに「受諸蕃使表及信物」儀と称する蕃国使の貢物儀礼として独立的におこなわれた。一方、蕃客の元日節会への参加も、平安宮の豊楽院段階までなされず、「賜蕃国使宴」儀とされる賜宴の儀礼は主に七日節会として開催された。[67] おそらく、蕃客による貢物儀礼は朝賀儀の整備以前、天武・持統朝段階には先行して陵墓や神社への荷前儀礼として位置付けられており、朝賀儀として一元化できなかったものと考えられる（『日本書紀』持統六年十二月甲申条、『続日本紀』文武二年（六九八）正月条）。

さらに、律令制成立期の正月儀礼の構造は平安初期とは異なり、朝賀儀礼単独ではなく天武四年（六七五）の例によれば供御薬（一日）、拝朝（二日）、御薪進上（三日）、賜宴（七日）、大射・祥瑞献上（十七日）のように、拝朝と賜宴が分離しており、分散的傾向が強いことが指摘できる（『日本書紀』天武四年正月条）。拝朝と賜宴の間には御薪進上の儀礼があり、畿内貴族による天皇への服属儀礼をこの儀式に求めることは可能である。①唐では薪炭を百官に供すべきものと考えられていたのに対して、日本では百官が天皇に供進すべきものとされていること、②畿内の官人のみが対象で、朝集使となった在京国司も負担させたこと、③天武朝に開始されたこと、④六位以下に比べて五位以上の負担が重いこと、⑤薪を拾うことは、その人の奴僕であることを表明する行為であること、などの特徴は、畿内豪族が天皇へ臣従を誓う儀礼であったことを示している。さらに親王が免除され、帳内・資人および中宮舎人や東宮舎人の場合には、本主に薪を進めることは、人格的な隷属関係を確認する儀礼であることを示している[68]。儀礼としては、正月十五日の儀礼として定着し、平安時代まで続く。おそらく元日朝賀と御薪進上儀礼は無関係ではなく、儀礼構造としては対応するもので、帳内・資人が本主に隷属するのと同質の人格的隷属関係を、畿内豪族にも求める儀礼であり、畿内豪族の天皇への服属を象徴する儀礼として開始されたものと考えられる。

以上のように、唐制と比較して日本の朝賀儀礼に空間や時間をずらした分散的な傾向が強いのは、固有な儀礼的要素を有する伝統的な儀式が先行して存在し、それらを容易に一元的に統合することが難しかったことが指摘でき、皇后・皇太子の諸儀式における相対的に高い地位も、前代からの伝統に根ざしていると考えられる。平安初期に儀式の唐風化が可能になったのは、儀式におけるこうした固有性や呪術的な要素が薄らいだ結果と位置付けることもできる。

註

(1)　関晃a「律令支配層の成立とその構造」(『関晃著作集』四、吉川弘文館　一九九七年、初出一九五二年)、同b「大化改新と天皇権力」(『関晃著作集』二、吉川弘文館、一九九六年、初出一九五九年)、同c「大化前後の天皇権力について」(同前、初出一九五九年)、同d「大化前後の大夫について」(同前、初出一九五九年)、同e「律令貴族論」(同前、初出一九七六年)。

(2) 関晃f「畿内制の成立」(註(1)b前掲書、初出一九五四年)。
(3) 大町健「律令国家は専制国家か」(吉村武彦他編『争点日本の歴史』三古代編二、新人物往来社、一九九一年)。
(4) 早川庄八『日本古代官僚制の研究』(岩波書店、一九八六年)。
(5) 早川庄八「天皇と太政官の権能」(『天皇と古代国家』講談社、二〇〇〇年、初出一九八六年)。
(6) 拙稿「律令国家論の現状と課題―畿内貴族政権論・在地首長制論を中心にして―」(『古代王権と官僚制』臨川書店、二〇〇〇年、初出一九九一年)。
(7) 早川庄八註(4)前掲書。
(8) 吉田孝『律令国家と古代の社会』(岩波書店、一九八三年)。
(9) 早川庄八註(4)前掲書。
(10) 大隅清陽「儀制令と律令国家―古代国家の支配秩序―」(『律令官制と礼的秩序の研究』吉川弘文館、二〇一一年、初出一九九二年)、大津透『古代の天皇制』(岩波書店、一九九九年)。
(11) 大町健註(3)前掲論文。
(12) 石母田正『日本の古代国家』(『石母田正著作集』三、岩波書店、一九八九年、初出一九七一年)。
(13) 拙稿註(6)前掲論文。
(14) 石尾芳久『日本古代天皇制の研究』(法律文化社、一九六九年)。
(15) 石母田正註(12)前掲書。
(16) 阿部武彦「古代族長継承の問題について」(『日本古代の氏族と祭祀』吉川弘文館、一九八四年、初出一九五四年)、関晃d・e註(1)前掲論文、早川庄八「古代天皇制と太政官政治」(註(5)前掲書、初出一九八四年)。
(17) 佐藤宗諄「律令太政官制と天皇」(原秀三郎編『大系日本国家史』一古代、東京大学出版会、一九七五年)。
(18) 吉川真司「律令太政官制と合議制―早川庄八著『日本古代官僚制の研究』をめぐって―」(『律令官僚制の研究』塙書房、一九九八年、初出一九八八年)。
(19) 渡辺信一郎『天空の玉座―中国古代帝国の朝政と儀礼―』(柏書房、一九九六年/増補版、法蔵館、二〇二四年)。

(20) 長山泰孝「古代貴族の終焉」(『古代国家と王権』吉川弘文館、一九九二年、初出一九八一年)。
(21) 佐藤長門「倭王権における合議制の史的展開」(『日本古代王権の構造と展開』吉川弘文館、二〇〇九年、初出一九九六年)。
(22) 美川圭『院政の研究』(臨川書店、一九九六年)。
(23) 関晃c註(1)前掲論文、大津透註(10)前掲書。
(24) 吉村武彦「仕奉と貢納」(『日本古代の政事と社会』塙書房、二〇二一年、初出一九八六年)。
(25) 拙稿a「「斑鳩宮」の経営について」(『古代王権と都城』吉川弘文館、一九九八年、初出一九九〇年)、同b註(6)前掲論文。
(26) 早川庄八註(5)前掲論文。
(27) 筧敏生「藤原宮子の大夫人号について」(『古代王権と律令国家』校倉書房、二〇〇二年、初出一九八三年)、井上亘「光明立后の史的意義をめぐって」(『日本古代の天皇と祭儀』吉川弘文館、一九九八年、初出一九九三年)。
(28) 石母田正註(12)前掲書。
(29) 同前。
(30) 同前。
(31) 長山泰孝「国家と豪族」(朝尾直弘他編『岩波講座日本通史』三古代二、岩波書店、一九九四年)。
(32) 大津透註(10)前掲書。
(33) 岡田精司「大王就任儀礼の原形とその展開」(『古代祭祀の史的研究』塙書房、一九九二年、初出一九八三年)。
(34) 長山泰孝「前期大和政権の支配体制」(註(20)前掲書、初出一九八四年)。
(35) 大関邦男「官社制の再検討—奉斎制度の側面から—」(『歴史学研究』七〇二、一九九七年)。
(36) 拙稿a「蔭位授与制度の変遷について—慶雲三年格を中心にして—」(註(6)前掲書、初出一九八九年)、同b「外位制度について」(同前、初出一九九〇年)。
(37) 関晃f註(2)前掲論文。

(38) 大津透「律令国家と畿内―古代国家の支配構造―」(『律令国家支配構造の研究』岩波書店、一九九三年、初出一九八五年)。
(39) 西本昌弘「畿内制の基礎的考察―日本における礼制の受容―」(『日本古代儀礼成立史の研究』塙書房、一九九七年、初出一九八四年)。
(40) 薗田香融「畿内の調」(有坂隆道先生古稀記念会編『日本文化史論集』同朋舎出版、一九九一年)、森明彦「陶邑・ミツキ・大嘗祭」(井上薫編『大阪の歴史と文化』和泉書院、一九九四年)。
(41) 浅野充「律令国家における京戸支配の特質」(『日本古代の国家形成と都市』校倉書房、二〇〇七年、初出一九八六年)、同「古代国家と宮都・畿内・畿外」(同前、初出一九九四年)。
(42) 大津透「万葉人の歴史空間」(註(38)前掲書、初出一九八六年)。
(43) 和田萃「タカミクラ―朝賀・即位式をめぐって―」(『日本古代の儀礼と祭祀・信仰』上、塙書房、一九九五年、初出一九八四年)、石上英一「律令制と古代天皇支配による空間構成」(同他編『講座・前近代の天皇』四、青木書店、一九九五年)。
(44) 拙稿「古代都城の首都性」(『年報都市史研究』七、一九九九年)。
(45) 石上英一「律令国家と天皇」(『律令国家と社会構造』名著刊行会、一九九六年、初出一九九二年)、笹山晴生「天武朝の史的意義」(『史学雑誌』一〇〇―一二、一九九一年)。
(46) 石母田正註(12)前掲書。
(47) 拙稿「「長屋王家」の家産と家政機関」(『歴史学研究』七四二、二〇〇〇年)。
(48) 拙稿a註(25)前掲論文。
(49) 拙稿「平城宮の中宮・東宮・西宮」(註(25)前掲書)。
(50) 森公章『長屋王家木簡の基礎的研究』(吉川弘文館、二〇〇〇年)。
(51) 橋本義則「平安宮内裏の成立過程」(『平安宮成立史の研究』塙書房、一九九五年)。
(52) 山下克明「平安時代初期における「東宮」とその所在地について」(『古代文化』三三―一二、一九八一年)。

(53) 福井俊彦「淳和朝の官人」(『早稲田大学高等学院研究年誌』一一、一九六六年)。
(54) 拙稿「古代国家における都城と行幸―「動く王」から「動かない王」への変質―」(註(25)前掲書、初出一九九〇年)、同「太上天皇制の展開」一九九六年(註(6)前掲書、初出一九九六年)。
(55) 西本昌弘「儀式記文と外記日記―『弘仁格式』序の再検討―」(註(39)前掲書、初出一九八七年)。
(56) 古瀬奈津子「格式・儀式書の編纂」(『日本古代王権と儀式』吉川弘文館、一九九八年、初出一九九四年)。
(57) 橋本義則「平安宮草創期の豊楽院」(註(51)前掲書、初出一九八四年)。
(58) 古瀬奈津子「平安時代の「儀式」と天皇」(註(56)前掲書、初出一九八六年)、神谷正昌「九世紀の儀式と天皇」(『平安宮廷の儀式と天皇』同成社、二〇一六年、初出一九九〇年)、同「紫宸殿と節会」(同前、初出一九九一年)。
(59) 山下信一郎「『延喜式』からみた節会と節禄―「賜」の考察―」(『日本古代の国家と給与制』吉川弘文館、二〇一二年、初出一九九四年)。
(60) 渡辺信一郎註(19)前掲書。
(61) 藤森健太郎「日本古代元日朝賀儀礼の特質」(『古代天皇の即位儀礼』吉川弘文館、二〇〇〇年、初出一九九一年)、大隅清陽註(10)前掲論文、大津透註(10)前掲書。
(62) 古瀬奈津子註(58)前掲論文、同「唐礼継受に関する覚書」(註(56)前掲書、初出一九九一年)。
(63) 拙稿b註(36)前掲論文。
(64) 岡田精司「大化前代の服属儀礼と新嘗―食国(オスクニ)の背景―」(『古代王権の祭祀と神話』塙書房、一九七〇年、初出一九六二年)。
(65) 直木孝次郎「朝集使二題―その起源と形式化について―」(『飛鳥奈良時代の考察』高科書店、一九九六年、初出一九七九年)。
(66) 和田萃「吉野の国栖と王権・国家」(『歴史評論』五九七、二〇〇〇年)。
(67) 田島公「日本の律令国家の「賓礼」―外交儀礼より見た天皇と太政官―」(『史林』六八―三、一九八五年)。

（68）瀧川政次郎「百官進薪の制と飛鳥浄御原令」（『律令格式の研究』角川書店、一九六七年、初出一九六一年）、三上喜孝「雑令の継受にみる律令官人制の特質」（『延喜式研究』一三、一九九七年）。

第二章　殯宮儀礼の主宰と大后
―女帝の成立過程を考える―

はじめに

序章でも言及したが、二〇一六年八月八日にマスコミに対して公開された「象徴としてのお務めについての天皇陛下のおことば」には、「これまでの皇室のしきたりとして、天皇の終焉に当たっては，重い殯《もがり》の行事が連日ほぼ二ヶ月にわたって続き、その後喪儀《そうぎ》に関連する行事が、一年間続きます」との発言があった。ここには古代以来の長期に実施された「殯」という、埋葬までにおこなわれる種々の葬儀儀礼についての言及がなされている。

殯とは、死者の復活を願いながらも、遺体の変化を確認することで最終的な死を確認するという両義的な儀礼であった。しかし、三世紀の「魏志倭人伝」の記述では十日程度の期間であったとする葬儀が、七世紀の『隋書』倭国伝では、一般的な葬儀と区別されて、支配層は三年のモガリをおこなったとあるように、長期化していることが確認される。おそらく渡来人の喪葬儀礼の導入によりモガリが整備され、長期化して「殯」と表現されるようになったと考えられる。やがて、モガリは特権的な儀礼として神聖化され、この期間中に合意形成により後継者を決定するということが一般化し、皇位継承と深い関係を有するようになった。

本章の目的は、古代における殯宮儀礼の主宰者と考えられるオオキサキ（大后）の役割を解明し、女帝即位への道筋を考えることにある。

殯宮の儀礼については、和田萃が一九六九年に発表した「殯の基礎的考察」という論考が通説的位置を占めている。(1)和田による論点は多岐にわたるが、巫女的な「中継ぎ」女帝即位に連続する「忌み籠もる女性のイメージ」を前提に、女（内）の挽歌と男（外）の誄のように内外に二分された殯宮のあり方を提起している。モガリの全期間にわたり籠もる女性を強調する点が特色となっている。女帝即位との関係では皇位継承の争いを避け、これを鎮める便法とされるように、井上光貞や折口信夫以来の巫女的な「中継ぎ」女帝論を前提に論じられている。(2)殯宮の二分法的な理解については、河原での儀礼との連続性の観点や、喪屋（殯大殿）と殯庭（誄）が門（兵衛）と垣で囲われる一体的な構造からは、成立しにくい。(3)

稲田奈津子は、通説的な和田説に対して、殯宮に籠もった皇后に先帝の天皇権力が委譲されるという、いわゆる「忌み籠もる女性のイメージ」に対して疑問を提起した。(4)和田の見解は、発表当時の有力な見解であった折口信夫の「巫女的女帝論」や井上光貞の「中継ぎ女帝論」の見解を基礎として、殯宮における「忌み籠もる女性」の存在を論じている。(5)折口・井上説については近年、多くの批判があり、(6)稲田が批判するように、そうした見解を基礎とした和田のモガリ論はそのままでは成り立ちにくくなっていると考えられる。

古代王権の「動的な」多極構造を論じた前稿では、この和田説批判における「忌み籠もる女性」批判という論点を全面的に肯定しつつも、元キサキによる「殯宮の主宰」(7)という論点については、呪力や祭祀を前提とした議論ではなく、モガリ期間中の詔勅のような権力的・政治的な振る舞いなど、女帝即位に連続する権力的分析に依拠すれば、異なる意味付けにより継承できるのではないかと論じた。(8)また、すでに部分的には、モガリについての検討をいくつかおこなっているが、全面的な検討には至っていない(9)。以下では、和田のモガリ論に対する批判的な検討と私見の提示をおこないたい。

一、和田説の検討と大后の役割

まずは、通説的な和田説の批判的検討をおこなう。その骨子は、先述したように、巫女的な「中継ぎ」女帝即位に連続する「忌み籠もる女性のイメージ」を前提に、女（内）の挽歌と男（外）の誄のように内外に二分された殯宮のあり方を提起している点が重要である。

すなわち、殯宮内部での儀礼と殯宮が営まれている殯庭での儀礼に二分されること、前者はおそらくは女性に限られた血縁者や女官・遊部らによる私的な奉仕儀礼であり、後者は王権による殯庭での公的儀礼と位置付けられている。天武の殯宮には鸕野皇后が籠もり、草壁は喪主として公的儀礼に供奉したと対比的に位置付けるように、殯宮内部での儀礼については、死者に奉仕するのが肉親の女性の役割であることを強調し、「女の挽歌」はタマシズメの役割を果たしたとする。また、遊部は喪葬令8一品親王条に親王・公卿の葬儀にも参加すべき者として規定され、天皇の殯宮に侍して霊魂の復活、死者蘇生の呪術をおこなった部民であったが、この遊部は女性に相応しい職掌であったとする。ただし、籠もる女性の参加者は史料上では不確かで、殯宮内部の儀礼も不明であるとも明言している。女帝即位との関係については、皇位継承の争いを避け、鎮める便法として評価する。

一方、殯宮が営まれている殯庭での儀礼については、王権内部での殯庭での公的儀礼とする。誄儀礼は男性が担当し、表面的には亡き天皇の幽魂を慰撫する詞章だが、皇位継承者である草壁皇子に服属を誓うもので政治権力の獲得の手段と評価する。この天武の殯から仏教的色彩が顕著となり、女性が殯の全期間に籠もるのに対して、「詔」の主体を男性とみて、皇太子草壁の統括を評価する。

なお、殯宮では日継と和風諡号が決定されたとするが、安閑期の和風諡号成立は殯と諡が結びつく事例がないので疑問とする議論もある(10)。

殯宮の場所について、推古・孝徳・天武紀にみえる「南庭」は、北側にある大殿の南と推測する(11)。しかしながら、殯宮の場所は、敏達の広瀬、斉明の飛鳥川原のような、宮外の河原での殯宮が古い事例として確認され、徐々に宮中枢部へと取り込まれていく過程が確認されるので、これらとの連続性が弱く、大殿の南とする説は疑問である（後述）。少なくとも浄御原宮の場合は東南郭の西門との関係からすれば南門の外側で、飛鳥川の河原と連続する空間に南庭を想定するのが妥当ではないかと考えられる(12)。

一方和田説で評価すべきは、先帝崩御により皇権（天皇権力）の所在が不明瞭・不安定となり皇位継承の争いが起きやすい時期が、まさに殯期間であるとの指摘である。日本古代政治史の研究をすすめる場合に、殯に関する考察は不可欠となる。これを学説史上で論ずるならば、代替わり時の固関の分析によって、皇権の所在を検討した岸俊男説を継承発展させたものと位置付けられる(13)。代替わりが権力の不安定化する時期であるとの指摘は重要で、この点は現在でも継承すべき論点であると考える(14)。また、すでに代替わり時の、群臣推戴と大臣・大連の職位確認の関係にも言及があり、議論としては相互依存を説く吉村武彦説よりも先行する(15)。

以上のように和田説を総括したうえで、改めて元キサキによる「殯宮の主宰」という観点から大王空位時におけるモガリ期間の占める割合の大きさを再確認したい。平均すると大王空位の半分以上、およそ七割程度がこのモガリ期間に相当する。

皇太子制が存在しない令制前においては、大王空位時という、次期大王が決定していない瞬間において多くの場合、前キサキのうちで有力な者がモガリを主宰するという慣行が存在し、譲位制確立以前の王位継承は、通常はモガリの終了までに決定していたことが想定される。(16)

この間にモガリを主宰していた人物から「詔」「勅」と表現される権力的な発動がしばしば確認され、次期皇位継承者についての合意形成や指名がおこなわれている。そのモガリを「喪主」として公的殯宮供奉にたずさわる中心的人物、すなわち主宰したのは、多くの場合、他ならぬ推古や持統ら前大王のキサキの一人であり、その人物こそが「大后」と尊称された人物であったと考えられる。(17) 具体的にはモガリ対象者と主宰者の関係としては、後述するように仲哀―神功、敏達―推古、舒明―皇極、斉明―天智、天智―倭姫、天武―持統、文武―元明などの事例が存在する。

『日本書紀』の「皇太后」追号は、死後の追号を含む令制下とは異なり、実子の即位に限定され、「オオキサキ」と訓まれているのは、元キサキの権力的なあり方を示している。少なくともモガリの主宰は、多くのキサキのうち一人が相対的序列により選択されており、そこに単なる称号に留まらない特殊な政治的地位を想定することは可能である。大兄・大王の称号も排他的身分称号として制度的なものではないが、その称号には明らかに政治的意味がともなっていたことと共通する。(18)

令制以前の大王と同じくキサキの身位も終身的で、三后の区分がなかったとすれば、キサキの序列に現キサキと元キサキの区分はなく、代替わりしてもキサキの称号は変わらないことになる。モガリにおいて、元キサキではあるが、次期天皇の生母ではない、間人皇女や倭姫王のような王族内部の年長者も含まれている点は、「大后」の用例として無視できないもので、『日本書紀』の皇后記載をすべて信用することはできないが、反対に王族に拘泥しない『古事記』や「天寿国繡帳銘」の用例は、当時の意識として尊重すべきである。大王空位時における、権力的編成のあり方として、推古や持統に典型的なように、モガリの主宰・次期大王の指名・大王代行というステップを昇り、その連続性のうえに女帝の即位を位置付けることは、非常時の安全弁としての役割として重要である(19)。

以下では具体的なモガリの歴史的変遷を史料に即して検討する。

二、倭国の喪葬儀礼

まず三世紀の「魏志倭人伝」の記述では、死から埋葬まで十日間ほどのあいだ、喪主は泣き、他の参集者は歌い踊り、肉は食べず酒を飲むとある。泣くことや歌舞・飲酒は死者に対する儀礼で、本来的なモガリと考えられる。

「魏志倭人伝」

其死、有レ棺無レ槨、封レ土作レ冢。始死停レ喪**十余日**、当レ時不レ食レ肉、**喪主哭泣**、**他人就歌舞飲酒**。已葬、挙レ家詣二水中一澡浴、以如二練沐一。

つぎの七世紀の『隋書』倭国伝では、十日程度の期間であったとする葬儀が、一般的な葬儀と区別されて、支配層は三年のモガリをおこなったとあるように、長期化している(20)。

『隋書』倭国伝

死者斂以二棺槨一、**親賓就レ屍歌舞**、**妻子兄弟以二白布一製レ服**、**貴人三年殯**二於外一、庶人卜レ日而瘞。及レ葬、置二屍船上一、陸地牽レ之、或以二小輿一。

支配層は三年のモガリ、庶民は卜占により日を決めて埋葬するとある。貴人に対する葬礼に対してはじめて

「殯」の語が用いられているのは注目される。庶民は以前と同じく十日程度のモガリであったと推測される。おそらく渡来人の喪葬儀礼の導入によりモガリが整備され、長期化して「殯」と表現されるようになったと考えられる。「魏志倭人伝」にはすでに「喪主」と「他人」の役割（哭泣と歌舞飲酒）が明確に区別して書かれ、役割分担が明瞭であったことを示している。『後漢書』では「家人」と「等類」（同族）と表現され、「喪主」は家人すなわち妻子のような狭い同居家族を指している。『隋書』倭国伝にも「親賓就レ屍歌舞、妻子兄弟以二白布一製レ服」とあることを参考とするならば、「他人」と「親賓」は歌舞という儀礼が共通するので、明らかに喪主（家人・妻子）と他人（等類・親賓）が区別され、同居家族の妻子（家人）が「喪主」であったと解釈される。

つぎに、『記紀』にみられる神話的な喪葬観念を確認しておく。まず、『古事記』上巻には、イザナミのモガリと死が語られている。そのプロセスは、Aイザナミは火の神を生んだ後、異常死をとげ、「神避り坐しき」（死とは異なる別世界への移動）と表現、Bイザナギの遺体への匍匐・哭泣、C比婆の山への「葬り」、Dイザナギの黄泉国訪問、E肉体の腐敗の目撃、Fイザナギの逃走・イザナミの追跡、G黄泉比良坂の千引の岩による閉塞、H「事戸渡し」（黄泉比良坂での死者との断絶）、Iイザナギの川での禊ぎ、という構成であり、横穴石室での喪葬儀礼やモガリ儀礼を前提に語られていると考えられてきた。(21)

ここではとりわけ、Bに描かれたイザナギがイザナミの遺体に嘆きの言葉を発し、腹ばいで枕元と足元ににじりより泣く、という行為が注目される。

『古事記』上巻

故爾、伊邪那岐命詔之、愛我那邇妹命乎、〈那邇二字以レ音。下效レ此。〉謂レ易二子之一木一乎、乃匍二匐御枕方一、匍二匐御足方一、而哭時、於二御涙一

『日本書紀』神代上第五段一書第六

于レ時伊奘諾尊恨之曰、唯以二一児一、替二我愛之妹者一乎、則匍二匐頭辺一、匍二匐脚辺一、而哭泣流涕焉。

悲しみの言葉を捧げる誄・発哀の儀礼であり、遺体のもとに這って泣く匍匐・発哭儀礼として位置付けられる。また、『日本書紀』神代上第五段一書第九では、「伊奘諾尊欲レ見二其妹一。乃到二殯斂之処一。是時伊奘冊尊猶如二生平一出迎共語」とあるように、イザナギがイザナミの腐乱した遺骸をみた際に、「殯斂之処」で、生きているかのように出迎え、語ったとある。「殯斂の処」すなわち、モガリの場では、遺体に対する語りかけであるタマフリ儀礼がおこなわれていたことが想像される表現である。

つぎは同じく『古事記』上巻にみえるアメノワカヒコ（天若日子）のモガリを取り上げる。ここで注目されるのは、葬儀に関連する役割を担う人材が、鳥に例えられて記載されることである。これは死者の霊魂を他界に連れていくと信じられた鳥からの連想であろう。

『古事記』上巻

故、天若日子之妻、下照比売之哭声、与レ風響到レ天。於レ是、在レ天、天若日子之父、天津国玉神及其妻子、聞而、降来、哭悲、乃於二其処一作二**喪屋**一而、河雁為二**岐佐理持**一、〈自レ岐下三字以レ音。〉鷺為二**掃持**一、翠鳥為二**御食人**一、雀為二**碓女**一、雉為二**哭女**一、如レ此行定而、日八日夜八夜遊也。

天若日子の死去にあたっての喪葬の様相が記される。すなわち、妻の下照比売の泣く声が天に届くと、天にいる父天津国玉神と妻が地上に降り、泣き悲しんで喪屋を作った。河雁を岐佐理持、鷺を掃持、翡翠を御食人、雀を碓女、雉を哭女に任命した。そして、八日八夜にわたり遊んだという。それぞれの役割について、岐佐理持は、遊離した霊魂を元の体に呼び戻そうとする魂呼び・タマフリ（魂振り）の役、掃持は、箒は蘇生させる呪具とすれば、遺体を撫でることにより、タマフリによる甦りを期待する役目、[22] 御食人は死者への供物を料理し供える役、碓女は碓で米を搗いて死者の食事を作る女で臼を杵で搗く音をたてるような舞踏で魂呼びをする役、哭女は喪葬の時に泣く女で、泣き声を声高にたてることで魂呼びをする役などと推定される。[23]『日本書紀』神代下第九段本文にはさらに尸者（身代わり役か）・造綿者（死者に着せる衣服を作る役）・宍人者（鳥獣の肉を料理する役）の役割もみえる。重要なのは、これらの諸役のうち明らかに女性と考えられる「某女」は、碓女と哭女のみで、女性だけが喪屋に奉仕したわけではないことが確認される。また、喪屋での儀礼が「遊ぶ」と表現されていることは、後述するように天皇の殯宮に侍して鎮魂の歌舞により死魂の荒廃を防ぐことをおこなった部民「遊部」との関連が指摘できる。

なお、天若日子（天稚彦）伝承については、A『古事記』上巻、とB『日本書紀』神代下第九段本文およびC同一書に、やや異なる伝承が残されている。喪屋の設置者については、A父と妻子、B父、C妻子と伝え、弔問客に対応したのは、A父と妻、B親族妻子、C妻子とあることから、総合すると男性である父を含む親族たちと推測、天の妻は喪屋の設置や弔問客対応をおこなっているが、地の妻である下照姫はその場には不在のようにみえるとして、稲田奈津子は女性の忌み籠もりに対して否定的な見解を提起している。[24]

しかしながら、地の妻である下照姫が喪屋に不在であるように描かれるのは、兄の顔を当然知っている妹がその場面に同席する場合には、兄と夫との混同が生じえないため、同席を避けたという物語構成上の問題に起因し、一般化はできないこと、そして、喪屋の構成者が女性に限定されないことは首肯されるが、『隋書』倭国伝の記載によれば、「妻子兄弟」のうちから喪主が選ばれるのが一般的でないかとの推測を別稿において論じた。[25]

いずれの記載にも阿遅志貴高日子根が喪屋を訪れた際、容貌が似ているので、遺族は天若日子が生き返ったと思い手足に取りすがって泣き悲しんだとある。岐佐理持が遊離した霊魂を元の体に呼び戻そうとする魂呼び・タマフリ（魂振り）の役であるとすれば、岐佐理持らのモガリ儀礼によって死者が生き返ったと誤解したというモチーフが背景に想定される。モガリ儀礼では死者の復活を願うタマフリ儀礼が要素として存在したことになる。

さらに『日本書紀』仁徳即位前紀にも、モガリ儀礼を推測できる記述がある。

『日本書紀』仁徳即位前紀

爰太子薨之経二三日一。時大鷦鷯尊摽擗叫哭、不レ知二所如一、乃解レ髪跨レ屍、以三呼曰、我弟皇子。乃応時而活、自起以居。……乃且伏レ棺而薨。於レ是大鷦鷯尊素服為二之発哀一、哭之甚慟。仍葬二於菟道山上一。

兄大鷦鷯尊（仁徳）と弟菟道稚郎子の争いにおいて弟が自殺する。死後三日目に兄は弔問に訪れ胸を打ちながら泣き、結った髪をほどいて、弟の死体にまたがり、三回名を呼ぶとたちまち生き返った。弟は天命だといい、棺に伏して、死去した。兄は白い服をまとい発哀、哭したという。ここでの兄大鷦鷯の髪を解きほどき、名を幾度か呼ぶ行為は、モガリにおける招魂・魂呼の作法であり、白い服をまとい発哀、哭したのも終了時の作法と推測される(26)。

モガリ儀礼の大王による独占を示すものとして大化二年（六四六）には大化の薄葬令が出されている。中国の故事に倣い、民衆の犠牲を軽減するため、石室や墳丘の規模、葬具の種類、労役従事者の人数、造営の日数など、王臣と庶民の身分に応じて作ってよい陵墓を制限した。関連して殉死・殉葬・副葬品など旧来の風習も廃止した。それらの規定の一つとして王以下は殯を営むことが禁止された。

『日本書紀』大化二年（六四六）三月甲申状

凡王以下及至二庶民一不レ得レ営レ殯。……凡人死亡之時、……或為二亡人一、断レ髪刺レ股而誄。如レ此旧俗、一皆悉断。

これによりモガリは、大王家（大王およびその妻子）のみがおこなえることとなり、儀礼の独占がなされたことになる。亡き人のために髪を切り、股を刺して誄をすることも旧俗として禁止された。モガリは特権的な儀礼として神聖化され、この期間中の合意形成により後継者を決定するということが一般化し、皇位継承と深い関係を有するようになった。モガリは、仏教的要素を加味して皇位継承との深い関係を持ちつつ大規模化・長期化するが、哭泣・歌舞・飲食などを内容とする盛大なモガリ儀礼を首尾よく終えることが政争の回避にとってより重要な意味を持つようになった。しかし、持統朝以後の火葬や都城制の導入により衰退していく。

さらに『令集解』喪葬令8親王一品条所引の古記によれば、遊部は代々天皇の殯宮に供奉し、氏人は禰宜・余比と称して、禰宜は刀を負い戈を持ち、余比は酒食を捧げ刀を佩き、秘辞を奏したと伝える。遊部は邪霊を排除し、殯宮において酒食を奉仕して鎮魂の歌舞により死魂の荒廃を防ぐことが職掌であった。伝承によれば雄略死去の際に、儀礼を担当していた比自支和気を追い払い、七日七夜御食を奉らなかったため、天皇の魂が荒びた。そのため比自支和気の氏人を諸国に探すと円目王の妻（比自支和気の女）がその子孫であることが知られたが、女が武器を負って奉仕するのは不都合として断ったとある。そして、男の円目王が代わりに喪屋で遺体に酒食を供え、刀や戈により邪霊を退けると雄略の亡魂は静まったという。親王・公卿の葬儀にも参加すべき者として規定されるが、後にはこの儀礼は、「野中古市人歌垣之類」ともされるように葬送の行列を飾る単なる歌舞へと変質し、生目（垂仁）天皇の末裔で、円目王の子孫を称する者が奈良期において高市郡内に居住していたと伝える。これによれば天皇のモガリ儀礼の担い手であった遊部は、本来は男性が奉仕していたものと推測され、モガリに奉仕するのは女性に限らなかったことが知られる。

以上、モガリの内容を神話などから検討してきたが、モガリ儀礼には大別するとタマフリとタマシズメという二つの要素があったと推定される。すなわち、タマフリとは衰弱した霊魂を賦活したり、肉体から遊離した霊魂をもどす儀礼である。イザナギ・イザナミの「殯斂之処」の伝承、岐佐理持の役割、大鷦鷯の髪を解きほどき、名を幾度か呼ぶ行為などは、これに該当する。やがて肉体の腐敗により死を確認すると、タマシズメという亡霊や邪霊が災いすることから亡霊を慰撫し、邪霊を駆逐する儀礼がおこなわれる。モガリ儀礼の後半部分に相当し、遊部がおこなった死者の霊魂や邪霊の撃退をする儀礼に相当する。これには死者の荒ぶる魂を鎮めて無害化する意味があると考えられる。

三、天皇のモガリ

つぎは、『日本書紀』の記載を中心に各天皇のモガリの様子を検討したい。正史には仲哀など一二代に記事がみられる。伝承的だが崩御から埋葬までの期間が最大なのは孝昭の三十九年が最長で（孝昭八十三年に崩御した孝昭はつぎの孝安三十八年に埋葬と伝える）、反正の五年十ヶ月がこれに続く。欽明からモガリ記事が連続するので、血縁継承の開始や祖先の意識の深まりも考慮すれば、制度的画期をこの頃に置くのが相応しい。モガリの長期化により、もはや本来のタマフリによる生身の蘇生への期待は薄れ、「政治的身体」(27)の継承儀礼としての意義が強調されるようになる。

天武の葬儀によれば、殯庭では、発哭・発哀・供物・誄・歌舞などの儀礼が確認される。哭泣には哭と哀の区別があり、歌舞としては楽官奏楽・楯伏舞・鼓吹幡旗などが記載される。供物についても花蔓・奠・嘗（御青飯）などとある。

まず仲哀のモガリ記事が初見である。

『日本書紀』仲哀九年二月丁未条

天皇忽有二痛身一、而明日崩。……於レ是皇后及大臣武内宿禰匿二天皇之喪一。不レ令レ知二天下一。……而**殯**二于豊浦宮一、為二**无火殯斂**一。〈无火殯斂。此謂二**褒那之阿餓利**一。〉

仲哀は熊襲を討ちに九州にでかけたが、負けて筑紫の宮に帰り、神宮皇后に憑依した神のことばを信じなかったため死去した（一説に熊襲の矢に当たって死んだとする）。そのため天皇の死を隠して「无火殯斂《ホナシアガリ》」（灯火を焚かないモガリ）をしたとある。逆にいえば、火を灯しながらモガリをおこなうことが普通であったことが知られる。

つぎに允恭のモガリについては、以下の記載がある。

『日本書紀』允恭四十二年正月戊子条

天皇崩。時年若干。於レ是新羅王聞二天皇既崩一、而驚愁之、貢二上調船八十艘及**種々楽人**八十一。是泊二対馬一而**大哭**。到二筑紫一亦**大哭**。泊二于難波津一、則皆**素服**之、悉捧二御調一、且張二**種々楽器**一。自二難波一至二于京一、或**哭泣**或**舞歌**、遂参二会於**殯宮**一也。

新羅王が允恭の死去を聞き、種々の楽人をともなって弔問の使節を派遣、対馬・筑紫で大哭、難波津で喪服に着替え、哭泣・歌舞し、殯宮に参会したと伝える。後に展開するモガリ儀礼の要素が、新羅弔問使の儀礼に含まれていることが注目され、海外文化の影響で殯宮儀礼が整備されたことを示すものとも考えられる。なお、玉田宿禰に反正の殯を担当させ「殯宮大夫」に任命したともある（允恭紀五年七月己丑条）。これは、大夫層がモガリを担当するようになった六世紀以降の史実の反映と考えられる。

これら伝承的な記載を除けば、欽明期以降にモガリ記事が連続するようになり、死去から埋葬までの記載が詳細となる。欽明にも、新羅からの弔問使の記載があり、河内古市での五ヶ月のモガリが想定される。

『日本書紀』欽明三十二年（五七一）四月是月条

天皇遂崩二于内寝一。時年若干。

『日本書紀』欽明三十二年五月条

殯二于**河内古市**一。

『日本書紀』欽明三十二年八月丙子朔条

新羅遣二弔使未叱子失消等一、奉二哀於殯一。

『日本書紀』欽明三十二年八月是月条

未叱子失消等罷。

『日本書紀』欽明三十二年九月条

葬二于檜隈坂合陵一。

つぎに敏達のモガリ記事については比較的詳細な記載が残る。

『日本書紀』敏達十四年（五八五）八月己亥条

天皇病弥留、崩二于大殿一。是時起二**殯宮**於**広瀬**一。馬子宿禰大臣佩レ刀而誄。物部弓削守屋大連听然而咲曰、如下中二猟箭一之雀鳥上焉。次弓削守屋大連手脚揺震而誄。〈揺震戦慄也。〉馬子宿禰大臣咲曰、可レ懸レ鈴矣。由レ是二臣微生二怨恨一。三輪君逆使三**隼人**相二距於**殯庭**一。穴穂部皇子欲レ取二天下一。発憤称曰、何故事二死王之庭一。弗レ事二生王之所一也。

『日本書紀』用明元年（五八六）五月条

穴穂部皇子欲レ奸二炊屋姫皇后一、而自強入二於**殯宮**一。寵臣三輪君逆乃喚二兵衛一重二璅宮門一、拒而勿レ入。穴穂部皇子問曰、何人在レ此。**兵衛**答曰、三輪君逆在焉。七呼レ開レ門、遂不二聴入一。於レ是穴穂部皇子謂三大臣与二大連一曰、逆頻無レ礼矣。於二**殯庭**一**誄**曰、不レ荒二朝庭一、浄如二鏡面一、臣治平奉仕。即是無レ礼。方今天皇子弟多在、両大臣侍。詎得三恣レ情、専言二奉仕一。又余観二**殯内**一、拒不二聴入一。自呼レ開レ門、七廻不レ応。願欲レ斬之。両大臣曰、随レ命。於レ是穴穂部皇子陰謀下王二天下一之事上。而口詐在三於殺二逆君一。

敏達の殯宮の様子によれば、「炊屋姫皇后」が殯宮におり、穴穂部皇子は「殯内」を観ようとして許されなかったことが確認される。重要なのは殯宮の場所が広瀬という河原であり、宮殿ではないことである。誄は殯宮でおこなわれたことからすれば、そもそも殯庭は殯宮の内部に存在し、その一部であった。また、広瀬では殯庭への侵入を隼人や兵衛が防いだともあるように、「殯内」と表現された内部には、誄などの儀礼がおこなわれる「殯庭」と遺体を納めた柩を安置した「殯宮（喪屋・大殿）」で構成され、隼人や兵衛が守る宮門が存在したと推測される。さらに、持統の葬儀では「作殯宮司」とともに「造大殿垣司」という臨時官司が設置されていることから垣が確認され（『続日本紀』大宝二年〔七〇二〕十二月乙卯条）、殯宮には大殿を囲む宮門と垣が重要な構成要素であったことが知られる。

宮外の広瀬で三輪君逆の侵入を防ぐため隼人に殯庭を守らせたとあることから門と垣に囲まれた内部が想定される。したがって、この河原での儀礼は、おそらく喪屋（殯大殿）と殯庭（誄）が門（隼人・兵衛）と垣で囲われる一体的な構造であったと想定される。そうだとすれば、穴穂部皇子は外側の門で殯内への侵入を拒絶されたことになる。少なくとも殯庭において誄が臣下の男性たちにより奏上されていることからすれば、男性が殯宮内部（殯内）に立ち入ることは、認められていたことになる。男女により内外が必ずしも厳重に区分されたものではないことが指摘できる。

三輪君逆が後に磐余池辺にいたのは即位した用明の宮に奉仕していたからではなかろうか。さらに、蘇我馬子と物部守屋が互いに誄をして争ったとの記載は、先述の反正の殯において大夫が殯宮を運営したという伝承の歴史的前提となる。

推古による敏達のモガリは、『日本書紀』敏達十四年（五八五）八月己亥条に「天皇病弥留、崩二于大殿一。是時起二殯宮於広瀬一」とみえてから、同崇峻四年（五九一）四月甲子条に「葬二訳語田天皇於磯長陵一」とあるまで、つまり五八五年八月から五九一年四月までの五年八ヶ月がその期間と考えられる。この期間に用明と崇峻の即位があり、用明のモガリとも重なる特異な時期にあたる。用明のモガリは明記されていないが、『日本書紀』用明二年（五八七）四月癸丑条に「天皇崩二于大殿一」、同崇峻即位前紀用明二年四月条にも「橘豊日天皇崩」とみえてから、同用明二年七月甲午条に「葬二于磐余池上陵一」とあるまで、五八七年中における最大三ヶ月間と推測される。まさにこの期間に重要な事件が発生している。

『日本書紀』崇峻即位前紀用明二年六月庚戌条

蘇我馬子宿禰等奉二炊屋姫尊一、詔二佐伯連丹経手・土師連磐村・的臣真噛一曰、汝等厳レ兵速往、誅三殺穴穂部皇子与二宅部皇子一。

敏達および用明のモガリ期間中、蘇我馬子が元キサキ炊屋姫を奉じて、穴穂部皇子の誅殺を命令している。用明のモガリも同時進行中であることを勘案すれば、複数のモガリの主宰者が併存するにもかかわらず、元キサキの序列上位者が権力的な命令（詔）を発布していることが確認される。おそらくは、年齢・先代キサキ・キサキ経験年数などが考慮されて、用明の元キサキであった間人穴穂部よりも炊屋姫が上位のキサキと判断されたと推測される。元キサキのうちで相対的に上位なキサキが政治的モガリを主宰するとともに、大王空位の期間においては権力的な命令（詔勅）が可能であり、死後の追号として金石文や『日本書紀』には有力なキサキとして「大后」の尊称が用いられたと考えられる。

譲位制確立以前の王位継承は、推古没後の混乱において「葬礼畢りぬ。嗣位未だ定まらず」（舒明即位前紀推古三十六年〔六二八〕九月条）とあるように、通常はモガリの終了までに決定していたことが慣行として想定される。実例においてもモガリの最終段階での「皇祖等之騰極次第」（持統紀二年〔六八八〕十一月乙丑条）、「息長山田公奉レ誄二日嗣一」（皇極紀元年〔六四二〕十二月乙未条）と表現された誄による日嗣の奏上（嗣位の決定）がなされていたことが指摘できる。多くの場合、そのモガリを主宰したのは、他ならぬ前大王のキサキの一人であり、その人物こそが「大后」の尊称が与えられた人物であったと考えられる。少なくともモガリの主宰は、多くのキサキのうち一人が選択されており、そこに単なる称号に留まらない特殊な政治的地位を想定することは可能である。この場合のモガリ主宰とは、忌み籠もる要素よりも、この期間における権力的・政治的な振る舞いこそが女帝に連続する重要な要素と考える。しばしば「詔勅」と表現される権力的な発動が確認され、次期王位継承者についての合意形成や指名がおこなわれていることは重要で、まさにこの点に女帝へ連続する要素が確認される。

用明や崇峻の即位は敏達のモガリ期間中であることを重視するならば、正式な即位とはいいにくい異常なあり方をしている。とりわけ用明の執政については、用明天皇は「諒闇に居すと雖も、勤めざるべからず」という状況のため「即位と称せず」（『聖徳太子伝暦』）と評されたように、モガリ終了以前の即位として扱われ正式な即位とはされていない（事績もほとんどなく、践祚を示す新嘗の直後から病臥）。推古の後援による称制的・共治的なあり方が読み取れる。推古が用明よりも形式的には上位の地位にあったとも推測される。崇峻についてもその即位は、「炊屋姫尊与二群臣一、勧二進天皇一、即天皇之位」（崇峻即位前紀用明二年〔五八七〕八月甲辰条）とあるように、推古による指名であることが確認される。

　このように推古による敏達のモガリ期間中に、蘇我氏と物部氏のモガリでの対立から物部氏の滅亡への展開、用明・崇峻さらには穴穂部間人・宅部・彦人大兄ら有力なミコたちが死去し、さらに少なからず推古は、これらミコたちの擁立（用明・崇峻）・失脚（穴穂部間人・宅部）に主導的に関与していることを重視するならば、大王空位時の元キサキの役割の大きさと、女帝としての即位は連続的に理解される。女帝出現の背景として、モガリの期間中に元キサキが大きな政治的役割を果たしており、それは前王の近親者としてモガリを主宰したことに求めるのが妥当と判断される。(28)

『日本書紀』からは、推古・舒明・孝徳・斉明のモガリ期間が推測できる。

推古天皇　六ヶ月
舒明天皇　一年二ヶ月
孝徳天皇　二ヶ月
斉明天皇　五年三ヶ月

『日本書紀』斉明七年（六六一）七月丁巳条
　天皇崩㆓于朝倉宮㆒。

『日本書紀』斉明七年八月甲子朔条
皇太子奉㆓徙天皇喪㆒、還至㆓磐瀬宮㆒。是夕於㆓朝倉山上㆒有㆑鬼、着㆓大笠㆒、臨㆓視喪儀㆒。衆皆嗟恠。

『日本書紀』斉明七年十月己巳条
天皇之喪帰就㆓于海㆒。於㆑是皇太子泊㆓於一所㆒、哀㆓慕天皇㆒。

『日本書紀』斉明七年十月乙酉条

天皇之喪、還泊二難波一。

『日本書紀』斉明七年十一月戊戌条

以二天皇喪一殯二于**飛鳥川原**一。自レ此発哀至二于九日一。

『日本書紀』天智六年（六六七）二月戊午条

合下葬天豊財重日足姫天皇与二間人皇女一於小市岡上陵上。是日、以二皇孫大田皇女一葬二於陵前之墓一。

斉明のモガリは、飛鳥でおこなわれ、中大兄が母斉明の柩とともに帰国していることからすれば、この場合の喪主は彼がふさわしいと考えられる。

つぎに問題となるのは、天智のモガリである。

天智天皇　不明

『日本書紀』天智十年（六七一）十二月乙丑条

天皇崩二于近江宮一。

『日本書紀』天智十年十二月癸酉条

殯二于**新宮**一。

『万葉集』巻二―一五一〜一五四番歌

天皇**大殯之時**歌二首

如是有乃　予知勢婆　大御船　泊之登万里人　標結麻思乎　**額田王**

（かからむと　かねて知りせば　大御船　泊てし泊りに　標結はましを）

八隅知之　吾期大王乃　大御船　待可将恋　四賀乃辛埼　**舎人吉年**

（やすみしし　我ご大君の　大御船　待ちか恋ふらむ　志賀の唐崎）

大后御歌一首

鯨魚取　淡海乃海乎　奥放而　榜来船　辺附而　榜来船　奥津加伊　痛勿波禰曾　辺津加伊　痛莫波禰曾　若草乃　嬬之　念鳥立

（鯨魚取り　近江の海を　沖放けて　漕ぎ来る船　辺付きて　漕ぎ来る船　沖つ櫂　いたくな撥ねそ　辺つ櫂　いたくな撥ねそ　若草の　夫の　思ふ鳥立つ）

石川夫人歌一首

神楽浪乃　大山守者　為誰可　山尓標結　君毛不有国

（楽浪の　大山守は　誰がためか　山に標結ふ　君もあらなくに）

天智の葬儀においては、『万葉集』に「天皇大殯之時歌」（巻二―一五一～一五四番歌）として、額田王、舎人吉年、大后（倭姫）、石川夫人の名前がみえる。これまでは、殯宮に忌み籠もる女性たちとして位置付け、これら挽歌群が詠まれたと想定してきた。

和田は、内（女の挽歌）と外（男の誄）に二分された殯宮という二項対立的な議論を前提に、これらの挽歌から忌み籠もる女性のイメージを強調し、巫女的な女帝イメージに連続させる議論を展開する。しかしながら、稲田が塚本澄子・上野誠の挽歌研究[29]を援用して批判するように、「女の挽歌」論は現在では根拠がなく疑問視されるようになった。

挽歌の解釈においても、天智の妻とされるのは、大后と表記された倭姫のみであること、詠まれている内容が近江の湖畔をいずれも題材としており、山科と想定される殯宮とは異なる場所で詠まれた可能性が指摘できること、舎人吉年の名前は必ずしも女性の名前ではなく男性の可能性が高いこと、などが疑問として指摘できる。(30)
なお、モガリの主宰は前王の近親者が務めたと想定され、斉明死去時の中大兄のように必ずしも女性に限定されないが、その機会は多かったと考えられる。当然ながら、通説のようにモガリの宮に主宰者が常時籠もる必要はないと考える。

天武天皇　二年二ヶ月

『日本書紀』朱鳥元年（六八六）九月丙午条

天皇病遂不レ差。崩二于正宮一。

『日本書紀』朱鳥元年九月戊申条

始発哭。則起二殯宮於**南庭**一。

『日本書紀』朱鳥元年九月辛酉条

殯二于**南庭**一、即発哀。

『日本書紀』朱鳥元年九月甲子条

平旦、諸僧尼発二哭於**殯庭**一乃退之。是日、肇進奠、即誄之。第一大海宿禰草蒲誄二**壬生事**一。次浄大肆伊勢王誄二**諸王事**一。次直大参県犬養宿禰大伴総誄二**宮内事**一。次浄広肆河内王誄二**左右大舎人事**一。次直大参当麻真人国見誄二**左右兵衛事**一。次直大肆釆女朝臣竺羅誄二**内命婦事**一。次直広肆紀朝臣真人誄二**膳職事**一。

『日本書紀』朱鳥元年九月乙丑条

諸僧尼亦哭二於**殯庭**一、是日。直大参布勢朝臣御主人誄二**太政官事**一。次直広参石上朝臣麻呂誄二**法官事**一。次直大肆大三輪朝臣高市麻呂誄㆓**理官事**㆒。次直広参大伴宿禰安麻呂誄㆓**大蔵事**㆒。次直大肆藤原朝臣大嶋誄㆓**兵政官事**㆒。

『日本書紀』朱鳥元年九月丙寅条

僧尼亦発哀。是日、直広肆阿倍久努朝臣麻呂誄㆓**刑官事**㆒。次直広肆紀朝臣弓張誄㆓**民官事**㆒。次直広肆穂積朝臣虫麻呂誄㆓**諸国司事**㆒。次**大隅・阿多隼人及倭・河内馬飼部造**、各誄之。

『日本書紀』朱鳥元年九月丁卯条

僧尼発哀之。是日、百済王良虞代㆓百済王善光㆒而誄之。次**国々造等**随㆓参赴㆒、各誄之。仍奏㆓種々歌舞㆒。

★この間に大津皇子の謀反事件発生

『日本書紀』持統元年（六八七）正月丙寅朔条

皇太子率㆓公卿百寮人等㆒、適㆓**殯宮**㆒而慟哭焉。納言布勢朝臣御主人誄之。礼也。誄畢衆庶発哀。次梵衆発哀。於㆑是**奉膳**紀朝臣真人等奉奠。々畢**膳部・采女等**発哀。楽官奏㆑楽。

『日本書紀』持統元年正月庚午条

皇太子率㆓公卿・百寮人等㆒、適㆓**殯宮**㆒而慟哭焉。梵衆随而発哀。

『日本書紀』持統元年五月乙酉条

皇太子率㆓公卿・百寮人等㆒、適㆓**殯宮**㆒而慟哭焉。於㆑是隼人大隅・阿多魁帥、各領㆓己衆㆒、互進誄焉。

『日本書紀』持統元年八月丙申条

嘗㆓于**殯宮**㆒。此曰㆓御青飯㆒也。

『日本書紀』持統元年九月辛未条

設㆓斎於**殯宮**㆒。

『日本書紀』持統二年（六八八）正月庚申朔条

皇太子率二公卿・寮人等一、適二**殯宮**一而慟哭焉。

『日本書紀』持統二年正月辛酉条

梵衆発二哀於**殯宮**一。

『日本書紀』持統二年三月己卯条

以二華縵一進二于**殯宮**一。藤原朝臣大嶋誄焉。

『日本書紀』持統二年八月丙申条

嘗二于**殯宮**一而慟哭焉。於レ是大伴宿禰安麻呂誄焉。

『日本書紀』持統二年十一月戊午条

皇太子率三公卿・百寮人等与二諸蕃賓客一。適二**殯宮**一而慟哭焉。於レ是奉二奠奏楯節舞一。諸臣各挙二己先祖等所レ仕状一、遞進誄焉。

『日本書紀』持統二年十一月己未条

蝦夷百九十余人、負二荷調賦一而誄焉。

『日本書紀』持統二年十一月乙丑条

布勢朝臣御主人・大伴宿禰御行、遞進而誄。直広肆当麻真人智徳、奉二誄**皇祖等之騰極次第**一。礼也。古云二**日嗣**一也。畢葬二于大内陵一。

『日本書紀』によれば、朱鳥元年（六八六）九月丙午（九日）に天武は死去し、同戊申（十一日）にはモガリが開始され、持統二年（六八八）十一月乙丑（十一日）に大内陵に埋葬されるまで二年以上の長期にわたりモガリは継続している。大津皇子の謀反は、まさにモガリが開始された直後の朱鳥元年十月己巳（二日）に発覚している。大津皇子は、天智の娘大田皇女と天武の間に生まれた皇子で、大田皇女は持統の姉にあたり、若くして亡くなっていなければ、大津の即位の可能性はその資質により草壁よりも高かったと考えられる。すでに同年七月には、天武の意思により皇后（持統）と皇太子（草壁）による代行が正式に認められており、さらに持統が天武のモガリを主宰し、その間において天皇権力を代行するという特殊な政治権力を掌握することができたことで、推古の前例に従って、大津の排除は、対等な権力闘争ではなく正当な権力行使によりおこなえたと評価される。

先述したように推古は敏達のモガリの期間において、ミコたちの擁立（用明・崇峻）・失脚（穴穂部間人・宅部）などに主導的に関与していることと類似する。大津を排除することができた前提には、こうした日嗣を定める政治的なモガリ期間において特殊な政治的立場に持統があったことに考慮する必要がある。さらに、九月中にモガリ儀礼において国造や六官など、官僚組織からの忠誠の確認がなされた直後において、大津の排除を実行していることは重要な意味があったと考えられる[31]。

以上の史料に即するならば、敏達は広瀬、推古は南庭、舒明は宮北（百済大殯）、孝徳は南庭、斉明は飛鳥川原、天智は近江宮に近接した新宮、天智は南庭においてモガリをおこなったことが確認される。おおよそ、

Ⅰ敏達の広瀬、斉明の飛鳥川原のような宮外
Ⅱ舒明の宮北（百済大殯）、天智の新宮のような隣接地
Ⅲ推古・孝徳・天武の南庭のような宮内

という三類型に分類される。そして、おそらく伝統的な儀礼であるモガリの性格により、必ずしも直線的に場所が移行したわけではなかったが、大局的にみれば、Ⅰ宮外の殯宮→Ⅱ宮の隣接地→Ⅲ宮内の南庭へと場所が変遷して

いくことが指摘できる。(32)

さらに、藤原京成立後の都城内部でおこなわれた持統以降のモガリについて検討したい。

持統天皇　一年

『続日本紀』大宝二年（七〇二）十二月甲寅条

　太上天皇崩。遺詔、勿二素服挙哀一。内外文武官釐務如レ常。喪葬之事、務従二倹約一。

『続日本紀』大宝二年十二月乙卯条

　以二二品穂積親王・従四位上犬上王・正五位下路真人大人・従五位下佐伯宿禰百足・黄文連本実一、為二**作殯宮司**一。三品刑部親王・従四位下広瀬王・従五位上引田朝臣宿奈麻呂・従五位下民忌寸比良夫為二**造大殿垣司**一。

『続日本紀』大宝二年十二月辛酉条

　殯二于**西殿**一。

『続日本紀』大宝三年（七〇三）十月丁卯条

　任二**太上天皇御葬司**一。以二二品穂積親王一為二**御装長官**一、従四位下広瀬王・正五位下石川朝臣宮麻呂・従五位下猪名真人大村為レ副。政人四人、史二人。四品志紀親王為二**造御竈長官**一、従四位上息長王・正五位上高橋朝臣笠間・正五位下土師宿禰馬手為レ副。政人四人、史四人。

『続日本紀』大宝三年十二月癸酉条

　従四位上当麻真人智徳、率二諸王・諸臣一、**奉**レ**誄**二太上天皇一。諡曰二大倭根子天之広野日女尊一。是日、火二葬於飛鳥岡一。

『続日本紀』大宝三年十二月壬午条

合㆓葬於大内山陵㆒。

まず、持統の段階には「作殯宮司」「造大殿垣司」という官司制的編成に変化したが、内実は前代と同じく王族中心であり、殯宮と周囲の垣造営に主眼が置かれたことが知られ、作殯宮司は以後みえなくなる。モガリの場所は西殿とあるが、藤原宮の庭に作られた殯宮と推測される。太上天皇御葬司（持統）の名称がみえるが、御装（束）司と造御竈司の総称であり、王族中心の官人編成であった。モガリの期間は、西殿で開始された大宝二年十二月二十二日から大内山陵に埋葬された翌年の大宝三年十二月二十九日までの約一年であったことが知られる。(33)

文武天皇　五ヶ月

『続日本紀』慶雲四年（七〇七）六月辛巳条

天皇崩。遺詔、挙哀三日、凶服一月。

『続日本紀』慶雲四年六月壬午条

以㆓三品志紀親王・正四位下犬上王・正四位上小野朝臣毛野・従五位上佐伯宿禰百足・黄文連本実等㆒、**供**㆓**奉殯宮事**㆒。挙哀、着服、一依㆓遺詔㆒行之。自㆓初七㆒至㆓七々㆒。於㆓四大寺㆒設斎焉。

『続日本紀』慶雲四年十月丁卯条

以㆓二品新田部親王・従四位上阿倍朝臣宿奈麻呂・従四位下佐伯宿禰太麻呂・従五位下紀朝臣男人㆒、為㆓**造御竈司**㆒。正四位下々毛野朝臣古麻呂・正五位上土師宿禰馬手・正五位下民忌寸比良夫・従五位上石上朝臣豊庭・従五位下藤原朝臣房前、為㆓**造山陵司**㆒。正四位下犬上王・従五位上采女朝臣枚夫・多治比真人三宅麻呂・従五位下黄文連本実・米多君北助、為㆓**御装司**㆒。

『続日本紀』慶雲四年十一月丙午条

従四位上当麻真人智徳、率二誄人一**奉レ誄**。誄曰二倭根子豊祖父天皇一。即日、火二葬於飛鳥岡一。

『続日本紀』慶雲四年十一月甲寅条

奉レ葬二於檜隈安古山陵一。

伝統的な供奉殯宮事と奉誄の記事は、文武が最後である。モガリが開始された慶雲四年六月十六日から檜隈安古山陵に埋葬される十一月二十日までのモガリ期間は五ヶ月で、持統よりも半分以下に短縮されている。つぎの元明になるとモガリの期間はさらに短縮される。

元明天皇　六日

『続日本紀』養老五年（七二一）十二月己卯条

崩二于平城宮中安殿一。時春秋六十一。遣レ使固二守三関一。

『続日本紀』養老五年十二月庚辰条

従二位長屋王、従三位藤原朝臣武智麻呂等、**行二御装束事一**。従三位大伴宿禰旅人**供二営陵事一**。

『続日本紀』養老五年十二月乙酉条

太上天皇葬二於大倭国添上郡椎山陵一。不レ用二喪儀一。由二遺詔一也。

ここでは、もはやモガリとの表現はなくなり、装束や営陵の担当者が置かれた養老五年十二月七日から大倭国添上郡椎山陵に埋葬された十二月十三日までは、わずか六日に短縮されてしまう。以後は殯宮・奉誄の記事もなくなり、モガリ期間の大幅な短縮がなされたのは、都城内での長期的モガリが不可能となったことを示し、以後は庭ではなく、殿上の儀礼になったと推測される(34)。

四、元キサキによる詔の実例

モガリ期間を中心とした空位時において、元キサキによる人格的権威を前提とした「宣・告・命」とも表現される「口勅」が多数発出されていることが指摘できる。「詔勅」と表現される権力的な発動がこの間に確認され、次期皇位継承者についての合意形成や指名がおこなわれている。これは殯宮においては生前と同じような群臣による奉仕関係が長期に継続することが背景にある。モガリ期間における殯宮の主宰者は前王と権力的に一体化した大王の代理的存在であったと位置付けられる。

なお、モガリ期間中（空位時）における元キサキによる命令は、公式令的な国家意思の表明とは異なるが、前代的な共同意思としての「口勅」としての性格が強く、後述する光明皇太后の詔、太上天皇の詔などと類似する。[35]天皇（大王）の言には、和語たるミコト（ミコトノリ）やオオミコト（「のる」「おおす」の意味）に対して、（大）命・詔・勅（旨）などの多様な漢語を充てており、文書形式の詔勅とは異なる口勅を含めて拡大使用されている。表記と読みの違い、すなわち「文則皇太夫人、語則大御祖」（『続日本紀』神亀元年〔七二四〕三月辛巳条）のように「文」と「語」の乖離が存在し、王言に対しては宣・告・符・寵命・教などの用字も使用された。[36]七世紀以前においては、文書行政は整備されておらず、ただミコトノリやオオミコトと称された王言が先行して存在したが、『日本書紀』編者は、奈良時代以降の用字により内容の軽重に従って適宜区別して、（大）命・詔・勅（旨）さらには宣・告・符・寵命・教などと表記し、質的な差異は存在しなかったと考えられる。

以下では、神功皇后、炊屋姫皇后、鸕野讃良皇后などの実例を検討する。

まず、伝説的な神功皇后であるが、モガリの開始直前に仲哀天皇の喪を神功皇后と武内宿禰が秘すという政治的行為をおこなったとする。天皇死去の直後に「皇后の詔」発布および四大夫への命令が記されている。また、摂政期間中には、百済からの使者に「皇太后勅」として多沙城を与えて、宿駅としたと伝える。いずれも大命（オオミコト）などに言い換え可能な口頭命令である。

『日本書紀』仲哀九年二月丁未条

天皇忽有二痛身一、而明日**崩**。……於レ是**皇后及大臣武内宿禰匿**二**天皇之喪**一、不レ令レ知二天下一。則**皇后詔**二大臣及中臣烏賊津連・大三輪大友主君・物部胆咋連・大伴武以連一曰、今天下未レ知二天皇之崩一。若百姓知之、有二懈怠一者乎。則**命**二**四大夫**一、領二百寮一、令レ守二宮中一。窃収二天皇之屍一、付二武内宿禰一、以従二海路一遷二穴門一、而**殯**二**于豊浦宮**一、為二无火殯斂一。〈无火殯斂、此謂二褒那之阿餓利一。〉

『日本書紀』神功五十年五月条

皇太后勅云、善哉汝言。是朕懐也、増二賜多沙城一。為二往還路駅一。

さらに、『漢書』の潤色はあるが、群臣と百寮に「命」じて斎宮の造営もなされている（神功摂政前紀仲哀九年二月条）。一方で武内宿禰に「命」じて琴を弾かせたともあり（同三月条）、公的な命令と、私的な指図が同じく「命」となっていることは、口頭での指示で共通し、両者の区別が曖昧であったことを示している。

これらは、いずれも『日本書紀』編者による天皇空位期間における執政方式の認識を示すもので、天皇死去時には、元キサキによる非常時の執政が認められていたことがうかがわれる。

つぎは炊屋姫皇后の実例をとりあげる。敏達のモガリ期間中、蘇我馬子が元キサキ炊屋姫を奉じて、穴穂部皇子の誅殺を「詔」していることが確認される。

『日本書紀』崇峻即位前紀用明二年（五八七）六月庚戌条

蘇我馬子宿禰等**奉**二**炊屋姫尊**一、**詔**二佐伯連丹経手・土師連磐村・的臣真嚙一曰、汝等厳レ兵速往、誅三殺穴穂部皇子与二宅部皇子一。

この時期は先述したように、用明のモガリも同時進行中であり穴穂部間人皇后が主宰していたと考えられる。こうした複数のモガリの主宰者のなかで、元キサキの序列化がなされ、その中の一人にのみ非常時の執政が認められていたことになり、キサキ間における相対的な序列が存在したと判断される。おそらく、用明元キサキの間人穴穂部よりも上位のキサキ（年齢・先代キサキ・キサキ経験年数）として炊屋姫皇后が群臣に承認されたことにより、臨時執政の権限が行使できたと判断される。通常は顕在化しないが、大王の執政に支障がある場合にのみ起動する安全弁として機能している。大后の称号は、こうした相対的な序列の最上位の元キサキに尊称として与えられたものと推測される。もちろん、大兄と同じく排他的な身分称号でも、制度的な称号でもないが、政治的・権力的な意味がそこに加わっていることも否定できない。

つぎは鸕野讃良皇后の実例をとりあげる。『日本書紀』によれば、朱鳥元年（六八六）九月丙午（九日）に天武は死去し、同戊申（十一日）にはモガリが開始され、持統二年（六八八）十一月乙丑（十一日）に大内陵に埋葬されるまで二年以上の長期にわたりモガリは継続している。

『日本書紀』持統即位前紀朱鳥元年九月丙午条

天渟中原瀛真人天皇崩。**皇后臨朝称制**。

『日本書紀』持統即位前紀朱鳥元年十月丙申条

詔曰、**皇子大津謀反**。詿誤吏民・帳内不レ得レ已。今皇子大津已滅。従者当坐二皇子大津一者、皆赦之。但砺杵道作流二伊豆一。又**詔**曰、新羅沙門行心与二**皇子大津謀反**一、朕不レ忍二加法一。徙二飛驒国伽藍一。

『日本書紀』持統元年（六八七）七月甲子条

詔曰、凡負債者、自二乙酉年一以前物、莫レ収レ利也。若既役レ身者、不レ得レ役レ利。

『日本書紀』持統元年八月己未条

天皇使二直大肆藤原朝臣大嶋・直大肆黄書連大伴一、請二集三百龍象大徳等於飛鳥寺一、奉二施袈裟一。人別一領。曰、此以二天渟中原瀛真人天皇御服一所二縫作一也。**詔詞**酸割、不レ可二具陳一。

『日本書紀』持統元年十二月庚子条

以二直広参路真人迹見一、為下饗二新羅一**勅使**上。

『日本書紀』持統二年（六八八）二月乙巳条

詔曰、自レ今以後。毎レ取二国忌日一、要須レ斎也。

『日本書紀』持統二年六月戊戌条

詔、令二天下一、繋囚極刑減二本罪一等一。軽繋皆赦除之。其令二天下一皆半二入今年調賦一。

★殯宮終了し大内陵へ埋葬

『日本書紀』持統三年（六八九）正月丙辰条

詔曰、麻呂等少而閑雅寡レ欲。遂至二於此一、蔬食持レ戒。可下随二所請一出家修道上。

『日本書紀』持統三年正月壬戌条

詔二出雲国司一、上下送遭二値風浪一蕃人上。

『日本書紀』持統三年二月丙申条

詔、筑紫防人満二年限一者替。

『日本書紀』持統三年三月丙子条

大二**赦天下**一。唯常赦所レ不レ免、不レ在二赦例一。

★草壁皇子の死去

『日本書紀』持統三年四月己酉条

詔、諸司仕丁、一月放二仮四日一。

『日本書紀』持統三年五月甲戌条

命二土師宿禰根麻呂一。**詔**二新羅弔使級湌金道那等一曰、太政官卿等奉勅奉宣、二年、遣二田中朝臣法麻呂等一、相二告大行天皇喪一。……

『日本書紀』持統三年六月辛丑条

詔二筑紫大宰粟田真人朝臣等一、賜下学問僧明聡・観智等、為レ送二新羅師友一綿、各一百四十斤上。

『日本書紀』持統三年七月丙寅条

詔二左右京職及諸国司一、築二習射所一。

『日本書紀』持統三年八月辛丑条

詔二伊予総領田中朝臣法麻呂等一曰、讃吉国御城郡所レ獲白燕宜二放養一焉。

『日本書紀』持統四年（六九〇）正月戊寅朔条

物部麻呂朝臣樹二大盾一。神祇伯中臣大嶋朝臣読二天神寿詞一。畢忌部宿禰色夫知、奉二上神璽剣・鏡於皇后一。**皇后即天皇位**。公卿・百寮羅列。匝拝而拍レ手焉。

朱鳥元年九月九日から持統四年正月一日までが皇后臨朝称制の期間で、この間に多くの「詔」が天皇でない元キサキから発出されている。このうち殯宮は朱鳥元年九月十一日から持統二年十一月十一日までで、大津王子の謀反は殯宮の期間中で、『懐風藻』によれば河島王子の密告による。

この間、草壁が官人を率いて、殯宮へ参列したとの記載が散見する。

『日本書紀』持統元年（六八七）正月丙寅朔条

皇太子率二公卿百寮人等一、適二**殯宮**一而慟哭焉。納言布勢朝臣御主人誄之。礼也。誄畢衆庶発哀。次梵衆発哀。於レ是**奉膳**紀朝臣真人等奉奠。々畢**膳部・采女等**発哀。楽官奏レ楽。

『日本書紀』持統元年正月庚午条

皇太子率二公卿・百寮人等一、適二**殯宮**一而慟哭焉。梵衆随而発哀。

『日本書紀』持統元年五月乙酉条

皇太子率二公卿・百寮人等一、適二**殯宮**一而慟哭焉。於レ是隼人大隅・阿多魁帥、各領二己衆一、互進誄焉。

『日本書紀』持統二年（六八八）正月庚申朔条

皇太子率二公卿・百寮人等一、適二**殯宮**一而慟哭焉。

『日本書紀』持統二年十一月戊午条

皇太子率三公卿・百寮人等与二諸蕃賓客一。適二**殯宮**一而慟哭焉。於レ是奉二奠奏楯節舞一。諸臣各挙二己先祖等所レ仕状一、逓進誄焉。

こうした記載を前提に、和田萃説によれば、これらの詔勅は草壁が発出の主体であったと推測する。(37) しかしながら持統三年における草壁の死去後も、同様な詔は連続するので草壁が出したのではないことは明らかで、これらの詔は一貫して讃良皇后が主体のものであったと判断される。讃良皇后は殯宮において天武と一体化して群臣の奉仕を受ける存在であり、モガリの全期間籠もっていたのでは、国政上の指示は難しい。少なくとも当時の詔勅は対面による宣告が原則とすれば、頻繁な出御が求められたはずである。

ちなみに『万葉集』巻二には「天皇崩之時、大后御作歌」（一五九番歌詞書）、「一書曰、天皇崩之時、太上天皇御製歌二首」（一六〇・一六一番歌詞書）と表現されている。モガリを主宰する者としての同時代表記は「大后」であり、太上天皇は追号である。

つぎに文武のモガリ期間については、皇太妃阿閇皇女による「詔」が問題となる。[38]

『続日本紀』元明即位前紀慶雲四年（七〇七）六月庚寅条

天皇御㆓東楼㆒、**詔**召㆓八省卿及五衛督率等㆒、告以㆘依㆓**遺詔**㆒**摂**㆓**万機**㆒之状㆖。

元明の即位は七月十七日であり、即位以前の六月二十四日という段階で天皇の「詔」が出されていること、さらに文武のモガリ期間は六月十五日から十一月二十日の間で、まさにこのモガリ期間中の措置であることが指摘できる。これは即位前の皇太子令旨などとは異なり（三后とは異なりそもそも皇太妃には令旨の発給権限はなく、皇太子や皇后の令旨であっても国家大事に適用されない[39]）、元明の即位以前の文武のモガリ期間中に「天皇の詔」が出されている点が特異で、「遺詔」による「摂万機」の権限を文武から得て、天皇代理として執政していることが確認される。あくまで践祚や即位前の長期的執政を示す称制記事ではなく、文武のミオヤたる元キサキによる天皇代行を示している。[40]

とりわけ、直後の七月十七日の即位宣命に「不改常典」が初見することは重要で、「先帝意思」による即位を強調する「不改常典」[41]は、この記事（「遺詔」による「摂万機」の権限を文武から得たことが、元明が即位正統性の根拠）

を直接の法的根拠としていると考えられる。先帝意思による即位を強調する不改常典の原点はこの記事と考えられる。「八省卿及五衛督率等」という限られた文武の高級官人を召し入れて「詔」していることからすれば、機構を媒介にしない直接的な語り（口勅）による命令経路が機能したと考えられる。空位時の「詔」はミオヤたる元キサキの人格的権威を前提とした大命《みことのり》として発せられ、無記名であることを重視すれば、共同意思の「詔」として機能したことになる。おそらく殯宮においては生前と同じような群臣による奉仕関係が長期に継続することにより、モガリ期間における殯宮の主宰者は前大王と権力的に一体化した存在として権力行使が承認されたと考えられる。

しかしながら文武の葬儀以降、後継者の選定期間でもあった長期にわたる政治的モガリが廃止され、次期大王の指名をおこなった元キサキの役割が変化したことにより、先帝意思の尊重を示す「不改常典」の出現が必然化したと考えられる。モガリの主宰を前提した女帝の即位要件は変化し、元キサキではなくとも先帝の譲りがあれば、元明（皇太妃）・元正（内親王）・孝謙（皇太子）のように即位可能となった。

以上の検討によれば、モガリ期間中（空位時）における元キサキによる命令は、公式令的な国家意思の表明とは異なるが、前代的な共同意思としての「口勅」としての性格が強く、光明皇太后の詔、太上天皇の詔などと類似する(42)。なお、皇太子や皇后の令旨は国家大事に適用されない。これは兵馬の権限がない日本の皇太子監国の規定は天皇空位時には機能しないためである(43)。

五、モガリの衰退と元キサキの変質

つぎに、殯儀礼が衰退した後に立后した非王族出身の藤原光明子について、元キサキの地位の変化や女帝即位の可能性について考察したい。

藤原光明子は実子天皇（孝謙）の即位によって皇太后になり「しりへの政（内治）」を実現した。これは、持統のような王族出身で女帝となった七世紀以前のあり方とは大きく異なる。しはしば「六世紀型」と「八世紀型」の皇統形成原理の違いとして対比的に説明されるものである。(44) 族内婚から族外婚への転換が光明子の立后を境としておこなわれたと評価される。これと連動するように光明子の立后宣命以降、「（食国）天下の政」における「しりへの政」という表現が定型句として用いられるようになる。

『続日本紀』天平元年（七二九）八月壬午条

又於天下政置而、独知倍伎物不有。必母**斯理幣能政**有倍之。此者事立尓不有。天尓日月在如、地尓山川在如、並坐而可有止言事者、汝等王臣等明見所知在。

これは故皇太子の生母であったことを立后の理由していることを前提に書かれている。この「しりへの政」の解釈については、共同統治者説が有力であるが、(45) 実証的な根拠は明確でなく、権力発動は非常時に限定される。(46) 古代中国でも皇太后の権力は皇帝の母であることに基づき、外戚は幼帝即位と皇太后臨朝に依存したと解釈されており、いわゆる、「キサキ権」からの連続としては考えられていない。(47) むしろ、「しりへの政」を『礼記』などにみえる理念の和語的表現とみるならば、第一義的には後宮統治の権限と解釈され、実子の即位により皇太后臨朝の権限が認められたものと解釈される[48]。

『礼記』巻六一、昏義四四

古者**天子后**立六宮、三夫人、九嬪、二十七世婦、八十一御妻、以**聴天下之内治**、以明章婦順、故天下内和而家理。天子立六官、三公、九卿、二十七大夫、八十一元士、以**聴天下之外治**、以明章天下之男教、故外和而国治。故曰、天子聴男教、後聴女順、天子理陽道、後治陰徳、**天子聴外治**、後聴内職。教順成俗、外内和順、国家理治、此之謂盛徳。

これによれば、天子による「外治」と対応させ、「天子の后」は、「天下之内治」を聴くと表現されており、光明立后宣命にみえる「(食国) 天下の政」における「しりへの政」の表現とよく対応している。儒教的な国家観では、「国」(外治) と「家」(内治) の双方が治まって、はじめて「国家」は安泰となると説き、後宮統治に対しても「天下之内治」という大仰な表現になっている。その表現を継承したことにより日本でも「(食国) 天下の政」における「しりへの政」という言い回しがなされたと推測される。そのように考えれば、「しりへの政」の解釈を、外治における共同統治者まで拡大した通説的な理解はあたらないことになる。

おそらく、八世紀に同姓不婚を前提とする中国的内治観の導入がなされことにより、はじめての非王族皇后の立后において『礼記』の理念が参照され、その和語的表現が宣命に採用され、以後定型文言化したものと考えられる[49]。中国的内治観の導入による象徴的表現が「しりへの政」であったとすれば、その対象は非王族皇后に限定されることになり、実子の即位や皇太后になることが王族皇后と異なり権力発動の前提とならないのであるから、外治も可能で女帝にもなりえた古いタイプの族内婚である井上内親王や正子内親王など、王族皇后の立后宣命に「しりへの政」の文言がみえないことは理解しやすい[50]。

推古・皇極（斉明）・持統いずれの女帝即位の場合においても、条件として実子が即位した皇太后になることは必要条件ではなかった。[51] すなわち、実母であることは必要条件ではなく、この点では臣下皇后による執政との明確な質的差異が存在する。従来、「しりへの政」を外治に対する共同統治と位置付け、連続的に女帝即位の可能性（控え女帝論）も視野に議論されていた点は修正する必要がある。[52] このように元キサキが即位した従来の女帝と異なり、非王族出身の皇后が出現したことにより即位の可能性がなくなったこと、男子優先ながらカリスマ的な直系血筋が尊重された結果、男系女子にも皇位継承資格が存在したこと、などの条件により孝謙のような女性皇太子も可能となったと考えられる。新たな統治形態として実子の即位を前提とした非王族皇后との共同統治が構想されたと考えられる。しかしながら、七世紀までは「ヒツギノヒメミコ」と称された人物が存在しないように、皇位継承争いの当事者となった内親王（皇女）は存在しなかった。女性王族であることが直接に女帝即位の条件になっていないことは明らかであり、むしろ七世紀までは王権の非常時に元キサキがモガリの主宰により顕在化することが重要である。持統から光明子の間に王権構造の転換があり、外治可能な王族女帝型皇后から内治に限定される非王族実母型皇后への転換がなされたと位置付けられる。持統以後、藤原光明子（聖武皇后・孝謙母）・橘嘉智子（嵯峨皇后・仁明母）という実子の即位に限定しての統治が「（食国）天下の政」における「しりへの政」という内治に限定された役割（実子天皇の後見役）として機能したと考えられる。少なくとも皇太后が外治へ単独で介入することが極力避けられていたことは、光明皇太后の詔勅分析により明らかとなる。

ここでは比較の意味で、モガリ期間中の元キサキの命令と類似する皇太后の詔勅について、実例を検討したい。すでに類似する太上天皇については具体的な検討を加えたことがあるので、ここではその概要のみをまとめておきたい。[53]

国家意思に高められた天皇詔勅は無記名性を有するのに対して、太上天皇の命令は「高野天皇口勅」とあるように個別名を記され、個別人格的な要素が前面に出るものであった。天皇が口勅を制限されたのは、支配層の共同意思として文書による詔勅の発布を義務付けたことにより、天皇の恣意的な運用を制限するためであったと考えられる。天皇詔勅が無記名で、単一の内印に抽象化され、「太上天皇印」が存在しないのは、このためである。文書行政上は太上天皇に大きな制約が存在したと想定されるが、重祚が可能な前天皇という終身的な身位、天皇との直系尊属関係により、天皇への非公式な働きかけや皇位継承上における発言権は留保されており、天皇との良好な関係が存在する限り「並びまして天下を治む」と表現された天皇との共同統治が可能であった。太上天皇単独の命令と考えられる場合にも、天皇の同席や同意を前提に、天皇との共同意思・共同統治として人々には意識された場合がある。少なくとも、天皇の命令のみが詔勅という意識で記載されていることとは異なっている。

一方、皇太后の詔勅も太上天皇と類似するが、異なる点も存在する。光明皇太后と孝謙天皇との共同執政は、「朕後尓太后尓能仕奉利助奉礼止詔伎」（『続日本紀』天平宝字元年（七五七）七月戊申条）や、「復詔久。掛毛畏伎朕我天乃御門帝皇我御命以天勅之久。朕尓奉侍牟諸臣等朕乎君止念牟人方大皇后仁能奉侍礼。朕乎念天在我如久異奈念曽」（『続日本紀』神護景雲三年（七六九）十月乙未条）と述べられた聖武太上天皇の遺詔と天皇機関たる紫微中台設置が根拠になっており、前天皇の意思による委譲が前提にある。[54] その内容も、あくまで「口勅索物」に関係した天皇家家産の処分や「仰せ」が中心であり、公式令の詔勅とは異なっている。[55] 光明皇太后の「詔勅」および紫微中台との関係については、天皇と皇太后の個別意思が天皇機関として一体化・合法化したもので、皇太后単独の個別意思ではないことに留意する必要がある。[56] 光明皇太后の詔勅とされるのは、『続日本紀』天平宝字元年七月戊申・己酉条で、それぞれ「皇太后詔」「太后詔」とある。この二つの記事は、いずれも宣命体で口頭伝達を前提とした仰せごと（口勅）であり、国家意思の表現である公式令的な詔勅ではなく、個別意思の表現として理解される。

紫微中台の設置の記事には、「勅」の用字が三カ所あるが、他は明らかに天皇の勅を示しており、国政を担当する太政官の職掌に「如天施徳」とあり、紫微中台の職掌に「如地承天」とあることと対比すれば、外廷に対する内廷の意味となる。(57)

『続日本紀』天平宝字二年（七五八）八月甲子条

是日、……**奉レ勅改二易官号一**。太政官、惣二持綱紀一、掌レ治二邦国一。**如三天施レ徳**生二育万物一。故改為二乾政官一。太政大臣曰二大師一、左大臣曰二大傅一、右大臣曰二大保一、大納言曰二御史大夫一。**紫微中台、居レ中奉レ勅、頒二行諸司一**。**如三地承レ天**亭二毒庶物一。故改為二坤宮官一。中務省、**宣二伝勅語一**、必可レ有レ信。故改為二信部省一。

そもそも、公式令6令旨式条の規定では、「三后亦准二此式一」とあるように、皇太后は令旨をおこなうのが建前であり、実例も正倉院文書に残されている（『大日古』三―四九二・三頁）。したがって、紫微中台の職掌である、「居レ中奉レ勅」も皇太后の勅とするのは不自然で、天皇の勅と解される。

皇太后の「詔勅」は、紫微中台という機構を前提する点では太上天皇と異なるが、天皇との相互補完的な関係は類似する。光明皇太后の「詔勅」および紫微中台との関係は、天皇と皇太后の個別意思が天皇機関として一体化・合法化したもので、皇太后単独の個別意思ではない。紫微中台を経由する命令文書は、孝謙天皇の勅と光明皇太后の令旨を基本として、中間形態として天皇と皇太后の共同意思として出される詔勅が存在したと考えられる。皇太后の内意だけでなく、天皇の勅を奉じるという点が皇后宮職や中宮職とは異なり、太政官や中務省の機能を形骸化させていることが指摘できる。(58)

光明子皇后の権力発動を示す具体的事例としては従来、薨伝（『続日本紀』天平宝字四年〔七六〇〕六月乙丑条）に記載された、A東大寺・国分寺寺造営の推進、B悲田院・施薬院の設立、淳仁即位前紀に記されたC道祖王廃太子、さらにはD橘奈良麻呂派への自重を呼びかけた「皇太后詔」と容疑者たちを放免した「太后詔」（同天平宝字元年〔七五七〕七月戊申・己酉条）、E淳仁の父舎人親王と母当麻山背への尊号進呈についての「皇太后御命」（同天平宝字三年〔七五九〕六月庚戌条）、F孝謙天皇の即位承認についての「太皇后乃御命」（同天平宝字六年〔七六二〕六月庚戌条）などが指摘されている。[59] これらのうち、A・Bが皇后在位時、C以下四例が皇太后在位時のものである。皇后在位が約二十年（七二九～七四九年）、皇太后在位が約十年（七四九～七六〇年）であるのに比較すれば、皇太后在位時の活動が活発であったことがまずは指摘できる。

A・Bは、光明子が詔勅により発出したものではなく、あくまで聖武天皇に「勧」めたもので、直接の実行者ではなく天皇への働きかけにすぎないものである。[60] さらにBは皇后宮職による運営が想定される家政機関内の官司設置であることも留意される。[61]

『続日本紀』天平宝字四年（七六〇）六月乙丑条

創二建東大寺及天下国分寺一者、**本太后之所**レ**勧**也。又設二悲田・施薬両院一、以療二養天下飢病之徒一也。

少なくとも紫微中台設置以前の皇后時代には直接の詔や令旨の発出は確認されない。

Cの道祖王廃太子については、高野天皇と皇太后が群臣を集めて、廃太子を決定している。

『続日本紀』淳仁天皇即位前紀

九歳三月廿九日辛丑、**高野天皇**、**皇太后**、与二右大臣従二位藤原朝臣豊成、大納言従二位藤原朝臣仲麻呂、中納言従三位紀朝臣麻路・多治比真人広足、摂津大夫従三位文屋真人智努等一、**定**二**策禁中**一。**廃**二**皇太子**一、以レ王還レ第。

先述したように聖武の遺詔により認められた光明皇太后と孝謙天皇との共同意思による決定で、あくまで皇太后単独の行為ではない点が重要である。Dの奈良麻呂派への「太后詔」や「皇太后御命」は、光明皇太后の「仰せ」が紫微中台を経由することで、天皇と皇太后の個別意思が天皇機関として一体化・合法化したもので、これも皇太后単独の個別意思ではない。Eの淳仁の父母への尊号進呈についても「皇太后御命」により淳仁に働きかけたもので（「貴岐御命乎頂受給利」）、Fについても「太皇后乃御命」（光明子皇太后）が「太上天皇御命」（孝謙太上天皇）の「詔」に引用される形での共同意思として宣言されているので、いずれも同様な関係である。ただし、Fは形式的には太上天皇による宣命であることが異例だが、国家大事を太上天皇が担当することを宣言しているので、淳仁よりも上位の権威を保持していたとみることができる。

なお、天平宝字二年八月以降は、実子ではない淳仁の治世であり、EとFが該当する。本論の論旨からすれば、実子ではない天皇に臨朝称制のような皇太后の権力がなぜ及ぶのかという疑問が提起される。これについては、「吾子為弖皇太子止定弖」「前聖武天皇乃皇太子定賜比弖」（『続日本紀』天平宝字三年六月庚戌条）とあるように、淳仁は直接の親子関係にないにもかかわらず光明皇太后と聖武天皇の「皇太子」「吾子」と呼びかけられているように擬制的な子として扱われ、淳仁即位でも光明子は太皇太后にならず母としての皇太后のままであったことと対応している。すなわち、孝謙も淳仁も光明子の子としての扱いがなされたので皇太后としての権限が留保されたと考えられる。

以上、太上天皇と皇太后の詔勅について、実例を検討した。それによれば、殯宮の主宰者が発する詔勅と同じく、公式令的な文書行政を前提とした命令ではないが、皇位継承に対する決定権や権力的な決定が、しばしば「仰せ」によりなされていることが確認された。いずれも天皇（大王）による通常の執政が期待できない場合の安全弁として、元キサキ（皇太后）や太上天皇が代行する「動的な」多極構造が機能した場面と考えられる。

王族女帝型皇后および非王族実母型皇后のいずれも前王の死去後に権力は顕在化したが、嵯峨朝以降は「王の終身性」を否定する皇后の後院退去により王族女帝型皇后の即位はなくなった。(62) そのため、以後は非王族実母型皇后の後見のみが残り、幼帝と母后・摂政関白による統治に展開していくこととなる。(63)

六、大后の国政参与と女帝の即位

以上のように、光明子立后以後はキサキの性格が変化しており、一律には扱えない。令制以前のキサキについては論じたことがあるのでその要旨をまとめておく。(64)

令制以前には現キサキと元キサキの区別が存在せず、モガリの主宰と関連して、そのうちで最上位の者を示す尊称が「大后（オオキサキ）」であった。『日本書紀』には現大王即位による生母への追号が例外なく「皇太后」（オオキサキの古訓あり）とされるのは、単なる令制の『日本書紀』への反映ではなく（令前には死後の追号がない）、実子の即位が最有力化の大きな条件であったためと考えられる。

堅塩姫は、推古朝に実子の推古即位で皇太夫人から大后と変化し（推古紀二十年〔六一二〕条、「天寿国繡帳銘」）、皇極も当初は弟孝徳の即位により皇祖母尊・王母（皇統譜上の母）であったが、実子天智の即位により皇太后天皇へと変化した（天智紀六年〔六六七〕二月戊午条）。これは、実子の即位により尊号が変化するものであったことを示し、大兄と同様にあくまで排他的な制度的称号ではなく尊称と考えられる。したがって、『古事記伝』以来の嫡妻＝大后から大御母への拡大という通説は疑問となる。ただし、大王と同じく大后の身分は終身であり、その死により入れ替わるので、[65]敏達朝の石姫・広姫から額田部、天智朝の間人から倭姫、天智・天武期の大田（大津）から鸕野（草壁）への交替のように元キサキが死没すれば現キサキのなかからオオキサキが二次的に出現する可能性は存在したと考えられる。実子の即位という結果を重視して嫡妻的地位がさかのぼって明確にされ、継体朝以降、生母・嫡子の関係が一つの血筋に限定化することによって王族の観念が歴史的に発生したのであり、この逆ではない。[66]こうした王系の確立や嫡妻制と矛盾する複数大兄の存在、『日本書紀』とは異なる皇后を明記しない『古事記』の帝紀的系譜記載などによれば、大王の嫡妻としての大后制という命題は再検討の余地がある。「大后」号は最上位のキサキの意味で用いられ、特定の王系が確立しない段階では、現大王の実母たる元キサキが最も有力であったが、やがて王系の確立にともない、出自的に有力な現キサキや皇統譜上の母たる女性尊属（キサキでない実母、あるいは実母でない年長的元キサキ）に対しても追号されるようになった。

ちなみに、光明子の立后において「天都位尓嗣坐倍伎次止為弖皇太子侍豆、由是其婆婆止在須藤原夫人乎皇后止定賜」[67]とあるように、皇太子（基王）の母であったことが強調されるのは、皇后たる地位が実子の即位により認定された伝統に準拠したものと考えられる。

王位を争う有力なヒツギノヒメミコが存在しないこと、[68]現キサキとしての輔政・共治は在位時には顕著に認められないことなどを重視すれば、[69]大后の国政参与は王権の安全弁としての役割を果たしたと位置付けられる。

こうした存在たる大后（元キサキ）はどのように国政に参与し、女帝として即位することができたのであろうか。実例に則しながら以下で検討したい。

まず確認すべきは、先述したように七世紀までは「ヒツギノヒメミコ」と称された人物が存在しないので、執政はヒメミコとしての属性ではないこと、さらに大王の在位中においては、キサキとしての輔政・共治も顕著に認められず（たとえば、持統のキサキとしての執政実績の強調は、『漢書』『後漢書』皇后紀による潤色であり、明確な根拠とはならない）、あくまで元キサキとしての執政であることである。

（1）次期大王の指名

大后による国政参与のプロセスとしては、前大王のモガリを主催する期間を中心に「日嗣の奏上」など次期大王を指名することがおこなわれた(70)。具体的には、a飯豊による顕宗・仁賢の指名、b春日山田による欽明の指名、c額田部による崇峻の指名などの例がある。

a飯豊女王による顕宗・仁賢の指名

系譜伝承によれば、仁徳の三人の子たる履中・反正・允恭の子孫のうち、彼女は当時の大王たる清寧が属した「允恭」系とは異なる「履中」の王系に属しており、同じ王系の顕宗や仁賢との関係において、とりわけ女性年長者の立場にあったと考えられる。清寧没後に、「臨朝秉政」したとあり、顕宗・仁賢の指名をしている。飯豊女王によるモガリ主催は、清寧にはキサキの存在がみえないことから、代わりに近親者のうちで王族内の年長者の資格で関与したと考えられる。

『古事記』清寧段

此天皇、無二皇后一、亦無二御子一。故、御名代定二白髪部一。故、**天皇崩後、無下可レ治二天下一之王上**也。於レ是、**問二日継所レ知之王**一、市辺忍歯別王之妹、忍海郎女、亦名飯豊王、坐二葛城忍海之高木角刺宮一也。……爾、即小楯連、聞驚而、自レ床堕転而、追二出其室人等一、其**二柱王子**、坐二左右膝上一、泣悲而、集二人民一作二仮宮一、坐二置其仮宮一而、貢二上駅使一。於レ是、其姨**飯豊王**、聞歓而、**令レ上二於宮**一。

『日本書紀』顕宗即位前紀顕宗五年正月是月条

天皇姉飯豊青皇女、於二忍海角刺宮一、**臨朝秉政**。自称二忍海飯豊青尊一。

『古事記』に顕宗・仁賢のオバと伝承される飯豊は、『日本書紀』顕宗即位前紀に「臨朝秉政《ミカドマツリゴトシタマウ》」との記載がある。これは『日本書紀』持統即位前紀に「臨朝称制《ミカドマツリゴトキコシメス》」として大王代行後に即位した持統の例とは異なり、モガリの期間に相当し、即位を前提としない一時的な大王代行であったと考えられる(71)。具体的には清寧没後に「天下治すべき王無し」という状況において「日嗣所知せる王を問う」とあるように、次期大王の指名が大きな役割であった(72)。おそらく、清寧の「允恭」系王族が断絶した時点において、「忍海角刺宮」を経営する「履中」系「王族」の女性長老たる飯豊の存在が注目され(73)、モガリの期間における一時的な大王代行＝臨朝秉政に加えて、次期大王の指名が可能となったと考えられる。

b　春日山田王女による欽明の指名

『日本書紀』欽明即位前紀

四年冬十月、武小広国押盾天皇崩。皇子天国排開広庭天皇令二群臣一曰、**余幼年浅識、未レ閑二政事一**。**山田皇后明閑二百揆一**。**請就而決**。山田皇后怖謝曰、妾蒙二恩寵一、山海詎同。万機之難、婦女安預。今皇子者敬レ老慈レ少、礼二下賢者一。日中不レ食以待レ士。加以幼而穎脱、早擅二嘉声一、性是寛和、務存二矜宥一。**請諸臣等早令三登レ位光二臨天下一**。

大王安閑の有力なキサキであった仁賢の娘、春日山田は欽明から「明閑二百揆一」により即位要請されている。これは、当時三十歳前後であった欽明が「幼年浅レ識、未レ閑二政事一」であることを理由としている。そして、春日山田は、欽明の即位において重要な役割を果たす。「請二諸臣等一、早令下臨二登位一光中臨天下上」とあるように前大王のキサキにより次期大王の指名がなされている。この指名があったのは宣化四年（五三九）十月とされるので、宣化四年二月に死去し十一月に埋葬された宣化のモガリ期間に相当する。婚姻順と想定される『古事記』仁賢段の系譜記載によれば、手白香（第一キサキの第四子）より春日山田（第二キサキの第一子）が年長であった可能性が高い。キサキの婚姻間隔と出生順が問題となるが、婚姻がほぼ同時とすれば、第四子より第一子が年長となる。年齢や殯期間中の執政によれば春日山田が宣化殯宮奉仕において相対的に上位の地位にあったと推測される。彼女も宮経営（太子妃の殿・後宮内寝）と経済的基盤の設定（匝布屯倉・春日部采女）については顕著であるが、現キサキの期間には顕著な執政記事はみられない[74]。宣化の殯儀礼に直接の近親者ではない春日山田王女が関与しているのは、安閑の元キサキの資格で、王族内での長老的地位にいた人物として選ばれたと考えられる。律令制下の三后制以前には、現キサキと元キサキに質的な区別はなく、最も年長な者がしばしば「大后」と追号されているように、この場合、宣化皇后橘仲王女よりも安閑皇后の春日山田王女が年長のため、王族内の年長キサキとして殯を主宰した事例と考えられる。

c　額田部王女による崇峻の指名

先述したように額田部による敏達のモガリは、『日本書紀』敏達十四年（五八五）八月己亥条に「天皇病弥留、崩㆓于大殿㆒。是時起㆓殯宮於広瀬㆒」とみえてから、同崇峻四年（五九一）四月甲子条に「葬㆓訳語田天皇於磯長陵㆒」とあるまで、つまり五八五年八月から五九一年四月までの五年八ヶ月がその期間と考えられる。この期間に用明と崇峻の即位があり、用明のモガリとも重なる特異な時期にあたる。この間に、額田部は群臣とともに崇峻を次期大王に指名している。

『日本書紀』崇峻即位前紀用明二年（五八七）八月甲辰条

炊屋姫尊与二群臣一、**勧**二**進天皇**一、即天皇之位。

このような大后による次期大王の指名は、前大王の意思が遺詔などにより示されている場合には、顕在化せず、安定的な王権継承において補完的な関係にあったと考えられる。継体から安閑の場合は譲位として語られ、欽明から敏達、推古から舒明の場合は遺詔による継承となっている。大后の存在は、大王による主体的な執政や王位継承が機能しない場合に、その安全弁的、補完的役割を果たしていたと位置付けられる。大王の存命中に顕著な執政記事がみえないのも、こうした性格によると考えられる。

（2）大王代行（臨朝称制）

大后による国政参与のプロセスとしてのつぎの段階は、モガリ期間を中心とする一時的な大王代行で、飯豊による「臨朝秉政」、天武没後の持統と草壁による「臨朝称制」などの事例がある。前者は即位を前提としない点で後者とは区別される。後者は、キサキとして独自の経済基盤を有し、その経営実績により執政を評価されることで「天下之事、不レ問二大小一、悉啓二于皇后及皇太子一」[75]という「臨朝称制」が導かれ、さらにその延長線上に女帝としての即位を位置付けることができる。

中国における称制は、「太后臨朝称制」といわれるように、天子幼少時に皇太后が政令執行をするもので、幼帝の即位が前提になっている点が異なる（日本では九世紀まで幼帝は出現しない）。春日山田が即位要請の理由として「明閑二百揆一」とされた点や用明没後の額田部による穴穂部暗殺の命令などを考慮すれば、彼女たちも宣化や用明没後の一時期に大王代行をおこなっていたことが想定される。さらに、斉明没後の間人と中大兄による称制、天智没後の倭姫と大友による称制の可能性も想定でき、こうした先例は、後の女帝たる持統太上天皇と文武天皇の関係となり、中国の皇太后臨朝と類似した天皇と太上天皇という共治体制に発展していくと考えられる。また、聖武太上天皇没後の紫微中台を拠点とする光明子による皇太后臨朝は、「朕後尓太后尓能仕奉利助奉礼止詔伎[76]」とみえる聖武による遺詔を根拠として実現している。光明皇太后と孝謙天皇の共治体制は、王権継承における安全弁として機能している。

以上のように、男女の性別に関係なく、年齢の面で一人前の大王・天皇の執政能力に不安がある場合には、大后（皇太后）が一時的に補佐する体制があったと考えられる。

a 飯豊女王による臨朝秉政

先述したように飯豊が忍海角刺宮で「臨朝秉政」（『日本書紀』顕宗即位前紀）したとあるのは、清寧のモガリの期間に相当し、即位を前提としない一時的な大王代行であったと考えられる。清寧没後に「天下治すべき王無し」という状況において「日嗣所知せる王を問う」とあるように、次期大王の指名が大きな役割であった。飯豊女王によるモガリ主催も春日山田王女と同じく、清寧にはキサキの存在がみえないため、王族内の年長者の資格で関与したと考えられる。

b 皇極の皇后臨朝

『藤氏家伝』上、鎌足伝によれば、舒明死去後の六四一年十月から皇極即位の六四二年正月までのモガリ期間に対して、皇極による「皇后臨朝」との評価がなされている。これは、モガリ期間における元キサキの執政慣行に対する表現と考えられる。

ただし、この皇極の臨朝については「心必不レ安」として否定的評価がなされている。

『藤氏家伝』上、鎌足伝

方今、天子崩殂、**皇后臨レ朝**。心必不レ安。

皇極の即位後においても「王室衰微、政不レ自レ君」とあるように否定的評価は継続する。

『藤氏家伝』上、鎌足伝

皇后即レ位。**王室衰微、政不レ自レ君**。

おそらく、女帝皇極の執政に対してのこうした否定的評価は、蘇我氏の専横への批判だけでなく、『藤氏家伝』が編纂された当時における中国的な価値観を前提とするもので、後に淳仁への譲位を強制している孝謙天皇に対する藤原仲麻呂の否定的評価と重ねる意図があったと推測される。天平宝字改元においては、天皇と皇后の併存が理想であるとする「日月共明」との表記もあるように、仲麻呂は男帝による執政を理想としていたと考えられる。

ちなみに『藤氏家伝』においては、斉明の死後に中大兄による「素服称制」、天智二年（六六三）のモガリ完了後は「摂政」と表記を区別している点も注目される（『日本書紀』は素服称制で一貫する）。モガリ終了後の「摂政」という表記は、天智以外の中心的執政者の存在を示唆する表現と考えられる。

c 斉明没後の間人と中大兄（称制期間）

孝徳朝に間人は「皇后」として位置付けられるが、顕著な執政記事はない。さらに、実子は即位しないので「皇太后」の尊号は追贈されていない。ところが、『日本書紀』における唯一の「大后」の記載が天智紀に二例みえる。

『日本書紀』天智四年（六六五）二月丁酉条

間人大后薨。

『日本書紀』天智四年三月癸卯朔条

為二**間人大后**一、度二三百卅人一。

一例は天智「皇后」たる倭姫に対する即位要請の記載だが（後述）、もう一例が斉明の死後において「間人大后」と表記されるものである。孝徳の皇后間人王女が天智の称制期間中に「大后」と表記されている。これは、「大后」たる皇極（斉明）の存在により、間人は孝徳・斉明朝ではキサキの一人にすぎなかったが、斉明の没後に生母でない元キサキとして王族内部の女性尊属となり「大后」（天智の擬制的母）に位置付けられたと考えられる。この場合「間人大后」の称号に、実子の即位が必要条件となっていない点が重要である。間人については、「中皇命」[77]「仲天皇」[78]の名称が用いられていることから、天智の即位や「称制」「摂政」との関係で議論がされている[79]。中大兄は天智七年まで即位せず称制のままであった。

『日本書紀』天智即位前紀斉明七年（六六一）七月丁巳条

　崩。**皇太子素服称制**。

『日本書紀』天智元年（六六二）五月条

大将軍大錦中阿曇比邏夫連等、率二船師一百七十艘一、送二豊璋等於百済国一、**宣**レ**勅**、以二豊璋等一使レ継二其位一。

又予二金策於福信一、而撫二其背一。褒賜二爵禄一。于レ時豊璋等与二福信一、稽首**受**レ**勅**、衆為流レ涕。

『日本書紀』天智三年（六六四）二月丁亥条

天皇命二**大皇弟**一、宣下増二換冠位階名一及氏上・民部・家部等事上。

とりわけ、ここに天皇とあるのは不審であり、孝徳の元キサキ間人の大王代行説が提起されている[80]。

『日本書紀』天智三年十月乙亥朔条

宣下発二遣郭務悰等一**勅**上。是日、中臣内臣遣二沙門智祥一、賜二物於郭務悰一。

『日本書紀』天智六年（六六七）二月戊午条

合下葬**天豊財重日足姫天皇**与二**間人皇女**一於小市岡上陵上。是日、以二皇孫大田皇女一葬二於陵前之墓一。高麗・百済・新羅皆奉二哀於御路一。**皇太子**謂二群臣一曰、**我奉**二**皇太后天皇之所**一レ**勅**、憂二恤万民一之故、不レ起二石槨之役一。所レ冀永代以為二鏡誡一焉。

『日本書紀』の「皇太子謂」「天皇」「勅」などの用例を重視すれば、称制時の中大兄は「天皇」として位置付けられていないこととなり、形式的には「大后」間人による大王代行が想定される。間人死去時の得度人数三三〇人も異常な多さであり、天皇的な地位にあったことを示している。天智の即位は孝徳大后間人王女の埋葬（殯宮）後の翌年のことで、両者には密接な関係がある。中大兄による「称制」「摂政」の内実は、額田部にみられたような「大后」間人による大王代行を前提とすれば理解しやすい。「中皇命」「仲天皇」の意味は、斉明のつぎ（二番目）の天皇としての位置付けを追号されたものであろう。勅の形式的主体は天智以外の執政者と考えれば、孝徳大后たる間人の可能性が高いことになる。

d 天智没後の倭姫と大友（可能性）

天智紀におけるもう一つの「大后」記載については、天智「皇后」の倭姫が想定される。おそらく「大后」間人の死後に「大后」としての地位を継承し、大友に対する擬制的母として「請奉二洪業一、付二属大后一」や「挙二天下一附二皇后一」とあるように、天武による称制または即位要請を受ける立場にあったと想定される。

『日本書紀』天智十年（六七一）十月庚辰条

天皇疾病弥留。勅喚二東宮一、引二入臥内一、詔曰、朕疾甚。以二後事一属レ汝、云々。於レ是再拝称レ疾固辞、不レ受曰、**請奉**二**洪業**一、**付**二**属大后**一。**令**二**大友王**一、**奉**二**宣諸政**一。臣請願、奉二為天皇一、出家修道。天皇許焉。

『日本書紀』天武即位前紀天智十年十月庚辰条

天皇臥病、以痛之甚矣。於レ是遣二蘇賀臣安麻侶一、召二東宮一引二入大殿一。時安摩侶素東宮所レ好。密顧二東宮一曰、有意而言矣。東宮於レ茲疑レ有二陰謀一而慎之。天皇勅二東宮一、授二鴻業一。乃辞譲之曰、臣之不幸、元有二多病一。何能保二社稷一。願**陛下挙二天下一附二皇后一**。**仍立二大友皇子一**。**宜レ為二儲君一**。臣今日出家、為二陛下一欲レ修二功徳一。

天皇聴之。

e　天武不予後の持統と草壁

持統のキサキとしての執政実績の強調は、『漢書』『後漢書』皇后紀による潤色であり、(81) これをキサキ執政の根拠することはためらわれる。

『日本書紀』持統称制前紀天武二年条

立為二皇后一。皇后従レ始迄レ今、**佐二天皇一定二天下一**。**毎於侍執之際、輙言及二政事一、多レ所二毘補一**。

ところが天武が病臥してからは直後の朱鳥元年七月に、天武の意思により皇后（持統）と皇太子（草壁）による代行が正式に認められている。

『日本書紀』朱鳥元年（六八六）七月癸丑条

勅曰、**天下之事、不レ問二大小一、悉啓二于皇后及皇太子一**。

これは天武（先帝）の意思による持統と草壁に対する共同統治命令であったが、大津皇子の反乱鎮圧から知られるように、天武死去後は不安定化していた。そのため、持統が天武の殯宮を主宰することにより天皇権力を代行するという特殊な政治権力を掌握することができたと考えられる。(82)

『日本書紀』持統称制前紀朱鳥元年九月丙午条

天渟中原瀛真人天皇崩。**皇后臨朝称制**。

モガリは、朱鳥元年（六八六）九月に開始され、二年後の持統二年（六八八）十一月に大内陵に埋葬されるまで継続している。即位以前のモガリ期間における持統の執政は「皇后臨朝称制」と表現されている。

以上の検討によれば時系列的には、大王の在位中には顕著な執政の事例がないにもかかわらず、大王の不予時には、多くのミコとキサキの中から、持統と草壁、倭姫と大友、光明子と孝謙のように「有力なキサキと（ヒメ）ミコ」が選択されることは、相対的な序列が存在したことを想定させる。飯豊・春日山田・推古・皇極・間人・持統・元明の事例によれば、元キサキによる「詔勅」や次期大王指名の行為が確認される。

大王の没後は、譲位が一般化した段階における空位解消の説明原理としてしばしば「称制」が用いられるが、『日本書紀』編者の意識として「空位は一日だに空しかるべからず」（仁徳即位前紀）という認識があるにもかかわらず、モガリ期間に限定しての執政は「称制」とは表現されず、後継者が決定される日嗣の奏上というモガリの最終段階までは「空位」とは認識されていなかった。モガリ終了後もしばらく即位しなかった天智・持統には長期の即位前史として「称制」の用語が用いられ、即位しなかった神功は「摂政」、飯豊は「臨朝秉政」という異なる位置付けがなされている。モガリ終了後も即位しなかった長期の「空位」事例のみを「称制」と称している。その最終段階までに次期皇位継承予定者を決定する殯宮儀礼は、葬儀と皇位継承を一体的におこなう重要な儀礼として認識されていたことが知られ、有力な元キサキたる大后がそれを主宰したことは、その期間が空位と認識されていなかったことと表裏の関係があり、女帝の即位条件において重要な意味を有したと考えられる。有力な元キサキらが大王代行として執政していたと観念されるため、この期間は空位とはされなかったのではないか。モガリ期間における、元キサキによる行為は、「空位」とは認識されない慣習的かつ制度的な大王代行の行為であったことになる。(83)

正史記載には女帝の即位について、立太子記事が孝謙即位を例外としてみえず、廃太子も立太子も前提とせず即位可能である。(84) 日嗣の誄により認定され、立太子を必要とする男性のミコに対して、女帝はすでに「モガリの主宰」により群臣の支持という権力的な認定がされていることが一つの要因として考えられる。さらに皇統譜意識において、ミコではなく母たるミオヤとしての即位であったことが別な要因としては指摘できる。

以上によれば、大王在世中の共同統治者の役割のみを否定し、大后権力の全否定をする議論はモガリの期間を視野に入れるならば、疑問となる。(85)

（3）女帝としての即位

モガリ期間を中心とした（1）次期大王の指名や（2）大王代行（臨朝称制）よりもさらに大后による国政参与が進むと、（3）女帝としての即位が考えられる。その条件としては、有力な王族たる大兄・皇弟（王弟）らが大王即位の適齢期たる四十歳前後に達していない場合であり、(86) 大后が王族の女性尊長として即位したものと考えられる。大后と有力皇子との相対的年齢に加えて、キサキ間の相対的序列、キサキ宮経営の実績などが群臣に評価されることによって女帝としての即位が可能となったと考えられる。キサキの執政権は、大王が健在の場合には顕在化しないが、それは必ずしも無力であったわけではなく、非常時においては発揮される、潜在的なものであったと考えられる。

おわりに

以上の検討により、モガリに奉仕するのは女性に限らなかったが、多くの場合元キサキのうちで相対的に上位なキサキが政治的モガリを主宰するとともに、大王空位の期間においては権力的な命令（詔勅）が可能であり、後に「大后」の尊称が与えられたと考えられる。大王空位時における権力的編成のあり方として、推古や持統に典型的なように、モガリの主宰・次期大王の指名・大王代行というステップを昇り、その連続性のうえに女帝の即位を位置付けることは、非常時の安全弁としての役割として重要であることが確認された(87)。

〔補記〕　本章初出後の関連論考としては、①竹部夏「日本古代のミオヤに対する一考察」（『お茶の水史学』六五、二〇二二年）、②浅野咲「大后位の成立と七世紀の王権」（『ヒストリア』三〇二、二〇二四年）、③桜田真理絵「律令規定にみる日本古代三后の特質」（『歴史学研究』一〇五二、二〇二四年）などがある。

①は『古事記』の「ミオヤ」事例の検討から、先祖を意味し、女性尊長の称として「ミオヤ」を用いるのは適当でないとし、このことから奈良時代の「ミオヤ」「ワガコ」の呼びかけ文言は、草壁嫡系の権威を正当化する働きを担っていたとする。

『古事記』の「御祖」事例は、「神産巣日御祖命」と「土之御祖神」の二例のみが性別不詳の神であることは確かであるが、その他は圧倒的に母や母神を示す事例であり、父に対して「御祖」は全く用いられていない。さらに先祖を示すのは「祖」に限定され、「御祖」に先祖の事例はない（毛利正守「古事記における「御祖」の把握に向けて」〔『古事記年報』五五、二〇一二年〕）。『古事記』では先祖を示す中国漢字由来の「祖」と、母を示す「御祖」は区別して用いられており、混同されていない。したがって「神産巣日御祖命」と「土之御祖神」の二例を母神として考えても大きな支障はない。二神については、國學院大学「古典文化学事業」神名データベースにも、土壌・田地の女神説が紹介されているように、少なくとも母神を否定する大きな反証とすることはできない。

また『出雲国風土記』の「御祖」が母に限定されない点では中国的な「祖」だが、あくまで「御祖」（父母）と「御子」（子）が対応し、系譜意識に女神が含まれていることから、親子の連鎖による系譜意識が存在し、父方だけでない双系的な先祖意識が確認される。

さらに難波宮で発見された木簡の「王母」表記が皇祖母の同時代的な表記とするならば、死後ではなく存命中の称号と解せられ、女帝であった皇極に与えられた女性尊属の名称と解して問題ない。「王母」の事例から判断するならば、舒明と皇極・斉明の婚姻により一世代前の押坂彦人大兄と糠手姫・吉備姫についても、同時代的に父母（皇祖大兄・皇祖母）という意識で呼ばれていたものが記録されたと考えられる。

以上によれば皇位継承上に用いられる『続日本紀』宣命には、「祖」ではなく「（大）御祖」が用いられており、先祖ではなく母親を示すことは明らかである。したがって、「ミオヤ」「ワガコ」意識は、父子関係ではなく、母と子の血縁関係からはじまり、儀制を含む系譜上の存在に拡大したものといえる。この点で、父系を中心とする草壁嫡系の系譜意識と母子関係を中核とする「ミオヤ」「ワガコ」関係は、系譜意識としては同一視できない異質なものといえる。父聖武に対して「ミオヤ」と称する事例がないことは、この点を象徴的に示している。宣命に二つの系譜意識が混在している点こそが重要である。「ミオヤ」「ワガコ」関係が、草壁嫡系の系譜意識に従属するものとの位置付けは、何ら証明されていない。父方・母方両系の承認により、ミコの尊貴性が保証されるとの役割が宣命には存在したと考えられる。父母両系に尊貴性が欠けていた桓武の即位事情にはそれが顕著である（本書第四編第二章参照）。孝謙・称徳女帝は、父系を中心とする草壁嫡系論では異端であり、女性皇太子として位置付けられ、父の遺詔により権威づけられなければならなかったが、父の聖武と母の光明子は淳仁を「ミオヤ」「ワガコ」関係により「聖武の皇太子」「我が子」と定めたことから、草壁嫡系路線は破綻する。擬制的な「ミオヤ」「ワガコ」関係により孝謙から淳仁への王系の交替は説明されたことになる。両者は場合によっては対立し、異なる原理として機能したことになる。

②は大后位の成立時期とその背景を考察したもので、舒明朝以降に王族出身のキサキを位置付けるために大后位は成立し、天武の嫡妻となった鸕野（持統）が最初の皇后であったと位置付ける。

大后位の成立を制度に極めて限定して考えるが、大王や大兄の称号と同じく、大后も厳密な制度ではなく、その称号により政治的意味が変化する存在と考えるのが妥当であり、単なる称号ではなく当時の王権において一定の政治的役割を果たす「重要な位置にあったキサキ」の存在を認めるべきである。大后号については、元キサキと現キサキの未分化を考慮しないのも問題で、大后の地位が確立していないのであれば、なぜモガリ時の「詔勅」のような権力的発動がなぜ可能で、七世紀以降に大后の称号を有する女帝（大后天皇＝皇太后天皇）が出現するのかを説明する必要がある。

③は皇后・皇太后・太皇太后という三后制を法制面から検討したもの。皇后の地位は先帝・今帝を問わない嫡妻の地位で、子孫が即位しなければ皇太后にはなれないとする。また皇后・皇太子は唐令とは異なり大宝令では独自の君臣関係が認められていたが、養老令で天皇に対する一元的君臣関係に改められた。文書行政上の地位も、皇太子は皇太子監国において小事を決裁できたが、三后は天皇大権に関与することができない。皇后は内親王を前提に制度設計されたが、同姓不婚を原則とする中国とは異なっており、臣下皇后たる光明子の出現により皇后の性格は変化するという。

私見によれば、前代的な大后の存在形態が唐制を基本とする律令制の皇后規定に内包されていたと評価される。皇后の地位が先帝・今帝を問わないとするのは、単なる法解釈ではなく先述した元キサキと現キサキの未分化によるもので、両者の内で大王と同じく終身性を有する大后が存在したことを示している。また、皇太子・皇后の独立性は、前代のミコ宮やキサキ宮経営を前提としたツカサ経営の分有を示している。文書行政上の地位も、「王権の多極構造」が動的であったことを示し、王権の危機時にのみ太上天皇や皇太后・皇太子（臨時執政時には可能）が天皇の大権を分有することができたことを示している。皇太子の監国には兵馬の権が認められていないが、天皇空位時のような「非常之変」には「恒法」によらない超法規的な行動が許されるとある（義解）。ここから天皇空位時の「皇太子臨時執政」が導かれるが、短期の例外（権時）とされて早期の即位が求められている（拙稿「留守官について」〔舘野和己編『日本古代の都を探る』勉誠出版、二〇一五年〕）。

なお、行幸時の内印の所在については留守官に預ける実例が存在し、これも行幸に内印を携行するという法解釈とは異なっている。おそらく皇太子が存在しなかった七世紀後半の行幸おいて有力な臣下に留守官を任せている先例を踏襲したものではないか。有力な臣下に内印を預け、留守を任せることで、皇太子との対立を回避しているることになる。本章で論じたように、中国的内治観の導入による象徴的表現が「しりへの政」であったとすれば、その対象は非王族皇后に限定されることになり、実子の即位や皇太后になることが王族皇后と異なり権力発動の前提とならないことは注意される。外治も可能で女帝にもなりえた古いタイプの族内婚とは異なる中国的な皇后が光明立后により誕生したことになる。

註

（1）和田萃a「殯の基礎的考察」（『日本の儀礼と祭祀・信仰』上、塙書房、一九九五年、初出一九六九年）、さらに関連論考としては、同b「飛鳥・奈良時代の喪葬儀礼」（同前、初出一九八二年）、同c「殯宮儀礼の再分析」（同前、初出一九八〇年）がある。

（2）折口信夫「女帝考」（『折口信夫全集』二〇、中央公論社、一九五六年）、井上光貞「古代の女帝」（『天皇と古代王権』岩波書店、二〇〇〇年、初出一九六四年）。

（3）拙稿「倭国における政治空間の成立―都市と王権儀礼―」（『唐代史研究』二〇、二〇一七年）において指摘したように、モガリの場は、敏達の広瀬、斉明の飛鳥川原のように河原での儀礼に起源がある。推古への誄は南庭の殯宮内部でおこなわれ（推古紀三十六年三月癸丑条・同九月戊子条）、広瀬では殯庭への侵入を隼人が防いだともあるように（敏達紀十四年八月己亥条）、門垣に囲まれた殯宮内部（殯内）に殯庭が存在と考えられる。宮外の河原での儀礼を継承し、喪屋（殯大殿）と殯庭（誄）が門（兵衛）と垣で囲われる一体的な構造と推定され、殯庭は殯宮の内部（殯内）と考えられるので、内外の二分法的な理解は困難と考えられる。

（4）稲田奈津子「序章―殯儀礼の再検討―」（『日本古代の喪葬儀礼と律令制』吉川弘文館、二〇一五年）。稲田は拙稿註（3）論文についても「殯宮に籠もった皇后に先帝の天皇権力が委譲されるとの発想は、先の仁藤氏の指摘などにも継承されているように感じられる」（同九頁）と批判する。和田説では「持統は肉親の女性らと共に殯宮内に籠もり、天武天皇の幽魂を慰めるべく奉仕していたからであり、草壁皇太子が、文字通り、喪主として、天武の公式儀礼を領導する地位にあったのである」と草壁を喪主と位置付ける。一方で「鸕野讃良皇女に対し、皇太子草壁以下の人々が朝賀を行う形態をとっていた」とも述べて持統の存在にも配慮する。しかしながら、私見では「国政担当者が男性であることを自明の前提として女性の霊的優越性を語る、性差を前提とする考え方は、古墳時代前半における女性首長の広範な存在などから否定され、流動的な相互の役割分担とする見解」を支持し（後掲拙稿b）、巫女・シャーマン的女帝論や天皇霊の存在を前提とした権力の委譲には否定的である（拙稿a「古代女帝の成立—大后と皇祖母—」〔『古代王権と支配構造』吉川弘文館、二〇一二年、初出二〇〇三年〕、同b「王統譜の形成過程について」〔小路田泰直他編『王統譜』青木書店、二〇〇五年〕、同c「古代女帝論の現状と課題」〔拙稿a書、初出二〇〇三年〕）。この立場は、和田説とは大きく異なっている。誤解がないように述べるならば、モガリ主宰は、忌み籠もる要素よりも、この期間における権力的・政治的な振る舞いこそが女帝に連続する重要な要素と考える。しばしば「詔勅」と表現される権力的な発動が確認され、次期皇位継承者についての合意形成や指名がおこなわれていることが重要で、まさにこの点に女帝へ連続する要素が確認される。後述するように「殯宮の主宰」は「忌み籠もり」を強調したのではなく権力的な一階梯との立場をとっていることを確認しておく。

(5)　折口信夫註（2）前掲論文、井上光貞註（2）前掲論文。

(6)　上田正昭『日本の女帝—古代日本の光と影—』（講談社、一九七三年）、小林敏男「女帝考」（『古代女帝の時代』校倉書房、一九八七年）、拙稿c註（4）前掲論文など。

(7)　行事を単に催すという「主催」ではなく、モガリの主導的役割（現代的用語でいえば葬儀委員長的役割）を元キサキが果たしたという意味で、人の上に立つ役割を重視して「主宰」の用語を本書では採用する。なお、モガリの主宰は前王の近親者が務めたと想定され、斉明死去時の中大兄のように必ずしも女性に限定されないが、その機会は多かったと想定される。当然ながら、通説のようにモガリの宮に常時籠もる必要はなかったと考える。

(8)　女帝の成立過程については、拙稿a註（4）前掲論文、同d「古代王権論の成果と課題—女帝・譲位・太上天皇の成立—」（本章序章、初出二〇一八年）において、巫女・シャーマン的女帝論の否定を前提に、四十歳前後での即位慣行に性差はないこと、大王空位時における権力的編成のあり方として、推古や持統に典型的なように、前王死去時における殯宮の主宰・次期大王の指名・大王代行というステップを昇り、その連続性のうえに女帝の即位を位置付けることは、大王空位という非常時の安全弁としての役割の延長上に位置付けられると論じた。私見によれば「大后」（嫡妻を示す制度的呼称ではなく、現キサキ・元キサキを問わない最有力なキサキを示す尊称）は大王の共同執政者としては顕在化せず、大王による執政および皇位継承が安定的に機能しない非常時に限定された安全弁的・補完的な役割を果たしたと考える。

これより以前、王族皇后の序列は実子の即位を知る『日本書紀』による整序された後知恵であり、必須の要件ではなく、キサキの権力分掌を示すような記載がないことから日常的な共同統治者であったとは考え難いと論じた（拙稿d前掲論文、同e「書評　荒木敏夫著『日本古代の王権』」〈『古文書研究』六五、二〇〇八年〉）。井上光貞説以来、女帝即位への道筋として「皇太后（実質は元キサキ）」からの即位を重視してきた研究史において、共同統治者として「皇后」（大后）から「皇太后」への連続的な移行を想定する通説的見解は疑問であり、その点では大后について大王との共治・輔政を強調する小林敏男説（「大后制の成立事情」〈『古代女帝の時代』校倉書房、一九八七年、初出一九八一年〉）、さらには天皇霊の継承の立場から巫女的役割により殯宮を重視する吉田晶説（「古代国家の形成」〈朝尾直弘他編『岩波講座日本歴史』二、一九七五年〉）などとは元キサキの相対的序列的を前提にした殯宮の主宰によりその立場が顕在化すると考えるので見解は異なる。また、同じく大后の共治・輔政を否定しつつも、皇女を重視し女帝を例外特殊視する説（遠藤みどり『日本古代の女帝と譲位』塙書房、二〇一五年）とも立場は異なる。遠藤説では「大后」は単なる称号として消極的にしか評価されないが、非常時の大王権力に対する補完的・安全弁的役割の評価が欠落している。

なお、稲田奈津子「殯をめぐる覚書」（古瀬奈津子編『古代日本の政治と制度』同成社、二〇二一年）では、①「喪主」の語が古代史料上にみえず、具体的に意識されていたか不明であること②モガリの執行はすでに権力を掌握していた人がおこなうことなどを論じ、殯と女帝即位の関係を否定する。

しかしながら、①後述するようにモガリ儀礼を記載した「魏志倭人伝」にはすでに「喪主哭泣、他人就歌舞飲酒」とある。「喪主」と「他人」の役割が明確に区別して書かれていることは、倭国では殯での役割分担が明瞭であったことを示している。この部分、『後漢書』では「家人」とその他の同族らしい「等類」と表現され、喪主は家人すなわち妻子のような狭い同居家族を指している。明らかに「喪主」が存在し、同居家族の妻子が担当するように解釈される。さらに、『日本書紀』武烈即位前紀には平群鮪臣の妻影媛が埋葬をすべて終えて家に帰るにあたり夫を失ったことを悲しむ歌が残されている。少なくとも殯を含む葬儀の完了まで、妻はしばらくの間、居住する家に帰っていないことが知られる。有力氏族レベルでも、妻がそうした葬儀に参加し喪屋や墓所に詰めていたことが想定され、おそらく喪主としての役割を果たしていたと考えられる。

和田が指摘するように、天皇を対象とする殯には他の要素（皇位継承問題）があるため長期化し、日嗣の奏上など庶人の殯とは区別される政治的・権力的要素が強くなり、すでに単なる「喪主」ではなく、より公的な「葬儀委員長」のような役割が必要になったと考える。私見は、喪主は忌み籠もるから女性の役目であるとの性差を強調している訳ではなく（和田は死者に奉仕するのが肉親女性の役割、殯宮に籠もったのは女性のみと明言しているが、私見では天皇霊の継承や委譲についてはすでに先行する拙稿により明確に否定してきた）、『隋書』倭国伝に「親賓就屍歌舞、妻子兄弟以白布製服」とあるように、一般的には残された妻子兄弟などの親族が葬儀を取り仕切ることがあくまで通例で、性差は関係なく、欽明朝以降の血縁継承の確立、生物学的に女性が長命であること、四十歳以前の皇子は政治的・権力的には評価が低い、などの理由で相対的に元キサキの存在が、忌み籠もる主体ではなく、公的な「喪主」としてクローズアップされたと考える。本来、性差は関係ないにもかかわらず、大王の殯に元キサキが関係した史料が多く残るのはこのためと考える。さらに②モガリの執行はすでに権力を掌握していた人がおこなうとの批判もあるが、キサキとして顕著な輔政・共治が先王の在位中にはみえないこと、例外的に病臥する先帝から生前に権限委譲がなされた持統のような事例（臨朝称制）が存在するのは、先帝在位時にキサキに権限がなかったことを裏書きする。やはり「因果関係の逆転」は想定しにくく、元キサキの権力的なふるまいは、モガリを契機に顕在化するのが一般的で、公的儀礼の主宰者として日嗣を決定し恙なく葬儀を終えることが、群臣に元キサキの資質を示す大きな場となったと考える。

（9）　拙稿f「書評　遠藤みどり著『日本古代の女帝と譲位』」（『女性史学』二六、二〇一六年）、同b註（4）前掲論文、同g「七世紀の王権―女帝即位と東アジア情勢―」（同編『古代王権の史実と虚構』古代文学と隣接諸学三、竹林舎、二〇一九年）、同h「「詔勅」における口頭伝達の役割」（小島道裕他編『古文書の様式と国際比較』勉誠出版、二〇二〇年）、同ｉ「天若日子伝承再考―モガリの主宰者―」（白石太一郎先生傘寿記念論文集編集委員会編『古墳と国家形成期の諸問題』山川出版社、二〇一九年）、および拙報告ｊ「古代国家と譲位制の成立―「平成の代替わり」を古代史から考える―」（歴研合評会「天皇と皇位継承のコスモロジー」二〇一九年四月十三日、明治大学）などがある。

（10）長久保恭子「「和風諡号」の基礎的考察」（竹内理三編『古代天皇制と社会構造』校倉書店、一九八〇年）。

（11）和田萃ｃ註（1）前掲論文、一五一頁。

（12）拙稿「小墾田宮と浄御原宮」（『古代文化』五一―三、一九九九年）。

（13）和田萃ａ註（1）前掲論文、三〇・六二頁、岸俊男「元明太上天皇の崩御―八世紀における皇権の所在―」（『日本古代政治史研究』塙書房、一九六六年、初出一九六五年）。両氏は直接の師弟関係にあり、岸論文は一九六五年の発表で、和田論文は一九六九年と極めて近接している。

（14）佐藤長門「殯と王権継承」（白石太一郎先生傘寿記念論文集編集委員会編『古墳と国家形成期の諸問題』山川出版社、二〇一九年）は、①殯期間と「政情」が関係しないこと、②殯期間内での大王即位は限定された状況でしか起こらなかったこと、③殯庭で群臣を引率する人物が重要であったこと、④即位と殯の前後関係に有意な差異がないことなどから、女帝即位と殯儀礼とは直接の関係がないと反論する。

①まず斉明と持統の即位が長期化したことは、中大兄と草壁がいることを理由とされるが、まだ皇太子制は確立せず、適齢期の四十歳に達していないことから、即位はすでに既定路線という説明には従いにくい。また孝徳の殯が短期なのは、前大王「王祖母」皇極の存在が考慮されていない。総じて有力な王子に対して元キサキの存在を極めて低くしか評価しない論を前提に議論することは無理がある。殯期間内での大王即位の解釈も、前キサキの大王代行という統治能力について評価が低いのは問題である。

②殯と即位の関係についても、殯が終了したのに日継が決まっていないとの舒明即位前紀の記述だけでなく、桓武の死去後において安殿親王の即位を求める上啓にも「謹案二礼家一。先君崩、嗣位定二於初喪一、即位既明、无レ疑二遵行一」（『日本後紀』大同元年〔八〇六〕四月辛亥条）とあり、先帝が死亡すると葬儀の段階で後嗣が決定し、直

後に即位することは疑いのない先例であると論じている。なお、『聖徳太子伝暦』の即位と称さないという記述を越年称元を正統とする立場から、先帝死去年を元年としないと解釈されるが、あくまで元号以前の『日本書紀』による王暦であり、他に多くの事例があるにもかかわらず、なぜ用明のみを説明したのか疑問である。やはり「諒闇中でも政務をおこなう」という文言を重視すれば、用明の在位が短命であり、殯終了以前の特殊な即位を許したものと考えられる。用明・崇峻の二代が続けて短命であったのに、王権が大きく動揺しなかったのは、後見した推古の政務執行能力を高く評価すべきである。

③殯庭で群臣を引率する人物が重要であったことについては、草壁のお披露目的な機会であったこと自体は否定しないが、本章でも論じたように殯庭の一体的あり方からは、中心には主宰者であり喪主である持統を抜きにした関係はありえない。殯宮と殯庭を区別し、後者を外部とする議論は主殿と庭の一体性を無視した議論である。

④即位と殯の前後関係についても、雄略以降を比較して殯先行が一〇例、即位先行が八例で有意な差異がないとするが、殯期間については期間認定が不明な場合も多く、即位先行例に日嗣を奏上する誄儀礼が整備される欽明以前の雄略・清寧・仁賢・継体・安閑を事例に含め、殯儀礼が転換した元明までも事例に含めるのは問題であり、これらをのぞけば殯終了後に即位した事例が圧倒的に多い。残る皇極の即位も狭義のモガリ終了後であり、結局、即位が問題となる用明のみが殯終了以前の即位について、唯一の例外となる。

ちなみに、即位前紀の内容に皇位継承を正当化する論理が含まれているとすれば、壬申紀や舒明即位前紀のような長文は、即位の正当性が薄弱なことを示し、その論理を書き込む必要があったと考えられる（拙稿「律令国家の王権と儀礼」〔本書第三編第一章、初出二〇〇二年〕）。

(15) 和田萃a註（1）前掲論文、六二頁、吉村武彦「仕奉と貢納」（『日本古代の政事と社会』塙書房、二〇二一年、初出一九八六年）、同「古代の王位継承と群臣」（『日本歴史』四九六、一九八九年）。

(16) 岸雅裕「用明・崇峻期の政治過程」（『日本史研究』一四八、一九七五年）、八木充「日本の即位儀礼」（井上光貞他編『東アジア世界における日本古代史講座』九、学生社、一九八二年）。モガリの終了時までに後継者が決定していたとの表現および、モガリの最終時点に日嗣が奏上され、これなくしてはモガリが完了しないこと、先帝の柩前において璽綬を奉呈する中国の「柩前即位」でも、皇帝の「遺詔」や皇太后の「令」「冊」により「殯」期間中に即位すること（西嶋定生「漢代における即位儀礼―とくに帝位継承のばあいについて―」〔『中国古代国家と東アジア世界』東京大学出版会、一九八三年、初出一九七五年〕、尾形勇「中国の即位儀礼」〔井上光貞他編『東アジア世界における日本古代史講座』九、学生社、一九八二年〕）などからすれば、モガリ儀礼の最終局面におこなわれる日嗣の奏上において新王の名前が読み上げられた可能性は高いと考える。始祖や祖先の承認により後継者が認められるという正統性のあり方は日中に共通する。

(17) 和田説では、「殯宮の主宰」という直接的な表現はされていないが、「喪主」という用語は明らかに使用している。ここでは、天皇の殯では誰が中心的役割を果たすかということに力点を置いて「主宰」と表現する。和田説は皇太子草壁らが「喪主」として公的殯宮供奉にたずさわったことを明言しており、和田説による喪主（殯宮の主宰）の論点を敷衍して、持統こそがこの役割の中心にいたとする表現である（和田説による「殯宮の主宰」の論点は、皇太子ではなく元キサキとすれば継承可能）。皇太子ではなく元キサキこそが「殯宮の主宰者」で、「喪主」として公的殯宮供奉にたずさわる中心的人物を「主宰」と表現する。籠もる祭祀的人物が女帝につながるのではなく、殯宮を内外の二項対立ではなく、一体的にとらえたうえで、公的殯宮儀礼にたずさわる中心的人物が女帝として群臣から推戴されたと考える。すでに殯儀礼は六世紀以降、政治的な儀礼に変質しており、本来の葬儀に留まらない、長期化した日継ぎの決定を含む政治的・公的な儀礼に変化しており、殯期間中の「詔勅」発布、次期大王の指名などの公的行為の主体が喪主であり主宰者であったと判断する。その意味で喪主は殯宮と殯庭の儀礼を一体的に総括する存在である。

(18) ただし、三后の区分や、皇后・夫人などの明確なキサキの序列化は奈良時代以降であり、大后は皇后のような嫡妻を意味する制度的呼称ではない。

(19) 拙稿f註（9）前掲書評。佐藤長門「奉誄儀礼と王権継承」（『國學院雑誌』一二一―一一、二〇二〇年）は、私見が示した次期大王の指名と大王代行のプロセスについて、推古は前者のみ、持統は後者のみ、皇極（斉明）はいずれも経過しておらず推論にすぎないと断定する。しかしながら、本章で論じたように次期大王の指名と大王代行については、飯豊・春日山田・推古の事例があり、後者についても神功・飯豊・推古・間人・皇極・倭姫・持統の事例が指摘できる。即位に至らないケースがあることは、反対に途中プロセスとしての妥当性があると考える。飯豊および推古の場合には重なる事例が確認され、『藤氏家伝』上、鎌足伝によれば皇極についても明らかに「皇后臨朝」と評価されており、いずれの女帝にも要素を確認することができる。なお、佐藤論文は、和田説では持統の殯宮奉仕が女帝即位の前提になったという記述はみあたらないとするが、和田萃a註（1）前掲論文、五一頁には持統について「女帝即位に際しては、夫たる先帝の殯宮儀礼を終えていることが、当然の条件だったと推測される」と明記されている。

(20) 和田萃a註（1）前掲論文。

(21) 川村邦光『地獄めぐり』（筑摩書房、二〇〇〇年）、三四～四三頁。

(22) 『日本霊異記』中巻第七話には、使い古した箒で「活きよ活きよ」と撫でると蘇生した話がみえる。

(23) 川村邦光註（21）前掲書、四七～五〇頁。

(24) 稲田奈津子註（4）前掲論文。

(25) 拙稿ⅰ註（9）前掲論文。なお、稲田奈津子註（4）前掲論文では、天若日子伝承について「喪屋の設置者」や「弔問客対応者」を論じたのみで、批判は当たらないとされる。しかし「喪屋に籠もった人物は不明だが、少なくとも」との前置きがあるように、妻が殯儀礼にどの程度関与したかを否定的に考察する趣旨からすれば、この説話から妻の不在を強調する意図は明らかではないか。そのため、私見のように妻以外の人物が消去法的に喪屋に籠もったと結論するのは不自然な推測ではない。私見の要点は説話構造の分析からすれば妻の不在は必然であり、「喪屋の設置者」や「弔問客対応者」さらには「喪屋に籠もった人物」にも妻が含まれないという明証として、この説話は少なくとも使えないことを論じたものである。

(26) 川村邦光註（21）前掲書、五〇～五一頁。

(27) エルンスト・カントーロヴィチ『王の二つの身体』上・下（筑摩書房、二〇〇三年）によれば、王は死すべき自然的身体と、死ぬことなく永続していく政治的身体という二つの身体を持つとされ、王は死んでも王位や王冠、王朝は存続すると説く。
(28) 拙稿f註（9）前掲論文。
(29) 上野誠『万葉挽歌のこころ―夢と死の古代学―』（角川学芸出版、二〇一二年）によれば、「大殯の時」とのみあり、歌が披露された場所は明記されておらず、山科ではなく琵琶湖を望むことができる湖岸を想定する。また塚本澄子『万葉挽歌の成立』（笠間書院、二〇一一年）によれば、天智殯宮に奉仕していた女性とは限らないとし、「忌み籠もる女の挽歌」論を批判する。
(30) 拙稿註（3）前掲論文。モガリ史料の集成は同拙稿でおこなっている。
(31) 堀裕「天武天皇殯儀礼の構造的研究」（拙編『古代王権の史実と虚構』古代文学と隣接諸学三、竹林舎、二〇一九年）によるモガリ期間の四期区分によれば、第Ⅰ期の四日間にわたる大規模な行事の完了直後に位置する。同様に持統の「詔」もこれ以後頻出する。最も盛儀であった狭義のモガリ（第Ⅰ期）を完了させた後において権力的なふるまいが顕在化するともいえる。皇極の即位も狭義のモガリ終了後になされたとすれば、例外とはならず、用明即位のみが例外視される。
(32) 拙稿註（3）前掲論文。
(33) 同前。
(34) 三上真由子「日本古代の喪葬儀礼に関する一考察―奈良時代における天皇の殯期間の短期化について―」（『奈良史学』二三、二〇〇五年）。
(35) 拙稿k「太上天皇制の展開」（『古代王権と官僚制』臨川書店、二〇〇〇年、初出一九九六年）、同l「太上天皇の「詔勅」について」（吉村武彦編『律令制国家と古代社会』塙書房、二〇〇五年）、拙稿h註（9）前掲論文。
(36) 東野治之「長屋王家木簡の文体と用語」「日本語論―漢字・漢文の受容と展開―」（『長屋王木簡の研究』塙書房、一九九六年、初出一九九一・一九九三年）、川崎晃「古代日本の王言について―オホミコト・ミコト・ミコトノリ―」（高岡市万葉歴史館編『音の万葉集』高岡市万葉歴史館論集五、笠間書院、二〇〇二年）。
(37) 和田萃a註（1）前掲論文、二六・四九頁。

(38) 拙稿d註(8)前掲論文。
(39) 拙稿「平城宮の中宮・東宮・西宮」(『古代王権と都城』一九九八年)。
(40) 米田雄介「践祚と称制―元明天皇の場合を中心に―」(『続日本紀研究』二〇〇、一九七八年)、坂口彩夏「元明天皇の即位に関する一考察―称制や空位時の天皇代理執政からみる女帝―」(『日本古代学』七、二〇一五年)。正確には草壁皇子の天皇扱いは遅れるが、「皇大妃」への食封(『続日本紀』大宝元年〔七〇一〕七月条壬辰条)、「皇太妃宮職」木簡(『藤原宮木簡』三―一〇六五・六六、一六三五号、一九八〇年)などによれば、文武のミオヤ、草壁のキサキという地位はすでに大宝期以降において確立していたと考えられる(拙稿d註(8)前掲論文)。
(41) 拙稿m「聖武朝の政治と王族―安積親王を中心として―」(『家持の争点』二、高岡市万葉歴史館、二〇〇二年)、同n「宣命」(平川南他編『文字と古代日本』一支配と文字、吉川弘文館、二〇〇四年)、同拙著o『女帝の世紀―皇位継承と政争―』(角川学芸出版、二〇〇六年)。
(42) 拙稿k・l・h註(35)前掲論文。
(43) 拙稿補記前掲論文。
(44) 河内祥輔『古代政治史における天皇制の論理　増訂版』(吉川弘文館、二〇一四年)によれば、藤原光明子の立后により皇族出身の女性から氏出自の女性にキサキが転換すると述べる(二九～三〇頁)。
(45) 小林敏男「大后制の成立事情」(註(6)前掲書、初出一九八一年)および荒木敏夫「大王と女帝」(『日本古代王権の研究』吉川弘文館、二〇〇六年、一九九〇年)が大后の共同統治者・権力分掌者説を提起した。研究史整理については、桜田真理絵「古代后妃論の成果と課題」(『文学部・文学研究科学術研究論集』九〈明治大学〉、二〇一九年)参照。
(46) この点ついては、註(8)参照。
(47) 岡安勇「漢魏時代の皇太后」(『法制史学』三五、一九八三年)、冨田健之「後漢前半期における皇帝支配と尚書体制」(『東洋学報』八一―四、二〇〇〇年)など。なお、岸俊男「光明立后の史的意義―古代における皇后の地位―」(註(13)前掲書、初出一九五七年)や谷口やすよ「漢代の皇后権」(『史学雑誌』八七―一一、一九七八年）などの古典的見解によれば、皇后と皇太后が有する権力を厳密には区別しておらず、一括して「皇后（キサキ）権」などと表現してきたが、皇帝・天皇権力に対する非常時の安全弁という役割からすれば、区別して論じる必要がある。

(48)　拙報告j註（9）前掲。

(49)　木下正子「日本古代后権に関する試論」（『古代史の研究』三、一九八一年）。『礼記』は理念の記述であり、中国王朝の後宮の実態とは区別して考察すべき課題である。

(50)　『続日本紀』宝亀元年（七七〇）十一月甲子条には「井上内親王定皇后止宣天皇御命衆聞食宣」、『日本紀略』天長四年（八二七）二月己未条には「正子内親王乎皇后止定賜布」とのみあり「しりへの政」という文言はみえない。

(51)　三后の区別は七世紀には存在しないが、『日本書紀』は実子の即位に限って皇太后の称号を記載する。

(52)　岸俊男註（47）前掲論文によれば、当時の皇后は皇太子に比肩しうる執政権を有し、皇位継承の機会（光明女帝の即位）も有すると明言されている（二四九頁）。

(53)　拙稿k・l・h註（35）前掲論文。

(54)　拙稿h註（9）前掲論文。

(55)　鷺森浩幸「王家と貴族」（『天皇と貴族の古代政治史』塙書房、二〇一八年、初出二〇〇四年）。

(56)　拙稿n註（41）前掲論文。

(57)　柳雄太郎「皇太后の詔と紫微中台の「居中奉勅」」（『律令制と正倉院の研究』吉川弘文館、二〇一五年、初出二〇一一年）。

(58)　柳雄太郎「献物帳と紫微中台」（註（57）前掲書、初出一九八一年）、吉川敏子「紫微中台の「居中奉勅」についての考察」（『律令貴族成立史の研究』塙書房、二〇〇六年、初出二〇〇〇年）。

(59)　上村正裕「しりへの政と皇后」（『日本歴史』八四四、二〇一八年）。

(60)　吉川敏子註（58）前掲論文。

(61)　鬼頭清明「皇后宮職論」（『古代木簡と都城の研究』塙書房、二〇〇〇年、初出一九七四年）。

(62) 拙稿a註（4）前掲論文、六五頁。
(63) ちなみに、藤原娍子の立后宣命に際して、藤原道長がすでに中宮妍子が立后していることを理由に、「後への政」「天の下の政」「独り知るべき物には有らず」などの文言を削除させている（『小右記』長和元年〔一〇一二〕四月二十七日甲子条）。おそらくは、キサキの序列を明らかにする意図がこれらの文言の削除に込められていたと推測される。その後も、娍子の実子が即することはなかったので、権限を発揮することはできなかった。
(64) 拙稿c「古代女帝論の現状と課題」（註（4）前掲書、初出二〇〇三年）、同a註（4）前掲論文。
(65) 山尾幸久『日本国家の形成』（岩波書店、一九七七年）、七九頁。
(66) 皇后を王族に限定するのは、『日本書紀』の特異な事例であり、現実には内親王などを皇后とする事例は少なく、光明子以降は基本的に非王族の藤原氏出身により占められる。
(67) 『続日本紀』天平元年（七二九）八月壬午条。
(68) 荒木敏夫『可能性としての女帝―女帝と王権・国家―』（青木書店、一九九九年）。
(69) 拙稿a註（4）前掲論文。
(70) 中国における類似な事例として、漢の呂太后は宗廟社稷を奉じる存在であることから、つぎの帝位を定める資格があったことが指摘されている。これは、帝位を継ぐことにより血縁にない先帝との間に父子関係が発生し、それが母子関係にも及ぶことが前提にある（谷口やすよ註（47）前掲論文）。
(71) 小林敏男「称制考」（註（6）前掲書、初出一九八二年）。
(72) 折口信夫註（2）前掲論文。
(73) 拙稿c註（4）前掲論文、二九七～二九九頁。
(74) 同前、三〇三～三〇四頁。
(75) 『日本書紀』朱鳥元年（六八六）七月癸丑条。
(76) 『続日本紀』天平宝字元年（七五七）七月戊申条。
(77) 『万葉集』巻一―三・一〇～一二番歌詞書。

（78）『大安寺伽藍縁起幷流記資財帳』。
（79）西山徳「日本書紀の撰修に関する一考察―称制について―」（『徳島大学学芸紀要』社会科学三、一九五四年）、小林敏男註（71）前掲論文、押部佳周「「甲子の宣」の基礎的研究」（『日本律令成立の研究』塙書房、一九八一年、初出一九八〇年）など。森公章『天智天皇』（吉川弘文館、二〇一六年）は、「仲天皇」の表記のように、天皇位を代行していたと解釈する。
（80）同前。当該条の冠位改定記事については天智紀十年（六七一）正月甲辰条との重出と疑われ、命令形式においても、東宮太皇弟の奉宣、あるいは大友皇子の宣命なども表現され、異なる原史料の存在が想定される。
（81）直木孝次郎「持統天皇と呂太后」（『飛鳥奈良時代の研究』塙書房、一九七五年、初出一九六四年）。
（82）拙稿g註（9）前掲論文、九二〜九四頁。
（83）拙稿c註（4）前掲論文。
（84）孝謙の立太子以前は、皇太子制度の未熟と解釈する余地もあるが、すでに養老四年（七二〇）成立の『日本書紀』には、皇太子制度を前提とする歴史記述がなされ、孝謙の立太子以前に文武・聖武の立太子があるので、従いにくい。ちなみに孝謙朝の道祖王以降、一世紀の間に五例もの廃太子事件が発生している。
（85）岸俊男説以来の皇太子に比肩する大后（皇后）執政権の問題は、共同統治者・輔政者としての位置付けを拡大し、近年では王権の多極構造を常時担う存在として考えられるようになった。この通説的見解に対しては、内治に限定する議論や（木下正子註（49）前掲論文）、嫡妻制や大后制そのものを全否定する議論がある（遠藤みどり註（8）前掲書）。私見は、大后号は制度的なものではなく尊称的なもので、キサキ間の相対的序列を示すにすぎないが、女帝即位に連続する非常時の元キサキの政治的権限を過小評価することはできず、大兄などと同じくモガリの主宰者に選ばれるような重要な政治的意味が存在したと考える。
（86）四十歳以上の即位例が多く、むしろ高齢が有利であり、それ以前は若年とみなされたことはすでに指摘したことがある（拙稿a註（4）前掲論文）。さらに王位継承だけでなく、養老年間の下総国大嶋郷戸籍にも四十歳を基準とする戸主任用と、これと連動した親族呼称の体系化が指摘されており（田中禎昭「古代戸籍と年齢原理―編戸の統計学的検討―」（『日本古代の年齢集団と地域社会』吉川弘文館、二〇一五年）、社会的な年齢秩序の存在が想定される。即位の条件として性差がまだ絶対的な基準とはなっておらず、むしろ性差よりも年長であることが重要な即位要件であったことが知られる。

（87）近代に至る女帝の歴史的位置付けの変遷については、本書序章参照。

第四編　王権の転換　―八・九世紀―

第一章　古代都市の成立と貧困

はじめに

本章の主題は、古代都市論の理論的枠組みを再検討したうえで、諸段階を規定し、都市貧民の存在がなぜ権力にとって深刻な政策的課題の対象となったのかを考察することである。

「日本古代の都城は都市と評価できるのか」という命題は、長い間、日本古代における都市研究の重要な論点であり続けた。国家成立論とともに現在でもその当否については、議論が継続している研究状況にある。

長屋王家木簡などの出土により、都の流通経済に関して、新たな発見が増加している。その点を強調して、平城京の初期からその「都市性」を指摘する見解も増えている。しかしながら、多様な都市住民の具体像の提示は、それ自体重要ではあるが、旧来の通説であった「日本古代の都城は都市的な要件を欠いている」という論点に対する理論的枠組みの検討は回避される傾向にある。にもかかわらず、初期からの商工業の成熟を強調することは、同じ土俵での議論であり、その萌芽的な傾向を強調するだけでは、権力的に編成された政治都市という基本的な性格規定は変化しない。この膠着状態を打開するためには、より理論的・構造的な問題として議論することが必要となる。

一、古代都市論の現状

(1) 通説の形成

現在における古代都市論の通説は、カール・マルクス『資本制生産に先行する諸形態』による以下の記載に依拠している。

古典的古代の歴史は、都市の歴史であるが、しかし、土地所有と農業を基礎とする諸都市の歴史である。アジアの都市は、都市と農村との一種の無差別な統一である（固有の大都市は、ここではただ君主の宿営地、固有の経済的構造のうえにできた余分な胎児にすぎないとみられるべきである）。中世（ゲルマン時代）は、農村を歴史の中心として出発し、そののち歴史の進展は都市と農村との対立のうちにつづけられる。近代の［歴史］は、農村の都市化であって、古典的古代人におけるような都市の農村化ではない(1)。

この指摘を前提に、狩野久は「日本古代の都市と農村」（原題）(2)において、「アジアの古代都城は、農村のなかに形成された専制君主の宿営地であり、農耕未分離の経済的構造のうえにできた余分の胎児にすぎないとみるべきであり、その意味では、これはいかなる点からも都市とよぶべきものではない。都市と農村とが区別がつかない一体性を保持しているところに、古代アジアの特質がある。……都市が社会の不可欠の一構成要素に転化するのは、中世以降の長い歴史を経過してのちのことである」と論じた。すなわち、「わが国古代の都市は、全くその独自の経済的基盤をもたない」ので、「帝都がかわれば都市的景観はたちまちに荒廃してしまう性格」があり、「都市の繁栄はそのまま農村の窮乏をもたらす」とし、ここから「自立的な中世都市」に対して「都市と農村の一体性」を強調した。

さらに、狩野久は原秀三郎「日本古代国家論の理論的前提―石母田国家史論批判―」（原題）[3]における理論的検討に依拠しつつ「律令国家と都市」において、古典古代の都市は、「社会的分業の一定程度の展開を前提にした都市[4]」であるが、その住民が農村地主であるように「農村との臍帯から解放されていない」ので、「都市と農村が商品交換によって媒介され、都市が社会の不可欠の要素に転化するのは、中世以降の長い歴史を経過してのちのこと」と位置付ける。

これに対して、アジアの古代都城は、「専制君主の居城を中心に展開された都市」であり、「一人の王、一人の皇帝のための都城（王城）」である。そのうえで、「専制君主の宿営地」が「農工未分離の経済構造」を基礎とするため、「都城の形成と古代国家の成立ないし確立は相即的関係にある」が、「都市形成の視角からはまったく問題にならない」と結論付ける。古代都城は、国家形成の問題としては議論できるが、都市としては位置付けられないとする。

以後の議論展開との関係で、留意しておきたいのは、「社会的分業の展開」を、農業と商工業との分離という狭義の側面に限定して理解する点である。

狩野説の前提となった、原秀三郎の理論的検討においても、「階級的見地」ではなく「分業の見地」を重視する。この場合の「分業」とは「労働が多種多様な有用的労働に分化し、それぞれの労働が特定の職業や職能として独立していくことを意味する」と定義し、以下のようなフリードリヒ・エンゲルスとマルクスの記述に依拠する。

「エンゲルスからコンラート・シュミット（在ベルリン）へ」の手紙（一八九〇年十月二十七日）

この問題は分業の見地からとらえるのがいちばん容易です。社会は社会にとって不可欠ないくつかの共同の機能をつくり出します。この機能に指名された人たちが、社会の内部に分業の新しい部門をつくります。それにより彼らは、委任者に対してでも特別の利害をもつことになり、委任者にたいして自立化し、そうなると―国家がそこに生じます。(5)

エンゲルス『空想から科学への社会主義の発展』

搾取する階級と搾取される階級、支配する階級と抑圧される階級とに社会が分裂していたのは、以前には生産の発展が貧弱だったことの必然的な結果であった。社会の総労働が、全員がかつがつ生きてゆくのに必要なものをほんのわずか上まわるだけの収穫しかもたらさないあいだは、したがって、大多数の社会構成員の時間の全部またはほとんど全部が労働にとられているあいだは、この社会は必然的にいろいろな階級に分かれる。もっぱら労役に服するこの大多数者とならんで、直接の生産的労働から解放された一階級がかたちづくられ、彼らが労働の指揮、国務、司法、科学、芸術などの、社会の共同の業務にあたるのである。だから、階級区分の基礎にあるのは、分業の法則である。(6)

マルクス／エンゲルス『ドイツ・イデオロギー』

物質的労働と精神的労働との分業の最たるものは、都市と農村との分離である。都市と農村との間の対立は、未開から文明への、部族制から国家への、局地性（地方分立）から国民への移行とともに始まり、文明期の歴史全体を今日に至るまで……貫通している。―都市とともに、同時に、行政、警察、租税等、要するに共同体とそれに伴う政治一般が必然的なものとなる。ここにおいて、まず、人口の二大階級への分化が現われる。この分化は分業および生産用具に直接基づくものである。都市はすでに、人口の、生産用具の、資本の、享楽の、欲求の、集中という事実であるのに対して、一方の農村は、孤立と分散というまるで正反対の事実を呈する。

都市と農村の対立は、私的所有の枠内において実存することができる。(7)

とりわけ、社会的分業の基礎としての都市と農村の分離について、『諸形態』の「中世（ゲルマン時代）は、農村を歴史の中心として出発し、そののち歴史の進展は都市と農村との対立のうちにつづけられる」とある部分に依拠して、「中世」の、それも「その後の発展」のなかではじめて達成されると解釈し、「都市まがいの景観、ないし都市もどきの現象の発生をもって、社会的分業の成立や都市と農村との分離と早合点することは、世界史的観点からの比較史研究においては、厳につつしむべきであろう」「城砦をめぐらし、人々の集住する都市的景観ないし都市もどきの現象がみられたとしても、それは都市としての都市とはいえない」とする。結論として、古典古代の都市は「農村的都市」であり、アジアの都市は、「社会的分業の一環を形成するそれ自身独立的な都市としてではなく、あくまで農工未分離の経済構造の上に成立する自然発生的分業の一分肢として、つまり、遠征の宿営地ないし王侯の住居、さらに発展してはそれと結びついた政庁として、本質的に把握すべき」であり、「複受胎（余分な胎児）」とは、「アジアの農村的都市の中に都市的都市の要素、将来真の都市となる要因が胚胎しているということの比喩的表現」と理解する。

「社会的分業の展開」を、農業と商工業との分離に限定し「中世以降の発展」という局面で理解することが、古代都市を不十分な存在として位置付ける根拠であることが確認される。また、アジアの農村的都市にも、将来真の都市となる要因が胚胎しているとの指摘は、発展の可能性を指摘したもので注目される。ともあれ、マルクスの理論的記載に依拠する「アジアの古代都城は、都市ではない」との見解は以後、通説化する。

つぎに鬼頭清明『日本古代都市論序説』(8)は、狩野・原の議論を継承しつつ、平城京の都市的発展の可能性について、マルクス『諸形態』の以下の記載に注目する。

ここでは、本来の都市は、外国貿易に特別に便利な地点であるところにのみ、これらの村落とならんで形成される。または、国家の首長やその地方的代理者［Satrap ＝古代ペルシャの地方総督］が彼らの収入（余剰生産物）を労働と交換し、それを労働財源として支出するところにのみ形成される[9]。

外国貿易に便利な地点と王侯の収入を交換する土地（王侯の宿営地）として都市が考えられていることから、アジア的諸都市の内部に非農村的要素＝商業的要素の萌芽を指摘する。そのうえで、『諸形態』からの都市論へのアプローチには限界があるとして、「都市における独自の共同体の有無」を考察するため、マックス・ウェーバーの都市類型論を援用する。

ウェーバー『都市の類型学』

けだし、都市ゲマインデたりうるためには、少なくとも比較的強度の工業的・商人的性格をもった定住地であり、しかもさらに次の諸標識が当てはまるものでなくてはならないからである。すなわち（1）防禦施設をもつこと、（2）市場をもつこと、（3）自分自身の裁判所をもち、かつ―少なくとも部分的には―自分自身の法をもつこと、（4）団体の性格をもつこと、またこのことと関連して、（5）少なくとも部分的な自律性と自首性とをもっていること、すなわち、市民自身が何らかの仕方でその任命に参与するごとき官庁による行政をもっていること、これら諸標識があてはまらなくてはならない[10]。

これらの指標を満たす都市は、アジアには一般的に存在せず、北欧の中世都市に典型的にみられるもので、南欧の中世都市がアジアの都市から北欧の中世都市への「過渡段階」を形成しているとの指摘から[11]、都市ゲマインデ（共同体）を指標とする発展の図式（アジア→古典古代・南欧→北欧）が導き出される。

農村との分離および都市ゲマインデの欠如という二重の意味でアジアの都市はその構成要件を欠いているが、アジア都市内部における都市的要素の発展のあり方によっては、君侯都市から市場都市へ発展する可能性が指摘される。

具体的には平城京段階の流通経済の分析を、三人の下級官人の分析を基礎にして、実物貢納経済（原則として交換経済を媒介としない収取体制）＝律令的収奪を経済的背景として、支配階層の「巨大な消費」が都城で発生、それに寄生して流通経済が発展したのであり、流通経済の発展の上に「巨大な消費」が形成されたわけではなく、あくまで流通経済は実物貢納経済の補完物としての位置に留まると位置付ける。したがって、流通経済にのみ依拠する商人は、階層として自立することがきわめて困難であって、律令下級官人が同時に官司に従属しつつ商人的役割を果たすことになったと論じる。そのため、流通の発達を「官人の私経済」が機能しうる程度として高く評価した吉田孝「律令時代の交易」(12)に対しては「下級官人の私経済の評価は過大にすぎる」と批判する。

結論として、「平城京は非農村的性格、「都市的」現象を増大させた点では、たしかに都市への萌芽的要素を含んでいたけれども、それは社会的分業の自然生的発展にもとづくものではなく、実物貢納経済にもとづく政治的強制としての都城の設定と、その中での造営事業によって生じたものである。平城京が広義の都市として発展していくためには、社会的分業の一層の発展をまたねばならなかった」と位置付ける。

狩野説が都市史と都城研究を分離して扱ったのに対して、鬼頭説では都城を都市史の中に位置付け、萌芽的要素や都市的要素を流通経済の視角から指摘したことが評価される。しかし、結論としては一定程度の流通経済の発達を承認しつつも、それが政治権力により創出された「巨大な需要・消費」に規定されているという限界から、アジア都市の類型として、平城京を都市ではないと結論するのである。

（2）通説に対する理論的な批判

以後、通説化した「アジアの古代都城は、都市ではない」とする見解は、理論面と実証面の双方から批判が加えられることとなる。

まず理論面においては、大町健・櫛木謙周による鬼頭説に対する書評があげられる。[13] 批判の論点は多岐に及ぶが、両者に共通するのは、分業の問題が『諸形態』の記述にのみ依拠して、農業と商工業の分離に限定されていることで、『ドイツ・イデオロギー』にみられる「物質的労働と精神的労働との分業の最たるものは、都市と農村との分離である」との規定を「歴史貫通的」に位置付ける観点が欠落しているとする点である。マルクスは、都市史について体系的な記述を残しておらず、主題ごとの局面で都市と農村の分離が記述されているのみであり、統一的な把握をする努力が必要との共通する批判は正鵠を得ている。都市共同体や商工業の発達といったヨーロッパ中世都市を絶対的な基準とするだけでない観点がアジアの都市を検討する場合には必要となる。後者の書評では「実物貢納経済」と「巨大な消費（需要）」に対する批判が加えられ、一面的でない都城内部の生産・流通・消費の各段階における多様なあり方の可能性を指摘する。

理論的な検討の前提としては、マルクス、エンゲルスやウェーバーの著作に対する時代的な制約を批判する観点がある。マルクスが十七世紀のムガール帝国から得た不十分なイメージによりアジア都市を議論することは無理がともなうとの批判があり、小谷汪之によるアジア社会認識の変化に即した批判も存在する。[14] 浅野充「古代日本・朝鮮における国家形成と都市」（原題）[15] は、小谷の研究を前提に、マルクスのアジア都市理論をアジア古代の都市研究の前提とすべきではないし、都市を封建的な農村の対立物とし、都市に近代の萌芽を求めるウェーバーの中世都市理解も誤りであると批判する。また、北村優季「古代都市史」[16]も同様の主張とともに、「農村から生まれた自立的な中世都市」という理解は、近年の中世都市論と齟齬することを述べる。

ウェーバーのアジア都市論については、板垣雄三・後藤明編『イスラームの都市性』[17]が、都市研究およびイスラーム研究におけるパラダイム（理論枠組み）の思いきった変換をなし遂げることが課題であるとして、西欧コミューン（自治都市）に都市の原型を求めてきたウェーバー流の理論的前提にまとわりついてきたエドワード・サイード的な定義によるオリエンタリズム（ヨーロッパの自己中心的東洋理解）を克服することが必要であるとする。この場合のオリエンタリズムのサイード的定義とは、東洋に対する西洋の思考様式ならびに支配の様式であり、しかもオリエントを道具立てとしておこなわれるヨーロッパの自己認識である。これによりヨーロッパのオリエント支配を正当化し合理化する側面が否定できないとされる[18]。

こうした時代的な制約に対する批判は妥当であると考える。しかしながら、浅野説においても断片的記述の統一的把握をしていないとの批判はあるが、「物質的労働と精神的労働との分業」の観点で、統一的に解釈することは可能であると評価するように、全否定することには賛成できない。

（3）通説に対する都市性の強調

通説に対する実証的な立場からの批判は佐藤信「宮都の形成と変容」[19]が代表的である。ここでは、日本の古代宮都はあくまでも「都市概念にはいらない」と位置付ける見解は、都市論として具体的都市像を明らかにする方向へは向かわず、都市としての限界性の指摘から先へ進むことはなかったと批判し、都市概念の基本を西欧都市に求めるという問題点を持ちながら、日本の古代都市を都市ではないと否定することによって、都市論はその結論から先に進めない非生産的な状況に陥ってしまったと総括する。

発掘調査によれば人口や富の集中、ある程度の社会的分業の展開など、都市生活の具体像が明らかとなり、古代宮都は一人前の都市ではないが都市的景観を持つというやや矛盾する見解が示されることになったと述べる。こうした状況に対して、都市概念を狭義に限定して「不毛な議論」を繰り返すことを避けるため、現象としてのアジア古代の都市を幅広く具体的にとらえ、多様な「都市性」（都市的要素）に注目する立場を示す。

この場合の「都市性」への着目は、先述した板垣雄三・後藤明編『イスラームの都市性』において提起された概念で、パラダイムの思いきった変換を目的として、ヨーロッパの「典型」とは異質な偏差として捉えられがちであったイスラーム都市をアーバニズム（都市的生き方・住まい方、都市性）においてとらえる考え方であった。もともとは社会学においてルイス・ワースが用い、都市に特徴的な「集団的生活の様式」を構成する諸特性の複合としての「アーバニズム（都市を志向し求める文化的・社会的な傾向、都市性）」の解明として提起されたものである[20]。

長屋王邸や長岡京など発掘成果に目配りした成果を随所に採用しており、こうした「都市性」（都市的要素）の追究が、閉塞状況にあった古代都市論を豊富化するという意味で、十分な有効性があったことは高く評価したい。しかしながら、「定義を前提にしない」都市性の議論は、近年提唱されている縄文都市や弥生都市の議論との差違性を曖昧にしてしまう恐れがある。さらに、萌芽的にせよ同じ要素が抽出されるならば、藤原京、平城京、平安京というそれぞれの宮都が本来持っていた歴史的段階差が曖昧になると考えられる。

豊かな都市像が解明されたのは事実であるが、差し当たり理論的枠組みの構築を目指さないことにより、旧来の議論との接点がなくなったことが弊害として生じたといえる[21]。

これより以前、奈良時代の流通経済を実証的に研究したものとしては、先述した吉田孝「律令時代の交易」があり、さらに栄原永遠男「奈良時代の流通経済」「律令制的収取と流通経済」が詳細に検討している。[22] 明らかにされた論点は多岐にわたるが、「京の東西市は、原則として、官人と官司のために設置された官市（政治的市）」、「実物貢納があくまでも原則であるが、実際には他の方法による調達がかなり見られる」、「鬼頭氏が、律令財政は実物貢納経済を基礎としつつも、流通経済を補完として必要とした点を指摘したことは重要」、「私は、律令時代において、流通経済の満面開花を主張するつもりもない。この時代の流通経済は、それなりの時代的制約を受けていた」などの指摘を総合すれば、流通経済の発展を一定程度評価しつつも、「あくまで流通経済は実物貢納経済の補完物としての位置にとどまると位置づける」と評価した鬼頭説に近い見解であることが確認される。

なお、こうした見解に対しては批判もあり、東西市を政治的市（官市）と位置付け、指導的地位にあったとする点は、必ずしも実証されておらず、「かなり多様で豊富な品物が売買されていた」ことを重視するならば、より広く「東西市は全ての都市生活者に必要なものであって」、「本質は都市生活を維持していくための装置」と捉える意見もあり、[23] 議論が分かれている。ここでは流通経済の発達の評価に対して、政治的統制の度合いをどの程度に見積もるのかが問題となっている。

また、奈良時代初期の流通については、長屋王家木簡の出土により手がかりが得られた。とりわけ櫛木謙周「長屋王家の消費と流通経済」[24] は、「長屋王家の「店」（西店）を拠点とした盛んな交易活動、特に販売活動の存在は、家産経済（オイコス経済）という語から得られる、ややもすれば自給自足的なイメージに修正を迫るものである」と述べるように、長屋王家が家産経営の自給自足的側面だけでない雇用労働・流通経済に依存していたことを明らかにし、都市的消費に対応した商業的行為が平城京初期から存在したことを論じている。交易活動が家産活動に組み込まれていたことを明らかにした点は高く評価され、後述するように、この点が都市経済の発達度を評価する場合の重要な指標として用いられるようになることが指摘できる。

ただし、一方で正倉院文書にみられる写経所との比較において、自給性への指向性が高いことも指摘されている。こうした家産制経済と市場の関係をどのように評価するかが問題となる。

交換経済、なかでも米・布の商品的流通が労働給付財源として雇用労働力と深い関係があることも櫛木論文では指摘されているが、その契機として都城の造営が「巨大な消費」をもたらし、上京する役民の食料対策として銭を媒介にした交易に期待したことが重視されている。農村から切り離された人口が都城に集まることは、「都市の貧困」をもたらす大きな前提ともなるが、米価政策が浮上するのは奈良時代後半以降であり、奈良時代前半は「端緒的形態」であったと評価する。

寺崎保広「古代都市論」(25)は、日本の都城を政治都市と位置付ける鬼頭・狩野説が通説的であることを承認したうえで、「専制君主の宿営地としてスタートしながら、しだいに政府機関の所在地としての性格を強め、さらにそこに官僚たちが居住し、周辺の農村とは異なる景観をもち、商工業の一定の発達による非農業民のまとまった定住区域の成立、つまり天皇の宮に対する京域の設定をもって古代都市の成立と考え」るとし、官人居住や東西市の機能という点で不十分さを含みながらも藤原京以後を古代都市と位置付けた。その意味では、藤原京造営と連動させて、富本銭を流通銭とみる評価(26)と、藤原京を古代都市と評価する立場とは連動する。都市の成立を通説のように「商工業の一定の発達」により評価するだけでなく、「京域の設定」という観点で評価する点は新しいが、景観的な要素が強く、理論的な検討は必ずしもなされていない。平城京を中心とする流通経済の発達度をどの程度とみるかについては、栄原説に依拠して流通の発達を都市民の動向が明らかになる奈良時代後半を画期として一定程度評価する立場に立つ。

一方、寺崎保広「都の流通経済[27]」では、平城京の流通経済の段階について、先述した吉田・鬼頭・栄原の諸説を比較検討する。吉田説が提起した「官人の私経済」が機能しうるほどの流通の発達という論点に対して、鬼頭説は官人の交易活動は政治的に作り上げられた「巨大な消費」が先にあることを重視して、その限界性を強調したと総括する。流通経済の発達を実証しながらも、鬼頭説のように流通経済の限界性を指摘した栄原説に対しては、東西市や「中央交易圏」および、遠距離「商人」の評価に対して「違和感がある」と指摘する。都市的消費に対応した商業的行為が平城京初期から存在したことを論じた櫛木論文に依拠して、「奈良時代の流通の広さと深さ」を積極的に評価する。

同じく馬場基「平城京という「都市」の環境[28]」も、「平城京の都市性」を認める立場から「人・もの・情報」の集中と分散がおこなわれるセンターとしての役割を積極的に評価する。やはり櫛木論文に依拠して、米により生活する流動性の高い雇用労働の存在や、京外からの流民が従事する車借のような輸送労働などを評価する。うわさの存在、都会人という自負、環境の悪化なども、都市性を示す指標とする。政治性や「巨大な消費」に留意しつつも、平城京を支えた流通が積極的に評価すべき規模と内実を持っていたことは明らかであるとする。

平城京における商工業の発達＝都市性の強調により、古代都市であることを論じる立場は佐藤論文と共通する。しかしながら、都市的な現象の指摘、強調に留まり、政治的編成や家産経済との緊張関係は通説への反発からか、等閑視されているとの印象を持つ。少なくとも奈良時代における家産制経済と市場経済の関係をどのように評価するかという論点を深化させない限り、櫛木論文を一面的に評価したにすぎず、通説との建設的な対話がなされないことになる。

二、広義の分業論と古代都市の成立

（1）家産制経済と市場経済

櫛木説が提起した家産制経済と市場経済の関係をどのように評価するかは重要な論点であるが、この問題を考える場合には、先述したウェーバー『都市の類型学』における以下の記載が参考となる。都市が農村と区別された独自の構成体として現れてくる場合、始源的にはオイコス（家産制的家計）と市場という二種類の経済的中心点を併存していることが通常であったとしたうえで、(29)

この場合、都市が依拠していた一つの支柱としての荘園領主や君侯の家計は、その需要を、あるいは主として自然経済的に、この家計に従属している定住手工業者や定住商人の賦役や実物奉仕あるいは実物貢租によって、まかなったこともあり、あるいはみずからもまた、都市市場の最有力の顧客として、多少とも主として都市市場における交換によって自己の需要をまかなったこともある。そして、この後者の傾向が強く現れれば現れるほど、都市の市場的な基礎が前景に出ることになり、都市は〔君侯の家計の〕単なる付属物、オイコスに隣接する単なる市場定住たることをやめ、かくして、大家計への依拠にもかかわらず、一つの市場都市になっていった。(30)

と論じている。オイコスと市場という二種類の経済的中心点が存在することが通常であり、その場合の性格規定は、支配的な関係により判断する立場をここでは支持したい。

そのように考えるならば、君侯のオイコスだけでは都市とは呼ばれないのであり、財貨の交換が定住者たちの営利や需要充足の本質的な一要素として機能していること、すなわち市場の存在が不可欠であったという指摘が重要である。長屋王家の家産運営にとっても東西市のような市場の存在は対立物ではなく、不可欠なものとして位置付ける必要がある。君侯都市から市場都市への転換の可能性をここから指摘でき、藤原京から平安京の流れのなかでこうした転換を想定することが可能となる。王族家産制が商業活動することの容認はすでに伝統的であったとの指摘[31]を参考とするならば、やはり都市的消費の充実度を基準として、奈良時代前半はまだ君侯都市的であり、市場都市とするには「端緒的形態」であったと評価すべきと考える。

（2）社会的分業論と都市の成立

これに対し、通説に対する都市性の強調という論調は、鬼頭説が提起した、平城京における「流通経済の未発達」という論点に対して、平城京を支えた流通が積極的に評価すべき「広さと深さ」「規模と内実」を持っていたとする。しかしながら、こうした主張は、「社会的分業の展開」を、農業と商工業との分離に限定し「中世以降の発展」という局面で理解することで、古代都市を不十分な存在として位置付けてきた通説の理論的前提の裏返しにすぎないものである。藤原京における「京域の設定」という主に景観的な要素から古代都市と定義する立場と、奈良時代後半以降に顕著となる都市的消費や都市的問題の拡大の現象を必ずしも整合的には説明できてはおらず、奈良時代前半期の家産経済の自給的側面に対する市場的要素の強調も、「端緒的」との評価を大きく変更する十分な実証的根拠を提示しているわけではないと考えられる。

一方、通説の理論的根拠となっている「社会的分業の展開」を、農業と商工業との分離に限定し、「中世以降の発展」という局面でのみ理解することも問題とすべきであり、以下で検討したい。

マルクスとエンゲルスの「社会的分業論」については、まず黒田紘一郎「前資本制社会における社会的分業論について[32]」の検討が重要である。それによれば、マルクスの分業論の論理は、資本制社会と前資本制社会との論理的対比と、本源的所有を基礎とする原始共同体から階級社会への移行過程における成立・展開の問題に二区分されるとする。そのうち、「都市と農村との分離」の問題は、「社会的分業における労働の分割」を意味し、「未開から文明への、部族制から国家への、局地性（地方分立）から国民への移行とともに始まり、文明期の歴史全体を今日に至るまで……貫通している」とあるように、「中世以降の発展」に限定されず、歴史貫通的であるという重要な指摘がなされる。

とりわけ「未開から文明への、部族制から国家への」転換においても、社会的分業による都市と農村の分離＝古代都市の成立＝古代国家の成立が議論できることは重要な修正点となる。農業と商工業の未分離の段階においても、国家や都市が成立しうることを示唆するからである。すなわち、都市の成立によりもたらされるのは、「行政、警察、租税等」であり、黒田説によれば階級社会に歴史貫通的に存在する支配のための制度的組織・機関と解される「自治共同体」とそれにともなう政治一般が必然化し、人口の二大階級への分化がなされることになる。二大階級への分化とは、もっぱら労役に服する大多数者の物質的労働と、直接の生産的労働から解放された一階級による労働の指揮、国務、司法、科学、芸術など、社会の共同の業務にあたる精神的労働との分業のことを示すことになる。

エンゲルス『家族、私有財産および国家の起源』が提起した、農耕共同体から国家への移行にともない、①血縁・氏族にかわる領域による住民の区分、②人民の武装にかわる公的権力（軍隊・監獄・警察組織）、③公的強制と徴税権を持つ官僚の出現、という国家の特徴との対応関係は明らかとなる[33]。山中敏史「地方都市の出現[34]」も注目するように、この黒田の指摘により都市の成立が国家形成と理論的に結びつくことになる。古代国家の成立を人民の領域的区分や官僚制などの指標により七世紀後半に位置付けるとするならば、国家権力機構により作り出された都市として藤原京を位置付けることができる。

山中敏史は、分業の固定化、精神労働と物質的労働との分業の最大化に注目し、役割分掌地が地理的に分離固定化された形を都市と捉え、(35)「都市は巨大な権力が目的を達成するために、特定の場所に拠点を設け、そこに目的達成のための施設を建設するなかで形成された」とする藤田弘夫『都市の論理―権力はなぜ都市を必要とするか―』(36)の議論を支持する。

吉田伸之(37)も、都市の成立を、農業労働からの商工業＝非農耕労働の分離だけでなく、物質労働からの広義の精神的労働の分離という二重の意味での分業の所産として位置付けている。政治・法・文化・宗教等々の精神労働が、生産労働から分離する程度と内容は、政治的・文化的支配の拠点としての都市の歴史的内容を規定する主要な要因とする。広義の観点からする都市の誕生とは、階級社会の形成、国家の成立と同時にみられる事態であり、また、都市史の諸段階とは、国家形成以降における社会構成体の契機的展開（発展段階）によって区分され、政治的・宗教的な権力が多様な都市的要素をどのように総括し、これらを編成・凝集する核となるかによって生ずる類型差は、イデアとヘゲモニーの二つの側面から把握することが必要であるとする。

一方、初期国家論を提唱する都出比呂志(38)は、都市について、経済・軍事・宗教の機能を含めて総括する政治的センター機能、過度の人口集中、それによる外部依存を特徴としてあげ、その指標として専門化した分業とそれにともなう新しい流通システムを指摘する。藤原京を本格的な都市と認め、「弥生都市」や「縄文都市」を専門化した分業の度合いから否定しつつも、農村とは異なる過渡期的な「城塞聚落」の段階を新たに提唱する。(39)

以上のように、近年では広義の社会的分業の観点を重視し、政治権力により都市が生み出される立場が強調されるようになった。ここでは、旧来の通説のように、商工業の成熟を唯一の指標としてきた問題点が指摘されている。日本の都城のような、国家の成立とともに出現した政治都市も都市の類型として正しく位置付ける観点が提唱されている。

ただし、通説が指摘してきたように商工業の成熟という狭義の分業が達成されない場合には、藤原京や長岡京のように政治都市はすぐに農村にもどり（荒都歌に詠まれる「みやこ」から「いなか」への転換）、都市として定着することはなかった点は留意しておきたい。

三、古代都市の諸段階と貧困

（1）都城制前期—政治都市段階—

ここまで古代都市の理論的な枠組みの変遷を概観してきた。こうした議論を前提に、政治都市の一類型として日本古代都城を認めたうえで、あらためてその諸段階を考えてみたい[40]。

大づかみには、インフレや貧困など、いわゆる都市問題が顕在化してくる平城京の後半段階を転換期とし、前期の藤原・平城京前半段階と後期の長岡・平安京段階に区分される。前期は、在地性を残す官人の集住や権力装置（王宮や官衙）の造営を課題とする、広義の分業を達成する政治都市段階と位置付けられる。後期は、一定程度の権力的達成の後、商工業の発展という、より専門化した分業（狭義の分業）とそれにともなう新しい流通システムにより都市機能が成熟し、それへの政策的対応が課題となってくる都市王権段階として区分できる[41]。

七世紀までの都市的要素としては、歴代ごとに移動する貢納奉仕の拠点としての王宮（家政機関的編成）を中心に市、工房、村落、古墳造営のための陵邑などが指摘できるが、これらはまだ広範囲に散在していたと考えられる(42)。この段階では王宮の家政機関的組織（宮・別業・ミヤケ）と市の関係は地理的に近接していても独立的に機能していた。大王による人格的支配に基礎を置くため、代替わりごとの支配機構の再編に対応して、「遷宮」が必要とされた。

七世紀の推古期以降においては、飛鳥地域に大王宮が集中するようになり、宮・宅・寺・市・広場などの支配機構が「代替わり」を超えて条坊や条里という統一的な秩序なしに集積された倭京段階を経過した後、藤原京以降の都城段階に入る。倭京段階は、都市的景観がみられるものの、在地性を残す氏族制的な権力編成のため官人の集住が不徹底であり、まだ国家・都市段階とは評価できない。

倭京的な宮都＝非条坊制は、倭京・難波京・近江京から新城・新益京（浄御原令段階の藤原京）までを期間とする条坊制都城の前段階たる「京」である。「代替わり」ごとの遷宮を前提としつつも、斉明朝を画期として同一地域に漏刻・飛鳥寺の西の広場・寺院・市場などの継続的な支配拠点が集中する段階をいう。ヤマト王権の支配が大王と王族・豪族との人格的・氏族制的な関係を基礎とするのに対応し、大王宮の周辺にミコ宮や豪族の居宅ヤケが散在する景観を示す。新たな方格道路や正方位の造営規格だけには必ずしも制約されず、「代替わり」により変化する重層した古い要素を引きずっていた。

一方、律令制的都城＝条坊制においては、「百官之府」「帝皇之邑」を理念とし、天皇の住居たる内裏が京内の他の宅地とは隔絶した存在となり、王族・貴族から一般百姓に至る位階制秩序を京という平面空間で実現させる。律令制下の京は、在地との関係から切り離された官人が、数詞によって表示された人為的条坊空間内に、位階に応じて位置と規模を定めた宅地を班給され、天皇の支配地という観念を意識的に作り出す場であり、京戸としての一体性・平等性と優越性を感じさせる場となる。官人の封禄が「代耕之禄」と表現されるように、物質労働からの精神的労働の分離を政策的に試みているが、官人に農事休暇（田暇）が認められるなど、まだ本貫地への在地性を強く残す存在であった。恭仁京段階においても官人集住は必ずしも徹底していなかった(43)。

なお、藤原京期における広義の分業の評価に関係して、当該期に発行された富本銭を藤原京造営の労働力を確保する支払い手段として位置付ける見解があるが、流通政策や私鋳銭対策がみえない点は和同開珎とは明らかに段階が異なるものであり、支払い手段としての銭貨を必要とするような雇役制度が未成立であり、「藤原宮之役民」(44)とあるように、租税としての無償労働の割合が大きかった可能性が高いこと、などからすれば、平城京造営と簡単に同じであるとは断定できない(45)。官営市場である東西市の設置が遅れることとも無関係ではない。さらに、都市問題の嚆矢として藤原京の「穢臭」がしばしば取り上げられるが、礼的秩序の維持を命令した詔に引用されていることを重視するならば(46)、都市政策としての意識よりもまずは天皇支配地としての秩序維持の側面が強かったと考えられる。

このように平城京前半期までは、権力による政治都市の形成という側面が強かったといえる。まさに社会的余剰を生み出す権力が都市の出現をもたらし、「租税」を徴収する行政機構の整備を必要とする事態を生み出したのである。

（2）都城制後期　―都市王権段階―

これに対して平城京後半段階になると多様な都市問題が一挙に噴出するようになる。疫病・盗賊・社会不安による新たな信仰集団の出現などが指摘できる(47)。なかでも典型的な問題は、銭貨の大量発行によるインフレがもたらした京中の米価高騰である。こうした状況に対して、京中に限定した賑給を国家はしばしばおこなっている。長岡・

平安京期の都市王権段階にはこうした傾向がより強まる。

鬼頭清明も「農村からきりはなされた空間に中央行政政府があり、多数の官人群とそれにともなう多数の人口を生活させる必要のある都城では、そのもっとも大きな危機はその人々に対する食料の危機であろうということは想像にかたくない」と論じるが、その理由は明言していない[48]。

なぜ都市の貧困飢饉に対して支配層が政策的に敏感であったのか。社会的分業論によれば、都市民は原則として人間生活に必須な食料生産には携わっておらず、都市が農業生産をおこなわない以上、農村での食料生産が都市の基盤となる。とりわけ政治都市は、社会的な余剰生産物にその基礎を置くことにより成立している。藤田弘夫によれば、権力は都市民の飲食を「保障」してはじめて、人々にとって「正統性」を持つ権力でありえたのであり、都市に必要な食料の搬入が万一止まれば、都市は崩壊するほかない。国家は何としてでも、都市の民衆＝下層民を食べさせていかなければならないと論じる[49]。したがって、都市の飢餓は国家権力の崩壊をもたらすような、権力の正統性を疑わせる最大の契機であったとする。そもそも、都市や国家の成立とともに生まれた行政機構により、たとえ農村に飢餓をもたらしてでも都市への食料の調達を「保障」することが可能になったのである。都市は貧民の流入で豊かさが〈平均化〉するのを防ぐため、国家権力は自己が必要とする以上にあまりに多くの人口（自己の機構に関連する機関を活動させるに必要とするよりも多くの人々）が、都市に集中することに対して抑制的であった、とも藤田は述べる。このように都市の本質と都市貧民対策は密接な関係にあったと考えられる。

平城京後半期の天平宝字年間（七五七〜七六五年）には、「巨大な消費（需要）にともなうインフレーション」が発生し、高利貸し行為としての出挙銭の展開による生活圧迫などが顕著となってくる[50]。消費の大きさは権力の正当性や大きさをみせつける恰好の方法であったが、反対に都市における奢侈がしばしば禁止されたのは、消費を独占する支配層における身分秩序の崩壊を危惧したものと考えられる。

京中賑給などの米価政策が顕著にあらわれるようになるのはまさにこの時期からで、銭により米を購入して生活する階層が存在したことが確認される。天平宝字三年（七五九）には、官米を米価高騰時に安価で売るための常平倉設置記事が初見する。(51)冬期に京の市で餓える人が多いのは、上京した運脚が故郷に帰ることができず都市貧民化したことが理由とされ、上京する役民の食料対策として常平倉が設置されたとある。当初、常平倉は貢納物を運搬する力役民の救済策として諸国に設置され、京中の穀価安定は副次的であったが、(52)次第に都市民救済策へと重点が変化していく。同八年（七六四）にも東西市の周辺に貧窮民が多く存在したことがみえる。(53)平安遷都直後の延暦十六年（七九七）には、貧しい者が稲穀でなく銭で租税を払うことを容認したように、穀の蓄えはないが、銭を有する貧民が京内に多数存在した。これらの記載によれば、農村から切り離され、京内の貨幣経済に取り込まれた貧民の存在が浮かび上がる。

長岡・山背遷都の理由には、「水陸の便」として陸運だけでなく水運についても明記されている。平城京段階よりも都市的な消費が増大したため、投機的な交易物としての米の価値が高まった。それにより重貨の運搬に適している水運に傾斜した交通路の必要性が増大したことが指摘できる。すなわち、淀川や琵琶湖の水運を重視した「山背遷都」が構想されたのである。その意味では長岡京遷都と平安京遷都という桓武期における二つの遷都は一体として密接な関係を有していたと考えられる。首都に瀬戸内海と通じる港湾施設たる津が設定されたのも長岡京が最初である。水害よる長岡京からの撤退もこうした観点から再評価され、荘園からの貢納物により維持された中世都市京都の萌芽をこの時期にみることができる。(54)こうした「山背遷都」による物流の変化に対応して、都市貴族化した官人層への禄制改革も、実物貢納経済から都市生活にともなう「米・労働力・銭」のリンクを前提とする制度に転換する。[55]

律令制下の禄制は、原則として調庸などの実物貢納経済に基礎を置くもので、その貢納体制と禄制は連動しており、現物給与が中心であった。奈良時代までは銭や物品貨幣（米・布）だけでは、必要な物資がすべて手に入るような経済段階ではないため、長屋王のような有力王族でさえも、直接生産に関与しなければならなかった。一方、大同期（八〇六〜八一〇年）の禄制改革は、給与の財源ともなった現物貢納が十分機能しなくなったことを背景にしてはいるが、これだけが理由ではなく、同時進行した官制改革とも連動させ、都城内での流通経済の発展を積極的に利用した点も重視しなければならない。銭は平城京段階には大規模造営工事の労働力徴発に対する反対給付として与えられたが、平安京段階には都市の公共性を維持するための労働力に対して与えられた。

長岡・平安京段階では米を買って生活する都市民の増加により、交通路の閉鎖は深刻な経済的危機を招くようになった。承和の変の際には、宮門と内裏の固守、左右京の街巷の警固とともに「山城国五道」すなわち宇治橋・淀津（南都）、大原道（北陸道）、大枝道（山陰道）、山崎道（山陽・南海道）の固めが命令されている。[56]この命令から七日後には、警固による要路の閉鎖が生活物資の流入を途絶させたため、京内では飢える者が発生し、食料を与える賑給がおこなわれたとある。[57]山城国とは区別された京内賑給例の増加や「飯米銭」[58]などの記載は外部からの米に依存する都市民の生活を物語っている。ここから交通の途絶が平安京の都市生活に深刻な打撃を与えたことが確認される。短期間の物流の麻痺が都市に飢饉などの危機的状況を容易に出現させうることが指摘できる。反対に、三関や難波津の廃止が物流の促進に大きな効果を持ったことが証明される。承和の変による警固は、人為的な交通規制であるが、一方で、「霖雨」を理由とする京内の米価高騰の事例も多く存在する。[59]米など重量物の輸送が水上交通に依存している状況では、水量の増加により船での交通は困難となる。霖雨による交通の途絶は、大洪水による長岡京の放棄を深刻な問題として認識させてくれる。

おわりに

以上、本章では、古代都市論の理論的枠組みを再検討したうえで、古代都市を広義の分業論の観点から政治都市として規定できる可能性を指摘し、さらに、狭義の分業の観点から時期区分を試みた。その際、都市貧民の存在がなぜ権力にとって深刻な政策的課題の対象となったのかを社会的分業の観点から考えてみた。もとより未熟な試論であるが、今後の活発な論争を期待して、擱筆したい。

註

（1）岡崎次郎訳、カール・マルクス『資本制生産に先行する諸形態』（青木書店、一九五九年）、二二一〜二二三頁。
（2）狩野久「古代都城研究の視角」（改題）（『日本古代の国家と都城』東京大学出版会、一九九〇年、初出一九六二年）。
（3）原秀三郎「日本古代国家史研究の理論的前提」（『日本古代国家史研究―大化改新論批判―』東京大学出版会、一九八〇年、初出一九七五年）。
（4）狩野久「律令国家と都市」（原秀三郎編『大系日本国家史』一古代、東京大学出版会、一九七五年）。
（5）『マルクス＝エンゲルス全集』三七（大月書店、一九七五年）、四二四頁。
（6）『マルクス＝エンゲルス全集』一九（大月書店、一九六八年）、二二一〜二二二頁。
（7）廣松渉編訳・小林昌人補訳、マルクス／エンゲルス『新編輯版ドイツ・イデオロギー』（岩波書店〔岩波文庫〕、二〇〇五年）、一四〇〜一四一頁。

(8) 鬼頭清明『日本古代都市論序説』(法政大学出版局、一九七七年)。
(9) 註(1)前掲書、一二～一三頁。
(10) 世良晃志郎訳、マックス・ウェーバー『都市の類型学』(創文社、一九六四年)、四二頁。
(11) 同前、七七頁。
(12) 吉田孝「律令時代の交易」(『律令国家と古代の社会』岩波書店、一九八三年、初出一九六五年)。
(13) 大町健「〈書評〉鬼頭清明『日本古代都市論序説』」(『歴史学研究』四七一、一九七九年)、櫛木謙周「〈書評〉鬼頭清明著『日本古代都市論序説』」(『史林』六二―五、一九七九年)。
(14) 小谷汪之『マルクスとアジア―アジア的生産様式論争批判―』(青木書店、一九七九年)。
(15) 浅野充「アジア古代の都市論研究の理論的検討と視点」(改題)(『日本古代の国家形成と都市』校倉書房、二〇〇七年、初出一九九二年)。
(16) 北村優季「古代都市史」(『年報都市史研究』四、山川出版社、一九九六年)。
(17) 板垣雄三・後藤明編『イスラームの都市性』(日本学術振興会、一九九三年)。
(18) エドワード・W・サイード『オリエンタリズム』上下(今沢紀子訳、板垣雄三他監修、平凡社、一九九三年、初出一九八六年)。
(19) 佐藤信「宮都の形成と変容」(同他編『都市社会史』新体系日本史六、山川出版社、二〇〇一年)。
(20) 高橋勇悦訳、ルイス・ワース「生活様式としてのアーバニズム」(鈴木広編『都市化の社会学　増補版』誠信書房、一九七八年)。
(21) 拙稿「書評　佐藤信・吉田伸之編『新体系日本史6　都市社会史』」(『年報都市史研究』一〇、山川出版社、二〇〇二年)。
(22) 栄原永遠男「奈良時代の流通経済」「律令制的収取と流通経済」(『奈良時代流通経済史の研究』塙書房、一九九二年、初出一九七二・一九七三年)。
(23) 南部曻・樋口知志・福原栄太郎「〈書評〉栄原永遠男著『奈良時代流通経済史の研究』(上)(下)」(『続日本紀研

究』二八二・二八三、一九九二年）。
（24）櫛木謙周「長屋王家の消費と流通経済―労働力編成と貨幣・物価を中心に―」（『国立歴史民俗博物館研究報告』九二、二〇〇二年）。
（25）寺崎保広「古代都市論」（『古代日本の都城と木簡』吉川弘文館、二〇〇六年、初出一九九五年）。
（26）寺崎保広「富本銭の発見」（註（24）前掲書、初出一九九九年）。
（27）寺崎保広「都の流通経済」（田辺征夫他編『平城京の時代』古代の都二、吉川弘文館、二〇一〇年）。
（28）馬場基「平城京という「都市」の環境」（『歴史評論』七二八、二〇一〇年）。
（29）註（10）前掲書、六～七頁。
（30）註（10）前掲書、七～八頁。
（31）櫛木謙周「商人と商業の発生」（桜井英治他編『流通経済史』新体系日本史一二、山川出版社、二〇〇二年）。
（32）黒田紘一郎「前資本制社会における社会的分業論について」（『中世都市京都の研究』校倉書房、一九九六年、初出一九七四年）。
（33）村井康男・村田陽一訳、フリードリッヒ・エンゲルス『家族、私有財産および国家の起源』（大月書店〈国民文庫〉、一九五四年）、二二一～二二三頁。
（34）山中敏史「地方都市の出現」（田中琢他編『都市と工業と流通』古代史の論点三、小学館、一九九八年）。
（35）藤田弘夫『都市の論理―権力はなぜ都市を必要とするか―』（中央公論社、一九九三年）によれば、「社会的分離は同時に彼らの「地理的分離」を伴った」とする。
（36）同前。
（37）吉田伸之「近世都市の成立」（井上光貞他編『近世』日本歴史大系三、山川出版社、一九八八年）、同「都市と農村、社会と権力―前近代日本の都市性と城下町―」（『巨大城下町江戸の分節構造』山川出版社、一九九九年）、同「城下町の構造と展開」（佐藤信他編『都市社会史』新体系日本史六、山川出版社、二〇〇一年）など。
（38）都出比呂志「国家形成過程について」（『前方後円墳と社会』塙書房、二〇〇五年）など。

(39) 都出説は、藤田説を基本的に承認しつつも都市が権力を生み出す側面を強調するが、藤田説にいう権力は体制的な政治権力だけでなく、相対的に独立した宗教や経済なども含めている。
(40) 以下の記述は拙稿「六、七世紀の宮と支配関係」(『考古学研究』五五―二、二〇〇八年)、同「平城遷都からみた王権と都城」(『史海』五八、東京学芸大史学会、二〇一一年)などを基礎としている。
(41) 都市王権の概念については、櫛木謙周「都市王権と公共性」(『日本古代の首都と公共性―賑給、清掃と除災の祭祀・習俗―』塙書房、二〇一四年、初出二〇一一年)が詳論する。ここでは都市住民の王権への依存性が増したため、国家支配において都市の公共性の維持管理が相対的に王権にとって重要度を増した段階の概念として扱う。なお、王権が農業だけでなく、市場の統制、価格の基準、度量衡の決定など、社会的分業の相対を把握しなければその権力を維持できなくなったのはこうした段階と考えられる(石母田正「古代社会と手工業の成立―とくに観念形態との関連において―」(『石母田正著作集』二、一九八八年、初出一九六三年))。
(42) 都出比呂志「都市の形成と戦争」(註(38)前掲書、初出一九九七年)。
(43) 『続日本紀』天平十三年(七四一)閏三月乙丑条。
(44) 『万葉集』巻一―五〇番歌。
(45) 拙稿「富本銭と和同開珎の関係を教えてください。」(『日本歴史』七六四、二〇一二年)。
(46) 『続日本紀』慶雲三年(七〇六)三月丁巳条。
(47) 『続日本紀』宝亀元年(七七〇)六月甲寅・同十一年(七八〇)十二月甲辰条、『類聚三代格』巻一九、延暦三年(七八四)十月二十日条など。
(48) 鬼頭清明註(8)前掲書、二四八頁。
(49) 藤田弘夫『都市と国家―都市社会学を超えて―』(ミネルヴァ書房、一九九〇年)。
(50) 鬼頭清明註(8)前掲書、二〇六頁。
(51) 『続日本紀』天平宝字三年(七五九)五月甲戌条。
(52) 『続日本紀』和銅五年(七一二)十月乙丑・同六年(七一三)三月壬午条。

(53)『続日本紀』天平宝字八年（七六四）三月己未条。
(54)拙稿「「山背遷都」の背景」（本書第四編第二章、初出二〇〇八年）。
(55)櫛木謙周「平安京の生活の転換」（山中一郎他編『新版古代の日本』六近畿二、角川書店、一九九一年）。
(56)『続日本後紀』承和九年（八四二）七月十七日条。
(57)櫛木謙周註(55)前掲論文。
(58)『続日本後紀』承和九年七月丙辰条。
(59)『日本後紀』延暦十五年（七九六）八月丙寅条、寺内浩「京進米と都城」（『受領制の研究』塙書房、二〇〇四年、初出一九八九年）。

第二章 「山背遷都」の背景
―長岡京から平安京へ―

はじめに

これまで長岡京時代の十年は、政権所在地による時代区分に基づくならば、平城京と平安京の狭間に位置し、奈良時代と平安時代の中間に位置付けられる過渡期的な評価がなされてきた。この曖昧な位置付けの理由の一つとしては、本格的な発掘以前において、長岡京がわずか十年の「未完成な都」と評価されたことが大きく[1]、さらには古代の正史たる『続日本紀』と『日本後紀』の区切りが桓武の治世の半ばにあたる延暦十年(七九一)までを対象としていることも無関係ではないと考えられる。一人の天皇治世の中間で時代が区切られるという問題は十分に議論されてこなかったのではないか。時代の「連続と断絶」という課題を、桓武朝および長岡京時代は我々に突き付けている。

本章では延暦十三年(七九四)の平安京遷都よりも延暦三年(七八四)の長岡京遷都に、時代の画期を強く見出し、両者を同じ指向性を有する「山背遷都」として一体的に評価したうえで、この背景を従来のような政治的理由ではなく、都市機能論として再検討することを課題としたい[2]。

一、研究史の検討

長岡京遷都の理由については、従来多様な議論があるが、平城京廃都・長岡京占地・長岡京廃都の各論に区別して論じる必要があると考える(3)。

まず平城京廃都の理由としては、①新王朝の創設、②旧勢力・仏教勢力の排除、③平城宮における死穢の忌避などが理由とされてきた(4)。また長岡京遷都の理由としては④秦氏や百済王氏の存在、⑤緊縮財政による複都制の廃止、⑥水陸交通の要地などが指摘されている(5)。

さらに長岡京廃都（平安京遷都）の理由としては、⑦種継暗殺事件、⑧早良親王（崇道天皇）に対する怨霊畏怖、⑨大洪水の被害、⑩長岡京の都市としての未熟さ、⑪長岡宮における死穢の忌避、⑫後期造営での宮構造の変更などが論点となっている(6)。

加えて都城論として、宮域ではA後宮の形成、B内裏と朝堂院の分離、C豊楽院の成立、京域ではD分割型から集積型への転換、E京貫の盛行などの変化が指摘されている(7)。

これらの議論のうち、平城京廃都の理由としては①「新王朝の創設」が、長岡京遷都の理由としては④「秦氏や百済王氏の存在」、⑤「緊縮財政による複都制の廃止」が、平安京遷都の理由としては⑧「早良親王（崇道天皇）に対する怨霊畏怖」、⑨「大洪水の被害」などが概説書では比較的強調されているが、これらの理由は個別の説明とはなっていても平城京廃都から平安京遷都までの一貫した説明にはなっていない。とりわけ、平安京遷都に対する積極的な理由付けに乏しいことが問題となる。

平城京廃都の理由として有力視される①「新王朝の創設」については、天武系の天皇により建設された平城京および難波京廃都が主目的で、天智系を自覚する桓武が新王朝の創設を示すために長岡京遷都を断行したと解されている。[8] 桓武による「新王朝」論という通説は、長岡遷都以外にも、国忌・郊天祭祀・陵墓臨時奉幣などを大きな根拠としているが、『新撰年中行事』の記載などから、いずれも十分な論拠がないことを別稿において論じた。[9] とりわけ、桓武が『続日本紀』の編纂にあたり、中国史書のように「前王朝」の末、すなわち称徳朝までではなく現王朝の途中までを叙述の対象にしたこと、さらには『日本書紀』（日本紀）と連続する『続日本紀』という題名を付した点は、「王朝交替」や「新王朝」という意識では説明できず、反対に天武系王統との連続性を意識したものと位置付けられる。辛酉革命による即位（天応元年・七八一）と甲子革命による遷都（延暦三年・七八四）、庚申→辛酉への変更による意図的な天応改元（七八一）なども、根拠としてしばしば主張されるが、「革命思想を伴わない天命思想は思想というに値しない」[10]という瀧川政次郎による重要な指摘があるように、当然ながら万世一系と革命思想は表裏の関係にあり原理的に両立しえないことは自明である。

平城京廃都と長岡京遷都を桓武の新王朝意識の象徴とみる見解は有力であるが、天武系の恭仁遷都や平城遷都の事例と比較するならば、遷都一般が王朝交替と直結するわけではない。

むしろ重視すべきは、「王朝交替」よりも治世の開始すなわち「代替わり」ごとの遷都であり、基本的には「歴代遷宮」の慣行の延長線として考えるべきものである。たとえば、治世の開始と遷都については、桓武朝のつぎの平城の即位時に公卿らの奏上として「代替わりごとの遷都は古来の恒例・故実である」との主張がある。

『日本後紀』大同元年（八〇六）七月甲辰条

国家恒例、就レ吉之後、遷ニ御新宮一。請預営構者……亮陰之後、更建ニ新宮一、古往今来、以為ニ故実一。臣等准ニ拠旧例一、預請二処裁一。

このように父光仁からの「血」の更新と新たな治世の開始が遷都や改元、新銭鋳造などの新制として表現されたとすれば桓武の施策はよく理解できる。[11]王朝交替を前提とする限りは、平安京遷都に対する内的必然性が説明できず、二度目の「平安遷都は理念うすき遷都」との評価しかできなくなる。

②「旧勢力・仏教勢力の排除」についても、種継暗殺事件や長岡京への寺院の移転が認められなかったこと（これは移転費用の圧縮として考えることもできる）から、遷都に反対する勢力が根強く存在したことを示すことは事実であるが、長岡京遷都への積極的な根拠とはなりえないし、平城廃都の理由とはなっても、つぎの平安京遷都との関係は希薄である。

つぎに長岡京遷都の理由としては④「秦氏や百済王氏の存在」、⑤「緊縮財政による複都制の廃止」が有力視されている。④「秦氏や百済王氏の存在」については、基本的に国費による造営であり、一氏族の勧誘のみにより遷都が決定されたことは考えにくいので、これも過大には評価できない。⑤「緊縮財政による複都制の廃止」についても、緊縮財政とは相反する二度の遷都は後述する三善清行の「意見封事」によれば、「造都と征夷」は国家の富の三割を消費した大事業と評価されている。複都制から単都制への移行という緊縮効果よりも遷都で多くの国富を浪費したことは明かであり、従いにくい。複都から単都への移行については、官人の集住という別の観点により評価すべきである。すなわち、長岡京遷都は都市史的には、首都平城京からの遷都だけでなく副都難波京の廃止・統合でもある。複都制を廃止することにより、官人予備軍として期待された渡来系が多く居住し、在地性が強かった河内・摂津を本貫地とする官人たちを一つの京に集めることを大きな目的としたと考えられる。[12]

一方、長岡京廃都（平安京遷都）の理由としては⑧「早良親王（崇道天皇）に対する怨霊畏怖」、⑨「大洪水の被害」が有力視されている。

⑧「早良親王（崇道天皇）に対する怨霊畏怖」については、小林清による批判がすでにあるように、[13]第一に怨霊が強く意識されるのは平安遷都後であり、早良親王の霊に対する処置が、皇太子の病気平癒のために諸陵頭を派遣し、守戸一戸を置き、溝を作ったことなど極めて軽微であり、莫大な費用を要する平安京遷都と政策的に釣り合いがとれないことがまず問題であり、当初は皇太子の病気平癒に限定された処置として位置付けるべきものである。

『日本紀略』延暦十一年（七九二）六月癸巳条

皇太子久病、卜レ之。崇道天皇為レ祟、遣二諸陵頭調使王等於淡路国一、奉レ謝二其霊一。

『類聚国史』巻二五、帝王五、追号天皇、崇道天皇、延暦十一年六月庚子条

勅、去延暦九年、令三淡路国充二某親王〈崇道天皇〉守冢一烟一、兼随近郡司、専二当其事一。而不レ存二警衛一、致レ令レ有レ祟。自レ今以後、冢下置レ隍、勿レ使二濫穢一。

第二に長岡京が怨霊の住む忌避すべき場所であったとすれば、桓武が京内の仮御所としての東院に二年近く滞在したことは説明しにくい。

『類聚国史』巻二八、帝王八、天皇遷御・『日本紀略』延暦十二年（七九三）正月庚子条

遷二御東院一。縁レ欲レ壊レ宮也。

『類聚国史』巻七八、奉献、献物・『日本紀略』延暦十三年（七九四）十月辛酉条

車駕遷二于新京一。

これらの記載によれば、桓武は平安遷都を決意してからも、長岡京内の東院に仮御所として住み、ようやく翌年十月に平安京に移動していることが確認される。さらに、廃都後の土地利用として皇族や寵臣にしばしば京内の土

地が賜与されていることも指摘できる。

『日本後紀』延暦十六年（七九七）正月壬寅条

　長岡京地一町賜二従四位下菅野朝臣真道一。

『日本後紀』延暦十六年二月戊寅条

　長岡京地二町賜レ諱〈淳和太上天皇〉。

『日本後紀』延暦十六年三月丁酉条

　長岡京地五町賜二従四位下多治比真人邑刀自一。同京地一町賜二大田親王一。

『日本後紀』延暦十八年（七九九）正月戊午条

　長岡京地一町賜二従五位下藤原朝臣奈良子一。

『日本後紀』延暦十八年八月癸酉条

　長岡京地一町賜二民部少輔従五位下菅野朝臣池成一。

ちなみに、小林清によれば、平安時代には怨霊の祟りは拡大するが、道真の怨霊が活発化しても平安京は廃都されていないことも指摘されている。

つぎに⑨「大洪水の被害」については、

『日本紀略』延暦十一年六月乙巳条

　雷雨。潦水滂沱、式部省南門為レ之仆。

『日本紀略』延暦十一年八月辛卯条

　大雨、洪水。

『日本紀略』延暦十一年八月癸巳条

幸㆓赤目埼㆒、覧㆓洪水㆒。

『日本紀略』延暦十一年八月甲午条

遣㆑使賑㆓瞻百姓㆒。以㆑遇㆓水害㆒也。

などの記事が根拠とされている。[14] まず雷雨により水が溢れ、式部省の南門が倒壊したとある。その二ヶ月後には、大雨による洪水が発生し、二日後には桓武が赤目崎に行幸して洪水を視察し、翌日には水害の被害を被った百姓に賜物をしたとある。この被害の詳しい状況は不明だが、天皇が洪水の被害状況を視察するために行幸していることは、これ以前に例がなく、水害により百姓に物を賜っていることは、少なくない被害が発生したことを想定させる。さらに、和気清麻呂の薨伝には、

『日本後紀』延暦十八年二月乙未条、和気清麻呂薨伝

長岡新都、経㆓十載㆒未㆑成㆑功、費不㆑可㆓勝計㆒。清麻呂潜奏。令㆘上託㆓遊猟㆒相㆗葛野地㆖、更遷㆓上都㆒、清麻呂為㆓摂津大夫㆒、鑿㆓河内川㆒、直通㆓西海㆒、擬㆑除㆓水害㆒、所㆑費巨多、功遂不㆑成。

とあり、平安京への遷都ついて「潜奏」した記載のあとに、清麻呂が摂津大夫であった時に河内川の水害除去のため治水工事をおこなったが失敗したことが記載されている。従来、時系列が前後することから両者の記載は独立した記事と考えられている。[15] 少なくとも清麻呂の確実な摂津大夫在任期間は延暦二年（七八三）三月から延暦七年六月までであり（ただし摂津職が廃止される延暦十二年まで他の大夫記載はみえない[16]）、河内川の治水は、つぎの史料によれば延暦七年（七八八）三月のことと考えられている。

『続日本紀』延暦七年三月甲子条

中宮大夫従四位上兼民部大輔摂津大夫和気朝臣清麻呂言、河内・摂津両国之堺、堀レ川築レ堤。自二荒陵南一導二河内川一、西通二於海一。然則、沃壌益広、可二以墾闢一矣。於レ是、便遣二清麻呂一、勾二当其事一。応二須単功廿三万余人給レ糧従レ事矣。

一方、「潜奏」の日時は葛野への視察が延暦十二年一月におこなわれていることからすれば、前年の十一年のこととなる。薨伝において記載の順番が時系列的に逆転しているのは、「潜奏」の内容にこの失敗談が含まれていたと考えれば矛盾はなくなる。加えて、独立した記事とすれば、先祖の功績を誇り顕彰すべき薨伝において、ことさらに治水に失敗したことを記載することは不自然である。二つの記事は「潜奏」に含まれた一連の記載とすることではじめて合理的に解釈できる[17]。すなわち、「上都」平安京への遷都を「潜奏」した和気清麻呂は、治水工事には巨額の費用がかかるもので、結局は失敗した経験談を語ることにより、長岡京の放棄を桓武に納得させたのではないか。

水害が長岡京廃都の大きな契機となったことは支持される。しかしながら現在までのところ、考古学的には水害の痕跡が中枢部にはほとんど確認されないことを重視するならば、都市域への直接的な被害という側面だけで評価すべきではないと考える。都市的な建設や消費を支えるべき水上交通や京内外の津の機能に致命的かつ重大な障害が発生したため長岡京が放棄されたのではないか。すなわち、後述するように、これまで副次的あるいは名目的な要因として等閑視されてきた⑥「水陸交通の要地」という問題が注目されるのである。

③・⑪にみられる死穢の忌避については、歴代遷宮を経過した都城段階において遷都の理由とすることは難しいのではないか。平城京段階で、なぜ歴代ごとの遷都がなされなかったのかを説明する必要がある。また⑦種継暗殺事件の以降においても、後期の造営は進められており、一時的な混乱はみられるものの、根拠とはならない。

⑩長岡京の都市としての未熟さ、⑫後期造営での宮構造の変更については、後述するように一定程度の根拠があり、長岡京の都市的な発展段階において評価すべき要因と考える。

二、「水陸之便」

長岡京遷都の理由として、⑥「水陸交通の要地」を指摘する議論はこれまでにも多かった。しかしながら、副次的または名目的な要因として列挙されるだけで、第一の要因として強調する研究は少ないと思われる。さらに問題なのは、平城京と長岡・平安京の「水陸の便」を比較する場合にも、物流および都城の歴史的な変化を深く考慮せず、同一の土俵で両者を単純に比較することが一般的であったことである。

⑥「水陸交通の要地」という要因が無視できないのは、遷都の宣言に理由として何度も記されていることによる。

長岡京

『続日本紀』延暦六年（七八七）十月丁亥条

以二水陸之便一、遷二都茲邑一。

『続日本紀』延暦七年（七八八）九月庚午条

水陸有レ便、建二都長岡一。

平安京

『日本紀略』延暦十三年（七九四）十月丁卯条

遷都詔曰、云々、葛野乃大宮地者、山川毛麗久、四方国乃百姓毛参出来事毛便之弖、云々。

『類聚国史』巻七二、歳時三、踏歌・『日本紀略』延暦十四年（七九五）正月乙酉条

宴二侍臣一、奏二踏歌一曰、山城顕レ楽旧来伝、帝宅新成最可レ憐、郊野道平千里望、山河擅レ美四周連。

『日本後紀』大同元年（八〇六）七月甲辰条

此上都先帝所レ建、水陸所レ湊、道里惟均。

すなわち、長岡京遷都にさいしては「水陸之便」「水陸有レ便」が理由とされ、平安京遷都においても、「葛野の大宮の地は、山川も麗しく、四方の国の百姓の参り出で来る事も便にして」「郊野道平かにして千里を望む」「水陸の湊《アツマ》る所なり。道里惟《ココ》に均し」などと評される。いずれも水陸の交通の便利さが強調されている。

こうした表面的な理由だけでなく長岡京遷都の前後では水陸交通網の整備が確認され、実際に長岡京および平安京が交通上の要地に所在したことは、さまざま観点から指摘できる(18)。

まず、水上交通については、淀川（西国）・木津川（大和）・琵琶湖（東国）を利用することが可能であり、長岡京左京二〇三次の発掘調査（現京都市南区久世東土川町）によれば首都に瀬戸内海と直接通じる港湾施設たる津と運河が設定されたのも長岡京が最初である。周辺から出土した木簡の記載によれば、造営資財の荷揚場や資財の加工場としての機能を果たしていたことが確認される(19)。さらに、淀川と桂川（葛野川）・宇治川・木津川の合流点に位置する山崎津は、長岡京遷都により整備され、河川交通による大量の物資輸送が可能となった。延暦三年（七八四）に山崎橋の料材を南海道に属する阿波・讃岐・紀伊国の三国に調達させているが（『続日本紀』延暦三年七月癸酉条）、この時点から整備が開始されたと考えられる。ちなみに延暦六年には桓武は「高椅津」へ行幸、帰途に大納言藤原継縄宅に立ち寄っているが（『続日本紀』同年八月甲辰条）、この「高椅津」を山崎橋の津と解して山崎津に比定する説もある（吉田東伍『大日本地名辞書』）。延暦期における山崎津の整備は、遣唐使船の難波口での難破に代

表される難波津の機能低下と連動している。

『続日本紀』天平宝字六年（七六二）四月丙寅条

遣唐使駕船一隻、自二安芸国一到二于難破江口一、着レ灘不レ浮。其柂亦復不レ得二発出一。為レ浪所レ揺。船尾破裂。
於レ是、撙二節使人一、限以二両船一。

河川交通だけでなく、当地には畿内では最大の駅馬二〇疋（大同二年〔八〇七〕以前は三〇疋）を常備する山崎駅が置かれ（『延喜式』兵部省78畿内駅馬条・『類聚三代格』巻一八、大同二年十月二十五日太政官符）、嵯峨朝には山崎（河陽）離宮としても利用され水陸交通の要地と位置付けられた。薬子の変（平城太上天皇の変）においては、宇治橋・淀（与渡）津とともに山崎橋の市と津に兵士を駐屯させている（『日本後紀』弘仁元年〔八一〇〕九月戊申条）。

陸上交通については、まず山陰道について「丹波道の　大江の山」（『万葉集』巻一二―三〇七一番歌）と詠まれるように、古く長岡付近は山陽道と分岐する地点とされていた。さらに、平城京時代の山陽道・東海道・東山道・北陸道は大和国から北上してすべて山背国を経由することとなっていたため、「山背遷都」により奈良坂越えの難所を経由する必要がなくなったことが大きな変更点として指摘できる。

平城遷都直後の和銅四年（七一一）には木津川・淀川沿いに都亭の駅が設置されている。

『続日本紀』和銅四年正月丁未条

始置二都亭駅一。山背国相楽郡岡田駅・綴喜郡山本駅・河内国交野郡楠葉駅・摂津国嶋上郡大原駅・嶋下郡殖村駅・伊賀国阿閇郡新家駅。

藤原京から平城京への遷都に連動して駅路の交通体系が山背国を中心に整備されたことが確認される。[20] こうした変更により平城京時代の山陽道・東海道は大和国から北上して奈良山を越える必要が生じた。泉津から平城京までの奈良山越えの車賃については、「造法華寺金堂所解」に記載があり、「運雑物車賃」の約三分の一がこのための経費として計上されており、[21] 大きな負担となっていたことが知られる。

　律令国家が農民に課した税である田租・出挙・調・庸・雑徭などのうち、調と庸のみが中央へ貢納され、残りは地方の経費として消費された。これは当時の輸送能力との関連で、重量の軽い物だけが都に運送され、重い米は地方に留められたからと考えられる。すなわち、奈良時代の物資輸送は、調庸の布などに代表される軽貨が中心であり、米を中心とする重貨の税物輸送は、最低限の食料米の運搬を除けば想定されていなかったことになる。さらに田令11公田条には「凡諸国公田、皆国司随二郷土估価一賃租、其価〔販売〕（大宝令文）送二太政官一、以充二雑用一」とあるように、京進されるべき地子も大宝令では「販売」すなわち交易により軽貨と交換して京進することが規定されていた。[22] この点を重視すれば地子物たる米も多くは京進されておらず、米の京内での需要はそれほど高くなかったことが知られる。しかしながら、都城における都市的消費の増大は、やがて食料米としての米の需要を増加させただけでなく、東西市における交易物としての米の価値も高めることとなったと考えられる。

　延暦期において水上を輸送された米が京内の重要な交易品目となっていたことについては、大宰府から調綿額を定めた延暦二年（七八三）の太政官符に、「綿代輸米交二関京下一、亦除二水脚粮一之外輙載二私物一漂二失官物一」とあることから確認される（『類聚三代格』巻八、延暦二年三月二十二日官符〔民上16〕）。大宰府から貢納される綿に代えて米が水上交通により運ばれていたことがまず注目され、その目的が京内での交易にあり、官物以外に私物の米も投機的な物資として運び込まれていたことが指摘できる。[23] 奈良時代初期に構想された、軽貨に交易された地子米の扱いとは反対に、米が投機的な物資として京内に船で大量に運搬されていた状況を延暦期には想定することができる。

平城京の段階と「山背遷都」の段階では、米に代表される重貨の役割が大きく変化し、安定的に大量の米を諸国から輸送する必要に迫られていたと想定される。従来は、平城京と長岡・平安京の段階における交通の問題は、単純な水陸交通の比較に留まることが多く、水上交通の必要性の高まりについての十分な認識がなかった点が、問題点として指摘できる。水陸交通の便を遷都理由に指摘しても、形式的・二次的な要因として扱われることが多かったのは、水上交通に傾斜した米の輸送の必要性についての認識が低かったことによる。こうした観点から長岡京遷都の前後における水陸交通や物流の整備を年表風に整理するならば、つぎのようになる。

　延暦三年（七八四）　摂津大夫和気清麻呂による海上交通の神たる摂津住吉神への叙位
　　　　　　　　　　　山崎橋の料材を南海道に属する阿波等三国に調達させる
　　　　　　　　　　「仰二阿波・讃岐・伊予三国一、令レ造二山崎橋料材一」
　延暦四年（七八五）　淀川の分流を造成する三国（神崎）川の開削工事
　　　　　　　　　　「遣レ使、堀二摂津国神下・梓江・鯵生野一、通二于三国川一」
　延暦五年（七八六）　左右京、東西市人に物を賜う
　延暦六年（七八七）　高椅津への行幸
　延暦八年（七八九）　三関の廃止

とりわけ河川交通に対する整備事業が多くおこなわれていることが注目される。

さらに、三関の廃止は関所が陸上交通における物流の障害となっていたことを示している。連動して、「難波大宮既停。宜下改二職名一為上国」（『類聚三代格』巻五、延暦十二年三月九日太政官符）とあるように、摂津職の関津が延暦十二年以前に廃止されていたことが確認されるが、長岡京遷都は副都難波京の廃止と連動していたことを前提と

するならば、延暦三年の長岡京遷都以降、大宮は廃止されていたことになる。東国に対する三関の廃止と西国に対する難波津の廃止は、東西諸国から物流の改善に大きく貢献したことが確認される。

『延喜式』兵部78～85諸国駅伝馬条によれば、平安京を中心とする放射状の交通体系が記載されており、これを基準に描かれた「行基図」にも平安京を中心とする放射状の交通路が描かれている。しかしながら、こうした交通網は平城京段階から構想されたものではなく、主に延暦期後半から弘仁期にかけて再編されたことが明らかにされている(24)。律令制の当初は放射状の幹線だけでなく幹線間を途中結ぶ連絡路も維持されていたが、駅馬数の減少、駅の部分的な廃止を経て駅路自体が当該期に廃止されたことが指摘できる。都を中心とする動脈路だけを維持する政策は、支配層の共同利害として都市貴族たちの生活を維持するためのものであったと考えられる。「中心と周縁」を規定する「行基図」にみられる国土観もこうした交通路の再編と無関係ではない。

平安初期における幹線連絡路の廃止にともなう放射状交通路網への再編は、地方からの貢納物を都市平安京に吸い上げるストローの役割を果たしていた。そのため後述するように、その中心に位置する長岡・平安京は、米を買って生活する都市民の増加により、交通路の閉鎖は深刻な経済的危機を招くようになった。「水陸之便」が重視された背景に、都市的消費の増大による、米など重貨の運搬に適する水運に傾斜した交通路の整備が連動していたことが推定される。

三、米の都市的消費と水上交通

水上交通路の整備が、京内での米の消費増加に由来するとの見通しを述べたが、ここではこの点をさらに深く検討したい。

『本朝文粋』巻二、意見封事、延喜十四年四月二十八日三善清行上奏文

至二于桓武天皇一、遷二都長岡一、製作既畢、更営二上都一。再造二大極殿一、新構二豊楽院一。又其宮殿楼閣、百官曹庁、親王公主之第宅、后妃嬪御宮館、皆究二土木之巧一、尽レ賦調庸之用一。於レ是天下之費五分而三。

この三善清行の主張によれば、蓄積されていた諸国の正税は全体を一〇とすれば、天平期（七二九〜七四九年）の国分尼寺の造営で五割（「天下之費十分而五」）、桓武朝の長岡京・平安京の造営で三割（「天下之費五分而三」）、仁明朝に一割（「二分而一」）、貞観年間の応天門と大極殿の修理で五分を消費したとあり（「失二一分之半一」）、延喜の時代には一割にも満たない蓄えしか残っていないと指摘している（「当今之時、曾非二往世十分之一一」）。これらがどの程度正確な数値であるかはわからないが、少なくとも聖武朝の国分寺造営と桓武朝の二度の遷都という国家的造営事業に多くの諸国の正税が消費されたことは確実であろう。[25]

こうした傾向を一次史料で裏付けるのが天平期の諸国正税帳と延喜十年の「越中国官倉納穀交替記」の記載である。[26]すでに指摘があるように、[27]後者のうち完存する礪波郡意斐村の不動倉記載によれば、天平期に相当する「東第二板倉」と延暦期に相当する「北外第二板倉」の蓄積ペースが前後の時期に比較して極端に低いことが指摘されている。前者の記載によれば天平期にはそれまで順調だった新たな稲穀蓄積は頭打ちとなり、後者の記載によれば天平末年の出挙制の確立以来、稲穀収取は順調に進むが、延暦年間には不動穀蓄積の停滞期となる。こうした稲穀蓄積における天平期と延暦期という二度の停滞期は、「意見封事」が主張するように聖武朝の天災疫病による人口減少と造寺造都への消費、桓武朝の二大国家事業である「造都と征夷」により消費されたものであると推測される。

都への米需要の増大およびその運搬については播磨国の事例が知られている。

『類聚国史』巻八三、政理五、不動穀、大同二年九月己亥条

播磨国内、封戸巨多、運租之労、於レ民為レ弊、加以界近二都下一、雑用繁多、動用穀穎、不レ足レ支レ用、不動之貯、以為二只九万斛一、熟尋二其源一、由二封戸之数多一也。

これによれば、九世紀以降『延喜式』に定着する平安京への米の運搬制度たる年料租舂米や年料別納租穀とは別に、不動穀支出が増大したありさまが記載されている。(28)

こうした「山背遷都」による物流の変化に対応して、都市貴族化した官人層への禄制改革も、実物貢納経済から都市生活にともなう「米・労働力・銭」のリンクを前提とする制度に転換する。(29)

律令制下の禄制は、原則として調庸などの実物貢納経済に基礎を置くもので、その貢納体制と禄制は連動しており、現物給与が中心であった。奈良時代までは銭や物品貨幣（米・布）だけでは、必要な物資がすべて手に入るような経済段階ではないため、長屋王のような有力王族でさえも、直接生産に関与しなければならなかった。一方、大同期の禄制改革は、給与の財源ともなった現物貢納が十分機能しなくなったことを背景にはしているが、これだけが理由ではなく、同時進行した官制改革とも連動させ、都城内での流通経済の発展を積極的に利用した点も重視しなければならない。

とりわけ要劇料は職事官を対象に劇官を選んで銭を支給したもので、番上官に与えられた番上粮（米）と対になる給与であったが、大同三年（八〇八）に「衆司」に支給することに改められ、翌年には、官位の高下を問わず職事官に対して人別日ごとに米二升を与えることになり、「食料之儲」（生活給）としての役割を与えられることになった。(30)これは、平安京の流通経済の発展に対応し、米を中心とする要劇料の支給に銭から転換したもので、米価の高騰に銭支給では価値が低下するためであった。

『類聚三代格』巻六、大同三年九月二十日詔〔雑格七〕に「宜下要劇・馬料・時服・公廨悉革二前例一、普給中衆司上」とみえるのが、大同期におこなわれた禄制改革の方針であり、これ以後、各種の変更が具体的に規定されたことが知られる。要劇料は米による「生活給」、馬料は位階制秩序に基づく銭支給、さらに、時服は衣類賜与により「天皇の臣下」であることを意識させる、という全体的な構想のもとに禄制改革がおこなわれたことが確認される[31]。さらに、これらの格が「弘仁格」雑格に基本的に継承されていることからすれば、大同期だけの一時的なものではなく、政策基調としては弘仁以降、『延喜式』段階まで変更されていない。

長岡・平安京段階では米を買って生活する都市民の増加により、交通路の閉鎖は深刻な経済的危機を招くようになった。薬子の変において、宇治橋・淀〔与渡〕津とともに山崎橋の市と津に兵士を駐屯させたことは先述した（『日本後紀』弘仁元年〔八一〇〕九月戊申条）。さらに承和の変のさいには、宮門と内裏の固守、左右京の街巷の警固とともに「山城国五道」すなわち宇治橋・淀津〔南都〕、大原道〔北陸道〕、大枝道〔山陰道〕、山崎道〔山陽・南海道〕の固めが命令されている（『続日本後紀』承和九年〔八四二〕七月己酉〔十七日〕条）。この命令から七日後の二十四日には「是日、遣レ使賑二贍京中一、以下被レ閉二警固一飢者衆上也」（『続日本後紀』承和九年七月丙辰条）とあるように、警固による要路の閉鎖が生活物資の流入を途絶させ、京内では飢える者が発生し、食料を与える賑給がおこなわれたとある[32]。山城国とは区別された京内賑給例の増加や「飯米銭」（『続日本後紀』承和九年七月丙辰条）などの記載は外部からの米に依存する都市民の生活を物語っている。交通の途絶が平安京の都市生活に深刻な打撃を与えたことが確認される。短期間の物流の麻痺が都市に飢饉などの危機的状況を容易に出現させうることが指摘できる。反対に、三関や難波津の廃止が物流の促進に大きな効果を持ったことが証明される。承和の変による警固は、人為的な交通規制であるが、一方で「遣レ使賑二給京中百姓一、以二霖雨経レ日穀価騰貴一也」（『日本後紀』延暦十五年〔七九六〕八月丙寅条）のように、「霖雨」を理由とする京内の米価高騰の事例も多く存在する。(33) 米など重量物の輸送が水上交通に依存している状況では、水量の増加により船での交通は困難となる。霖雨による交通の途絶は、大洪水による長岡京の放棄を深刻な問題として認識させてくれる。たとえ長岡京本体への水害の影響は軽微なものであったとしても、河川交通が甚大な被害を被れば、長岡京の都市生活が維持できなくなったことは容易に想定できる。水上交通の便がよいことは、反対に霖雨の時期には桂川と淀川に囲まれた長岡京が周辺から孤立する危険を有していたことが大洪水により意識されたのではないか。おそらく桓武は赤目崎への行幸時に、長岡京の水害に対する都市生活の脆弱性をより深く認識したであろう。加えて治水対策の専門家でもあった和気清麻呂による失敗談は、長岡京の放棄を決定的にしたと考えられる。水上交通を重視した「山背遷都」という方向性は維持しつつも、長岡京以外の適地を探すことが模索されることとなる。

四、近江遷都と「山背遷都」

以上、都市的消費の増大により水上交通に傾斜した「山背遷都」が構想された可能性を論じてきた。従来は、桓武の個人的な問題や政治的な背景から遷都の理由が語られてきたが、本章では都市史的な都城固有の発展段階に「山背遷都」を位置付けようと試みた。

さらに、あと二つの要因をここでは最後に指摘しておきたい。第一には首都と副都の合体により生じた問題であり、第二には近江遷都と「山背遷都」の関連性である。いずれも、在地性を強く残す豪族層を京内に集住させ、国家にのみ依存する都市貴族化を要求する「百官之府」という都城の属性に由来するものである。

まず第一の問題は、長岡京遷都が副都難波京の廃止と連動している点である。すでに、難波京と複都制の関係については論じたことがある。(34) すなわち、天武朝から平城京段階まで我が国では難波京が副都として機能していた。複都制は都城制の未熟な段階に発生し、単一の首都として容易に統合できない機能を補完していた。難波京は、平城京単独では不足していた西国からの物資の集積地としての役割に加えて、広義の難波地域（河内・摂津国）に居住し、在地性を強く残しつつも官人予備軍として期待された多くの渡来系氏族の受け皿となっていた。天武朝段階における不十分な豪族層の集住を補完する意味があったと考えられる。平安初期において盛んとなる本貫地を左右京に移動させる京貫において、摂津・河内国からの事例が約三分の一を占めることを重視するならば、奈良時代末に官人集住の強化の必要性から、平城京と難波京の統合が政策的な課題となり、長岡京遷都により首都への集住が強化されたと考えられる。すでに天智朝における近江遷都において、こうした政策的課題は意識されていたが、受け皿として都市的生活を支える都城制が未熟であったことから短期で失敗することとなった。飛鳥に都が移された後に、いわば妥協的な策として飛鳥と難波に二つの京を設定することにより、官人制の成熟を期待したことになる。近江遷都から約百年後に、ようやく豪族層を本貫地から引き離し彼らを京内に集住させ、国家にのみ依存する都市貴族化させることに成功した。いわば第二の近江遷都を百年後に天智の後継者を自認する桓武が実現したと評価することも可能である。

これを長岡遷都に即して述べるならば、長岡京は副都からの遷都が先行したため、後発の首都平城京との融合が、位階制秩序に基づく宅地班給の徹底や八朝堂の規模、内裏の独立などの点で構造的に不完全であった。そのため同規模の構造を有する平安遷都が必然化したものと考えられる。都城の発展段階として首都と副都の合体による単都への移行が政策的課題となった時、副都からの遷都が先行した弊害が長岡京廃都の一つの要因となったのである。

形式的には副都として出発し（八堂）、新たな変更（内裏の独立、集積型条坊）を加味したために、長岡京は首都および居住区画の秩序の面では不十分な達成度であった。少なくとも平安京では豊楽院と十二朝堂および均分的な宅地の整備がおこなわれていることは明らかである。

第二の要因は、桓武による天智の後継者意識の強さである。端的には長岡京遷都の理由として、古津から大津への改名など、天智の近江京遷都を模範とする意識が認められる。

『日本紀略』延暦十三年（七九四）十一月丁丑条

詔。云々。山勢実合二前聞一云々、此国山河襟帯、自然作レ城、因二斯形勝一、可レ制二新号一、宜下改二山背国一、為中山城国上、又子来之民、謳歌之輩、異口同辞、号曰二平安京一、又近江国滋賀郡古津者、先帝旧都、今接二輦下一、可下追二昔号一改中称大津上、云々。

ただし、前述したように、それは天武系から天智系への王系の交替よりも、天智系と天武系を基本的に区別しない、共通の祖としての天智という位置付けが強い。天武系の時期においても天智による「不改常典」が強調されたのもこうした背景による。[35] 第一の要因と連動して、天智が十分には達成できなかった大和や河内・摂津地域からの本貫地移動を、百年後に隣接する「山背遷都」という形で成し遂げたと評価される。

近江京は、飛鳥から離れ旧伴造層を中下級官人として集住させる適地であったが、まだ条坊制による「京」を付属させない都城制成立以前に位置付けられる過渡期的な段階で、広大な領域性・多元性・分散性をその特色とする。

広大な領域性と分散性について補足するならば、近江京の京域は、通説のように琵琶湖西岸に必ずしも限定されたわけではなく、琵琶湖東岸地域における白鳳寺院の多さや「于時、天皇幸二蒲生郡匱迮野一而観二宮地一」（『日本書紀』天智九年（六七〇）二月条）とあるように蒲生野への再度の遷都構想の存在を考慮すれば、湖上交通を前提に東岸にも広がり、さらには中臣鎌足の「山階陶原家」が「山階精舎」に発展したこと（『帝王編年記』斉明三年（六五七）条、『藤氏家伝』上、鎌足伝）、宇治橋守による私粮運搬の制止（『日本書紀』天武元年（六七二）五月是月条）などの記載によれば、西は山階から宇治にかけても広義の京域として機能していたと考えることができる。そのように考えるならば、平安京が旧近江京と近接していたとする「先帝旧都、今接二輦下一」との表現は必ずしも誇張ではなくなる。近江遷都の時点で湖上交通の拠点とされていた「古津（大津）」が、平安遷都においても改めて注目されたことも指摘できる。

近江京は給食・給粮を予定した「大炊（省）」「大蔵（省）」の拡充設置、中下級官人に対する刻みが増えた官位二十六階の制定（『日本書紀』天智三年（六六四）二月丁亥条）などからうかがわれるように伴造層の急激な官人化を試みたが、結局これは失敗に終わったと考えられる。近江京は天智による急激な律令制化を受け入れる器になるべき宮であったが、全豪族の賛同を得ることができず、わずか五年で荒廃することになる(36)。

平安京は、それまでの複都制における古道を北上した首都と、水系を遡上した副都を一つにまとめて位置付けたものとの評価もしばしばなされる(37)。現象面の評価としては正しいが、なぜ北上しなければならなかったのか、なぜ単都として合体しなければならなかったのかの説明は必ずしもなされていない。私見では、都城の北へのつり上げと、首都と副都の合体は畿内豪族層を難波と飛鳥という二大本貫地から引き離すことに大きな目的があり、加えて彼ら都市貴族たちを維持する水上交通に傾斜した物流の流れと均衡する場所に平安京が位置したため、以後永続的に都として機能したと考える。すでに天智朝の近江遷都においてその基本的な構想は存在したものの、早熟的な改革のため短期で挫折することとなった。しかし、基本的構想は桓武朝まで継承されたと考えられる。

桓武は長岡遷都により平城京と長岡京の合体を通じて官人集住の徹底を図り、続けておこなわれた平安遷都では京貫の盛行をもたらした。その内訳は広義の難波地域豪族が多かった。[38]この京貫は自発的申請によるもので、「第二の集住現象」として位置付けることができる。藤原京段階における上からの強制的な宅地班給に比較するならば、以前にも増して都への求心力は強まり、真に都が「百官之府」となり、豪族層の都市貴族化が完成したといえる。平安京が在地社会とは異なる都市空間として強く認識されるようになったのはこの段階と考えられる。

おわりに

千年の都となった平安京の存在を視野に入れるならば、桓武にとっては、とにかく「山背」への遷都が必要であった。遷都の理由に、「水陸の便」として陸運だけでなく水運が明記されていることが注目される。平城京段階よりも都市的な消費が増大したため、交易物としての米の価値が高まった。それにより重貨の運搬に適している水運に傾斜した交通路の必要性が増大したことが指摘できる。すなわち、淀川や琵琶湖の水運を重視した「山背遷都」が構想されたのである。首都に瀬戸内海と通じる港湾施設たる津が設定されたのも長岡京が最初である。水害による長岡京からの撤退もこうした観点から再評価され、荘園からの貢納物により維持された中世都市京都の萌芽をこの時期にみることができる。

ちなみに、中国北魏における内陸部の平城から中原洛陽への遷都も食料の調達が理由とされているのは参考となる。[39]

註

（1） 喜田貞吉は、延暦十年（七九一）の平城宮諸門の移建記事（『続日本紀』延暦十年九月甲戌条）を根拠に、長岡京遷都の遅れを強調したが（喜田貞吉「帝都」〔『喜田貞吉著作集』五、平凡社、一九七九年、初出一九一五年〕）、むしろ発掘の進展により建築資材の再利用は一般的であったことが確認されるようになり、反対に平安遷都直前まで建設の継続が確認できる史料として活用されるようになった（小林清『長岡京の新研究』比叡書房、一九七五年）。

（2） これまでも「山背遷都」の用語を用いた研究はいくつか存在するが、一貫した論理で二度の遷都を説明することの重要性は指摘しても、後述するように④「渡来人の居住地」や⑩「都市機能の未熟性」を強調されるのみで必ずしも統一的な説明には成功はしていない（井上満郎「平安京の造営と衰微」〔井上光貞他編『東アジア世界における日本古代史講座』七、学生社、一九八二年〕）。一方で、笠井純一「「山城遷都」に関する疑問」（『続日本紀研究』二二四、一九八二年）は、「山城遷都」の用語を使用しつつも、陪都としての長岡京の立場を強調し、延暦十三年（七九四）の平安京遷都に「重要な転機」を求め、②「旧勢力・仏教勢力の排除」として大和以外の地が「なしくずし的」に選ばれたという消極的な理由を述べるのみである。また、林陸朗『長岡京の謎』（新人物往来社、一九七二年）は、「長岡京と平安京とは対立関係でとらえるのではなく、むしろ山背という概念で一括されるべきものである」との重要な指摘をされるが、その結論は新王朝説による郊天祭祀の継続によるものとする。郊祀は単発的で、これを二度の遷都の共通要因に位置付ける論拠としては弱いと思われる。

（3） 研究史については、林陸朗註（2）前掲書、井上満郎『研究史 平安京』（吉川弘文館、一九七八年）、佐藤信「長岡京から平安京へ」（『日本古代の宮都と木簡』吉川弘文館、一九九七年、初出一九九一年）などが詳細である。

（4） ①「新王朝の創設」は、瀧川政次郎「革命思想と長岡遷都」（『京制並に都城制の研究』角川書店、一九六七年）、林陸朗註（2）前掲書、②「旧勢力・仏教勢力の排除」は、安井良三「平安遷都試考」（『文化史学』一二、一九五六年）、村井康彦『古京年代記―飛鳥から平安へ―』（角川書店、一九七三年）、笹山晴生「平安京の歴史的位置」（同編『古代を考える 平安の都』吉川弘文館、一九九一年）、③「平城宮における死穢の忌避」は、八木充『古代日本の都―歴代遷都の謎―』（講談社、一九七四年）などで提起されている。

（5）④「秦氏や百済王氏の存在」は、喜田貞吉註（1）前掲論文、⑤「緊縮財政による複都制の廃止」は、岸俊男『日本の古代宮都』（岩波書店、一九九三年）などが主張する。なお⑥「水陸交通の要地」については、遷都の理由として各氏ともに副次的理由に掲げるが、第一の理由とするものはない。

（6）⑦「種継暗殺事件」と⑧「早良親王（崇道天皇）に対する怨霊畏怖」は、喜田貞吉註（1）前掲論文、⑨「大洪水の被害」は、小林清註（1）前掲書、⑩「長岡京の都市としての未熟さ」は、村井康彦『日本の宮都―古代都市の原像―』季刊論叢日本の文化九（角川書店、一九七八年）、井上満郎『京都　躍動する古代』歴史と日本人二（ミネルヴァ書房、一九八一年）、⑪「長岡宮における死穢の忌避」は、八木充註（4）前掲書、⑫「後期造営での宮構造の変更」は、古瀬奈津子「桓武天皇はなぜ平安京に遷都したか」（吉村武彦他編『新視点日本の歴史』三、新人物往来社、一九九三年）などがある。

（7）A「後宮の形成」B「内裏と朝堂院の分離」C「豊楽院の成立」については、橋本義則『平安宮成立史の研究』（塙書房、一九九五年）、古瀬奈津子『日本古代王権と儀式』（吉川弘文館、一九九八年）、D「分割型から集積型への転換」は、山中章『日本古代都城の研究』（柏書房、一九九七年）、E「京貫の盛行」は、松瀬洋子「京貫官人の史的動向」（『寧楽史苑』一七、一九六九年）などがある。

（8）清水みき「桓武朝における遷都の論理」（門脇禎二編『日本古代国家の展開』上、思文閣出版、一九九五年）。

（9）拙稿「桓武の皇統意識と氏の再編」（本書第四編第三章、初出二〇〇七年）。

（10）瀧川政次郎註（4）前掲論文。

（11）保立道久『平安王朝』（岩波書店、一九九六年）。

（12）拙稿「複都制と難波京」（『古代王権と都城』吉川弘文館、一九九八年、初出一九九二年）。

（13）小林清註（1）前掲書。

（14）同前。

（15）長谷部将司「「清麻呂薨伝」の構造」（『日本古代の地方出身氏族』岩田書院、二〇〇四年）は、この部分について「その時間関係は必ずしも時系列通りではない」と評価する。

(16)『続日本紀』延暦二年(七八三)三月己丑条(任命)・同七年(七八八)六月癸未条(在任)。
(17)小林清註(1)前掲書は、「「費不レ可二勝計一」は長岡京造営に必要な洪水対策費が多額にいる事をいっているのではなかろうか。それは摂津大夫の時、河内川の水防工事に巨額の費用を費やしたが、結局失敗したことがつづいて記されていることから、この経験のある清麻呂は、長岡京の防水工事に計ることが出来ない程多くの費用が要ることを知って、平安京へ再造営をすすめたと考えることは、無理な解釈ではないと思っている」とする。
(18)足利健亮『日本古代地理研究—畿内とその周辺における土地計画の復元と考察—』(大明堂、一九八五年)、高橋美久二『古代交通の考古地理』(大明堂、一九九五年)など。
(19)京都市埋蔵文化財研究所編『長岡京左京出土木簡』一京都市埋蔵文化財研究所調査報告一六(一九九七年)。
(20)直木孝次郎「平城遷都と駅の新設」(『飛鳥奈良時代の研究』塙書房、一九七五年、初出一九七一年)。
(21)福山敏男「奈良時代に於ける法華寺の造営」(『日本建築史の研究』桑名文星堂、一九四三年)、『大日本古文書』編年一六—二八四頁。
(22)岸俊男「賃租と販売—大宝令公田条の復原—」(『日本古代籍帳の研究』塙書房、一九七三年、初出一九六六年)。
(23)寺内浩「京進米と都城」(『受領制の研究』塙書房、二〇〇四年、初出一九八九年)。
(24)高橋美久二「都と地方間の交通路政策」(『国立歴史民俗博物館研究報告』一三四、二〇〇七年)。
(25)松尾光「不動および動用穀について」(『白鳳天平時代の研究』笠間書院、二〇〇四年、初出一九八〇年)。
(26)『大日本史料』一—四頁、延喜十年(九一〇)雑載。
(27)渡辺晃宏「平安時代の不動穀」(『史学雑誌』九八—一二、一九八九年)。
(28)同前。
(29)櫛木謙周「平安京の生活の転換」(山中一郎他編『新版古代の日本』六近畿二、角川書店、一九九一年)。
(30)『類聚三代格』巻六、大同三年(八〇八)九月二十日詔[雑格七]・同四年(八〇九)閏二月四日太政官符[雑格八]、『日本後紀』大同四年閏二月庚辰条。なお[ ]内の番号は、仁藤敦史・服部一隆「復原弘仁格史料集」(『国立歴史民俗博物館研究報告』一三五、二〇〇七年)による。

(31)　拙稿「初期平安京の史的意義」（註（12）前掲書、初出一九九四年）、仁藤智子「律令官僚制の再編と禄制改革」（『平安初期の王権と官僚制』吉川弘文館、二〇〇〇年、初出一九九五年）。

(32)　櫛木謙周註（29）前掲論文。

(33)　寺内浩註（23）前掲論文。

(34)　拙稿註（12）前掲論文。

(35)　拙著『女帝の世紀—皇位継承と政争—』（角川学芸出版、二〇〇六年）。

(36)　拙稿「「大津京」の再検討」（註（12）前掲書、初出一九八六年）。

(37)　岸俊男註（5）前掲書。

(38)　『類聚符宣抄』皇子賜姓条、延喜二十一年（九二一）二月五日太政官符、『日本後紀』延暦十五年（七九六）七月戊申条。

(39)　佐藤智水「北魏皇帝の行幸について」（『岡山大学文学部紀要』五、一九八四年）、藤井律之「北朝皇帝の行幸」（前川和也他編『国家形成の比較研究』学生社、二〇〇五年）。

第三章　桓武の皇統意識と氏の再編

はじめに

本章では、桓武朝前後における皇統意識をさぐり、それに連動した氏の再編政策の検討を課題としたい。

通説では、延暦十年（七九一）の国忌省除、郊天祭祀、陵墓臨時奉幣、長岡遷都などを根拠として、桓武は「新王朝」意識が強く、天武—草壁系を排斥し、天智系への皇統の転換を推進したと考えられている。(1) しかしながら、近年では延暦十年の国忌省除を「天武系」排斥論および「天智系皇統意識の成立」の直接的な根拠として用いることはできないとの有力な批判が提起された。(2) この指摘を重視するならば、他の理由を含めて桓武朝前後の皇統意識を再検討する必要が生じるであろう。とりわけ「皇緒の範囲」(3) についての共通認識がどのように形成されたのか、また皇位継承の正統性の意識はどのようなものであったかは重要な論点となる。明確に「皇緒の範囲」が認識されることと連動して「君臣の別」が定まり、臣下の側でも平安初期には桓武の重用した新興氏族層を中心に「氏の再編」が試みられる。後半では、それがどのような歴史的な意味が存したかをあわせて考察する。

一、「皇緒」の選択肢

父系直系継承を皇統意識の前提とする通説では、天武―草壁―文武―聖武に至る継承はその間に「中継ぎ女帝」をはさむことで天武直系が貫徹されたが、女性皇太子の即位による称徳女帝の出現より、従来の「直系」路線は「破綻」し、「袋小路」に陥ったと解釈されてきた。しかしながら、近年の系譜研究の成果によれば、古代社会における父系親族集団の形成は九世紀半ば以降であり、それ以前には「非血縁原理」と「双系原理」が働いていたとの指摘がなされている。(4) さらに私見によれば、奈良時代の宣命の分析によっても擬制を含むワガコ―ミオヤ関係が皇統意識に確認され、(5)「中継ぎ」ではない男帝と同等に位置付けられた女帝の地位を検証することができる。(6) すなわち、兄弟継承を排除し、(7) 擬制を含めた父母子の関係を連鎖していく構造（双方的な直系意識）が、当時の皇統意識であったと推定される。その意味では以下に示すように天武―草壁―文武―聖武という男系の流れと持統―元明―元正という女帝の流れは同質なものと考えられる。

持統と天武（天武は天智の娘持統を介して天智の子に擬制される）
元明と草壁（岡宮天皇追号による元明の皇后扱い）
元正（皇統譜上の母＝皇祖母《スメミオヤ》）・宮子（生母＝大御祖《オオミオヤ》）と文武
光明子と聖武（皇太子基王を産んだことが嫡妻＝立后の根拠）
孝謙と淳仁（聖武の皇太子に擬制）・道祖王・道鏡
井上と光仁

ただし、光仁の即位により、結果として孝謙および淳仁は傍系となり井上皇后を介して桓武の子孫に連続していくこととなった。文武や淳仁に皇后が存在しないことや、淳仁に代始改元がなされないのは、文武と元正、淳仁と称徳との擬制的な婚姻関係による共同統治[8]として観念されたからとすれば合理的に説明できる。加えて、一見すると「不婚」が強制されたようにみえるのは女帝たる元正や孝謙（称徳）だけの例外ではなく、孝謙との擬制的な婚姻関係を前提に考えるならば、皇后含めて配偶者が確認されない男帝の淳仁も同様な事例として解釈でき、性差による区分は必ずしも妥当ではない。

（1）道鏡即位の可能性

「皇緒」の範囲に対する当時の支配層の意識は、一般に和気清麻呂が宇佐八幡宮からもたらした託宣に代表されると考えられてきた。恵美押勝（藤原仲麻呂）による反乱が鎮圧された後には、称徳天皇として重祚した孝謙上皇と女帝の看病により信頼を得た僧道鏡による専制政治が開始される。一言でいえば、女帝の尊貴な血統に対する自信の表明と、その親任のみに支えられた法王道鏡を頂点とする前後にはみられない特殊な政治形態であった。道鏡が天皇並みの待遇である法王に就任した後にも皇太子は定められず、皇位をめぐる数々の事件が発生し政治的に不安定な状況が続いていた。そうしたなかで神護景雲三年（七六九）九月に宇佐八幡神託事件がおきた。「令三道鏡即二皇位一、天下太平」との宇佐八幡神の託宣がもたらされ、称徳女帝による道鏡への譲位が模索されることとなった。結局、女帝側近で姉の尼法均（和気広虫）に代わって宇佐に赴いた和気清麻呂が「我国家開闢以来、君臣定矣。以レ臣為レ君、未二之有一也。天之日嗣必立二皇緒一。无道之人宜二早掃除一」との復命をおこなったことにより道鏡即位の企ては挫折する（『続日本紀』同年九月己丑条）。

戦前には「君臣の別」を前提に、道鏡の無道が攻撃され、和気清麻呂が忠臣と評価されたが、戦後も桓武朝などと比較して称徳・道鏡政権を異常視する見解が有力となっている。しかし、こうした見方は皇位の男系継承を前提とした女性ゆえの政治的無能力および興味本位な道鏡との性愛の強調などから構想されており、必ずしも客観的ではなく再検討の必要がある。通説では、道鏡の無道ぶりのみが非難されるのみで、なぜ即位の可能性があったのかについて納得できる合理的説明はなかった。道鏡即位の可能性を合理的に説明することは、まさに奈良時代の皇統意識全体を説明する重要な鍵とも位置付けられる問題である(9)。

道鏡即位について、すでに古くは喜田貞吉により以下のような疑問が提起されている(10)。

先ず以て自分の最も解し難しとする所のものは、帝権の最も隆盛であった彼の奈良時朝代に於て、如何に天皇の御親任が厚く、又天皇が当時出家の天子におはしたと云へ、何等皇室に因縁のない臣民出身の一僧侶を推して、仮にも天子に戴いてはとの大それた説が現れて見たり、又天皇がそれにお迷いになられたり、道鏡自身もそれを聞いて、成る程さうかと始めて野心を起こして見たりしたといふ所にある。

皇室の権力が強かった奈良時代において、天皇の親任が厚かったとはいえ皇室とは血縁の関係にない臣下の一僧侶が天皇になる現実性があった点が疑問だとされている。喜田は結局、道鏡が実は天智天皇の孫、すなわち皇胤であったという平安期の伝承に着目することにより、この疑問を解消しようとしたが、その根拠は後世に捏造された伝承であり結論そのものには従いにくい。

さらに北山茂夫も喜田による疑問を継承して、

皇威なお盛んであった天平の末葉に、臣下にして、公然と皇位を覬覦する者が宮廷にあらわれたことじたいは、まことに、異常である。この異常に着目しなければならない。

と論じた。[11] ここでは、道鏡個人ではなく彼を親任した称徳の専制君主の権力に着目し「王乎奴止成止毛、奴乎王止云止毛、汝乃為牟末仁末仁」[12] という聖武の遺詔を道鏡即位の正当性の根拠とした。しかし、奈良時代に「君臣の別」がすでに確立し、皇位継承の原則が存在することを強調すればするほど、道鏡即位は例外的、特殊な事例として処理されることとなるジレンマがある。

道鏡は八幡神の託宣を聞いて「深喜自負」し、「大神、所二以請レ者、蓋為レ告二我即位之事一」とあるように、少なくとも彼が皇位を主体的に望んだことは否定できない。しかし、客観的にいえば彼の願望だけで即位することは不可能であったことも事実である。そのためには、現天皇たる称徳の「譲り」が必要であり、「朕所念志天在可如久、大神乃御命尓波不在止」として清麻呂の受けた託宣を「甚大尓悪久姦流忌語乎作弖」と非難していることは、称徳女帝に道鏡への譲位の意思が強かったことを示している。[13] 道鏡の即位に「前天皇による譲位の意思」が必要条件であったことは否定できないが、北山茂夫自身も認めるように「聖武の遺詔」に臣下を天皇にすることまで含意していたかは疑問であり、論理的には「皇緒」の範囲内での廃立の自由を認めたと解するしかない。称徳女帝による「聖武の遺詔」の拡大解釈によってしか道鏡即位の可能性はなかったのであろうか。結局、宇佐八幡神の託宣以外に「天之日嗣必立二皇緒一」という「皇位継承についての慣習の一線をふみこえる」合理的理由はなかったことになり、女帝と道鏡の異常さがやはり強調される結果となる。

桓武朝に編纂された正史『続日本紀』による、天武系から天智系への王系交替を必然化する作為＝「前王朝の失態」をことさらに演出したもので、いわゆる道鏡即位事件はなかったとする見解も提出されている。[14] いわゆる道鏡即位事件を「桓武の新王朝」意識による捏造とすれば、たしかに草壁皇統を嗣ぎ聖武の譲位を受けた自分こそが皇位の正統な継承者であるという意識とは矛盾しない。しかしながら、後述するように『続日本紀』が「桓武の新王朝」意識を直接に反映するならば、なぜ中国史書のように「前王朝」の末、つまり称徳朝までではなく現王朝の途中までを叙述の対象にしたのか、さらには『日本書紀』（日本紀）と連続する『続日本紀』という題名を付したのか説明されなければならない。どちらかといえば『続日本紀』は、基本的に前王系との断絶よりもむしろ連続性を強調するのが目的であったと考えられる。官撰史書の史料批判は重要であるが、こうした観点だけで道鏡事件を排除することは難しいと考える[15]。

やはり問題は「我国家開闢以来、君臣定矣。以レ臣為レ君、未二之有一也。天之日嗣必立二皇緒一」という託宣を前提に考える限り、道鏡事件は皇位継承においては、例外的な事例とならざるをえないことである。たしかに律令では継嗣令1皇室兄弟子条に王族の範囲は五世までと明記されているが、それより以前、とりわけ欽明朝以降に王統が固定するまでは複数の王系が存在し、継体即位時の混乱から推測すれば歴史的に王族の範囲は必ずしも確定していなかったと考えられる[16]。

奈良時代においてさえ、王族と臣下の別が厳密ではなかった実例としては、恵美押勝の乱の事例がある。混乱時ではあるが「偽立二塩焼一為二今帝一、真先・朝獦等、皆為二三品一[17]」とみえる。新田部親王の子、氷上真人塩焼を天皇とし、押勝の子供を親王扱いにより三品に叙している。仲麻呂は天皇の忠実な臣下として太師（太政大臣）まで昇進したが、最後には自身が天皇を擁立し、自分の子供たちを親王扱いし、太政官印を用いた太政官符により諸国にこれを告知していることは、非常時とはいえ潜在的には「君臣の別」が交錯する可能性を示唆する。一時的にせよ「二人の天皇と朝廷」が出現し、互いにその正統性を主張したことは「君臣の別」や「皇緒」の範囲を考える場合には看過できない意味を持つ。一方のみが完全な正統性を主張できない脆弱さを、この時期の王権が内包していたことを端的に示している。

結局、道鏡即位の可能性は、「臣下の即位はタブー」と述べる託宣の内容が、必ずしも当時において自明でなかったことが前提にあり、むしろこの事件をきっかけとして「君臣の別」や「皇緒」の範囲が、支配層に強く意識されるようになったと考えたほうが自然である。当時においてはまだ「皇緒」に対する多様な選択肢が存在し、その極端な場合が称徳による道鏡の即位の事例であったとすることができる。

その論理は、第一に女帝は婚姻により新たな女系を創出することができるという継嗣令1皇兄弟子条の法意である[18]。つまり、「女帝」についての法規定としては、養老継嗣令第一条の皇兄弟条に「凡皇兄弟皇子、皆為㆓親王㆒〈女帝子亦同〉」とある。これは、天皇の兄弟と皇子を親王とする規定であるが、その本注には男帝に限らず、女帝が産んだ子供も親王扱いするとの注目すべき注釈がある。中国から継受された律令法は相続や財産継承において男系主義を原則とするが、本注部分のみは唐封爵令には存在せず、日本側の事情で例外的に母系での継承を認めた規定となっている[19]。この本注は、大宝令の注釈である「古記」にも「父は諸王であっても、子は親王とする。父が諸王であっても、女帝の兄弟は、男帝の兄弟と同じ扱いである」と解釈されており、大宝令段階から存在したと考えられる。この解釈によれば、女帝の子および兄弟を親王扱いすることは明らかである。大宝令文は「女帝」の出現を想定し、女帝の子・兄弟を皇位継承の可能性がある「親王」と規定していることは重要であり、法的には女帝の実子の即位を想定したものである。この点は、男系継承を大前提とする、いわゆる女帝中継ぎ論では説明できない。女帝が男帝と結婚する、いわゆる皇太后としての女帝即位しか想定されないのであれば、この本注は明らかに不要であり（この場合、女帝の子は男帝の子でもあり、すべて親王扱いされる）、男帝以外の男性と女帝との即位後（あるいは即位前）における婚姻および出産の可能性を視野に入れての立法であったことになる。

この場合の配偶者たる男性の範囲は、「義解」によれば養老継嗣令4王娶親王条において、五世王以下の王と親王との婚姻は禁止されていることを考慮するならば、四世王までの男性皇親と解釈される。しかし、「義解」は女帝が出現しなくなった平安初期の注釈であり、かつ他の諸説には令に違反する五世王や「凡人」（臣下）との婚姻も想定した議論が展開されているので、単独の法意としては、必ずしも皇親男性との婚姻に限定されなかったと考えられる。

一方、実例では女帝の産んだ子が父親の身分に関係なく、親王（皇子）や内親王（皇女）と称された例が存在する。斉明女帝は即位前に用明の孫高向王と婚姻していたが、その子は「漢皇子」と表記されている[20]。父の高向王は三世王であるから、男系主義をとるかぎり四世王となる子供が律令制下の親王に準じる「皇子」の称号を称することは説明できない。元正女帝の時代に成立した『日本書紀』は、すでに大宝令に規定が存在した継嗣令皇兄弟条における「女帝の子亦同じ」との規定を準用して、皇極女帝の子を諸王扱いの「漢王」ではなく親王扱いの「漢皇子」と表記したことになる。同様に、元明の娘である日高（元正）は、男系主義によれば父が即位しなかった草壁皇子であるにもかかわらず、「日高皇女」「新家皇女[21]」、「日高内親王[22]」と表記されている。すでに文武朝に兄弟姉妹として内親王号が与えられた可能性も否定できないが、母たる元正女帝の即位により、女帝の子として内親王扱いが史料上では明確となる。少なくとも、草壁皇子が「岡宮御宇天皇」を正式追号されるのは元正没後の天平宝字二年（七五八）のことである。さらに、元明朝において吉備内親王と長屋王との男女を皇孫（二世王）扱いしたとあるのは[23]、母の元明女帝から数えた女系による世代数である。このように、吉備や日高の内親王扱いが史料で明確になるのは、先行する文武朝ではなく母が即位した元明朝以降であるのは偶然ではなく、文武の姉妹よりも元明女帝の娘としての立場で内親王扱いが強調されたと考えられる。

このように、母が女帝であれば、父が天皇ではない親王（皇子）や二世王以下であっても女帝の子は（内）親王扱いされていたことになる。少なくとも女系原理が副次的にせよ法制と実例の双方で確認される。法理論上では、皇太后即位ではない元明・元正・孝謙（称徳）の場合には新たな王系創出の可能性が存在したことになる。こうした女帝は婚姻により新たな女系を創出することができるという継嗣令1皇兄弟子条の法意を前提に、称徳女帝の配偶者と位置付けることにより道鏡即位の可能性が構想されたと想定される。

道鏡即位の可能性の論理として、第二には職位の継承と血縁関係の未分化な双方的系譜意識の存在である。[24] 具体的には、『日本霊異記』の

「大炊天皇、為二皇后一所レ賊、掇二天皇位一」

「朕子阿陪内親王与二道祖親王一、二人以之、令レ治二天下一欲」

「始弓削氏僧道鏡法師、与二皇后一同レ枕交通」

などとある表現が参考となる。[25] その含意は、二人して天下を治めるとの表現や「大炊天皇と皇后」との対句的な表記からすれば、前天皇との血縁に限定されない擬制的な婚姻関係により阿倍内親王（孝謙・称徳天皇）が、道祖王や淳仁天皇、さらには道鏡のそれぞれ皇后格として扱われている。反対にいえば、道鏡は女帝の子ではなく夫として聖武の「我が子」に擬制的に位置付けられることにより即位の可能性が生じたのではないか。淳仁と同様に、道鏡が称徳の子たる「皇太子」とならなかったのはこのためであろう。「皇后」称徳と淳仁・道鏡の擬制的婚姻の互換性が指摘できる。称徳没後の後継においても天智系の白壁王が聖武の娘井上内親王との婚姻を前提に光仁天皇として即位できたのも、白壁王が娘の井上内親王を介して聖武の「我が子」として処遇されたことによるもので同様な事例となる。

加えて、道鏡即位の論理としては、継体のような大王制以来の資質重視の伝統や天皇専制化の達成を前提にした

先帝の意思の尊重、君主の恣意性を極限まで示す「奴を王とする」意識などが背景に考えられる。

道鏡即位の可能性を前提にするならば、当時においてはまだ「皇緒」に対する多様な選択肢が存在し、「臣下」の即位の可能性を完全には否定できていない段階であったと位置付けられることになる。逆説的には「天之日嗣、必立二皇緒一」における「皇緒」の内実はまさに道鏡事件の時に定まったのである。これ以後において「君臣の別」を明示する必要から平安初期に氏族制の再編がおこなわれる内的必然性がここにある。

（2）光仁即位の可能性

「皇緒」に対する多様な選択肢を考える場合にもう一つ考慮すべきは、天武系から天智系への結節点に位置する光仁即位の事例である。

この場合には、藤原百川・永手らの天智系皇親たる白壁王支持だけでなく、吉備真備による天武系元皇親たる文室浄三・大市の支持という異なる選択枝も提示されている。『続日本紀』宝亀元年（七七〇）八月癸巳条によれば、

天皇崩二于西宮寝殿一。春秋五十三。左大臣従一位藤原朝臣永手・右大臣従二位吉備朝臣真備・参議兵部卿従三位藤原朝臣宿奈麻呂・参議民部卿従三位藤原朝臣縄麻呂・参議式部卿従三位石上朝臣宅嗣・近衛大将従三位藤原朝臣蔵下麻呂等。定二策禁中一。立レ諱為二皇太子一。左大臣従一位藤原朝臣永手受二遺宣一曰、今詔久、事卒然尓有依天諸臣等議天。白壁王波諸王能中仁年歯毛長奈利。又先帝能功毛在故仁、太子止定天、奏波麻仁麻尓宜定給布止勅久止宣。

とあるように、称徳女帝の死去にともない、藤原永手ら公卿たちは後継を禁中で謀議し、その結果を称徳も承認したので、「遺宣」に従って、白壁王を皇太子に立てたと伝える。一方、『日本紀略』宝亀元年八月癸巳条には異伝が

みえる。

百川伝、云々。宝亀元年三月十五日、天皇聖躰不予。不レ視レ朝百余日、天皇愛二道鏡法師一将レ失二天下一。道鏡欲レ快二帝心一、於二由義宮一以二雑物一進レ之、不レ得レ抜。於レ是、宝命白頽、医薬無レ験。或尼一人出来云、梓木作二金筋一、塗レ油挟出、則全二宝命一。百川窃逐却。皇帝遂八月四日崩。天皇平生未レ立二皇太子一。至レ此、右大臣真備等論曰、御史大夫従二位文室浄三真人、是長親王之子也。立為二皇太子一。百川与二左大臣・内大臣一論云、浄三真人有二子十三人一。如二後世一何。真備都不レ聴レ之。冊二浄三真人一為二皇太子一。浄三確辞。仍更冊二其弟参議従三位文室大市真人一為二皇太子一。亦所レ辞レ之。百川与二永手・良継一定レ策、偽作二宣命語一。宣命使立レ庭令二宣制一。右大臣真備巻レ舌無二如何一。百川即命二諸仗一冊二白壁王一為二皇太子一。十一月一日壬子、即二位於大極殿一。右大臣真備乱云、長生之弊、還遭二此恥一。上二致仕表一隠居。

この記載によれば、称徳女帝が皇太子を立てずに死去したため（「天皇平生未レ立二皇太子一」）、吉備真備は長親王系の文室浄三・大市の擁立を主張したが、藤原百川や永手（「左大臣」）・良継（「内大臣」）の反対と浄三・大市の辞退により頓挫し（「右大臣真備巻レ舌無二如何一」）、百川らは宣命を偽作し（「偽作二宣命語一」）、白壁王の立太子と即位を謀ったとある。「百川伝」については史料批判が必要であるが[26]、「定策」の内実は後者の記載が詳細であり、基本的に通説として支持されている[27]。もし「百川伝」を信頼して、「遺宣」が偽作であるとすれば、白壁王の立太子・即位は称徳の意思ではなかったことになる。

群臣の議論において、当初は吉備真備による天武系元皇親たる文室浄三・大市の支持と藤原百川・永手らの天智系皇親たる白壁王支持が対立していたが、候補者の辞退および白壁王擁立が先帝の意思であったとする偽作された「遺宣」の発表により反対派を沈黙させたわけである。

まず確認しておくべきは、当時の王権が、称徳女帝の死去により、太上天皇・天皇・皇后・皇太子などの構成要素をすべて欠き、王権側の意思を示せなくなった危機的時期にあたっている点であり、この事例を根拠にして群臣による後継者の擁立が一般的であったとすることには無理がある。それどころか、偽作にせよ、結局は称徳女帝の「遺宣」によってしか群臣間の候補者対立が止揚できなかったことは、王権側の意思が後継の指名に大きな役割を果たしていたことを示すと考えられる。

そのうえで、有力公卿層において異なる皇位継承の選択枝が議論された点が注目される。それは必ずしも同一の条件や前提に立った議論ではなかったことが、この場合には重要であると考える。吉備真備が候補者として選択した文室浄三・大市は、従来の天武の子孫のうち草壁の子孫を中心とする流れとは異なり、天武の子孫ではあるが長皇子の系列である点が異なっている。おそらくは、天武系のなかでも、母系で天智—大江皇女—長皇子の血縁が考慮され、選択された可能性がある。加えて、称徳が出家のまま即位していることもあり、候補者として臣籍降下や出家していることが必ずしも否定的に作用していない点が注目される。

奈良時代後半までは、王は退位しても死ぬまで王であるという「王の終身性」という古い観念により[28]、一度退位した天皇でも再び即位することが可能であった高野天皇重祚という事例や強制退位させられ淡路に配流された淳仁廃帝の復活を望む動きがあったとされることは[29]、王族と臣下の別が必ずしも絶対的ではなかった段階であったことを示している。平安時代には臣下から天皇になったと一般には評価される宇多も厳密には源定省すなわち臣下として直接即位したわけではなく、立太子の前日に「臣下」から「親王」へ復帰している（『皇年代略記』）。このことは無視できない相違であり、平安時代に臣下からの即位がなくなるのは「君臣の別」や「日嗣は必ず皇緒＝皇族でなければならない」との意識が明確化した結果と考えられる。一方、出家については、僧侶の道鏡が候補者となりえたのに対して、七世紀において古人大兄や大海人らが皇位に対する野心がないことを示すために、吉野に出家隠棲しようとしたこととの対比で注目される(30)。

つぎになぜ吉備真備が天武系の人物を選択したのかを考えるならば、彼が伝統的な畿内豪族ではなく、吉備地方という地方豪族出身の寵臣であった点がまず留意される。自身の立場は具体的には聖武・称徳への近侍仕奉による恩寵だけが頼りであり、その皇嗣選択には天皇の意思の直接的な代弁者であったことが想定される。出家や臣籍降下という障害になりえた悪条件にもかかわらず、天武男系に固執したのは、新田部系の道祖王を「遺詔」で指名した聖武の意思の延長線で行動したものと思われる（遺宣が偽作であるとすれば、称徳の最終的な意思は不明だが、少なくとも天智系は視野に入っていなかったと想定される）。吉備真備の立場は、天皇と人格的関係により結ばれていた寵臣として、天皇の意思＝「遺詔」重視の立場をとったと考えられる。そのため、白壁王の立太子が偽作にせよ称徳の「遺詔」と宣言されれば、「右大臣真備巻レ舌無二如何一」とあるように、それ以上に対抗する根拠を失ってしまったことになる。

ちなみに、やや立場は異なるが孝謙即位時に「若有二他氏立レ王者一、吾族徒将二滅亡一」と主張する反藤原氏の橘奈良麻呂・大伴氏・多治比氏らも、基本的には傍系を容認し、新田部系の塩焼王・道祖王、高市―長屋系の黄文王・安宿王ら天武系男性皇族内での選択を要求している。ただし、卑母ながら直系の安積親王が死去後は、「然後廃レ帝、簡二四王中一、立以為レ君」とあるように自己の族長位の継承と同じく傍系継承を容認したため選択の決め手を欠き、孝謙擁立という王権・藤原氏側の意思に反対した「無レ立二皇嗣一」という闘争は明確な結集核を結局失ってしまうこととなる(31)。

一方、藤原百川らは天智―施基の系列を選択し白壁王擁立を画策した。その理由としては、「白壁王波諸王能中仁年歯毛長奈利」として、まず王族中の長老たる年齢が評価され、さらに「先帝能功」（天智の功績）が加味されている[32]。年齢・資質と天智に対する高い評価が表面的な理由あるが、すでに指摘があるように天武の内親王である井上皇后と他戸親王の存在により、双方的な血縁の連続性を考慮したものと考えられる[33]。

藤原氏は、律令や正史に準拠した支配体制の円滑な運用者として台頭した新興の律令貴族として評価できるが、正史たる『日本書紀』には、持統朝に天智系と天武系の六皇子を「一母同産」として扱うことを宣言した「吉野盟約」が語られている。この記載を前提とすれば、天智系皇子の子孫も天武系に対する優先度は別にして「皇緒」の範囲として扱う歴史的根拠になっている。正史に記載された「吉野盟約」を前提とした皇緒の選択であることがまず指摘できる。

吉備真備の立場との大きな相違は、正史を前提とした天智系も天武系と同じ「皇緒」との認識であり、選択肢がやや広いことである。ただし、これが天武系から天智系への「王朝交替」とする強い認識はないことも留意される。「有二子十三人一、如二後世一何」とあるように、子孫の多さは欠点との認識もあり、臣下として皇統の連続的な維持が強く意識されている。天武系と天智系の二項対立ではなく、聖武と連続する「双方的な直系継承」として白壁王が意識されている。この場合には、孝謙（称徳）の配偶者ではなく、井上内親王を介して聖武の「我が子」としての位置付けが白壁王に与えられ、結果として孝謙（称徳）は傍系に退くこととなる（直系意識が強い称徳が「遺宣」に示されたような即位を望むことは考えにくく、新天皇を称徳の配偶者として扱うことを最後まで模索していたと考えられる）[34]。藤原氏は、表面的には「遺宣」による決定を強調するが、実質は「定二策禁中一」という群臣合議路線による選択と推戴であり、第一の臣下として「臣従」することにより階級的な利害の貫徹を試みる立場であり、天皇および寵臣による「遺詔」重視路線との差違が存在したことになる。

以上、二つの事例の検討によれば奈良時代の後半においてさえ「臣下の即位」や「天智系の位置付け」などにおいて宮廷内部で論議が存在した。「皇緒」の範囲は必ずしも明瞭ではなく、その選択肢も多様であったことが確認された。「君臣の別」や「皇緒」の範囲は、理念としては存在しても、貴族層が道鏡即位を当初は明確に否定できなかったように、支配層における現実的な共通認識は存在しなかったと考えられる。

二、桓武の双方的位置

（1）桓武の母系

つぎに桓武における皇統意識の分析に移る。一般に奈良時代における天皇の出自意識は、父系出自意識のみを強調するものではなく、母方を含む「双方的」な位置付けが意識されていたとされる。[35]『続日本紀』天平勝宝元年（七四九）四月甲午朔条には、

天日嗣高御座乃業止坐事波進弖波挂畏天皇大御名乎受賜利退弖波婆婆大御祖乃御名乎蒙弖之食国天下乎婆撫賜恵賜夫止奈母神奈我良母念坐須。

とあるように、文武という父方の天皇の「大御名」と、藤原宮子という母方の「婆婆大御祖」の御名のおかげにより聖武の治世があると述べている。ここでは聖武の正統性が父母双方の出自に求められていることが確認される。

また、同天平神護元年（七六五）十一月辛巳条には、

必人方父我可多母我可多能親在天成物仁在。然王多知止藤原朝臣等止方朕親仁在我故仁黒紀白紀乃御酒賜御手物賜方久

止宣。

とあるように、必ず人は父と母両方の親族により成り立っていると述べて、称徳の父聖武だけでなく、母藤原光明子の親族に対しても均等に酒と物が与えられている。天皇即位には皇統における双方的な正統性が意識されていることになる。

一方、こうした父母両系に配慮するのは単に皇統意識だけではなかった。『続日本紀』天平勝宝元年四月甲午朔条に、

男能未父名負弖女波伊婆礼奴物爾阿礼夜。立双仕奉自理在止奈母念須。

とあるように、「女子の名前は父の名と関係ないであろうか」という反語表現を用いて、男女並んでの奉仕が理想と述べられている。対応する皇統と仕奉という連続性の意識が、男女双方により位置付けられている。

それでは、桓武の皇統意識は、どのように表現されているだろうか。まず、父である光仁との関係は、光仁の譲位宣命にみえる。

『続日本紀』天応元年（七八一）四月辛卯条

故是以皇太子止定賜留山部親王爾天下政波授賜布。古人有言知子者親止云止奈母聞食。

とあるように、子をよく知るのは親であるという論理により、父光仁から皇太子山部親王への譲位が正統化されている。

一方、生母高野新笠との関係は桓武の即位宣命にみえている。

『続日本紀』天応元年四月癸卯条

凡人子乃蒙福麻久欲為流事波於夜乃多米爾止奈母聞行須。故是以朕親母高野夫人乎称皇太夫人弖冠位上奉治奉流。

ここでは、すでに指摘があるように論理が逆転し、桓武の天皇即位により生母に対して高い地位を与えるという説明がなされている。[36] 自分が天皇になるのは卑母であった親のためであるという逆立ちした説明である。高貴な母の存在やその承認により自己の即位を正統化するという流れではなく、父光仁とは対照的に天皇としての正統性を、後には『水鏡』が「御母賤ク御座ス」と述べるように、渡来系の卑母であった高野新笠に求めてはいない。[37] 生母高野新笠は和氏出身であり、おそらく母方から即位の正統性が説明できなかったことを重視すれば、当初は明確に百済系王族の末裔という伝承を有していなかったと想定される。即位の正統性は、先述した光仁の譲位宣命に「皇太子と定め賜へる山部親王に天下の政は授け賜う」にみえるように父系論理のみでの即位の正統化であった。延暦九年（七九〇）以降に母方の先祖を「百済武寧王之子純陁太子」[38] とする和氏の系譜については、和気清麻呂の薨伝に「奉二中宮教一、撰二和氏譜一奏レ之、帝甚善レ之」[39] とある。中宮高野新笠の大夫であった和気清麻呂による「和氏譜」の撰奏は、中宮大夫任命の延暦七年（七八八）から新笠没年の同八年の間におこなわれ、これにより百済王氏に連なる所伝が創作された可能性が指摘されている。[40] この直後に死去した高野新笠の没伝によれば、

　其百済遠祖都慕王者、河伯之女、感二日精一而所レ生。皇太后、即其後也。

という百済王の始祖伝承を根拠に「天高知日之子姫尊」という諡が与えられている。[41]

先述のように、この直後から桓武は百済王氏を「朕が外戚」と呼ぶようになり、[42]『新撰姓氏録』左京諸蕃下にも、

　和朝臣　出レ自二百済国都慕王十八世孫武寧王一也。

として百済武寧王の子孫を称している。これ以後、百済王教（孝）法・貞香・教仁・恵信ら後宮における百済王氏の進出、[43] 永年課役免除、[44] 交野遊猟での奉仕役＝氏爵など[45]が確認できるようになる。母方の系譜的出自において百済王が「朕が外戚」として確認されたことにより、露骨な百済王氏に対する優遇策が頻出することとなる。

母方に対する正統性の付与は、正史たる『続日本紀』編纂にも影響を与えている。『続日本紀』の編纂は淳仁朝・光仁朝・桓武朝と三段階にわたる複雑な編纂過程を経ていること、桓武朝にも撰進は一括ではなく部分的に三回に分けておこなわれたことが『類聚国史』に収載された二つの上表文から確認される。(46)『続日本紀』全四〇巻のうち弘仁即位以後を記載した巻三一以降の各巻が、一巻二年の体裁であるのに対して、最後の巻三九と巻四〇が三年分ずつを収めていることについては、当初の延暦八年（七八九）までの計画が、後に十年まで延長されたためとの推定がなされている。(47)延暦九年と同十年に賜姓記事が多いことから氏姓秩序の再構築がなされたとの一般的な指摘はあるが、(48)その理由についてはこれまで十分には検討されてこなかったといえる。

和気清麻呂による「和氏譜」の撰奏が延暦七年から八年の間になされ、同九年の正月に百済王氏を「朕が外戚」と呼ぶようになったこととの連続性で考えるならば、まさに母系系譜の強化策が延暦九年と同十年に集中している事実を指摘することができる。具体的にはまず延暦九年には、七月に百済王氏と津連真道らの上表により、真道の祖先が百済王の末裔であることから菅野朝臣に改氏姓されている。(49)十二月には外祖父高野朝臣、外祖母土師宿禰に正一位を追贈、土師宿禰を大枝朝臣と改氏姓している。(50)さらに、母高野新笠の周忌にちなみ、外祖母土師宿禰の同族を秋篠朝臣と菅原朝臣に改氏姓している。(51)

このように母方の外祖母が土師氏の娘であったことによる破格の改氏姓がなされている。翌年の延暦十年正月には百済王氏・和朝臣・菅原朝臣・秋篠朝臣らへの叙位があり、(52)菅野朝臣への改氏姓に連動して葛井・船・津連が同族であることから葛井連らに宿禰賜姓がなされ、(53)九月には土師氏同族の出雲臣が宿禰に改氏姓されている。(54)これ以外にも多くの改氏姓上表文が頻出し、全体の約四分の一がわずか数年に集中する。(55)加えて、改氏姓された桓武の母系氏族の任官記事も多くみえ、(56)重要な政策としても国忌の整理・(57)删定律令の施行、(58)平城京廃都、(59)班田(60)などがおこなわれた年として記録されている。

以上のように延暦九年と十年には桓武の母系系譜の強化荘厳化を中心とする重要政策がおこなわれていたことが確認される。正史編纂と皇統の確立および氏族再編が連動しておこなわれていたと評価することが可能であろう。桓武が正史たる『続日本紀』の記載時期を二年延長したことの意味は、母方系譜の強化策によって父母双方により正統化される皇統確立をおこなった時期に相当するためと考えられ、自己の地位が確立した延暦十年までをその記述に含めたと考えられる。

（2）桓武の父系

父系については、国忌省除、郊天祭祀、陵墓臨時奉幣、長岡遷都などを根拠として、通説では桓武は「新王朝」意識が強く、天武━草壁系を排斥し、天智系への皇統の転換を推進したと考えられている。こうした天武系皇統排斥論を以下では検討する。

まず国忌省除については、

『続日本紀』延暦十年（七九一）三月癸未条

太政官奏言、謹案㆓礼記㆒曰。天子七廟、三昭三穆与㆓太祖之廟㆒而七。又曰、舎㆑故而諱㆑新、注曰、舎親尽之祖㆒、而諱㆓新死者㆒。今国忌稍多、親世亦尽。一日万機、行㆑事多滞。請、親尽之忌、一従㆓省除㆒。奏可之。

とあるように、国忌の対象が増加した結果、血縁が疎遠な者も対象となっていること、廃務による政務の遅滞が発生していることを根拠に、桓武と疎遠な天皇の国忌を除くことを決定したとある。具体的な対象者については、天智・志貴・紀橡姫・光仁・高野新笠・聖武・藤原乙牟漏の七名を比定することが有力視されているが[61]、その根拠は確実なものではないとの批判がある。[62] 少なくとも天武系の聖武が含まれていることの説明が必要となる。その内容については、近年紹介された『新撰年中行事』の国忌記載が注目される。[63] 当該史料は、「弘仁式」「貞観式」などから国忌記載を抜き書きしたものとされ、少なくとも天武系の高野天皇が聖武の大同二年より遅く、[64] 天長元年（八二四）に省除されたことが明らかとなった。

『新撰年中行事』八月四日条

国忌、〈西大寺、〉高野天皇（称徳）、貞観今案止、〈天長元年十月十日官符、依㆓去九月廿七日太政官論奏㆒省除、〉高野天皇、今案止。

これ以外にも、

『新撰年中行事』九月九日条

国忌、〈天武天皇、件天皇朱鳥元年九月九日崩也。文武天皇大宝二年十二月勅曰、九月（九日脱）・十二月三日、（天武・天智）先帝忌日也。諸司当㆓此日㆒宜為㆓廃務㆒。今止。〉

とあることから、天武の国忌も「弘仁式」に入っていた可能性も残る。従来考えられていたよりも遅れて天武系の国忌が除かれたことが確認されたことにより、単純な天武系から天智系への転換という主張は成立不可能となったことになる。少なくとも天武系の聖武と高野天皇が延暦十年（七九一）段階においても省除の対象となっていないことは、天智を起点としつつも両系の区別なく順番に世代の遠い天皇から機械的に除かれていったことになる。[65] 天武系への国忌は平安初期にも確実に存続しており、天武系と天智系の並存というよりは、両系を区別しない一系的な皇統意識が認識できる。先述したように擬制を含めた父母子の関係を連鎖していく構造（双方的な直系意識）が、当時の皇統意識であったことがこの点からも確認される。

宣命などにみえる皇統意識について補足するならば、「如二一母同産一」あるように、天智系と天武系を同等に扱うと宣言した天武朝のいわゆる「吉野盟約」が前提に考えられる。

『日本書紀』天武八年（六七九）五月乙酉条

天皇詔二皇后及草壁皇子尊・大津皇子・高市皇子・河嶋皇子・忍壁皇子・芝基皇子一曰、朕今日与二汝等一倶盟二于庭一、而千歳之後、欲レ無レ事。奈之何。皇子等共対曰、理実灼然。則草壁皇子尊、先進盟曰、天神地祇及天皇證也。吾兄弟長幼、幷十余王、各出二于異腹一。然不レ別二同異一、倶随二天皇勅一、而相扶無レ忤。若自レ今以後、不レ如二此盟一者、身命亡之、子孫絶之。非レ忘、非レ失矣。五皇子以レ次相盟、如レ先。然後天皇曰、朕男等各異腹而生。然今如二一母同産一慈之。則披レ襟抱二其六皇子一。因以盟曰、若違二茲盟一、忽亡二朕身一。皇后之盟、且如二天皇一。

ここでは天武と皇后持統に対して天武系の草壁皇子・大津皇子・高市皇子・忍壁皇子だけでなく、天智系の河嶋皇子・芝基皇子を含めて、あわせて六皇子が同母兄弟のように扱うことが宣言された。先述したように天智系皇子も優先順位は天武系に及ばないとしても皇嗣からは排除されていないことが確認され、光仁即位の前提条件になったと考えられる。国忌において天智を始祖としつつも、天武系が含まれているのは、実際の同母兄弟とは異なり、系譜意識では天智の娘持統を介在させて天武が天智の擬制的な「ワガコ」として位置付けられたとすれば、矛盾なく解釈できる。天武系が主流であった奈良時代初期においても、天智が定めたと伝承する「不改常典」が尊重されたように、天智を始祖とする意識は奈良時代から平安初期にかけて一貫していることになる。さらに、斎王を経験した井上の子孫である酒人内親王および朝原内親王が桓武と平城の後宮に入っていることは単純な天智系への転換では説明できず、井上と同様に天武系との連続性を維持しようとする動きとして評価される(66)。天武系の斎王内親王との婚姻が平城朝まで連続する点は、嵯峨朝以降の天智系重視への転換を考慮しても無視できない重みがある。

さらに、桓武の皇統意識を探るうえで重要なのは天武系と天智系をつなぐ接点に位置した井上皇后の評価である。周知のように光仁の皇后であった井上内親王は、宝亀三年（七七二）に巫蠱の罪により廃后され、これに連座して皇太子他戸親王が庶人として廃太子されている。

『続日本紀』宝亀三年三月癸未条

皇后井上内親王坐二巫蠱一廃。

『続日本紀』宝亀三年五月丁未条（宣命第五四詔）

廃二皇太子他戸王一為二庶人一。詔曰。天皇御命良麻止宣御命乎、百官人等、天下百姓、衆聞食倍止宣。今皇太子止定賜部流他戸王、其母井上内親王乃魘魅大逆之事、一二遍能味仁不在、遍麻年久発覚奴。其高御座天之日嗣座波、非吾一人之私座止奈毛所思行須。故、是以、天之日嗣止定賜比儲賜部流皇太子位仁、謀反大逆人之子乎治賜部例婆、卿等百官人等、天下百姓能念良麻久毛、恥志賀多自気奈志。加以、後世乃平久安長久全久可在伎政仁毛不在止、神奈賀良母所念行須仁依而奈母、他戸王乎皇太子之位停賜比却賜布止宣天皇御命乎、衆聞食倍止宣。

ここで注目されるのは、本来母の井上皇后の巫蠱の罪が発端であるにもかかわらず、他戸親王の廃太子についてのみ宣命が『続日本紀』に記録されている点である。母の廃号皇后については正式な詔勅が記載されず、巫蠱事件の密告者に対しても「申事波度年経月尓計利」として過去のこととして穏便に処理しようとする態度がうかがわれる[67]。これは本居宣長がすでに指摘しているように、正史の編纂者が意図的に省いたことが想定される[68]。これは、延暦十六年（七九七）に『続日本紀』の最終的な撰進がなされたが、わずかその三年後に井上廃后の皇后復位が決定されたこととは密接な関係がある。

『日本後紀』延暦十九年（八〇〇）七月己未条逸文（『類聚国史』巻二五、帝王五、追号天皇、崇道天皇）

詔曰、朕有レ所レ思、宜下故皇太子早良親王、追二称崇道天皇一、故廃皇后井上内親王、追復称二皇后一、其墓並称中山陵上。令下従五位上守近衛少将兼春宮亮丹波守大伴宿禰是成、率二陰陽師衆僧一、鎮中謝在二淡路国一崇道天皇山陵上。

皇后復位が、早良親王への天皇号追称とともに処置されていることから、単純に怨霊への対処とする見方も可能だが、[69]連動して他戸親王に対する名誉回復がなされていないのも注意される。これ以後、井上内親王は皇后に復位し、宇智郡に所在した墓は山陵と称されるようになった。

『日本後紀』大同元年（八〇六）四月乙未条

大和国葛上郡正四位上高天彦神預二四時幣帛一。縁二吉野皇大后願一也。

『日本後紀』天長六年（八二九）八月丁卯条逸文（『日本紀略』・『東大寺要録』巻一〇）

二品酒人内親王薨。広仁天皇之皇女也。母贈吉野皇后也。

『日本後紀』弘仁十年（八一九）七月癸巳条逸文（『日本紀略』）

遣二使於伊勢大神宮・大和国大后山陵一、並奉幣、祈雨。

『延喜式』諸陵寮6宇智他遠陵条　宇智陵

皇后井上内親王、在二大和国宇智郡一。兆域東四十町、南北七町、守戸一烟。

これらの記載によれば、井上内親王は復位後は「吉野皇后」「吉野皇大后」「大后」などと称されたことが確認される。すでに指摘があるように『本朝皇胤紹運録』など後世の史料には桓武生母である高野新笠との混同がみられることと、皇太后ではない「皇大后」「大后」などの表記がみられることは重要である。[70]皇太后の称号は、『令義解』によれば天皇の母で元皇后であった者に限定されているが、実際には延暦九年の没時に天皇の生母だが夫人であった高野新笠に対して用いられるようになった(71)。元夫人であった生母に対して皇太后の称号が用いられた結果、皇統譜上の母たる井上皇后に対しては異なる称号が必要になったと考えられる。井上皇后は桓武にとって、天武系との皇統譜上のつながりを保証する不可欠な人物であり（継体朝の手白髪と同じ役割）、自己と立場が競合する他戸の廃太子以後においては、復位させる必然性が存在したと考えられる。

井上皇后に対して用いられた「大后」の用語は、私見によれば、七世紀以前には現キサキだけでなく元キサキを含めて最有力の女性を示す用語であり、血統や年齢、実子の即位などの条件により称された(72)。大后は、推古女帝のように元キサキであるが実子が即位していない場合にも用いられており、実子が即位した皇太后ではないが、元キサキで皇統譜上での母と呼ぶべき人物に対する称号としてはふさわしかったと考えられる。同様な区別は、聖武朝における元正と藤原宮子の場合にもあり「皇祖母《スメミオヤ》」＝皇統譜上の母と「大御《オオミ》祖《オヤ》」＝生母という呼び分けがなされている。同様に桓武朝でも井上内親王が吉野（皇）大后＝皇統譜上の母＝皇祖母、贈皇太后高野新笠は生母＝大御祖という称号上の区別があったことになる。

一方、他戸親王の復位が不可能なのは、光仁の唯一の後継者たる桓武の立場と抵触するためであったと考えられる。井上廃后の記載を簡略化し、結果的に巫蠱の罪を他戸親王だけに負わせた『続日本紀』の立場は、井上の復皇后と連動することにより天武系との連続性を確保し、桓武の皇統譜上の位置付けを明確化する意味があったことになる。先述したように、井上内親王の子孫である酒人内親王や朝原内親王と、桓武と平城との婚姻関係も考慮するならば、桓武朝を通じて天武系との血縁的連続性の確保は重要な意味を有していたことになる。

（3）桓武の皇統意識と万世一系

桓武は即位後、母系では渡来系の卑母たる高野新笠の地位強化と天武系との連続性確保をおこない、自己の正統性を強化していた。そうした皇統意識は正史たる『続日本紀』に反映していた。反対に、『続日本紀』が「桓武の新王朝」意識を直接に反映するならば、なぜ中国史書のように「前王朝」の末、すなわち称徳朝まででなく現王朝の途中までを叙述の対象にしたのか、さらには『日本書紀』（日本紀）と連続する『続日本紀』という題名を付したのかが説明されなければならない。すでに「革命思想を伴わない天命思想は思想というに値しない[73]」という瀧川政次郎による重要な指摘があり、称徳による天武傍系皇親を排除する論理として、天武系の宣命でも「天の授け給はぬ人」（第四五詔）とあるように皇孫思想の枠内で「天命思想」を意識していたという早川庄八の批判も提起されている[74]。当然ながら万世一系と革命思想は表裏の関係にあり原理的には両立しないことは確認しておきたい。そうした前提に立つならば、桓武が『日本書紀』の続編として名実ともに『続日本紀』を天武系の文武朝から桓武朝の治世の途中までを一体として編纂したことの意味は極めて重要となる。

中国における歴史書編纂のプロセスとしては、起居注→実録→国史→正史という編纂過程が指摘されている[75]。皇帝の毎日の言行を記録した「起居中」、皇帝に奏上され閲覧される「実録」、皇帝ごとの実録をもとに編纂された紀伝体の「国史」、新王朝が旧王朝の国史をもとに編纂した「正史」という異なる特徴があった。日本では中国の「起居注」「実録」「国史」の三段階が「国史」として一元化されて継受されたとされる。実質的な王朝交替のなかった日本では、前王朝までの「正史」という扱いではなく自王朝の歴史たる「国史」との評価は一貫していた。「国史を修むるは三、四代を隔ててこれを修む」（『新儀式』）との位置付けであり、「六国史」や「新国史」の名称が用いられた。『続日本紀』においても文武朝から桓武治世の途中までの編纂はあくまで国史（実録）としての扱いであった。『続日本紀』という名称自体が、『日本書紀』＝『日本紀』との連続性を物語っている。

『続日本紀』における皇統意識は基本的に『日本書紀』の論理の延長で考えられる。『日本書紀』によれば天武は天智の遺詔により即位できたとする。これこそが天智が定めたと伝える「不改常典」法の含意であり、群臣合議ではなく譲位・立太子・遺詔などの手段を用いて前帝の意思により新帝即位をおこなう慣行を示すものと考えられる。(76)

『日本書紀』天智十年（六七一）十月庚辰条

天皇疾病弥留。勅喚二東宮一、引二入臥内一、詔曰、朕疾甚。以二後事一属レ汝。

『日本書紀』天武即位前紀天智四年（六六五）十月庚辰条

天皇勅二東宮一授二鴻業一。

天智の病が重くなったとき、大海人皇子、すなわち後の天武を内裏に呼び寄せて詔をして「後事を以て汝に嘱く」と記載される。あるいは表現が異なるが、天智が天武に詔して「鴻業を授く」、すなわち後継の指名をおこなっている。客観的には、天武が壬申の乱により天智の子たる大友皇子から皇位を実力で簒奪したことは事実であるが、即位を正当化する論理としては、一度は天智の譲りを受けたことが大きな理由として『日本書紀』に二度までも明記されている。血縁的には、天武は天智と同母兄弟だが、皇統譜上、言い換えれば擬制的には、天智の娘たる皇后持統を媒介として天智の子として位置付けられていると考える。同様に『続日本紀』の即位宣命などによれば、光仁は称徳の「遺宣」（譲位）により即位し、さらに桓武は光仁の譲位により即位している。

『続日本紀』宝亀元年（七七〇）八月癸巳条（第四七詔）

左大臣従一位藤原朝臣永手受二遺宣一曰、今詔久、事卒然爾有依天諸臣等議天。白壁王波諸王能中仁年歯毛長奈利。

又先帝能功毛在故仁、太子止定天、奏波麻仁麻尓宜定給布止勅久止宣。
『続日本紀』光仁即位前紀（宝亀元年八月癸巳条）

高野天皇崩。群臣受レ遺、即日、立レ諱為二皇太子一。
『続日本紀』天応元年（七八一）四月癸卯条（第六一詔）

挂畏現神坐倭根子天皇我皇、此天日嗣高座之業乎掛畏近江大津乃宮尓御宇之天皇乃初賜比定賜部流法随尓被賜弖仕奉止仰賜比授賜閉婆、

まさに、天智が定めた法＝「不改常典」法を根拠として、光仁から桓武への譲位が正統化されている。『日本書紀』と『続日本紀』を通覧するならば、天智系（天智）→天武系（天武～称徳）→天智系（光仁～桓武）という王系の交替も形式論では「先帝の意思」によることを示している。その場合にも単純な男系継承ではなく双方的な父母子関係の連鎖が皇統の連続には必要との意識が存在した。継体朝の手白髪、天武朝の持統、光仁朝の井上皇后はそうした王系の交替において母系での連続が図られている(77)。

桓武の場合は、母方での正統性の弱さが背景にあり、天武系との一体的な流れを強く意識していたと考えられる。あくまで桓武朝における天智系の強調は皇孫思想＝万世一系に対しては副次的な意味しか持たなかったと考えられる。ただし、近代以降に強調される必ずしも直線的な継承ではなく、少なくとも北畠親房の『神皇正統記』が説くような応神—継体と仁徳—武烈の交替、天武系と天智系の交替など「正統」と「傍系」の交替を含意した意識であったと考えられる(78)。結論として『続日本紀』は、基本的に前王系との断絶よりもむしろ連続性を強調するのが目的であったと考えられ、「桓武には天武—聖武の皇統を積極的に否定する意志はなかった(79)」とするのが妥当である。

世代が進んで嵯峨朝になると双方的な父母子関係の連鎖から男系優位の意識がより強調されるようになり、天武

朝の事績排除が顕在化する。「弘仁格式序」には浄御原令の記載がなく反対に近江令が強調され、同じく『新撰姓氏録』序文には八色の姓の記載がなく、天智朝の庚午年籍が強調されるなど、天智の強調がおこなわれるようになる。反対に桓武朝以降は天智の定めたとされる「不改常典」法は形骸化していく。

桓武による「新王朝」論という通説は、国忌以外にも、郊天祭祀、陵墓臨時奉幣、長岡遷都などを大きな根拠としている。しかし、研究史的には坂本太郎が「弘仁格式序」や国忌により最初に指摘し、瀧川政次郎が交野での郊天祭祀を論拠に発展させた「桓武の新王朝」論は[80]、その内実についての十分な証明がないまま肥大化している感がある。まず交野郊祀については、桓武朝では延暦四年（七八五）と同六年（七八七）の二回おこなわれただけで連続せず、以後は文徳朝の斉衡三年（八五六）にみえるだけである。

『続日本紀』延暦四年十一月壬寅条

祀二天神於交野柏原一。賽二宿禱一也。

『続日本紀』延暦六年十一月甲寅条

祀二天神於交野一。其祭文曰。維延暦六年歳次二丁卯一十一月庚戌朔甲寅。嗣天子臣謹遣二従二位行大納言兼民部卿造東大寺司長官藤原朝臣継縄一。敢昭告二于昊天上帝一。臣、恭膺二眷命一。嗣二守鴻基一。幸頼下穹蒼降レ祚、覆燾騰上レ徴。四海晏然、万姓康楽。方今、大明南至、長泉初昇。敬采二燔祀之義一。祗修二報徳之典一。謹以二玉帛・犠斉・粢盛庶品一。備二茲禋燎一。祇薦二潔誠一。高紹天皇配神作主、尚饗。又曰、維延暦六年歳次二丁卯一十一月庚戌朔甲寅、孝子皇帝臣諱、謹遣二従二位行大納言兼民部卿造東大寺司長官藤原朝臣継縄一、敢昭告二于高紹天皇一。臣以二庸虚一、忝承二天序一。上玄錫レ祉、率土宅レ心。方今、履長伊始、粛事二郊禋一。用致二燔祀于昊天上帝一。高紹天皇、慶流二長発一、徳冠二思文一。対越昭升、永言配レ命。謹以制二幣・犠斉・粢盛庶品一。式陳二明薦一。侑神作主、尚饗。

『文徳実録』斉衡三年十一月辛酉条

遣下二権大納言正三位安倍朝臣安仁、侍従従四位下輔世王等一、向中後田原山陵上、告以二配レ天之事一、策命曰、天皇大命、掛畏平城宮尓天下所レ知志倭根子天皇御門尓申賜閇止奏、今月廿五日河内国交野乃原尓、昊天祭為止志天、掛畏御門乎主止定奉天可レ祭事乎、畏牟畏牟毛申賜久止奉。

『文徳実録』斉衡三年十一月壬戌条

大二祓於新成殿前一、諸陣警戒、帝進出二庭中一、大納言正三位藤原朝臣良相跪授二郊天祝板一、左京大夫従四位下菅原朝臣是善捧二筆硯一、帝自署二其諱一訖、執レ珪、北面拝レ天、乃遣下二大納言正三位藤原朝臣良相、右大弁従四位上清原真人岑成、左京大夫従四位下菅原朝臣是善、右中弁従五位上藤原朝臣良縄等一、向二河内国交野郡柏原野一、設レ蕝習礼上、祠官尽会。

『文徳実録』斉衡三年十一月甲子条

有レ事二円丘一、夜漏上レ水一尅、大納言藤原朝臣良相等帰来献レ胙。

まず延暦四年（七八五）の記載には「賽二宿禱一」とあるが、宇佐や伊勢、近江国の明神に対しても同様な表現が用いられており「天神」の内実は中国郊祀とは異なる内容を持つものであった[81]。さらに交野の郊天祭祀は、早良の廃太子と安殿親王（平城）の立太子、および安殿親王の元服などとの関係を重視する指摘は重要である[82]。同六年の祭文には始祖としての天智ではなく、父の光仁を配祀した点も無視できない。つまり、桓武は天智ではなく光仁を始祖として位置付けている点が重要である。また、交野が母方外戚とされた百済王氏の本拠地でもある点を考慮するならば、延暦六年の場合には直前に交野へ行幸し、百済王への叙位と郊天祭祀がセットでおこなわれており、延暦四年（七八五）の郊祀の前提には同二年の交野行幸が想定され、父方だけでない父母両系への配慮があったと想定される。父母両系に配慮したうえで、桓武にとっての父と子を明らかにし自己の出自と子孫への皇統の流れを正統化しようとしたものと考えられる。少なくとも交野での郊天祭祀は連続せず、父光仁および子安殿親王の立太子・元服との狭い父子関係は確認できるが、始祖たる天智との関係は必ずしも明瞭でないといえる。

なお、光仁もすでに代替わり直後の宝亀二年（七七一）に交野へ行幸がみられるが、難波・竹原井行宮を経由しており、前年には「御鹿原」（甕原）への行幸もあり、全体としては天武系の聖武朝を回顧・継承する意識が強かったと想定される。桓武による延暦二年（七八三）の交野行幸も同様な性格を持つと考えられるが、この場合の百済王氏への叙位も聖武朝の陸奥産金や難波宮での風俗の楽奉仕などを回顧する意味もあったのではなかろうか(83)。

つぎに陵墓への臨時奉幣であるが、従来は聖武陵と推定された延暦四年の「後佐保山陵」を光仁陵に比定する説が提起され、延暦四年の「山科」「田原」「後佐保」の各山陵が、延暦十二年（七九三）の「山階」「田原」「後田原」の山陵と同一であることが論証された(84)。従来説は、天智・光仁・聖武に比定していたが天智・施基・光仁陵に改められた。この考証に異論はないが、直系皇統理念が桓武朝当初からものであったとする点は議論の余地があると考える。国忌という恒常的な系譜意識を示す行事とは異なり、あくまで臨時の奉幣という性格を考慮するならば奉幣の目的を吟味する必要がある。

天智陵への奉幣は合計で三回確認されるが、その内容は「早良廃太子」「平安遷都」「唐信物」である。まず「早良廃太子」は父光仁の強い意向により定めたものであり、早良を排除して桓武を含む父系を確認することに意味があった。さらに「平安遷都」は古津を大津に改名しているように天智の近江遷都に擬するものであった。「唐信物」については、奈良時代の天平勝宝六年（七五四）にも天智陵への先例があり桓武朝固有の意味は強くない。天平勝宝四年（七五二）の「新羅王子来朝」に際しては、天武と天智が並んで奉幣された事例もあり、先述したように天智系と天武系の共通の祖たる天智に対して報告するのは自然な意識であり、天智の位置付けは異なっていたと考えられる。「早良廃太子」「平安遷都」は、光仁と天智という特定者を中心にする奉幣であり、国忌と対比するならば、一過性であり持続的な意味は希薄であったと考えられる。少なくとも、交野での郊祀と同様、以後は連続していない。むしろ天智起点から桓武起点へ陵墓奉幣が以後シフトされ、桓武自身が次には「近き先例」として評価されるようになる点が重要な変化といえる。(85) 広い意味での嵯峨朝以降の天智父系重視路線の伏線としての評価は可能であるが、この段階では、あくまで副次的なものであったとしなければならない。

長岡遷都を桓武の新王朝意識の象徴とみる見解も有力であるが(86)、天武系の恭仁遷都や平城遷都の事例と比較するならば、遷都一般が王朝交替と直結するわけではない。むしろ重視すべきは、「王朝交替」よりも「代替わり」であり、基本的には「歴代遷宮」の慣行の延長線として考えるべきものである。父光仁からの「血」の更新と新たな治世の開始が遷都や改元、新制として表現されたとすれば桓武の施策はよく理解できる。(87) 長岡遷都は都市史的には、首都平城京からの遷都だけでなく副都難波京の廃止・統合でもある。複都制を廃止することにより、官人予備軍として期待された渡来系が多く居住し、在地性が強かった河内・摂津を本貫地とする官人たちを一つの京に集めることを大きな目的としたと考えられる。(88) 王朝交替を前提とする限りは、内的必然性が説明できず、二度目の「平安遷都は理念うすき遷都」との評価しかできなくなるが、長岡京は副都からの遷都が先行したため、首都との融合が宅地班給の徹底や朝堂の規模、内裏の独立などの点で構造的に不完全であったことから、同規模の構造を有する平安遷都が必然化したものであろう。

以上によれば、桓武による「新王朝」論という通説は、あくまで天武系との連続性を前提とするもので、その積極的な否定ではないと考えられる。

まとめとして桓武朝に至る系譜意識の変遷を簡単に概観しておきたい。『日本書紀』系図一巻に収斂されることとなる王統譜の整備は、天武朝を画期としておこなわれたが、その記載様式は父子血縁継承のみが卓越したものではなく、擬制を含む父母子の連鎖による双方的記載であったと考えられる。宣命によれば元明・元正は現天皇に対する「ミオヤ」であり、孝謙は「ワガコ」として即位している。これは血縁によらない地位継承関係と血縁の親子関係とを峻別する意識が乏しかった当時の系譜意識と無関係ではなく、宣命にしばしばみえる「ミオヤ」「ワガコ」という王統譜における父母子関係の位置付けが異なっていたことに由来する。前天皇の意思により父・母・子の関係のなかに新天皇を位置付けること、これが即位を正統化する行為であり、宣命という漢文体詔勅とは異なる機能を持つ媒体により支配層に宣言し、承認されることが重要であったと考えられる[89]。こうした王統譜観念では、天智系と天武系の対立は、「吉野盟約」において天智系も天武系皇子と同じに扱う「如二一母同産一」という宣言を前提に顕在化させず、藤原百川らによる光仁即位の伏線として存在した[90]。天智と倭姫、天武と持統、草壁と元明、文武と元正（皇統譜上の母＝皇祖母）・宮子（生母＝大御祖）、聖武と光明子、淳仁（聖武の「皇太子」に擬制）と孝謙、という流れが意識され、元明や元正も「中継ぎ」ではなく「ミオヤ」として父子直系関係と同格に位置付けることが可能となっている。

君主の恣意性を極限まで示し、天皇専制化の達成としての先帝の意思の尊重（奴を王となす可能性）および、資質を重視した職位の継承という王統譜の伝統は、称徳による道鏡即位の可能性を生じさせ、「臣下」の即位の可能性を完全には否定できていない段階と評価できる。ようやくこれ以降に「天之日嗣、必立二皇緒一」という場合の「皇緒」の内実（君臣の別）が最終的に確定する。通説によれば「新王朝」を標榜したとされる桓武においても皇統における父と母という双方的正統性は必要であり、卑母たる高野新笠の出自は「和氏譜」により百済王系に求められ、天武系王統との連鎖も否定できなかった。近年注目されている『新撰年中行事』の記載によれば、平安初期においても、天武系天皇は国忌の対象者からは排除されておらず、天智系と天武系の差別は存在しない。また『続日本紀』の記載対象も前王統の称徳朝までではなく、自己の治世の途中までを対象としていることは、その書名に示されるように天武系との連続性をむしろ強調している。「桓武には天武―聖武の皇統を積極的に否定する意志はなかった」と考えられ、『日本書紀』の仁徳―武烈系の位置付けと同じく、『続日本紀』においても天武系と天智系は対立的ではなく、一系的な流れのなかで位置付けている点が指摘できる。

三、平安初期における「氏の再編」

光仁即位までは「皇緒の範囲」は必ずしも明確ではなく、これ以後に「君臣の別」が明確化したことは先述した。皇位継承は、女帝を排除した男系優位の直系を原則とするようになり、これと連動して臣下の側でも平安初期には桓武の重用した新興氏族層を中心に「氏の再編」が試みられる。後半では、それがどのような歴史的な意味が存したかを検討したい。

（1）天武朝の「八色の姓」

欽明朝以来の王統譜整備は、天武朝において一つの達成を迎える。それは「帝紀」と「上古諸事」の編纂＝修史事業である。(91) 奈良時代の『記紀』に連続する一系的王統譜の整備がここに開始された。王統譜上の祖霊意識については、すでに壬申の乱において、始祖墓として「神武陵」が「発見」されているが、(92) 修史事業開始の直後には「祭二皇祖御魂一」(93) という記載がみえ、明瞭化しつつあった。こうした王統を純化した一系的王統譜の整備により、君臣の別をある程度明確化することが可能となり、諸氏の系譜的位置を定め、皇親氏族の範囲をはじめて継体朝以降の子孫に限定することが可能となった。「八色之姓」(94) は、旧来の「天降之績」により与えられた公・臣・連・直の姓に対して「当年之労」を加味した真人・朝臣・宿禰・忌寸の上位四姓を架上することで秩序が形成された。「天降之績」および「当年之労」という表現は、『古語拾遺』浄御原朝条に

　至二于浄御原朝一、改二天下万姓一、而為二八等一。唯序二当年之労一、不レ本二天降之績一。

とあるもので、「天降之績」とは『記紀』に記載された祖先の功績、「当年之労」は壬申の乱に代表される天武政権に対する功績を意味する。『記紀』伝承を前提とした「天降之績」に官人的功績たる「当年之労」を加味する原理的転換が天武朝におこなわれたのである。

（2）「氏の仕奉」と「官人の仕奉」

「天降之績」および「当年之労」という表現に代表される、令制以前における「氏としての仕奉」は、律令制下の「官人としての仕奉」に重層化しながらも連続していく。(95) 両者は基本的に類似する点が多く、奈良時代においては氏族の側では意図的に両者を連続させようとする意識が強かったと考えられる。大伴家持の「海ゆかば」の歌にみられる「大伴と佐伯の氏」という意識などは、そうした典型と考えられる。

『万葉集』巻一八―四〇九四番歌

大伴乃　遠都神祖乃　其名乎婆　大来目主等　於比母知弖　都加倍之官　海行者　美都久屍　山行者　草牟須

屍　大皇乃　敝尓許曾死米　可敝里見波　勢自等許等太弖　大夫乃　伎欲吉彼名乎　伊尓之敝欲　伊麻乃乎追通尓　奈我佐敝流　於夜乃子等毛曾　大伴等　佐伯乃氏者　人祖乃　立流辞立　人子者　祖名不絶　大君尓麻都呂布物能等　伊比都雅流　許等能都可左曾

（大伴の　遠つ神祖の　その名をば　大久米主と　負ひ持ちて　仕へし官　海行かば　水漬く屍　山行かば　草生す屍大君の　辺にこそ死なめ　かへり見は　せじと言立て　大夫の　清きかの名を　いにしへよ　今のをつづに　流さへる祖の子どもぞ　大伴と　佐伯の氏は　人の祖の　立つる言立て　人の子は　祖の名絶たず　大君に　まつろふものと言ひ継げる　言の官ぞ）

ここでは、「大伴と久米の氏」が固有の職掌により代々にわたり天皇に奉仕してきたことを誇る歌となっている。一見すると「氏としての仕奉」は、律令制下の「官人としての仕奉」は類似する。これは、「集団とその代表による奉仕」が「官人の家を基礎とする個人の奉仕」に接ぎ木され、「大王・宮・ツカサへの奉仕」が、律令制的な「上日」として「ツカサ（官衙）への奉仕」へと滑り込んでいるように、氏族の側でことさらに区別していないことによる。さらに、平安時代以降には「ツカサ（官衙）への奉仕」はさらに「儀式への奉仕」へも連続し、「氏爵」という氏族としては形骸化しつつも、儀式への参加権（五位以上の貴族身分）を維持することを目的に与えられる位階という、位階の趣旨からは逆転した制度もおこなわれるようになる。氏族の側で「ツカサへの奉仕」「官人の家＝二次的な氏」という幻想が奈良時代まではともかくも存在しえたのは、こうした類似点によると考えられる。

しかしながら、律令制下の氏と家には本質的な違いが存在した。第一に「氏による奉仕」が氏相互の形式的平等性を維持しえたのに対して、官人としての奉仕は、厳密な四等官の官僚制的な上下秩序に規定された点が異質であった。たとえば忌部と中臣のように、類似な氏としての職掌を持ちながらも、奉仕根源を異にすることから両者の優劣は理念的には問われず、同時併存が可能であり、令制以前において伴造・部民制が量的に拡大でき、競合的分有状態になった原因でもあった。一方で官人としての奉仕は個人に対する勤務評定により、その優劣が顕在化するものであった。第二には「氏による奉仕」は固有の職掌があり、代替わりによる確認が必要とされた。これに対して「官人としての仕奉」は、官僚的習熟にともない一定年数で多様な職務に遷代することが原則であり、位階や奉仕は代替わりと無関係に官僚制的な運用がなされた。

王権側においても、「氏としての仕奉」と「官人としての仕奉」を峻別する政策はとられず、ツカサや天皇への奉仕が従となり官僚制秩序が主となり卓越するようになる平安初期までその清算は持ち越されることとなった。

（3）奈良時代の氏と家

奈良時代における対氏族政策については、「天平勝宝之前、毎二一代一使三天下諸氏各献二本系一」（『日本紀私記』弘仁四年（八一三）甲本）とあるによれば、天平勝宝年間（七四九〜七五七年）以前において「天下諸氏」は代替わりごとに「本系」を提出していたことがうかがわれる。そして「宝字之末……撰二氏族志一」（『新撰姓氏録』序文）、「依二天平宝字五年撰氏族志所之宣一、勘造所レ進本系帳」（「中臣氏系図」）とあるによれば、天平宝字五年（七六一）には藤原仲麻呂の主導により各氏族から提出された「本系帳」をもとに「氏族志」編纂がなされたことが想定され、後の『新撰姓氏録』編纂の前提として評価される[96]。重要なのはこれより先、天平宝字二年（七五八）には藤原姓に加えて「恵美」姓と「恵美家印」の使用許可が許可されている点である。

自レ今以後、宜三姓中加二恵美二字一。禁レ暴勝レ強、止レ戈静レ乱。故名曰二押勝一。朕舅之中、汝卿良尚。故字称二尚舅一。更給二功封三千戸、功田一百町一。永為二伝世之賜一。以表二不常之勲一。別聴三鋳銭・挙稲及用二恵美家印一。[97]

「恵美」姓の使用は、仲麻呂（押勝）本人とその子に限定されており、氏としての「藤原」よりも狭い「官人家」の姓として使用されている。おそらく仲麻呂は、恵美家が鎌足以来の藤原氏のなかでも嫡系であることを主張するため、「氏族志」とはあるが『新撰姓氏録』に連続するように実質には官人家を単位とする編成に改め、その中心に「恵美家」を置こうとしたものと考えられる。奈良時代後半におけるこうした変化は、旧来の代替わり・氏ごとの本系提出政策からの転換であり、官人家を単位とする編成に改める政策であったと想定される。氏から官人家単位での把握という政策的なシフトがこの時期におこなわれたわけであるが、これにより天武朝以来の官人的功績を示す「当年之労」は原則として氏単位に波及するものから、狭い官人家を単位とするものに限定されていくこととなる。従来の『記紀』伝承を前提とした「天降之績」に加えて、官人的功績たる「当年之労」を加味する原理的転換が天武朝におこなわれたことは先述したが、さらに新たな転換がこの時期になされたわけである。

「当年之労」が、どのように評価され、記録されたかについては、「有功之家」から提出された「功臣家伝」が注目される。[98] 職員令には式部卿の職掌として「校二定勲績一」「論レ功封賞」とともに「功臣家伝・田」のことが規定されている。[99] 「義解」は、「謂、有功之家、進二其家伝一、省更撰修」とあり、「古記」は「三位以上或四位以下五位以上、有レ可レ為二功臣一也、如二漢書伝一也」と説明する。官人的功績たる「当年之労」を評価された「有功之家」からは「功臣家伝」の提出を求め、式部省がそれを撰集した。各氏が有する氏の系譜・伝承を記載した家牒・氏文・家記などを素材として本系帳が正式な書類として進上された。[100]「功臣家伝」はこれを基礎に個人伝として作成され、正史における改氏姓や薨卒伝に反映したものとされる。先述したように、氏と家の区別はここでも曖昧となっている。ちなみに、正倉院宝物の『杜家立成』に捺される「積善藤家」の蔵書印や『藤氏家伝』下、武智麻呂伝の賛にも『易経』を念頭に「積善之後、余慶鬱郁」と記されるのも「功臣家」たる藤原氏を意識したものである。

国家的功績としての功は高市皇子らへの「壬申年功」を中心に始まり、やがて仲麻呂政権下で養老令編纂に関与した藤原不比等を意識した「修律令功」から大化改新に関与した藤原鎌足を意識した「乙巳年功」（大化改新）へと拡大していったと評価される。[101]「我が天下、乙巳より以来、人々功を立て、各封賞を得たり」として「乙巳年功」をことさらに強調するのは仲麻呂の時代からで、それまでは「壬申年功」が重視されていた。国家有功の対象が当初の天武皇親から藤原氏へ変化していったのである。

（4）平安初期の再編

氏族制度の再編については、奈良時代後半以降、忌寸から宿禰への渡来系氏族の改賜氏姓が多くなり、[102]八色の姓秩序を超えた「朝臣」への改氏姓も増加するとの指摘がある。[103]桓武朝前後で、天武朝以来の「八色の姓」の秩序に大きな変化が起こっていることが確認される。これは、大勢として『記紀』的伝承（天降之績）に加えて正史による補欠（改氏姓や薨卒伝）の累積が無視できない量となり、この累積的修正を総括する必要が生じ、氏族秩序の再編が必要になったものと考えられる。[104]すでに、未完に終わった仲麻呂による「氏族志」も氏から官人家を中心とする秩序への転換を指向していたが、桓武朝の延暦十八年（七九九）には「撰㆓勘本系㆒」「令㆑進㆓本系帳㆒」「進㆓本系㆒之日」とあるように、[105]再び「本系帳」の提出命令が出されている。この事業は桓武朝では完結せずに、嵯峨朝の『新撰姓氏録』編纂の基礎資料として用いられることとなった。[106]

本系帳の提出においては、始祖・別祖の名前を掲載するが、支流や継嗣の歴名は不要とされ、宗中の長者による認定が必要とされたように、確実な氏姓の確定に目的があったと考えられる。さらに、『新撰姓氏録』本文にも、しばしば出自よりも改賜氏姓の記載について「合㆓日本紀㆒」の記載があるように「天降之績」の確認をおこなっているが、改氏姓の確認が編纂の主要な目的であったことを想定させる。天智系に代わった嵯峨朝においても「日本紀」を重要な基準として継承していることは「王朝交替」の論理ではやはり説明しにくい。また『新撰姓氏録』では皇別・神別・諸番という三区分により氏族を区分しているが、これは皇統譜を前提に組み立てられた氏族秩序であり、「皇緒」の範囲が自明でなければ構築することは不可能である。

前半で論じたように「皇緒の範囲」や「君臣の別」が定まることによりはじめて、「氏族の再編」が可能となる。奈良時代を通じて蓄積された累積的な改氏姓を集約することにより、当年之労（官僚制秩序を前提）を重視した官人家を中心とする編成を桓武朝段階では指向したと考えられる。

つぎの問題は、『新撰姓氏録』の採録地域は左右京五畿内を本貫とする氏族に限定され、地方豪族は含まれていない点である。「京畿本系」「京畿之氏」に記載は限定されており、全国化は達成されていないが、これはなぜであろうか。全国化を指向したが、結局は編纂が遅滞したため全国の氏族を網羅することが不可能であったと解釈することも可能であろう。しかし、王権構造の問題として解釈することも可能である。すなわち、第一に五位以上は原則として左右京を中心とする畿内に本貫を有することが原則であった。奈良時代には必ずしもこの原則は貫徹してはいなかったが、長岡・平安遷都以降、有力氏族の本貫地であった大和・河内・摂津などから首都が離れることにより、積極的に都市に居住する動きが活発化した。京に本貫を移す京貫と改氏姓や入内が連動し在地性が強かった有力氏族の実務官僚化が進行した。とりわけ、延暦期以降においては和気・坂上・和・秋篠・大枝・菅野・菅原氏など桓武の重用した新興官僚層にこうした動向は顕著にみられる。大和・摂津から山背へ首都と副都が合体して移動した長岡・平安遷都は大きな契機となった。(107) 『新撰姓氏録』によっても確認されるように左右京と五畿内には同一氏族が双方にみられ、延暦十九年（八〇〇）の民部省騰勅符には「競貫京畿」の状況が語られているように、(108) 在地に留まり在地首長化するグループと積極的に平安京に本貫地を移し官僚化するグループという二極分解が進行している。連動して氏神祭祀も変化し、たとえば大和国を本拠とした大伴氏の平安京居住に連動して、承和元年（八三四）以降には、山城国に「伴氏神社」が確認される。(109)これらの動向は、平安京に支配層が結集する都市王権の成立とリンクするもので、(110)畿内と畿外の差別化が進行した段階では有力氏族の把握は畿内だけで事足りる段階になったことが『新撰姓氏録』の編纂方針を決定付けたと考えられる。

一方、在地豪族に対する「勘譜第」は、「郡司引二検旧記一、所レ申有レ道」や「応レ令二諸国郡司譜図諜一紀一進一」とあるように、(111)中央ではなく国司や郡司により把握されたと考えられる。(112)本来在地豪族に対しては「八色の姓」賜与の埒外であり、一括把握されてはいなかったし、前提として郡司・軍毅は治部省ではなく式部・兵部省の管轄であった。弘仁三年（八一二）の国司による郡司「国定」制採用以降は、(113)よりその傾向が強くなったと考えられる。

桓武の重用した土師（菅原・秋篠・大枝）・東漢（坂上）・磐梨別（和気）などの新興官僚層は多く改氏姓の対象となっている。いずれも旧来の名族ではなく元来の氏族秩序では中下級に位置付けられていたが、桓武の専制権力により重用されたグループである。政権内では、桓武の専制的な権力をコントロールするため、四位クラスの兼官が増加しており、これにより重要なポストを桓武の近臣が掌握する体制が構築された。(114)具体的には、紀船守・古佐美、菅野真道、坂上田村麻呂らが、

参議＋（八省〈式部・兵部・民部〉・弁官）＋衛府＋（東宮坊・京織）＋大上国守

というパターンで二官八省の中枢を掌握する体制であった。彼らの台頭によっても新たな氏族秩序の編成が必要とされたと考えられる。

さらに、氏族にかかわる新たな展開は「氏爵」の制度が開始されたことである。「氏爵」とは、百済王・源・藤

原・橘という平安時代に有力であった四氏の出身者に対して正月の叙位において従五位下を与えることであるが、加えて天皇の代替わり儀式などでは伴（大伴）・佐伯・和気・百済王などにも除爵がおこなわれていた。(115)「氏爵」の対象となる氏は、源氏に典型的なように本来的に血縁・始祖が異なる集団＝本来の氏ではなく、その対象も氏全体ではなく個人に限定されているように形骸化している。さらに伴・和気・佐伯らの氏族はさして有力ではないが、天皇の代替わり儀式などでは固有の役割を果たしていたことから、儀式に参加できる最低限の官位＝従五位下の再生産維持にその目的があった。その起源は、和気氏の宇佐使、百済王氏の交野禁野別当、伴・佐伯による即位儀の「開門」役などが光仁・桓武朝に求められる。氏爵の対象は、「功臣」の末裔に限定され、天皇に対する「功」が前提にある。先述したように国家的功績としての「功」は天武朝以降、高市皇子らへの「壬申年功」を中心に始まり、やがて仲麻呂政権下で養老令編纂に関与した藤原不比等を意識した「修律令功」から大化改新に関与した藤原鎌足を意識した「乙巳年功」（大化改新）へと拡大していった。新たに光仁・桓武朝段階における官人的功績を示す「当年之労」を「功」の起源とする「功臣」が認定され、その奉仕根源を代替わり儀式などで再現する必要から「氏爵」によりその存在を固定化されたものと考えられる。代替わりごとの儀式により確認される永続性という氏の古い要素を利用しながらも、「競望」が存在したように一方では個々の官人家の存在を前提とした。

氏の形骸化は、平安初期にみられる『古語拾遺』や『高橋氏文』に代表されるような、氏族奉仕の形式的平等性への復帰を求める自己主張からも確認できる。こうした氏文は、あくまで正史の拾遺・補欠であり『記紀』の修正を迫るものではなかったが、本来は奈良時代までに官僚制秩序の浸透により清算すべき存在であった。こうした事例が、内廷・祭祀関係の氏族に多くみられるのは、一般氏族よりも官僚制秩序の浸透が遅れたためであり、「ツカサへの奉仕」という幻想性により古い意識が根強く存続したものであろう。令制以前において、中臣と忌部、阿曇と高橋（膳）という類似の職掌を持つ氏族の併存が可能であったのは、こうした氏族奉仕の形式的平等性により、奉仕根源が異なれば類似の職掌が並立しうるという原理に基づく。しかしながら、令制下では四等官原理が導入され、氏族の優劣が官位と官職において顕在化する。この矛盾が平安初期に噴出したものと考えられる。

以上によれば桓武朝を画期とする新たな氏族秩序が、純粋な官僚制原理ではなく、古い原理の外皮により存続していた様相が確認される。平安初期以降における王権の正統性は、「儀式」による再現、改氏姓・薨卒伝などに収斂する「縁起伝承」、費目を固定した経済的基盤としての「資財」という三要素のもたれあいにより強固な基盤を獲得していたことになる。和気氏による宇佐使任命（儀式よる伝承の再現）、氏爵（位階を媒介として経済的基盤付与）、正史や薨卒伝にみえる和気清麻呂伝承（忠臣伝）は、まさに「儀式・縁起・資財」のもたれあい構造の典型であり、ひいては桓武の末裔が連続して即位する王権の正統化に直結するものであった。

おわりに

ここまで、桓武朝前後における皇統意識をさぐり、それに連動した氏の再編政策を検討してきた。その結論を以下にまとめておく。

①道鏡即位の可能性を重視するならば、「皇緒」に対する多様な選択肢が存在し、「臣下」の即位の可能性を完全には否定できていない段階であった。「天之日嗣、必立二皇緒一」における「皇緒」の内実はまさに道鏡事件の時に定まった。以後は「君臣の別」を明示する必要から『新撰姓氏録』編纂を一つのピークとする氏族制の再編がおこなわれる内的必然性が存在した。

光仁即位をめぐる議論においては、有力な公卿層においても、「皇緒の範囲」についての見解は分裂していた。吉備真備は、天皇の意思を代弁し出家や臣籍降下という障害にもかかわらず天武系の男子に固執した。これに対して藤原百川は正史に記載された「吉野盟約」を根拠に、皇緒の範囲を広げて井上皇后を介して天智系をも視野に入れた。群臣合議―推戴路線と「遺詔」重視路線の対立も存在した。

こうした二つの事例の検討によれば奈良時代の後半においてさえ「臣下の即位」や「天智系の位置付け」などにおいて宮廷内部で論議が存在した。「皇緒」の範囲は必ずしも明瞭ではなく、その選択肢も多様であったことが確認される。「君臣の別」や「皇緒」の範囲は、理念としては存在しても、貴族層が道鏡即位を当初は明確に否定できなかったように、支配層における現実的な共通認識は存在しなかったと考えられる。

②桓武即位時においては、父母双方により正統化される皇統の確立をおこなうことが急務であった。渡来系の卑母たる高野新笠の地位強化のため百済王氏に連続させる「和氏譜」を作成、母方氏族への集中的な改氏姓などもおこない、母系系譜の強化がおこなわれた。桓武が正史たる『続日本紀』の記載時期を二年延長したことの意味は、母方系譜の強化策によって父母双方により正統化される皇統確立をおこなった時期に相当するためと考えられ、自己の地位が確立した延暦十年（七九一）までをその記述に含めたと考えられる。一方、父方についても、井上皇后の尊重、国忌対象の維持などにより、天武系との血縁的連続性の確保が意識的になされたのであり、前王系との断絶はことさらには強調していない。

③皇位継承は光仁・桓武朝以降、女帝を排除した男系優位の直系を原則とするようになり、これと連動して臣下の側でも平安初期には桓武の重用した新興氏族層を中心に「氏の再編」が試みられる。天武朝以来の「八色の姓」秩序が大きく変化するのは、まず氏による編成から官人家を中心とする編成への転換が背景にあり、加え

て『記紀』的伝承（天降之績）に対する官人的な功績（当年之労）の比重が大きくなり、無視できないほど累積した結果である。『新撰姓氏録』では皇別・神別・諸番という三区分により氏族を区分しているが、これは皇統譜を前提に組み立てられた氏族秩序であり、「皇緒」の確定と連動し、臣籍降下した賜姓源氏、橘朝臣や真人姓などを頂点とする氏族秩序が形成される。

『新撰姓氏録』が左右京と五畿内を本貫地とする編成となったのは、長岡・平安遷都を契機とする都市王権の形成にリンクしたもので、京に本貫を移す京貫と改氏姓や入内が連動し、在地性が強かった有力氏族の実務官僚化が進行したことに対応するものである。和気・坂上・和・秋篠・大枝・菅野・菅原氏など桓武の重用した新興官僚層にこうした動向は顕著にみられる。桓武は近臣としてこうした氏族を重用し、兼官により政権の中枢部を直接に把握させようとした。桓武朝以降の王権は、「儀式・縁起・資財」の三要素の連関を強調することにより自己の正統性を主張した。

〔補記〕上村正裕「平安貴族社会と氏―氏寺・氏社を中心に―」（『歴史学研究』一〇五四、二〇二四年）は、摂関期の氏を扱った意欲的な論考である。ただし、平安初期以降に変質する氏を藤原氏と源氏を中心に分析するが、両氏は固有の職掌や始祖が曖昧になった段階の氏であることが十分指摘されていない。藤原氏の氏名は抽象的で職掌を直接示してはおらず（二神約諾説が必要になるのはこのため）、源氏も始祖は複数あり、氏としての団結は希薄となっている。本来は天孫降臨以来の功績が氏姓の根本であったが、八色の姓以降には「当年之労」により改氏姓が可能となった。中臣から藤原そして恵美という改氏姓による純化は、新たな奉事根源ともいえる「積善藤家」という鎌足・不比等の功績に対する独占過程を示している。官僚制原理が氏にも影響を与え、氏の上位層が改氏姓により別氏化し、固有の官職を独占する傾向が強まる（中臣の神祇伯や祭主）。氏人の推挙により選ばれた氏上から、官位・官職が第一の者がなる氏の長者への変化がこれに連動する。氏寺・氏社が氏結集の核となるのは、氏の結集が弱体化したことの反映であり、氏社での神話的秩序の再現や氏寺での法会による先祖意識の確認が必要になったためであり（この場合の先祖は栄山寺の武智麻呂のように門流ごとにも分化する）、放氏の権限も氏の長者ではなく興福寺が主導するようになる。本章で扱った平安初期における氏の再編を前提として摂関期は考える必要があると考える。

註

（1）国忌省除についての通説を形成してきたのは坂本太郎「飛鳥浄御原律令考」（『坂本太郎著作集』七、吉川弘文館、一九八九年、初出一九五四年）、中村一郎「国忌の廃置について」（『書陵部紀要』二、一九五二年）、林陸朗「桓武天皇の政治思想」（『平安時代の歴史と文学』歴史編、吉川弘文館、一九八一年）らの研究が前提にあり、服藤早苗「山陵祭祀より見た家の成立過程―天皇家の成立をめぐって―」（『家成立史の研究―祖先祭祀・女・子ども―』校倉書房、一九九一年、初出一九八七年）、藤堂かおる「律令国家の国忌と廃務―八世紀の先帝意識と天智の位置づけ―」（『日本史研究』四三〇、一九九八年）、坂上康俊『律令国家の転換と「日本」』日本の歴史五（講談社、二〇〇一年）らがこれを基本的に支持補強している。

（2）堀裕「平安初期の天皇権威と国忌」（『史林』八七―六、二〇〇四年）。

（3）一般には天皇のあとつぎは「皇儲」と表記するが、ここでは後述する『続日本紀』神護景雲三年（七六九）九月己丑条の「天之日嗣必立皇緒」の表記に従っておく。

（4）義江明子『日本古代系譜様式論』（吉川弘文館、二〇〇〇年）。

（5）拙稿ａ「聖武朝の政治と王族―安積親王を中心として―」（『家持の争点』二、高岡市万葉歴史館、二〇〇二年）、同ｂ「宣命」（平川南他編『文字と古代日本』一支配と文字、吉川弘文館、二〇〇四年）。

（6）拙稿ｃ「古代女帝論の現状と課題―女帝・譲位・太上天皇の成立―」（本書序章、初出二〇〇三年）、同ｄ「古代女帝の成立」（『古代王権の支配構造』吉川弘文館、二〇一二年、初出二〇〇三年）。

（7）『懐風藻』葛野王伝にみられる兄弟継承の排除は、双方的視角を前提とすることにより評価される。ちなみに、葛野王自身の出自は「王子者、淡海帝之孫、大友太子之長子也」とされるだけでなく、「母浄御原帝之長女十市内親王」として母系でも語られ、天智だけでなく天武にも連続する系譜意識が語られている。
(8) 後述するように『日本霊異記』にみえる聖武の発言として「朕が子阿陪内親王と道祖親王と、二人を以ちて天下を治めしめむと欲ふ」とあるのも、同様な擬制的な婚姻関係に基づく共同統治の構想であったと考えられる。
(9) 河内祥輔『古代政治史における天皇制の論理　増訂版』(吉川弘文館、二〇一四年)、拙著『女帝の世紀―皇位継承と政争―』(角川学芸出版、二〇〇六年)第一章。
(10) 喜田貞吉「斎東史話」(『喜田貞吉著作集』一二、平凡社、一九八〇年、初出一九三五年、原論文の発表は一九二一年)。
(11) 北山茂夫「道鏡をめぐる諸問題―日本古代政治史のための断章―」(『日本古代政治史の研究』岩波書店、一九五九年、初出一九五三年)。
(12)『続日本紀』天平宝字八年(七六四)十月壬申条。
(13) 事件の主体および評価についての統一見解は得られていないが、基本的には「孝謙による道鏡擁立運動」と解する(河内祥輔註(9)前掲書)。
(14) 中西康裕『続日本紀と奈良朝の政変』(吉川弘文館、二〇〇二年)。
(15) 長谷部将司「地方出身氏族の貴族化」(『日本古代の地方出身氏族』岩田書院、二〇〇四年、初出二〇〇二年)。
(16) 拙稿「推古朝と古代国家」(『古代史がわかる。』アエラムック八二、朝日新聞社、二〇〇二年)。
(17)『続日本紀』天平宝字八年九月壬子条。
(18) 拙稿註c(6)前掲論文。
(19) 成清弘和「女帝小考―孝謙・称徳女帝をめぐって―」(『日本古代の王権継承と親族』岩田書院、一九九九年)、荒木敏夫『可能性としての女帝―女帝と王権・国家―』(青木書店、一九九九年)。
(20)『日本書紀』斉明即位前紀。
(21)『日本書紀』天武十一年(六八二)八月己丑条。

（22）『続日本紀』和銅七年（七一四）正月条己卯条。
（23）『続日本紀』霊亀元年（七一五）二月丁丑条。
（24）義江明子「系譜類型と「祖の子」「生の子」―非血縁原理の底流―」（註（4）前掲書、初出一九九二年）。
（25）『日本霊異記』下巻第三八話。
（26）林陸朗「県犬養家の姉妹をめぐって―奈良朝後期宮廷の暗雲―」（『上代政治社会の研究』吉川弘文館、一九六九年、初出一九六一年）、河内祥輔註（9）前掲書、中西康裕「桓武天皇と皇位」（註（14）前掲書）、瀧波貞子「藤原永手と藤原百川―称徳女帝の「遺宣」をめぐって―」（『日本古代宮廷社会の研究』思文閣出版、一九九一年）、長谷部将司「称徳天皇の皇統観―白壁王の擁立をめぐって―」（『日本史学集録』〈筑波大学〉二八、二〇〇五年）などで「百川伝」に対する史料批判がおこなわれているが、百川の事績強調という要素は否定できないものの、謀略を否定するほどの証拠はないと考えられる。
（27）北山茂夫「藤原種継事件の前後」（註（11）前掲書）。
（28）拙稿「太上天皇制の展開」（『古代王権と官僚制』臨川書店、二〇〇〇年、初出一九九六年）。
（29）『続日本紀』天平神護元年（七六五）二月乙亥条・同三月丙申条。
（30）『日本書紀』孝徳即位前紀、同天智十年（六七一）十月壬午条。長谷将司部註（26）前掲論文。
（31）『続日本紀』天平宝字元年（七五七）七月庚戌条。
（32）『続日本紀』宝亀元年（七七〇）八月癸巳条。
（33）北山茂夫註（27）前掲論文。
（34）長谷部将司註（26）前掲論文。
（35）義江明子「日本古代の氏と「家」」（『日本古代の氏の構造』吉川弘文館、一九八六年）。双系と双方の定義は吉田孝『歴史のなかの天皇』（岩波書店、二〇〇六年）に従い、祖先を起点とする「系」と自己を起点とする「方」を用いる。
（36）田中史生「桓武朝の百済王氏」（『日本古代国家の民族支配と渡来人』校倉書房、一九九七年）。

(37)『水鏡』光仁天皇段。
(38)『続日本紀』延暦九年（七九〇）正月壬子条。
(39)『日本後紀』延暦十八年（七九九）二月乙未条。
(40)平野邦雄「今来漢人」（『大化前代社会組織の研究』吉川弘文館、一九六九年）、義江明子「平野社の成立と変質―外戚神話をめぐって―」（註（35）前掲書、初出一九八四年）、田中史生註（36）前掲論文、宮永廣美「桓武天皇と外戚―渡来系氏族優遇説の再検討―」（『続日本紀研究』三五二、二〇〇四年）。
(41)『続日本紀』延暦九年正月辛亥・壬子条。
(42)『続日本紀』延暦九年二月甲午条。
(43)林陸朗「桓武朝後宮の構成とその特徴」（『桓武朝論』雄山閣出版、一九九四年、初出一九九三年）。
(44)『類聚三代格』巻一七、延暦十六年（七九七）五月二十八日勅。
(45)田島公「「氏爵」の成立―儀式・奉仕・叙位―」（『史林』七一―一、一九八八年）。
(46)『類聚国史』巻一四七、支部下、国史、延暦十三年（七九五）八月癸丑条、同十六年二月己巳条。
(47)笹山晴生「続日本紀と古代の史書」（青木和夫他編『続日本紀』一、新日本古典文学大系一二、岩波書店、一九八九年）。
(48)長谷部将司「地方出身氏族と祖先伝承」（註（15）前掲書、初出二〇〇一年）。
(49)『続日本紀』延暦九年七月辛巳条。
(50)『続日本紀』延暦九年十二月壬辰条。
(51)『続日本紀』延暦九年十二月辛酉条。
(52)『続日本紀』延暦十年（七九一）正月戊辰条。
(53)『続日本紀』延暦十年正月己酉条。
(54)『続日本紀』延暦十年九月丁丑条。
(55)長谷部将司註（48）前掲論文。

(56)『続日本紀』延暦十年正月己卯条など。
(57)『続日本紀』延暦十年三月癸未条。
(58)『続日本紀』延暦十年三月丙寅条。
(59)『続日本紀』延暦十年九月甲戌条。
(60)『続日本紀』延暦十年八月癸巳条。
(61) 中村一郎註（1）前掲論文、林陸朗註（1）前掲論文。
(62) 堀裕註（2）前掲論文。
(63) 西本昌弘「東山御文庫所蔵の二冊本『年中行事』について―伝存していた藤原行成の『新撰年中行事』―」（『日本古代の年中行事書と新史料』吉川弘文館、二〇一二年、初出一九九八年）、同「「官曹事類」「弘仁式」「貞観式」などの新出逸文―『新撰年中行事』に引かれる新史料―」（同前、初出一九九八年）、西本昌弘編『新撰年中行事』（八木書店、二〇一〇年）。
(64)『日本紀略』大同二年（八〇七）五月庚子条。
(65) 堀裕註（2）前掲論文。
(66) 拙稿a・b註（5）前掲論文。
(67)『続日本紀』宝亀三年（七七二）三月癸未条。
(68) 本居宣長『続紀歴朝詔詞解』（『神道大系』二三古典註釈編六祝詞・宣命註釈、一九七八年）、第五三詔。
(69)『日本紀略』大同四年（八〇九）七月丁未条によれば、復位後にも井上皇后陵たる「吉野山陵」が祟りをなしたとある。
(70) 塚野重雄「井上内親王の子」（『古代文化』二八―一一、一九七六年）、春名宏昭「平安時代の后位」（『東京大学日本史学研究室紀要』四、二〇〇〇年）、森田悌「吉野皇后と御霊」（『王朝政治と在地社会』吉川弘文館、二〇〇五年、初出二〇〇四年）などによれば、『紹運録』は能登内親王と酒人内親王の母を取り違えたと解釈される。
(71)『続日本紀』延暦八年（七八九）十二月壬子条。さらに『日本後紀』大同元年（八〇六）五月壬午条には「太皇太后」の追号記事があり、生母の立場は一貫していたと考えられる。
(72) 拙稿d註（6）前掲論文。
(73) 瀧川政次郎「革命思想と長岡遷都」（『京制並に都城制の研究』角川書店、一九六七年）。
(74) 早川庄八「律令国家・王朝国家における天皇」（『天皇と古代国家』講談社、二〇〇〇年、初出一九八七年）。
(75) 池田温「中国の史書と続日本紀」（青木和夫他編『続日本紀』三、新日本古典文学大系一四、岩波書店、一九九二年）。
(76) 拙著註（9）前掲書第一章・第三章。
(77) 拙稿註ａ（5）前掲論文。
(78) 河内祥輔『中世の天皇観』（山川出版社、二〇〇三年）。
(79) 吉田孝「九―一〇世紀の日本」（朝尾直弘他編『岩波講座日本通史』五古代四、一九九五年）。
(80) 瀧川政次郎註（73）前掲論文。
(81) 吉田孝註（79）前掲論文。
(82) 保立道久『平安王朝』（岩波書店、一九九六年）、河内春人「日本古代における昊天祭祀の再検討」（『古代文化』五二―一、二〇〇〇年）。
(83) 大坪秀敏「光仁朝における百済王氏」（『百済王氏と古代日本』雄山閣、二〇〇八年、初出一九九九年）。
(84) 吉川真司「後佐保山陵」（『律令体制史研究』岩波書店、二〇二二年、初出二〇〇一年）。
(85) 田中聡「「陵墓」にみる「天皇」の形成と変質―古代から中世へ―」（日本史研究会他編『「陵墓」からみた日本史』青木書店、一九九五年）。
(86) 清水みき「桓武朝における遷都の論理」（門脇禎二編『日本古代国家の展開』上、思文閣出版、一九九五年）。
(87) 保立道久註（82）前掲書。
(88) 拙稿「初期平安京の史的意義」（『古代王権と都城』吉川弘文館、一九九八年、初出一九九四年）、吉田孝註（79）前掲論文。

(89) こうした伝統は、平安初期には宣命での宣言から、皇后や皇太后の称号を追贈することにより嫡子の正統性を示す方式に変化する（春名宏昭註（70）前掲論文）。
(90) 吉備真備による天武系皇親に限定した「皇緒」の枠組みは必ずしも一般的ではなかった。
(91) 『日本書紀』天武十年（六八一）三月癸酉条。
(92) 『日本書紀』天武元年（六七二）七月条。
(93) 『日本書紀』天武十年五月己卯条。
(94) 『日本書紀』天武十三年（六八四）十月己卯条。
(95) 熊谷公男「令制下のカバネと氏族系譜」（『東北学院大学論集』歴史学・地理学一四、一九八四年）、筧敏生「八世紀をどう評価すべきか？」（『日本史研究』四〇六、一九九六年）。
(96) 佐伯有清『新撰姓氏録の研究』研究篇（吉川弘文館、一九六三年）。
(97) 『続日本紀』天平宝字二年（七五八）八月甲子条。
(98) 坂本太郎「六国史と伝記」（『坂本太郎著作集』三、吉川弘文館、初出一九六四年）、林陸朗「『続日本紀』掲載の伝記について」（岩橋小弥太博士頌寿記念会編『日本史籍論集』上、吉川弘文館、一九六九年）、同「『続日本紀』の「功臣伝」について」（坂本太郎博士古稀記念会編『続日本古代史論集』中、吉川弘文館、一九七二年）。
(99) 『令集解』職員令13式部省条。
(100) 関口裕子「家伝をめぐる家の用法について」（『日本古代社会の研究』塙書房、二〇二一年、初出一九八四年）。
(101) 門脇禎二「「大化改新」像の起点―「乙巳年功」に関連して―」（『「大化改新」史論』下、思文閣出版、一九九一年、初出一九八八年）、拙稿「七世紀後半の戦乱と古代国家」（福井勝義他編『人類にとって戦いとは』一、東洋書林、一九九九年）、拙著註（9）前掲書第五章。
(102) 伊藤千浪「律令制下の渡来人賜姓」（『日本歴史』四四二、一九八五年）。
(103) 宇根俊範「律令制下における改賜姓について―朝臣賜姓を中心として―」（『史学研究』一四七〈広島史学研究会〉、一九八〇年）。

(104) 関晃「新撰姓氏録の撰修目的について」(『関晃著作集』五、吉川弘文館、一九九六年、初出一九五一年)。
(105) 『新撰姓氏録』序文、『日本後紀』延暦十八年(七九九)十二月戊戌条、『三代実録』貞観十四年(八七二)八月十三日条。
(106) 佐伯有清註(96)前掲書。
(107) 拙稿註(88)前掲論文、同「複都制と難波京」(註(88)前掲書、初出一九九二年)。
(108) 『類聚三代格』巻一二、大同元年(八〇六)八月八日太政官符所引延暦十九年(八〇〇)十一月二十六日謄勅符。
(109) 『続日本後紀』承和元年(八三四)正月庚午条。
(110) 松瀬洋子「京貫官人の史的動向」(『寧楽史苑』一七、一九六九年)、土橋誠「京貫官人をめぐる二三の憶説」(『朱雀』一二〈京都文化博物館研究紀要〉、二〇〇〇年)。
(111) 貞観九年(八六七)二月十六日讃岐国司解(『平安遺文』一五二号文書)、『類聚三代格』巻七、天長元年(八二四)八月五日太政官符。
(112) 熊谷公男註(95)前掲論文。
(113) 『類聚三代格』巻七、弘仁三年(八一二)八月五日太政官符。
(114) 高田淳「桓武朝における兼官についての一考察」(『史学研究集録』六、一九八一年)。
(115) 田島公註(45)前掲論文。

終章　古代王権の成立と展開

本書では、王権の長期的な変化を概観することで、「万世一系」論のような天皇制の不変性のみを強調する議論を批判し、相対化することを大きな課題とした。

主に五世紀から九世紀に至る王権の諸段階を、欽明期・七世紀後半・桓武期を画期として位置付け、五世紀の人制・府官制、六世紀の部民制・ミヤケ制・国造制、七世紀後半の公民制・大宰総領制・外交関係の変化、八世紀末の都市王権の成立、皇統観念と氏の再編などを素材として論じたものである。

具体的な論点としては、以下の四点を中心的な課題として検討した。

第一には、本来は大王単独であった権力が、律令制下には皇后（三后）・皇太子・太上天皇などにも分有され「制度化された王権」として機能するようになったが、その権力的な発動は恒常的ではなく、天皇の危機的状況における安全弁として極めて限定的なものであったことを検証することである。

第二には、欽明期以降に血縁継承が開始され、血統意識が明確化し、王権諸制度が整備されたことを明らかにする。仁徳—武烈系王統に子孫が絶えたことにより継体朝以降の名代や屯倉設置が正当化されていることは、血縁継承の開始と表裏の関係にある。名代設定が、前王系の継承という意味を持つとともに、部民制の一形態たる名代としての部民奉仕を歴史的に正当化する根拠ともなっていることは重要な問題となる。女帝の成立もこうした血縁継承の結果、出現する統治形態である。また、国主であった有力首長を国造に転換するため、王権側のイデオロギー的正当性を説明した原「国譲り神話」の成立過程も、国造制とともに検討すべき論点となる。欽明期における政策転換の大きな背景となった、加耶諸国をめぐる対外関係については、拙著『古代王権と東アジア』（吉川弘文館、二〇二四年）および『加耶／任那』（中央公論新社、二〇二四年）で検討している。

第三には、律令制の開始期とされてきた、いわゆる「大化改新」の内実を検討することである。公民制や令制国の成立、前期難波宮の広大な朝堂院区画の意味などについて再検討を加え、「改新の詔」が示すような、本格的な律令制の導入は不十分な段階であったことを明確にする。なお、当時の東アジア情勢については、拙著『東アジアからみた「大化改新」』（吉川弘文館、二〇二二年）で検討を加えており、朝鮮三国と比較して権力の統一が不十分であったため、改革が不十分な結果に終わったことを論じている。

第四には、桓武期における「山背遷都」が、官人集住と物流の変化をもたらし、政治都市から都市支配に重点を置く都市王権に変質したことを論じ、同時に皇統意識や氏のあり方も変化したことを検討する。「山背遷都」に至るまでの遷都のありさまについては、拙著『都はなぜ移るのか―遷都の古代史―』（吉川弘文館、二〇一一年）で検討している。

本書の諸論稿は、以上のような問題関心により当該期の王権の諸段階を検討したものである。問題の所在と結論部分の概要を示すならば以下のようになる。

序章「古代王権論の成果と課題―女帝・皇太子・太上天皇の成立―」（「古代王権論の成果と課題―女帝・譲位・太上天皇の成立―」〔『歴史評論』八一四、二〇一八年〕と「「万世一系論」と女帝・皇太子―皇統意識の転換を中心に―」〔『歴史学研究』一〇〇四、二〇二一年〕を基に改稿）では、王に求められる資質の変化に着目し、近代国家の君主像と密接な関係を有する古代君主像や時代により異なる皇統観念の変化などを論じた。

第一編「世襲王権の成立―六世紀―」では、出雲をフィールドにとして五・六世紀における王権の変化を考察した。第一章「欽明期の王権と出雲」(『出雲古代史研究』二六、二〇一六年)では、欽明期におけるヤマト王権支配機構の発展段階を明らかにし、当該期における出雲地域の様相をヤマト王権との関係において論じた。欽明期における大きな変革は血縁継承の開始と連動した一系的な王統譜の形成が開始されたことである。さらに政治基調としては「倭の五王」段階に顕著であった「外向きの軍事王」と評価される外交・軍事中心から内政の重視への転換がみられる。ミヤケ制・国造制・部民制という国内支配制度の整備による内政の充実がおこなわれ、これと並行して神話と系譜、および神祇制度といったイデオロギー的な整備もおこなわれた。とりわけ、国造制の成立を思想的に合理化する国譲り神話の再構成が欽明期に必然化したと評価される。

第二章「欽明期の王権段階と出雲―前史との比較を中心として―」(『国家形成期の首長権と地域社会構造』島根県古代文化センター研究論集二二、二〇一九年)では五世紀の王権段階を府官制と人制を素材に考察した。有力首長間の代替わりごとに結び直されるゆるやかな同盟的関係を背景に、将軍府の長史・司馬・参軍といった府官任命をする狭義の府官制から、臣僚に郡太守や将軍号を与える「広義の府官制」に拡大した。倭王武の時期には、配下の有力豪族に対する支配権が確立しつつあり、中国王朝の権威に頼らずとも、府官制を自らの権威により「自称」「仮授」という形で運用可能な状態になっていた。これは、中国王朝の「天下」から相対的に離脱した、倭独自の「天下」観の形成と対応する。一方、五世紀には王権の中枢部において内廷的なトモ的関係が開始されるが、まだ職名と氏名が一体化せず、代替わりごとに更新される非世襲的存在であり、某人とは称されていなかった(少なくとも五世紀前半では史料的に未確認)。一方、王権中枢部においては祭祀と武器を中心とする生産も開始されたが、こうした拠点的工房の経営は、王権の規制が相対的にゆるやかで、豪族居館周辺での家産的な生産体制がその基本にあった。やがて雄略期には、有力首長層を編成した「広義の府官制秩序」に対応して、有力首長の子弟や配下の技術者などを某人(者)だけでなく某作、某手、某守、某取として編成する「広義の人制」が補完的に整備された。システム・制度としてみるならば、均質な全国の民衆支配制度としては部民制が大きな画期であり、有力豪族の配下まで永続的かつ均質的編成がなされている点が人制段階と大きく異なる。

第二編「「大化改新」論―七世紀―」では、「大化改新」論を公民制の成立、大宰総領制および外交基調の変化から論じた。第一章「七世紀後半における公民制の形成過程」(『国立歴史民俗博物館研究報告』一七八、二〇一三年)では、非部名五十戸が領域的とは断定できないこと、五十戸には課税単位の性格が強く、律令制下のように戸口全体の把握はまだ不要であったこと、評と五十戸の行政的な重層性は、当初は弱かったことを指摘した。また豪族部名を付せられた「部曲」の王民化は、天智期における民部・家部の設定まで遅れ、その内容も数量的把握と限定的みで、名目的な仕丁や戸別(男身)の調の徴発に留まり、王族や豪族や有する権益はあまり変化せず、ようやく天武期以降の部曲廃止において公民制への転換が可能となった。甲子の宣と庚午年籍は補完的政策で、中央・地方の氏別編成を除外したところで、課税単位としての五十戸編成がおこなわれるという二元的な編成であり、領域的な編戸としては不十分な段階であった。庚午年籍段階では「国家所有公民」=評・五十戸系列とは異なる、「大小所領人衆」=旧食封という扱いが諸氏・王家・寺家の民部・家部にはなされた。

第二章「広域行政区画としての大宰総領制」(『国史学』二一四、二〇一四年)では、令制国の成立に先行して広域行政区画としての大宰総領制が存在したことを論じた。少なくとも西日本において筑紫・周芳・伊予・吉備の四地区における大宰総領制の施行は、山城の設置と関連して確実である。さらに、畿内と東国においても、正史に大宰総領の用語は直接用いられていないが、同様な支配方式が導入されていた可能性は高いと判断される。

国造国はそのまま評、そして令制国に移行したのではなく、まずは広域行政組織としての大宰総領制により複数の国造国が管理され、部曲が廃止される天武四年以降、評―五十戸に一元化されたことにより、ようやく内部に評―里を基礎単位とする令制国を分割し、その権限を縮小していったと考えられる。評―五十戸（里）だけに限れば、天武期後半までにその制度は完成しつつあったが、上部の大宰―国宰という基本構造が解消されないため、大宝期の令制国を基本単位とする国司制の開始までは、地方行政組織は未完成であったと評価される。

第三章「外交拠点としての難波と筑紫」（『国立歴史民俗博物館研究報告』二〇〇、二〇一六年）では、筑紫の小郡・大郡とともに、難波の施設は、唐・新羅に対する外交的な拠点として重視されたことを論じた。前期難波宮の広大な朝堂院区画は、小墾田宮以来の大夫層だけでなく、新たに拡大した有位の伴造層を含めた全官人（あるいは僧侶）を儀礼に際して収容し、かつ外国や化外からの使者を迎える外交・服属儀礼を念頭に造営されたと考えられる。難波宮は、大化期に小郡宮で整備された礼制を継承しうる施設であり、その点では先進的な画期性を有していた。しかしながら、難波への官人の集住や四等官的な官僚秩序は未整備であり、都城に必要とされた官人の集住区画および階統的秩序は欠落していたといわざるをえない。朝堂院区画の広大さは、横並びの量的拡大を指向する伴造・部民制原理を質的に止揚したうえで凝集化したものではなく、あくまで前代的な王民制的統合原理であったとしなければならない。

第三編「王権と儀礼―七・八世紀―」では、六・七世紀の儀礼と王権制度を分析した。第一章「律令国家の王権と儀礼」(佐藤信編『律令国家と天平文化』日本の時代史四、吉川弘文館、二〇〇二年)では、奈良時代を中心とする律令国家の構造について、専制国家論と畿内貴族政権論を検討し、前者の立場から天皇を中心とする王権構造を概観し、律令国家の制度・実態面で天皇と太政官(貴族)との関係を考え、天皇を中心に展開された王権儀礼の構造・役割とその変遷を権力構造との密接な関連のなかで位置付けた。

天皇は統治権の総覧者として権力以外に、支配階級全体あるいは「王民」全体の政治的首長としての地位があり、祭祀・叙位・賜姓などの権限を有していた。律令国家には貴族制の原理とは相反する官僚制原理と王権による選択という要因が存在し、国家に対する求心性の強さと自立性の弱さによりその地位は低下していった。令制下において五位以上の畿内豪族層が蔭位制により大勢として再生産されたことは事実である。だが、支配層の共同意思の形成に参加可能な議政官への登用は、新興貴族である藤原氏重視という王権側の選択と官僚制原理の導入により不安定な状態となった。

畿内制の成立に関係して、「天」と「夷」には、容易に埋めがたい文化的落差が存在し、華夷の区別を内包した大きな飛躍・断絶がその間には存在する。『万葉集』にみえる「ひな」と「ふるさと」は「みやこ」を媒介としてのみ成立する関係で、「みやこ」がいつも中心に意識される関係がある。「いなか」と「みやこ」の対比は、都城の成立および官人制の成立により意識が形成された。歴史的には都城という首都が形成されることがこの意識形成の大きな契機になった。「ひな」(畿外)と「ふるさと」(畿内)の同心円的構造は一見すると畿内の成立の古さを証明しているようにもみえるが、「ひな」と「ふるさと」の関係が「みやこ」を媒介としてのみ成立することであり、七世紀後半以降の都城=「みやこ」の成立に規定されて歴史的に形成された観念である。蕃国・夷狄を支配する帝国的秩序の構想・理念に対応した畿内制の実体化は、天皇権力が強化された天武朝に王権側の主導によってはじめて可能になったのであり、これ以前ではない。

天皇の周辺には譲位後の天皇たる太上天皇、および天皇の配偶者（あるいは生母）たる皇后（皇太后）、さらには唯一の皇位継承予定者たる皇太子が権力核を構成し、「制度化された王権」として天皇による高度な政策決定能力および安定的な皇位継承を保証する役割を与えられていた。

元日朝賀の主眼は、朝拝による天皇と畿内の「氏」（五位以上官人）との関係の確認である。伝統的な服属的要素が大嘗祭や節会、御薪進上などに分散し、唐制と比較して元日朝賀儀礼に一元化された儀式構造になっていなかった。日本の朝賀儀礼の特色は中央の朝賀に参列するのは中央官人を原則とし、地方では天皇の代理人たる国司（クニノミコトモチ）を中心に独自の儀式がおこなわれる二重構造をとる。元日朝賀の主眼は、朝拝により天皇と畿内の「氏」（五位以上官人）との関係の確認で、伝統的な服属的要素が大嘗祭や節会、御薪進上などに分散し、唐制と比較して元日朝賀儀礼に一元化された儀式構造になっていなかったことが指摘できる。元日朝賀と御薪進上儀礼は、儀礼構造としては対応するもので、帳内・資人が本主に隷属するのと同質の人格的隷属関係を、畿内豪族にも求める儀礼であり、畿内豪族の天皇への服属を象徴する儀礼として開始された。唐制と比較して日本の朝賀儀礼には空間や時間をずらした分散的な傾向が強いのは、固有な儀礼的要素を有する伝統的な儀式が先行して存在し、それらを容易に一元的に統合することが難しかったことが指摘でき、皇后・皇太子の諸儀式における相対的に高い地位も、前代からの伝統に根ざしていると考えられる。平安初期に儀式の唐風化が可能になったのは、儀式におけるこうした固有性や呪術的な要素が薄らいだ結果と位置付けられる。

第二章「殯宮儀礼の主宰と大后―女帝の成立過程を考える―」（『国立歴史民俗博物館研究報告』一三五、二〇一二年）では、女帝の即位にモガリが重要な階梯として位置付けられていたことを論じた。元キサキによる「殯宮の主宰」という観点からは大王空位時におけるモガリ期間の占める割合の大きさは重要となる。大王空位の半分以上、およそ七割程度がこのモガリ期間に相当する。皇太子制が存在しない令制前においては、大王空位時という、次期大王が決定していない瞬間において多くの場合、前キサキのうちで有力な者がモガリを主宰するという慣行が存在し、譲位制確立以前の王位継承は、通常はモガリの終了までに決定していた。この間にモガリを主宰していた人物から「詔」「勅」と表現される権力的な発動がしばしば確認され、次期皇位継承者についての合意形成や指名がおこなわれている。そのモガリを「喪主」として公的殯宮供奉にたずさわる中心的人物、すなわち主宰したのは、多くの場合、他ならぬ推古や持統ら前大王のキサキの一人であり、その人物こそが「大后」と尊称された人物であった。少なくともモガリの主宰は、多くのキサキのうち一人が相対的序列により選択されており、そこに単なる称号に留まらない特殊な政治的地位を想定することは可能である。大兄・大王の称号も排他的身分称号として制度的なものではないが、その称号には明らかに政治的意味がともなっていた。モガリに奉仕するのは女性に限らなかったが、多くの場合元キサキのうちで相対的に上位なキサキが政治的モガリを主宰するとともに、大王空位の期間においては権力的な命令（詔勅）が可能であり、後に「大后」の尊称が与えられたと考えられる。大王空位時における権力的編成のあり方として、推古や持統に典型的なように、モガリの主宰・次期大王の指名・大王代行というステップを昇り、その連続性のうえに女帝の即位を位置付けることは、非常時の安全弁としての役割として重要である。

第四編「王権の転換―九世紀―」では、桓武期の「山背遷都」が官人集住と物流の変化をもたらし、政治都市から都市支配に重点を置く都市王権に変質したことを論じ、皇統意識や氏のあり方も変化したことを検討した。

第一章「古代都市の成立と貧困」（『歴史学研究』八八六、二〇一一年）は、古代都市論の理論的枠組みを再検討したうえで、古代都市を広義の分業論の観点から政治都市として規定できる可能性を指摘し、さらに、狭義の分業の観点から時期区分を試みた。その際、都市貧民の存在がなぜ権力にとって深刻な政策的課題の対象となったのかを社会的分業の観点から考えた。

「社会的分業の展開」を、農業と商工業との分離に限定し、「中世以降の発展」という局面でのみ理解することは問題であり、労役に服する大多数者の物質的労働と、直接の生産的労働から解放された官僚など、社会の共同の業務にあたる精神的労働との分業とするならば、社会的分業による都市と農村の分離＝古代都市の成立＝古代国家の成立が議論できる。

古代国家の成立を人民の領域的区分や官僚制などの指標により七世紀後半に位置付けるとするならば、国家権力機構により作り出された都市として藤原京を位置付けることができる。しかし、奈良時代前半はまだ君侯都市的であり、市場都市とするには「端緒的形態」であったと評価される。

インフレや貧困など、いわゆる都市問題が顕在化してくる平城京の後半段階を転換期とし、前期の藤原・平城京前半段階と後期の長岡・平安京段階に区分される。前期は、在地性を残す官人の集住や権力装置（王宮や官衙）の造営を課題とする広義の分業を達成する政治都市段階と位置付けられる。後期は、一定程度の権力的達成の後、商工業の発展という、より専門化した分業（狭義の分業）とそれにともなう新しい流通システムにより都市機能が成熟し、それへの政策的対応が課題となってくる都市王権段階として区分できる。

平城京後半段階になると多様な都市問題が一挙に噴出するようになる。疫病・盗賊・社会不安による新たな信仰集団の出現などが指摘できる。なかでも典型的な問題は、銭貨の大量発行によるインフレがもたらした京中の米価高騰である。こうした状況に対して、京中に限定した賑給をしばしば国家はおこなっている。長岡・平安京期の都市王権段階にはこうした傾向がより強まる。

第二章「『山背遷都』の背景―長岡京から平安京へ―」(今谷明編『王権と都市』思文閣出版、二〇〇八年)では、「長岡・平安遷都」を同一指向を有する一連のものとして「山背遷都」として位置付けた。「山背遷都」の理由には、「水陸の便」として陸運だけでなく水運についても明記されている。平城京段階よりも都市的な消費が増大したため、投機的な交易物としての米の価値が高まった。それにより重貨の運搬に適している水運に傾斜した交通路の必要性が増大したことが指摘できる。すなわち、淀川や琵琶湖の水運を重視した「山背遷都」が構想されたのである。その意味では長岡京遷都と平安京遷都という桓武期における二つの遷都は一体として密接な関係を有していたと考えられる。

首都に瀬戸内海と通じる港湾施設たる津が設定されたのも長岡京が最初である。平城京の段階と「山背遷都」の段階では、米に代表される重貨の役割が大きく変化し、安定的に大量の米を諸国から輸送する必要に迫られていたと想定される。従来は、平城京と長岡・平安京の段階における交通の問題は、単純な水陸交通の比較に留まることが多く、水上交通の必要性の高まりについての十分な認識がなかった点が、問題点として指摘できる。水陸交通の便を遷都理由に指摘しても、形式的、二次的な要因として扱われることが多かったのは、水上交通に傾斜した米の輸送の必要性についての認識が低かったことによる。東国に対する三関の廃止と西国に対する難波津の廃止は、東西諸国から物流の改善に大きく貢献したことが確認される。平安初期における幹線連絡路の廃止にともなう放射状交通路網への再編は、地方からの貢納物を都市平安京に吸い上げるストローの役割を果たしていた。その中心に位置する長岡・平安京は、米を買って生活する都市民の増加により、交通路の閉鎖は深刻な経済的危機を招くようになった。「水陸之便」が重視された背景に、都市的消費の増大による、米など重貨の運搬に適する水運に傾斜した交通路の整備が連動していたことが推定される。

第三章「桓武の皇統意識と氏の再編」（『国立歴史民俗博物館研究報告』一三四、二〇〇七年）では、桓武朝前後における皇統意識をさぐり、それに連動した氏の再編政策を検討した。

奈良時代の後半においてさえ「臣下の即位」や「天智系の位置付け」などにおいて宮廷内部で論議が存在した。「皇緒」の範囲は必ずしも明瞭ではなく、その選択肢も多様であった。「君臣の別」や「皇緒」の範囲は、理念としては存在しても、貴族層が道鏡即位を当初は明確に否定できなかったように、支配層における現実的な共通認識は存在しなかった。道鏡即位の可能性を重視するならば、「皇緒」に対する多様な選択肢が存在し、「臣下」の即位の可能性を完全には否定できていない段階であった。「天之日嗣、必立二皇緒一」における「皇緒」の内実はまさに道鏡事件の時に定まった。以後は「君臣の別」を明示する必要から『新撰姓氏録』編纂を一つのピークとする氏族制の再編がおこなわれる内的必然性が存在した。

桓武即位時においては、父母双方により正統化される皇統の確立をおこなうことが急務であった。渡来系の卑母たる高野新笠の地位強化のため百済王氏に連続させる「和氏譜」を作成し、母方氏族への集中的な改氏姓などもおこない、母系系譜の強化がおこなわれた。桓武が正史たる『続日本紀』の記載時期を二年延長したことの意味は、母方系譜の強化策によって父母双方により正統化される皇統確立をおこなった時期に相当するためと考えられ、自己の地位が確立した延暦十年（七九一）までをその記述に含めたと考えられる。一方、父方についても、井上皇后の尊重、国忌対象の維持などにより、天武系との血縁的連続性の確保が意識的になされたのであり、前王系との断絶はことさらには強調していない。

皇位継承は光仁・桓武朝以降、女帝を排除した男系優位の直系を原則とするようになり、これと連動して臣下の側でも平安初期には桓武の重用した新興氏族層を中心に「氏の再編」が試みられる。天武朝以来の「八色の姓」秩序が大きく変化するのは、まず氏による編成から官人家を中心とする編成への転換が背景にあり、加えて『記紀』的伝承（天降之績）に対する官人的な功績（当年之労）の比重が大きくなり、無視できないほど累積した結果である。『新撰姓氏録』では皇別・神別・諸番という三区分により氏族を区分しているが、これは皇統譜を前提に組み立てられた氏族秩序であり、「皇緒」の確定と連動し、臣籍降下した賜姓源氏、橘朝臣や真人姓などを頂点とする氏族秩序が形成された。

あとがき

本書は、『古代王権と東アジア世界』（吉川弘文館、二〇二四年）に続く、五冊目の論文集となる。二〇〇二年以降に発表した論考のうち、世襲王権の成立過程、「大化改新」論、奈良期の王権と儀式、女帝の成立とモガリ儀礼、古代都市論、皇統意識の変化と氏など、主に五世紀から九世紀に至る王権の成立と変質過程についての論考十二本を序章と四編に配列した。終章の「古代王権の成立と展開」は、新稿で、課題の所在と全体の論旨をまとめたものである。なお、初出論文の論旨に変更はないが、その後の検討により、加筆修正を加えている部分がある。

本書が課題としている王権の問題は、近代の天皇制と深い関係にあり、戦前・戦後における古代史理解と密接な関係がある。女帝中継ぎ論や皇太子摂政などの議論はこうした問題を内包しており、古代史だけの問題ではない要素が強い。

本書では、古代王権の成立から転換までを全体として俯瞰するところに力点がある。ともすれば、これまでの類書は王権の成立と展開に二分して論じる傾向が強い。古代史の細分化がこうした傾向を助長してきたとも考えられる。筆者の力量不足は認識しているが、こうした試みには重要な意味があると考え、あえて一書としてまとめようと志した。

序章でも論じたように、軍事・外交的な資質が要求された五世紀には、倭の五王のような広い範囲の王系から選択された成人男性が求められた。血縁継承が確立する六世紀には、候補者の範囲が狭くなることにより、性差よりも年齢が優先されて元キサキの女帝としての即位が可能となった。さらに、譲位と太上天皇制や皇太子制が八世紀以降に成立すると、若年齢化が進み、九世紀には摂関の補佐により幼帝の即位も可能となった。このように大王・天皇の存在一つについても、時代とともに求められる資質は明らかに変化していることが理解される。

このように年齢・性差・資質・血統などの要素のうち、どの要素を強調するかによって歴史的に求められる君主像は変化してきたことが知られる。君主に求められる要件は、社会や国家のあり方により変化するものであり、王権論は変化する要素に着目してきた。

さらに古代の王権研究は、従来の天皇制が『記紀』の記述の構想に基本的に従って、極めて特殊な君主制であることを強調していたのに対して、『記紀』に対する厳密な史料批判を前提に、世界の王制に共通する要素を強調する点が特徴である。

こうした観点により、新たな古代王権の側面を摘出することが可能になったのではないかと考える。

収録した論文と既発表論文との関係は、「終章」に記したので、本書に関係する拙論を以下に掲げておく。

第一編　世襲王権の成立 ―五・六世紀―

「ヤマト王権の成立」（歴史学研究会他編『日本史講座―東アジアにおける国家の形成―』一、東京大学出版会、二〇〇四年）

「王統譜の形成過程について」（小路田泰直他編『王統譜』青木書店、二〇〇五年）

「継体天皇―その系譜と歴史的位置―」（鎌田元一編『日出づる国の誕生』古代の人物一、清文堂出版、二〇〇九年）

「帝紀・旧辞と王統譜の成立」（新川登亀男他編『史料としての『日本書紀』―津田左右吉を読みなおす―』勉誠出版、

二〇一一年）
「文字史料からみた古墳と王権」（広瀬和雄他編『講座日本の考古学7　古墳時代上』青木書店、二〇一一年）
「王統譜の成立と陵墓」（今尾文昭・高木博志編『世界遺産と天皇陵古墳を問う』思文閣出版、二〇一七年）
「古代出雲とヤマト王権」（島根県古代文化センター編『古代出雲ゼミナール』四、ハーベスト出版、二〇一七年）
「欽明期の王権と地域」（鈴木一有他編『季刊考古学・別冊30賤機山古墳と東国首長』雄山閣、二〇一九年）
「五世紀史解釈の方法論をめぐって」（『歴史科学』二四二、二〇二〇年）
「文献史料からみたヤマト王権の段階」（上野祥史編『東アジアと倭の眼でみた古墳時代』国立歴史民俗博物館研究叢書七、朝倉書店、二〇二〇年）
「古代国家形成期の王権と東国」（上野祥史編『金鈴塚古墳と古墳時代社会の終焉』二〇二二年）
「『日本書紀』による「任那」領域考」（広瀬和雄編『日本考古学の論点』下、雄山閣出版、二〇二四年）

第二編　「大化改新」論　―七世紀―

「七世紀後半の戦乱と古代国家―白村江の戦と壬申の乱―」（福井勝義他編『戦いの進化と国家の生成』東洋書林、一九九九年）
「小墾田宮と浄御原宮」（『古代文化』五一―三、一九九九年）
「嶋宮と香具山宮」（『国文学』四九―八、二〇〇四年）
「推古朝の改革と「聖徳太子」―推古朝に進められたとされる改革の実態―」（吉村武彦編『大化改新と古代国家誕生―乙巳の変・白村江の戦い・壬申の乱―』別冊歴史読本一一、新人物往来社、二〇〇八年）

「六、七世紀の宮と支配関係」(『考古学研究』五五—二、二〇〇八年)
「中臣鎌足と「大化改新」」(『東アジアの古代文化』一三七、二〇〇九年)
「古代王権の表象—槻木・厨子・倚子—」(『家具道具室内史』創刊号、二〇〇九年)
「孝徳期の対外関係」(高麗大学校日本史研究会編『東アジアの中の韓日関係史—半島と列島の交流—』上、J&C、韓国、二〇一〇年)
「七世紀後半の領域編制—評と大宰・総領—」(『日本歴史』七四八、二〇一〇年)
「宇治橋断碑の研究と復元」(小倉慈司他編『古代日本と朝鮮の石碑文化』国立歴史民俗博物館研究叢書四、二〇一八年)
「七世紀の王権—女帝即位と東アジア情勢—」(『古代王権の史実と虚構』古代文学と隣接諸学三、竹林舎、二〇一九年)
「白村江敗戦後の倭国と新羅・唐関係—『日本書紀』対外関係記事の批判的検討—」(『東西人文』一四、慶北大学、二〇二〇年)
「複都制と難波宮官人」(中尾芳治編『難波宮と古代都城』同成社、二〇二〇年)
『藤原仲麻呂—古代王権を動かした異能の政治家—』(中央公論新社、二〇二一年)

第三編　王権と儀礼—八世紀—

「古代都城の首都性」(『年報都市史研究』七、一九九九年)
「古代の行幸と離宮」(『条里制・古代都市研究』一九、二〇〇三年)
「首都平城京—古代貴族の都鄙観念—」(広瀬和雄他編『古代王権の空間支配』青木書店、二〇〇三年)

「宣命」（平川南他編『文字と古代日本』一 支配と文字、吉川弘文館、二〇〇四年）
「太上天皇の「詔勅」について」（吉村武彦編『律令制国家と古代社会』塙書房、二〇〇五年）
「古代の紀伊行幸について」（『明日香風』一〇七、二〇〇八年）
「離宮・頓宮・行宮」（条里制・古代都市研究会編『古代の都市と条里』吉川弘文館、二〇一五年）
「留守官について」（舘野和己編『日本古代のみやこを探る』勉誠出版、二〇一五年）
「美濃行幸と養老改元―変若水の滝と醴泉の伝承―」（『美夫君志』九三、二〇一六年）
「倭国における政治空間の成立―都市と王権儀礼―」（『唐代史研究』二〇、二〇一七年）
「天若日子伝承再考―モガリの主宰―」（白石太一郎先生傘寿記念論文集『古墳と国家形成期の諸問題』山川出版社、二〇一九年）
「「詔勅」における口頭伝達の役割」（小島道裕他編『古文書の様式と国際比較』勉誠出版、二〇二〇年）
「王宮と古代王権・官僚制」（広瀬和雄他編『講座　畿内の考古学Ⅲ　王宮と宮都』雄山閣出版、二〇二〇年）

第四編　王権の転換　―八・九世紀―

「「長屋王家」の家産と家政機関について」（『国立歴史民俗博物館研究報告』一一三、二〇〇四年）
「古代王権と文芸―古代の漢詩・和歌とその「場」―」（国立歴史民俗博物館編『和歌と貴族の世界』塙書房、二〇〇七年）
「長岡京研究の意義」（国立歴史民俗博物館編『桓武と激動の長岡京時代』村木二郎と共編著、山川出版社、二〇〇九年）
「斎宮の特殊性と方格地割の性格」（『紀要』一二、斎宮歴史博物館、二〇〇三年）

「『新撰姓氏録』からみた京貫と改氏姓」（朧谷壽他編『平安京とその時代』思文閣出版、二〇一〇年）
「平城遷都からみた王権と都城」（『史海』五八、東京学芸大学、二〇一一年）
『NHKさかのぼり日本史⑩奈良・飛鳥〝都〟がつくる古代国家』（NHK出版、二〇一二年）
「古代都城の思想」（川尻秋生編『古代文学と隣接諸学八　古代の都城と交通』竹林社、二〇一九年）

末筆ながら、本書の刊行に際しては、八木書店出版部の恋塚嘉氏には、論文の選択をはじめ校正などで大変お世話になったので、記して厚く感謝申し上げたい。

二〇二五年二月

仁藤敦史

【著　者】
仁藤 敦史（にとう あつし）
1960年（昭和35）静岡県生まれ。89年早稲田大学大学院文学研究科博士後期課程満期退学。98年博士（文学）。早稲田大学第一文学部助手，国立歴史民俗博物館歴史研究部准教授，同教授などを経て，2025年より国立歴史民俗博物館・総合研究大学院名誉教授。専攻・日本古代史。

著書に『古代王権と都城』（吉川弘文館，1998年），『古代王権と官僚制』（臨川書店，2000年），『女帝の世紀―皇位継承と政争―』（角川選書，2006年），『卑弥呼と台与』（山川出版社日本史リブレット，2009年），『都はなぜ移るのか―遷都の古代史―』（吉川弘文館歴史文化ライブラリー，2011年），『古代王権と支配構造』（吉川弘文館，2012年），『藤原仲麻呂』（中公新書，2021年），『東アジアからみた「大化改新」』（吉川弘文館歴史文化ライブラリー，2022年），『古代王権と東アジア世界』（吉川弘文館，2024年），『加耶／任那』（中公新書，2024年）など多数。

古代王権《こだいおうけん》の成立《せいりつ》と展開《てんかい》

2025年5月10日　初版第一刷発行　　定価（本体10,000円＋税）

著　者　仁　藤　敦　史
発行所　株式会社　八木書店出版部
代表　八　木　乾　二
〒101-0052 東京都千代田区神田小川町3-8
電話 03-3291-2969（編集）-6300（FAX）
発売元　株式会社　八　木　書　店
〒101-0052 東京都千代田区神田小川町3-8
電話 03-3291-2961（営業）-6300（FAX）
https://catalogue.books-yagi.co.jp/
E-mail pub@books-yagi.co.jp

印　刷　精興社
製　本　牧製本印刷
用　紙　中性紙使用

ISBN978-4-8406-2606-4

索　引

Ⅰ 事　項

【か行】

【さ行】

【た行】

【な行】

【は行】

【ま行】

【や行】

【ら行】

【わ行】

Ⅱ　史料名

【た行】

【な行】

【は行】

【ま行】

【ら行】

Ⅲ　研究者名

【あ行】

【か行】

【さ行】

【た行】

【な行】

【は行】

【ま行】

【や行】

【ら行】

【わ行】